Jacques Heurgon

Die Etrusker

3. Auflage

Mit 82 Abbildungen im Text und 22 Fotos

Aus dem Französischen übersetzt
von Irmgard Rauthe-Welsch

Philipp Reclam jun. Stuttgart

Originaltitel: La Vie quotidienne chez les Étrusques

Vorwort zur deutschen Ausgabe

Es ist für einen französischen Etruskologen eine große Freude und Ehre, wenn sein Buch, das er dem Alltag der Etrusker gewidmet hat, in deutscher Sprache erscheint. Von Deutschland ist im 19. Jahrhundert die wissenschaftliche Bewegung ausgegangen, die es sich zum Ziel gesetzt hat, die Kultur des geheimnisumwitterten Volkes der Etrusker so konkret und präzis wie möglich zu erfassen. Nicht zufällig ist der erste Titel unserer Bibliographie das denkwürdige Werk O. Müllers, *Die Etrusker*, in dem er 1828 zum ersten Mal alle Fakten, die die griechisch-römische Welt über die etruskische Kultur festgehalten hat, zusammenstellte. Fünfzig Jahre später (1877) brachte W. Deecke eine zweite verbesserte Auflage heraus, die allen neuen Ergebnissen der Linguistik und Archäologie Rechnung trug. Der wertvolle »Müller/Deecke« ist glücklicherweise 1965 in Graz wieder gedruckt worden. A. J. Pfiffig hat die neue Ausgabe besorgt und die Bibliographie, die auch unser Buch berücksichtigt, auf den neuesten Stand gebracht.

Doch die Zeit ist weitergegangen. Zufällige Funde, systematische Ausgrabungen und die geduldige Anstrengung der Gelehrten haben das Material beträchtlich bereichert und die Problemlage verändert. Wir haben das Leben der Etrusker beschrieben, weil wir dem gebildeten Leser eine moderne Darstellung über die Etrusker in die Hand geben wollten. Das etruskische Volk sollte nicht länger fremd und dem heutigen Denken unverständlich erscheinen, da es doch der Schöpfer einer der ersten Kulturen in Italien gewesen ist und uns deshalb nähersteht, als wir zunächst annehmen konnten. Zwei Anhänge, die speziell für diese Ausgabe verfaßt worden sind, versuchen, die Ergebnisse der Forschung seit 1961 vorzustellen. *J. H.*

Einführung

Der Name Etrusker schließt jeden Gedanken an Alltagsleben* aus, jedenfalls nach Meinung vieler. Sie sind geneigt,
beim Klang dieses Namens in eine Art Verzückung zu geraten, die einem beinahe den Mut nimmt, das Problem wirklich zu stellen und anzugehen. Unsere Zeitgenossen scheinen
so fasziniert von einer Kunst, deren Wunder die denkwürdige
Ausstellung im Louvre und an anderen Orten im Jahre 1955
und einige ausgezeichnete Bildbände enthüllt haben, daß sie
meinen, die Schöpfer dieser Kunst hätten – wenn überhaupt
– außerhalb von Raum und Zeit gelebt. Die Etrusker erscheinen als Kinder eines Traumlandes, als Abkömmlinge
der Nacht. Die glänzenden Goldfibeln, die einst die Mäntel
etruskischer Frauen zusammenrafften, funkeln vielleicht deshalb so hell, weil finstere Schatten ihren Ursprung verhüllen.
In den Augen vieler sind die Etrusker eher im Bereich des
Mythos anzusiedeln, als daß sie in der menschlichen Abhängigkeit, wie die Geschichte sie darstellt, gesehen werden. Wir
möchten zeigen, daß sie im Unterschied zu den Arimaspen
und Hyperboreern sehr wohl gelebt haben.
Es ist dies kein leichtes Unterfangen: Literarische Zeugnisse
sind rar, die etruskische Sprache ist dunkel (wir werden
darauf zurückkommen), das Bildmaterial nicht eindeutig. So
wie sie zur Zeit des Augustus noch fortlebten, waren die
Etrusker nach den Aussagen des Dionys von Halikarnass »ein
sehr altes Volk, das keinem anderen glich, weder in Sprache
noch in Sitten und Gebräuchen«[1]. Man kann hinzufügen, daß
es – von Natur aus stolz – sich zwar nicht hinter einen un-
durchdringlichen Eisernen Vorhang zurückzog, aber dennoch
nicht jedem ersten besten seine Geheimnisse offenbarte. Man
muß sich vor allem klarmachen, daß die Etrusker die Kunst
verstanden, die Dinge nicht so zu sehen und abzubilden, wie

* Vgl. den Originaltitel des Werkes (Anm. d. Übers.).

sie sind. Dieses Volk besaß weise Einsicht in seine Fähigkeiten, eine kräftig ausgebildete Beobachtungsgabe und eigene Ausdrucksmöglichkeiten, die sich schließlich durchsetzten. Doch zunächst unterwarf es sich freiwillig der leidenschaftlichen Bewunderung für das, was es als das Schönste erkannt hatte: für Griechenland. Alles, was griechische Kultur war, führten die Etrusker in ihr Land ein und ahmten es nach; ja, sie verloren sich fast selbst in diesem Auftrag der Vermittlung griechischen Kulturguts. So erwachte in Italien die einzigartige, edle Neigung, in der Mittelmäßigkeit des Alltags ein hellenisches Idealbild immer aufs neue zu erschaffen, auf daß es dauernd und in vielfältigen Formen gegenwärtig sei. Diese Haltung zeigt sich in jeder Epoche von neuem: Es zeugen dafür die Wände der Häuser von Pompeji ebenso wie die Paläste der Renaissance-Fürsten. Haben nicht viele Venezianer des 16. Jahrhunderts und die Kampanier des 1. Jahrhunderts immer wieder die Liebe der Ariadne und die Arbeiten des Herakles nacherlebt, als wären es ihre eigenen? Die einfachen Bürger von Herculaneum ließen in ihren engen Behausungen mittels optischer Täuschung die unendlich weiten Perspektiven hellenistischer Kolonnaden sich öffnen. Schon die Etrusker zur Zeit des Tarquinius – und sie vielleicht am meisten – lebten in einem Traum befangen, in dem sie bei jedem Schritt die Götter zu berühren glaubten.

Unser Bemühen, ihr wahres Gesicht zu entdecken und sie in ihrem Tun und Lassen und in ihrer Eigenart zu erfassen, ist noch weitgehend gelähmt durch den Geist der Systematik und der Ungeduld, der lange Zeit diejenigen leitete, die ihre Geschichte schrieben. Ein Nebel von Theorien und Thesen bringt die Umrisse der Dinge vollends zum Verschwimmen. Man meint bisweilen, die Sphinx gebe nur zwei große Rätsel auf; wenn sie gelöst wären, würde sich alles andere von selbst aufklären. Das Etruskerproblem besteht für einige zunächst im Problem ihrer Herkunft: wenn man wüßte, woher sie gekommen sind, wüßte man auch, was sie

waren. An zweiter Stelle steht das Problem der Sprache:
Man glaubt allgemein, daß die etruskische Sprache ganz unverständlich, ja nicht einmal entzifferbar sei; wenn nur eine
etwas ausführlichere Bilingue auftauchen wollte oder ein
Forscher eine geniale Idee hätte, dann würden uns die geheimnisvollen Fremdlinge von einem Tag auf den anderen
nahetreten und durchschaubar werden.

Nehmen wir uns also vor allem diese beiden Probleme vor,
um unser Ziel klar ins Auge zu fassen. Ein kurzer Abriß der
Geschichte der Etrusker und ein linguistischer Überblick über
die Möglichkeiten der Interpretation etruskischer Texte werden uns erlauben, die Grenzen unserer Studie abzustecken.
Doch von vornherein sei festgestellt: Die dunklen Anfänge
– mögen sie im Orient liegen oder anderswo – der Vorfahren
derjenigen Menschen, die eines Tages zwischen Tiber und
Arno als Etrusker lebten, interessieren uns weniger als ihre
Kultur, so wie sie sich ausgeprägt hat. Sie stellt sich uns nämlich als die erste große Kultur auf dem Boden Italiens dar.
Andererseits kann die Entzifferung der etruskischen Sprache,
von der solide, aber begrenzte Resultate zu erwarten sind,
nur das Ergebnis einer langwierigen Arbeit und nicht einer
plötzlichen Erleuchtung sein. Sie ist schon weiter voran-
geschritten, als gemeinhin angenommen wird; eine große
Anzahl kleinerer Inschriften gibt bereits wertvolle Anhaltspunkte, die man mit Verstand nutzen kann. Dies ist eines
der Gebiete, auf dem dieses Buch Neues bringt.

Die These vom orientalischen Ursprung der Etrusker

Die Etrusker haben zu allen Zeiten Mythenschöpfer inspiriert. Seit der Antike erzählt man sich eine ganze Reihe von
Mythen über sie, und Wahrheit vermischt sich darin blind
mit Irrtum. Einer davon, der ihre seltsame Lebensweise
schildert, soll am Anfang dieses Kapitels stehen[2]:
»Unter der Herrschaft von Atys, dem Sohn des Manes,
(diese Angabe versetzt uns ins 13. Jahrhundert v. Chr.) ent-

stand in ganz Lydien eine große Teuerung. Einige Zeit hindurch versuchten die Lydier, ihr Leben wie gewohnt weiterzuführen; als die Teuerung nicht nachließ, suchten sie nach Gegenmaßnahmen: die einen schlugen dies vor, die anderen jenes. Zu dieser Zeit sollen das Würfelspiel, das Knöchelchenspiel, das Ballspiel und alle anderen Spiele entstanden sein, das Damespiel ausgenommen; seine Erfindung beanspruchen die Lydier nicht. Folgendermaßen setzten sie ihre Erfindungen gegen den Hunger ein: Je einen Tag lang lenkten sie sich durch Spiel von ihrem Verlangen nach Nahrung ab, am zweiten Tag aßen sie. Achtzehn Jahre lebten sie so. Als aber die Not, anstatt abzunehmen, immer mehr wuchs, teilte der König das lydische Volk in zwei Gruppen; zwischen ihnen entschied das Los, welche im Land bleiben durfte und welche es verlassen mußte. Er selbst stellte sich an die Spitze derjenigen, die verblieben; mit der Führung der Auswanderer betraute er seinen Sohn, Tyrrhenos mit Namen. Diejenigen, die das Land verlassen mußten, begaben sich nach Smyrna, bauten Schiffe, beluden sie mit allem, was sie an Wertvollem besaßen, und stachen in See auf der Suche nach Land und neuen Lebensmöglichkeiten. Nachdem sie mit mehreren Völkern in Berührung gekommen waren, gelangten sie schließlich zu den Umbrern; dort bauten sie Städte, und dort wohnen sie bis heute. Aber sie tauschten den Namen Lydier gegen einen anderen, den sie von dem Königssohn, der sie geführt hatte, ableiteten: sie nannten sich nach ihm Tyrrhenier.«
Dies also war nach den Angaben eines Griechen des 5. Jahrhunderts v. Chr., dessen Autorität in der Folgezeit kaum angezweifelt wurde, der Ursprung der Leute, die er in seiner Sprache Tyrrhenier nannte. (Daher der Name Tyrrhenisches Meer für den an der Westküste Italiens gelegenen Teil des Mittelmeers.) Die Römer nannten sie *Tusci* (daher der Name Toskana) und *Etrusci* (daher Etrusker). Die Darstellung Herodots hat sich – abgesehen von offensichtlich legendären Details, die der Ausschmückung dienen – auch die

moderne Forschung zu eigen gemacht. Die Hypothese vom orientalischen Ursprung der Etrusker erlaubte es am besten, den Charakter ihrer Kultur zu verstehen, die durch und durch orientalisch zu sein schien[3].

Unter orientalischer Kultur darf man nun nicht Gegenstände, Bräuche und religiöse Vorstellungen verstehen; diese könnten auf den normalen Wegen des Handels und des geistigen Austausches eingeführt worden sein. Man kann die zukünftigen Archäologen, die bei Ausgrabungen in den Boudoirs des 18. Jahrhunderts eine verdächtige Menge Chinaporzellanscherben finden würden, nicht genug warnen: sie wären auf dem Holzweg, wollten sie daraus schließen, daß zu jener Zeit eine Woge gelber Einwanderer Westeuropa überschwemmt habe. Analog beginnt die Geschichte der etruskischen Kultur mit einer sogenannten orientalisierenden Periode, die das ganze 7. Jahrhundert hindurch andauert. Ausländische Importe erklären eine Reihe ihrer Merkmale hinreichend: eine Vase aus ägyptischem Steingut, in Tarquinia gefunden, trägt das Siegel des Pharaos Bocchoris (720–714), Skarabäen aus phönizischen Emailwerkstätten, Elfenbeinamulette, Bernsteinperlen, Bronze- und Goldspangen und später an den ersten etruskischen Tempeln die Verzierung durch Terrakottafriese, für die die kretisch-asiatische Welt zahlreiche Modelle geliefert hat. Dies alles würde bestenfalls die Kühnheit der Kaufleute und den gewaltigen Eindruck der Kultur auf die Primitiven beweisen. Aber es gibt tiefere Übereinstimmungen, deren Bedeutung nicht durch oberflächlichen Einfluß erklärt werden kann.

Beeindruckend ist z. B., wie viele verwandte Züge auf dem religiösen Sektor die Etrusker mit den Reichen des Orients verbinden. Auf einem Gebiet galten sie als besonders kompetent und wurden deshalb, solange sie existierten, von den anderen Völkern bewundert: wegen ihrer Fähigkeit, schicksalsträchtige Vorzeichen zu deuten. Nirgendwo sonst in der antiken Welt gibt es diese Art besessenen Sehertums, nirgendwo soviel Erfahrung, auf welche Weise die Beobachtung

der Phänomene am Himmel, Donnerschläge und Eingeweide von Opfertieren göttlichen Willen enthüllen – wenn
man von den Magiern Assyriens und Chaldäas absieht, die
ebenfalls Meister der Astrologie und Hepatoskopie gewesen
sind. Folglich ist die Versuchung groß, die Etrusker als ihre
späten, aber treuen Erben zu betrachten. Eine Hammelleber
aus Bronze im Museum von Piacenza, deren gewölbte Oberfläche in vierundvierzig Felder eingeteilt ist, die jeweils mit
einem Götternamen bezeichnet sind, erinnert verblüffend an
die rund dreißig Terrakottalebern, die, ebenfalls in Felder
eingeteilt und mit Inschriften versehen, in Mari am mittleren Euphrat entdeckt wurden und auf die Anfänge des
2. Jahrtausends zurückverweisen (Abb. 7).
Andererseits gibt auch die etruskische Sprache Rätsel auf,
die vielleicht durch die Hypothese des orientalischen Ursprungs ihrer Sprecher einer Lösung zugeführt werden könnten. Das Etruskische gehört nicht zur Gruppe der indoeuropäischen Sprachen. Es ist grundverschieden vom Lateinischen, Oskischen, Umbrischen, Keltischen, Griechischen und
vom Sanskrit; doch scheint es einige grammatikalische Eigenheiten zu besitzen, die sich auch in den Dialekten des westlichen Kleinasien finden, im Lykischen, Karischen und Lydischen. Vor allem eine Grabstele aus dem 6. Jahrhundert v.
Chr. (d. h. einer Zeit, als die von Athen ausgehenden Eroberungen das Griechische dort noch nicht eingeführt hatten),
die bei französischen Ausgrabungen 1885 auf Lemnos in der
nördlichen Ägäis gefunden wurde, bietet einen epigraphischen Text, dessen Bedeutung und Authentizität durch jüngere Funde bestätigt worden sind. Wenn er auch nicht etruskisch abgefaßt ist, so ähnelt er doch von allem, was man
außerhalb Italiens gelesen hat, am meisten dem Etruskischen.
Hier ist nicht der Ort, zu beweisen, wie sehr die beiden
Sprachen in Morphologie und Vokabular verwandt sind.
Aber man möge sich daran erinnern, daß nach Herodot die
Tyrrhenier im Verlauf ihrer Wanderung mit mehreren Völkern in Berührung gekommen waren. Es wäre denkbar, daß

sie auf Lemnos einen Teil ihres Kontingents zurückgelassen
haben.

Ist damit die Sache nicht schon entschieden? Warum scheut
heute eine wachsende Anzahl von Etruskologen davor zurück, sich der herodotischen Tradition anzuschließen? Erstens
gleicht diese Darstellung zu sehr den Fabeln, die in der
Antike die Geburt einer beliebigen Kultur im Westen des
Mittelmeerraumes mit der Übersiedlung eines Volksstammes
aus dem Osten zu verknüpfen suchten. Der Auszug der Gefährten des Tyrrhenos und ihre Niederlassung in Etrurien
verdient nicht *a priori* mehr Glauben als die von Vergil beschriebenen Fahrten der Gefährten des Aeneas, welche der
Brand Trojas von den phrygischen Gestaden vertrieben und
gezwungen hatte, an der Mündung des Tibers eine neue
Heimat zu suchen. Doch der Widerstand gegen die Hypothese vom orientalischen Ursprung verstärkt sich deshalb
immer mehr, weil die Archäologie in der Kette der Kulturen,
die in Zentralitalien aufeinanderfolgten, keinen so breiten
Riß finden kann, daß sich der massive Einbruch eines fremden Volkes dort einfügen ließe.

Man hat lange geglaubt, ihn um 700 v. Chr. ansetzen zu
können, zu dem Zeitpunkt also, da die orientalisierende
Kultur, von der wir gesprochen haben, die Kultur ersetzte,
die seit zwei Jahrhunderten geherrscht hatte: die Villanovakultur, so genannt, weil man sie zuerst in Villanova bei
Bologna studierte. Sie ist in ihrer ersten Entwicklungsphase
charakterisiert durch die Einäscherung der Toten. Die Asche
wurde entweder in Urnen geborgen, die Hütten nachgebildet
waren, oder in Ossarien, die aus zwei übereinandergestülp-
ten Kegelstümpfen bestanden (Abb. 1). Charakteristisch für
diese Zeit sind die geometrischen Verzierungen der Gegenstände. In einer fortgeschrittenen Phase taucht dann neben der
Einäscherung die Bestattung in Gruben auf, ohne daß ein
neuer ethnischer Faktor diesen Wandel ausgelöst hätte. Außerdem werden die Bestattungsbeigaben langsam reichhaltiger. Es
zeigt sich zudem immer deutlicher, vor allem in Cerveteri, Tar-

quinia und Bolsena – dort konnte durch die Ausgrabungen von Raymond Bloch das antike Volsinii lokalisiert werden –, daß die orientalisierende Kultur sich überall da zeigt, wo sich vorher die Villanovakultur gebildet hatte, und sie ab-

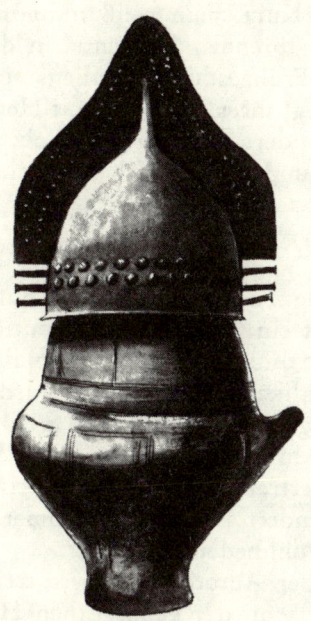

Abb. 1 Villanova-Urne

löst, ohne daß es zu einem Bruch in der organischen Entwicklung kommt. Das etruskische Kammergrab entwickelt sich z. B. ganz natürlich aus dem früheren Grubengrab. Man kommt also zu dem Schluß, daß die orientalischen Elemente, vorausgesetzt, daß überhaupt ein orientalisches Volk an die tyrrhenische Küste Italiens gekommen ist, zahlenmäßig gering waren und die ethnische Basis nicht wesentlich verändert haben. Man fragt sich sogar, ob die Villanovaleute nicht

schon Etrusker waren. In Bolsena selbst sind Fundamente
von Hütten aus der vorhergehenden Kulturstufe ans Licht
gekommen. Sie stammen vom Ende der Bronzezeit und gehören einer Kultur des apenninischen Typus an, so genannt,
weil sie entlang dem bergigen Rückgrat der Halbinsel weit
verbreitet war. Kurz, man weiß nicht mehr, wie man die
Etrusker, diese störenden Elemente, in die Tafel der Vor-
geschichte und Frühgeschichte Italiens einfügen soll, es sei
denn, man verlegt ihren Einbruch mit Herodot in das legendäre 13. Jahrhundert, d. h. in eine Zeit, in der dieser Teil
Italiens noch in undurchdringlichem Dunkel liegt.

Die These von der Autochthonie der Etrusker

Die traditionelle These löst sich also auf. Bei den Wissen-
schaftlern bleibt ein Gefühl der Entmutigung zurück. Doch
kommt nun eine andere Lösung, die bei den Alten nur durch
Dionys von Halikarnass vertreten wurde und in der modernen Zeit lange als häretisch galt, wieder zu ihrem Recht.
Der Geschichtsschreiber behauptet nämlich: »Diejenigen, die
die Meinung vertreten, daß das etruskische Volk nirgend-
woher eingewandert ist, sondern immer da war, kommen
der Wahrheit wohl bedeutend näher.«
Die Vertreter der Autochthoniethese treiben nicht nur un-
fruchtbare Kritik an der gegnerischen Hypothese; sie können positive Gesichtspunkte ins Feld führen und eine Gesamtinterpretation liefern, welche allen Gegebenheiten mindestens in demselben Maße Rechnung trägt. Unter anderem
erklären sie die kulturelle und sprachliche Verwandtschaft
der Etrusker mit einigen Völkern des Orients. Die Idee, daß
Lebensweise und religiöse Gebräuche durch regelrechte Ein-
wanderung eingeführt worden sind, ersetzen sie durch die
Vorstellung einer Wiederentfaltung nach langer Verborgen-
heit. Die Etrusker wären demnach keine Neuankömmlinge
in Italien, sondern die Erstbesiedler eines Landes, das dann
von indoeuropäischen Invasionen überflutet wurde. Dabei

verloren die Etrusker ihre Souveränität, doch zugrunde gingen sie nicht; ihre Vitalität blieb ungebrochen. Die Geburt der etruskischen Kultur am Anfang des 7. Jahrhunderts wäre also eine Renaissance nach einer langen Periode stiller Aufwärtsentwicklung, die unter verschiedenen Einflüssen stand, vor allem unter orientalischen und griechischen. Die Abkömmlinge der Eingeborenen des Bronzezeitalters wären damit wieder ans Licht der Geschichte getreten.

»Wenn das Weizenkorn nicht stirbt . . .« Die Autochthoniehypothese verfolgt hartnäckig die sich im Untergrund abspielende Entwicklung des Substrats einer mittelmeerischen Volksgemeinschaft, die durch die Flut der großen blonden Barbaren, Italiker und Griechen zeitweise überdeckt wurde, ohne daß sie unter den Siegern ihr Eigenleben aufgegeben hätte. Hierfür hält die etruskische Legende ein entsprechendes Symbol bereit. Man wundert sich, daß es noch nicht ausgewertet wurde. Als Erklärung für die Ursprünge der Religion erzählte man sich folgendes: Ein Bauer aus Tarquinia geriet eines Tages bei der Feldarbeit mit dem Pflug zu tief in die Erde und sah, wie aus der Furche ein kleiner Mann hervorkam, ein Kind von Gestalt, aber mit der Weisheit des Alters begabt. Er hieß Tages. Er enthüllte den Leuten, die ihn umringten, die Geheimnisse, die man dann *Etrusca disciplina* nannte[4].

Die zweite These nimmt nicht wie die andere einen gleichsam horizontalen Dualismus von Orient und Okzident an, sondern einen vertikalen, um das Schicksal der primitiven antiken Kultur zu erklären. Man setzt für den Anfang in Italien, wie im minoischen Kreta, einen Naturzustand an, in dem der Kult chthonischer Gottheiten vorherrschte und die Frau eine Vorrangstellung einnahm; und dann, nach weitgehender Umgestaltung der Verhältnisse, folgte die Vermählung von Himmel und Erde, d. h. die Vereinigung indoeuropäischer Kraft mit mittelmeerischer Anmut, der Herrenschicht der Krieger mit den Bauern hinter dem Pflug. Wenn das Überleben der ursprünglichen Einheit nur auf

inselartigen Gebieten festzustellen ist, so beruht das darauf,
daß man sich ihr Verschwinden wie das Versinken eines
Kontinents, von dem nur mehr Inseln übrigbleiben, vorzustellen hat. Die Beziehungen zwischen dem Etruskischen und
dem Kaukasischen, dem Lykischen und der Sprache auf
Lemnos werden faßlich, wenn man in Erwägung zieht, daß
in Italien, auf der Balkanhalbinsel, am Ägäischen Meer und
in Kleinasien zunächst eine »etruskisch-asianische« Sprache
gesprochen wurde, die dann infolge des von den Eindringlingen ausgeübten sprachlichen Drucks an die Randgebiete
abgedrängt wurde.
Wer könnte aber auch in dieser Version die großartigen
Vereinfachungen des Mythos übersehen, wie sie schon für
die erste Hypothese bezeichnend sind? Wir sagten es schon
am Anfang: Der Name Etrusker allein evoziert bei unseren
Zeitgenossen die Vorstellung von mythischen Ereignissen, sei es das Bild einer geheimnisvollen Reise über das
Meer, welche heiliges Wissen aus den Reichen des Orients
in die Toskana verpflanzte, sei es die Vorstellung vom
Aufblühen einer Mittelmeerkultur, die eine Zeitlang durch
indoeuropäische Invasionen verschüttet war, deren Keime
aber jahrhundertelang lebensfähig blieben. Jeder wird selbst
zwischen diesen gewaltigen Visionen wählen müssen oder –
je nach Veranlagung – die Wahl überhaupt ablehnen. Viele
ernstzunehmende Wissenschaftler entscheiden sich heute nicht
mehr eindeutig. Doch wer wollte uns abraten, den Alltag
der Etrusker, der uns nun einmal interessiert, zu beschreiben,
solange die Arbeit auf klarer Sichtung des Materials und bescheidener Beschränkung auf sachliche Gegebenheiten beruht.

Die etruskische Kultur – die erste große Kultur Italiens

Glücklicherweise erschöpft sich das Etruskerproblem nicht –
wie allzu lange geglaubt wurde – in der augenblicklich nicht
klar und eindeutig zu beantwortenden Frage ihrer Herkunft. Man hat vielmehr in letzter Zeit festgestellt, daß

die echten Probleme erst richtig sichtbar würden, wenn ein glücklicher Zufall uns die Lösung dieses Rätsels in die Hand spielte[5]. Schließlich, so sagt man sich, ist auch die Geschichte Frankreichs z. B. etwas anderes als die Geschichte vom Ursprung der Franken. Die Geschichte der Etrusker läßt sich nicht wie ein Folgesatz aus einem Lehrsatz, der ein für allemal feststeht, entwickeln, sondern sie ist der Formungsprozeß eines Organismus, der vom Milieu und von den Umständen, unter denen er stattfindet, abhängt. Es mag sein, wie es will: Die etruskische Nation ist nicht fertig entwickelt und fest konstituiert bei Caere oder Tarquinia an Land gegangen.

Sie ist sich vielmehr, vom 7. Jahrhundert an, auf italischem Boden, im Kontakt mit anderen Bevölkerungsgruppen und in der Auseinandersetzung mit der besonderen Beschaffenheit der umgebenden Natur und des Klimas ihrer selbst bewußt geworden. Die vielleicht entscheidenden Elemente, denen das Volk seine Eigenheiten und seine Sprache verdankt, mußten sich im Verlauf der fünf oder sechs Jahrhunderte seiner Existenz mit anderen verschmelzen, und nur das Ganze verdient den Namen etruskisch. In den Anfängen erkennen wir dies nur undeutlich, aber am Ende der Entwicklung ist es ganz offenbar, denn die Kultur, die sich zwischen dem 7. und 2. Jahrhundert in Etrurien herausgebildet hat, war schließlich die erste große Kultur Italiens.

Es ist in der Tat sehr bemerkenswert, daß offenbar zweimal dieselbe Gegend im Zentrum Italiens, das antike Etrurien und die moderne Toskana, der Brennpunkt der italienischen Kultur war. Vom 7. Jahrhundert v. Chr. und vom 15. Jahrhundert n. Chr. an, am Beginn der antiken Geschichte sowie beim Anbruch der modernen Zeit, hat sich eine und dieselbe Gegend der Halbinsel durch besondere Vorzüge ausgezeichnet. Geburt und Wiedergeburt Italiens haben die gleiche Wiege. Ein wunderbares Zusammentreffen, und vielleicht mehr als ein bloßes Zusammentreffen! Darf man annehmen, daß das Land, das Licht und das Klima der Toskana, das

anregender ist als das der römischen Campagna mit ihrer
drückenden Hitze, zweimal das gleiche Wunder vollbrachten? Michelangelo, so berichtet uns Vasari, schrieb »alles
Gute in seiner Veranlagung der reinen, belebenden Luft, die
man in Arezzo atmet«, zu. Darf man annehmen, daß Dante,
Machiavelli und Leonardo, trotz der Auswirkungen der Invasionen und der Vermischung der Rassen, über die Jahrhunderte hinweg das ferne Erbe der Etrusker übernommen
haben? Es gibt erstaunliche Übereinstimmungen. Zum Beispiel erwecken die Totenengel, die am Fuße der Urne des
Arruns Volumnius aus Perusia (Perugia) wachen, den Eindruck, als hüteten sie irgendein altes Grab der Medici. Raymond Bloch hat in seinem reizenden Büchlein[6] einem Jüng-
lingskopf von Caere (Cerveteri) aus dem 5. Jahrhundert den
Kopf des hl. Georg von Donatello gegenübergestellt. Man
kann sich täuschen, wenn man bestimmen soll, welcher von
beiden etruskisch und welcher toskanisch ist.
Solche Feststellungen führen zu der Annahme, daß das Geheimnis der Etrusker nicht ausschließlich in ihrem Ursprung
liegt, sondern während der ganzen Lebenszeit des Volkes
bis in die letzten Ausläufer seiner Geschichte hinein weiter-
wirkt und sich erneuert. Wir wollen dazu beitragen, den
Nebel der Faszination, die die Betrachtung des Unbegreif-
lichen auslöst, zu zerstreuen, und unsere Geisteskraft auf
Näherliegendes richten, dorthin, wo wir wirkliche Männer
und Frauen und ihr konkretes Verhalten im Alltag beobachten können. Sie werden uns zwar fremd sein, sich aber
doch nicht allzusehr von den Italienern früherer und späte-
rer Zeiten unterscheiden.

Geschichtlicher Abriß

Es ist bestimmt nützlich, in großen Linien die Geschichte der
Etrusker aufzuzeichnen, und zwar vom 7. Jahrhundert an,
als das Land zwischen Arno und Tiber einerseits und dem
Tyrrhenischen Meer und dem Apennin andererseits in einer

unerwarteten Morgenröte zu erstrahlen beginnt. Von Populonia, südlich von Livorno, bis Caere, nördlich von Rom, entstehen in den Nekropolen eine Reihe von Fürstengräbern, gefüllt mit Goldschmuck, Silbergeschirr, Bronzewagen, Elfenbeinfigurinen und -einlegearbeiten, meist dicht neben den Hügeln der Grubengräber: Zeichen eines üppigen Reichtums, der plötzlich entstanden sein muß[7] und sich bald auf alle Begräbnisstätten ausdehnt. Schon von Anfang an geht diese Entwicklung im Süden über die geographischen Grenzen Etruriens hinaus. In der Tat verweisen das Bernardini- und das Barberini-Grab in Praeneste (Palestrina) in Latium, die aus der gleichen Zeit stammen wie das ihnen verwandte Regolini-Galassi-Grab in Caere, mit ebenbürtigem Glanz über die Schwelle Etruriens hinaus nach Kampanien.

Heute zweifelt niemand mehr daran, daß die schnelle Verwandlung der Villanovakultur mit der Entdeckung der Erzvorkommen in Etrurien durch die Griechen zusammenhängt. Wir werden noch näher auf die Bedingungen eingehen, unter denen die Kupfer-, Eisen-, Aluminium- und vielleicht auch Zinnminen zur Geltung kamen. Die Kolonisierung des Westens durch die Griechen erfolgte im 8. Jahrhundert; sie begann, als die Chalkidier um 770 einen ersten Vorposten auf der Insel Pithekussa (Ischia) einrichteten. Sie waren auf der Suche nach Rohstoffen, deren Ausbeutung und Export den wirtschaftlichen Aufschwung der griechischen Minenbesitzer garantierte[8]. Man hat Populonia das Pittsburgh der Antike genannt. Oder wenn man einem anderen Vergleich, der unsere Phantasie heute mehr anspricht, den Vorzug geben will: Das etruskische Gold war zunächst schwarzes Gold. Die Eisenvorkommen auf Elba spielten für die etruskischen Könige etwa dieselbe Rolle wie das Öl für die arabischen Scheiche.

Etrurien ist also ein *Land*, das sich in seinen Anfängen plötzlich reich vorfindet. Infolgedessen entwickelt sich seine *Kultur* unter dem Einfluß des Orients und Griechenlands und formt sich in recht heterogenen Milieus. Unter diesem

Aspekt ist Praeneste ebenso etruskisch wie Caere, obwohl
es nach Bevölkerung und Dialekt in den Bereich des Latinischen gehört: die Silbervasen aus dem Bernardini-Grab
tragen latinische Inschriften. Unbestreitbar sprechen die
Bewohner des Gebietes nördlich vom Tiber in der Regel dieselbe Sprache und stammen aus derselben Volksgruppe. Dennoch ist eine jede Stadt sehr stark von der anderen unterschieden: jede zeigt ihren besonderen Charakter, hat eigene
Bräuche und Traditionen, besitzt ihre spezielle Industrie
und Kunstfertigkeit. Politische Uneinigkeit ist eines der
ständigen Merkmale der etruskischen Geschichte. Die Etrusker waren nicht gleich und ohne weiteres eine Nation.
Später, wohl um die Mitte des 6. Jahrhunderts, bildeten sie,
wie die ionischen Städte in Kleinasien, eine Liga, die zwölf
Stämme zu einer politischen und religiösen Einheit zusam-
menfaßte[9]. Die zwölf Stämme oder Städte, *duodecim Etruriae populi*, d. h. – sofern man überhaupt eine offizielle
Liste aufstellen kann – Veji, Caere, Tarquinia, Vulci, Rusellae, Vetulonia, Volsinii, Clusium, Perusia, Cortona, Arezzo
und Volterra, hielten in bestimmten Abständen in ihrem
Bundesheiligtum, das sich auf dem Territorium von Volsinii
befand, im Tempel der Voltumna oder des Vertumnus, eine
feierliche Versammlung ab *(concilium Etruriae)*; die Abge-
ordneten berieten dort über das Wohl der Nation und wählten zur Verteidigung der Interessen der Gesamtheit den
»Magistrat der etruskischen Nation«, *zilath mechl rasnal*,
lateinisch: *praetor Etruriae*. Trotz der Meinungsverschieden-
heiten, die die Gemeinschaft fortwährend bedrohten, vereinigten die Etrusker von nun an bisweilen ihre militärischen
Kräfte zu gemeinsamen Unternehmungen und machten sich
an umfassendere Projekte[10].
Mit dem Bewußtsein, eine politische Einheit zu bilden, er-
weiterten sie ihr Betätigungsfeld. Sie waren nicht mehr damit zufrieden, das Land, das die Natur – sie selbst behaupteten, Jupiter – ihnen zugeteilt hatte, zu sanieren und fruchtbar zu machen; sie überschritten die Grenzen und gründeten

ein Reich, das für kurze Zeit fast die ganze Halbinsel umfaßte: Im Norden, in der Poebene, bildete sich gegen Ende des 6. Jahrhunderts ein neues Etrurien, das ebenfalls zwölf Städte umfaßte, u. a. Marzabotto an der Mündung des Reno, in der Emilia Bologna, das damals Felsina hieß, Parma, Modena, Ravenna, Spina, Adria, Melpum (vielleicht das heutige Mailand) und Mantua, die Geburtsstadt Vergils. Deshalb bekamen die Etrusker als erste den Ansturm der Gallier zu spüren, die am Anfang des 4. Jahrhunderts in Italien eindrangen. Im Süden eroberten sie Latium und unterwarfen Rom. Die Annalen berichten von der etruskischen Dynastie der Tarquinier, die von 616–509 geherrscht haben soll. Die neuesten archäologischen Forschungen bestätigen die Angaben mit folgender Korrektur: Sie verschieben die Zeit der Herrschaft auf die Jahre 550 bis 475[11]. Die Etrusker drangen noch weiter vor: Das etruskische Kampanien entstand um 500 gegenüber von Cumae in der Gegend von Capua, Nola, Nuceria und Pompeji (wo man kurz vor dem Krieg etruskische Inschriften entdeckt hat), von Sorrent und Salerno und stellte eine direkte Verbindung zu Großgriechenland her. Auch hier, so behauptet man, soll es sich wieder um zwölf Städte gehandelt haben.

Die Macht der Etrusker auf dem Meer stand ihrem Einfluß zu Lande nicht nach. Ihre ältesten Städte, Vetulonia, Vulci, Tarquinia und Caere, lagen nur wenige Kilometer vom Strand oder von kleinen Häfen entfernt: Graviscae gehörte zu Tarquinia, Pyrgi zu Caere; dort lagen ihre Handels- und Kriegsschiffe. Als Seeleute, oder besser gesagt als Piraten, tauchen sie zuerst in den Berichten der Griechen auf. Aber in der Bezeichnung Piraten, d. h. Abenteurer, äußert sich nur der Unmut von Rivalen, die jegliche Konkurrenz als unlauter empfinden. Die Etrusker haben lange Zeit die griechische Schiffahrt in ihren Gewässern fast unterbunden. Da sie seit langem mit den Inseln, die ihrer Küste gegenüberlagen, vor allem mit Sardinien in engem Kontakt standen, beschränkten sie die Kolonisierung der Griechen

auf den Süden der Halbinsel. Bald verbanden sie sich zur
Bekämpfung der phokäischen Thalassokratie, welche Marseille, die Herrscherin über den äußersten Westen, hatte entstehen lassen, so eng mit Karthago, daß nach Aristoteles
»die Etrusker mit den Karthagern einst eine einzige Nation
gebildet haben«. Die Phokäer, denen es gelungen war, auf
Korsika Fuß zu fassen, wurden um 535 in einer denkwürdigen Seeschlacht bei Alalia (Aleria) von dort vertrieben; sie
unterlagen beinahe den vereinigten Flotten der Etrusker
und Karthager.

Dieses Datum bezeichnet den Höhepunkt der etruskischen
Macht. Wenig später setzte der Abstieg ein. Gegen Ende des
Jahrhunderts, um 509 oder etwas später, wurden die Tar-
quinier aus Rom vertrieben, Latium erlangte wieder seine
Unabhängigkeit, und das kampanische Etrurien verlor seine
Landverbindung zum eigentlichen Etrurien. 480 mußten die
Karthager bei Himera alle Hoffnungen auf eine Eroberung
Siziliens begraben. 474 erlitt die etruskische Flotte in den Ge-
wässern von Cumae durch die Syrakuser eine Niederlage, die
ihrer Herrschaft im Tyrrhenischen Meer ein Ende setzte.

Doch war die Katastrophe nicht so groß, daß sie dem Aufschwung des ganzen Volkes ein jähes Ende gesetzt und die
noch nicht erschöpfte Lebenskraft gebrochen hätte; Tarquinia und Caere verloren zwar einen beträchtlichen Teil
ihres Reichtums, doch veranlaßte die Einschränkung der
Macht in diesem Landesteil eine gewaltige Ausdehnung der
etruskischen Welt nach der Adria hin. Das Etrurien in der
Poebene organisierte sich; Marzabotto und das etruskische
Bologna kamen zur Entfaltung; die Anfänge des Reichtums
von Adria und Spina liegen an der Wende des 6. zum
5. Jahrhundert. Das nördliche, das zentrale und das an der
Küste gelegene Etrurien erstarkte durch den Kontakt mit
den neuen Kräften dieser Provinz.

Für Etrurien beginnt nun, wie für ganz Zentralitalien, eine
Art Mittelalter, gekennzeichnet durch die Vielfalt verwor-
rener Tendenzen. Für alle gemeinsam bildeten sich, undurch-

schaubar zunächst, politische, religiöse und technische Formen heraus. Das republikanische Rom ist nur einer der bekanntesten Brennpunkte dieser Entwicklung gewesen. Gleichzeitig machen Tarquinia, Volsinii, Arezzo, Tusculum und Rom ähnliche Erfahrungen. Verschiedene Stämme versuchen, in Krieg und Frieden den geistigen und materiellen Problemen gerecht zu werden, die sich allen gleichermaßen stellen; sie tauschen ihre Erfahrungen aus[12]. Die Eroberungen durch Rom im 4. und 3. Jahrhundert verhindern nicht, daß bei der Herausbildung der kulturellen Koiné da und dort etruskische Institutionen paradoxerweise ihre Gültigkeit behalten und mehr als jeder andere Faktor dazu beitragen, die Eroberer zu zivilisieren. Ende des 4. Jahrhunderts war es den großen Familien Roms zur Gewohnheit geworden, ihre Söhne nach Caere zu schicken, genauso wie sie sie später zur Vollendung ihrer Erziehung nach Athen sandten. Der römische Senat selbst ergriff Mitte des 2. Jahrhunderts Maßnahmen, die die Erhaltung der *Etrusca disciplina* auch dann noch garantierten, wenn der etruskische Adel das Interesse daran verlieren sollte. Veji wurde 396 zerstört, Volsinii 265; doch andere Städte, die das Glück mehr begünstigte, wurden Verbündete Roms, und ihre Bewohner bekleideten, zumindest nominell, Magistraturen und Priesterämter wie zur Zeit der Unabhängigkeit. Es gab in Tarquinia bis zum Ende der Republik die *zilath mechl rasnal*; unter den Kaisern tauchte sogar der Titel *praetor Etruriae* wieder auf. Zu Beginn des 1. Jahrhunderts verkündete das François-Grab in Vulci mit mehr Pietät denn je die Taten der Helden, welche in alter Zeit die Zierde der Stadt gewesen waren. Noch unter Konstantin wurden die Bundesspiele im heiligen Hain von Volsinii feierlich abgehalten.

Aus all diesen Gründen kann man die Grenzen unserer chronologischen Übersicht nicht enger ziehen. Wir möchten die tyrrhenische Vor- oder Frühgeschichte gern übergehen und das Leben der Etrusker im 6. Jahrhundert auf dem Gipfel der Entfaltung betrachten. Dies ist der Augenblick,

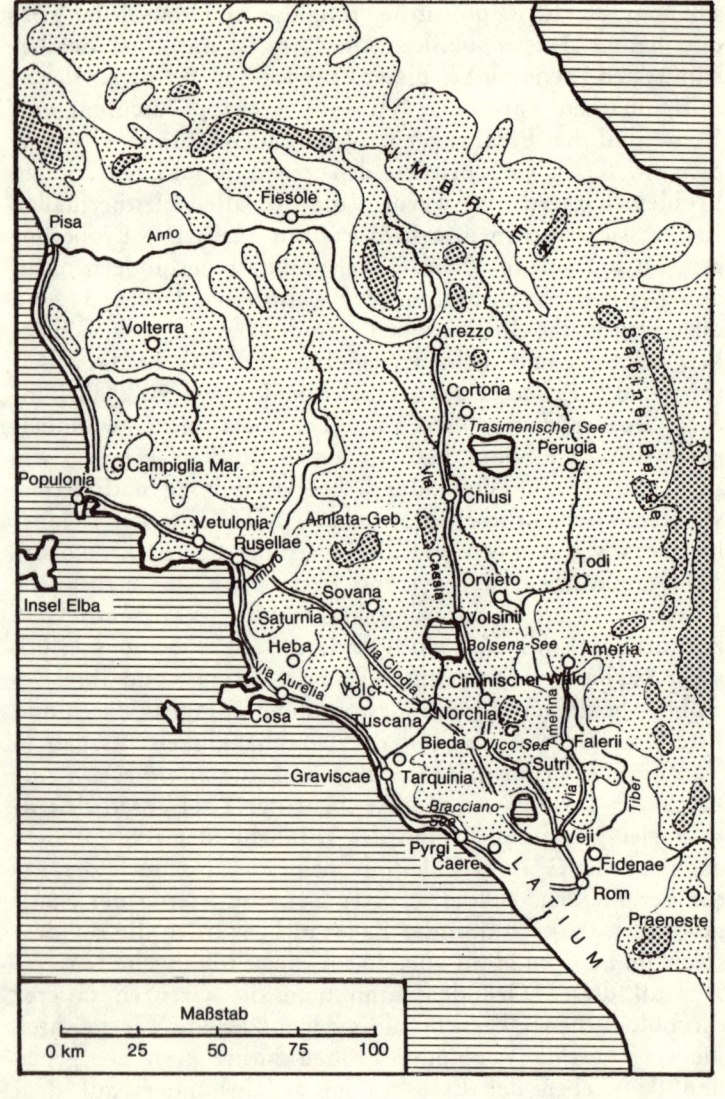

Pisa

Fiesole

Arno

Volterra

U M B R I E N

Arezzo

Cortona

Trasimenischer See

Perugia

Campiglia Mar.

Populonia

Vetulonia

Rusellae

Amiata-Geb.

Chiusi

Via Cassia

Insel Elba

Umbro

Sovana

Saturnia

Heba

Orvieto

Volsinii

Bolsena-See

Todi

Sabiner Berge

Via Clodia

Ameria

Ciminischer Wald

Volci

Vico-See

Via Amerina

Falerii

Via Aurelia

Cosa

Tuscana

Norchia

Bieda

Sutri

Graviscae

Tarquinia

Bracciano-See

Tiber

Via

Pyrgi

Caere

Veji

Fidenae

L A T I U M

Rom

Praeneste

Maßstab

0 km   25   50   75   100

wo die eine Mittelmeerkultur zu verschwinden beginnt und die römische Welt sich aufzublühen anschickt. Aber es sei uns erlaubt, sowohl die älteren Zeugnisse, d. h. die um 650 in Tarquinia und Caere vergrabenen Schätze, als auch die jüngeren zu Hilfe zu nehmen. Ab dem 4. Jahrhundert werden bildliche Darstellungen eindeutiger, und die Zahl der Inschriften nimmt zu. Selbst aus der Zeit der römischen Eroberung, durch die sich unsere Kenntnisse vielfach erweitert haben, dürfen wir, sofern wir dem Zeitpunkt Rechnung tragen, Dokumente heranziehen: sie geben uns über überlebendes Kulturgut Aufschluß und damit auch über das alte Etrurien. Wir werden immer wieder feststellen, daß das etruskische Volk, dieses »sehr alte Volk«, wie Dionys von Halikarnass zur Zeit des Augustus sagt – so empfänglich es für überlegene Kulturformen, d. h. für das Griechische, auch war –, doch immer sehr konservativ blieb, den Sitten der Väter eifrig anhing und voller Stolz seine Eigenart wahrte. Jedenfalls scheint die Geschichte stillzustehen, wenn die Prinzen von Norchia und Perusia in der purpurgesäumten Toga des römischen Ritters bis zum Beginn unserer Zeitrechnung wie die authentischen Zeitgenossen der Tarquinier auftreten.

Wir beharren auf einer Tatsache, die nicht allen Lesern klar sein dürfte: zu Unrecht stellt man sich vor, die Geschichte der Etrusker sei mit dem Auftreten anderer Akteure, d. h. der Römer, auf der Bühne der Welt einfach zu Ende gewesen; das etruskische Volk sei nach der Eroberung seines Landes durch die Römer verschwunden, da einige seiner Städte zerstört worden waren und die politische Freiheit verloren war. Die Völker haben ein zähes Leben. Gewiß, es gibt Massaker, und ganze Stämme werden vertrieben, aber als Volsinii und Falerii zerstört waren, entstanden vor ihren Toren *Volsinii novi* und *Falerii novi*, wo sich die Überlebenden der Katastrophe niederließen. Und unter neuen Bedingungen lebten die alten Traditionen fort. Man hat oft aufgrund gewisser rhetorischer Überspitzungen geglaubt, die Samniten seien nach den Bundesgenossenkriegen völlig ausgerottet gewesen. Ettore Pais hat nachgewiesen, daß die Munizipalmagistrate von Samnium in der Kaiserzeit die direkten Nachkommen der Samniten der *belle époque* gewesen sind. Sie waren also nicht ausgestorben. Dies gilt noch viel mehr von den Etruskern, die in Rom dank ihrer Kultur hoch angesehen waren und die, nach den Versen des Horaz über die Griechen, ebenfalls »als Besiegte die Sieger besiegten«. Die Römer selbst trafen bisweilen Vorkehrungen, um die etruskischen Riten und Gebräuche zu retten. Das System der etruskischen Eigennamen blieb im Lauf der Jahrhunderte als Ganzes erhalten und bezeugt, daß am gleichen Ort im selben Palast die gleichen großen Familien weitergelebt haben, aus denen sich in der römischen Geschichte die Dichter und selbst die Kaiser rekrutierten. Ein langer Verfall hat ihre sonderbaren Eigenarten langsam zerstört, ohne zunächst ihre Vitalität zu untergraben. Wir müssen außerdem darauf hinweisen, daß noch zur Zeit des Augustus die etruskische Sprache gesprochen und auf den Grabsteinen von Perusia geschrieben wurde.

Chronologische Übersicht

I. Die Ursprünge:

13. Jh.   Legendäre Wanderung der Lydier des Tyrrhenos.
9.–8. Jh.   *Villanovakultur.*
      Anfang der *griechischen Kolonisierung* in Italien und auf Sizilien (um 770 Niederlassung der Chalkidier auf Ischia, dann in Messina und in *Cumae*).
7. Jh.   *Orientalisierende* Kultur: Aufschwung der etruskischen Städte.

II. Der Höhepunkt der etruskischen Macht:

6. Jh.   Das Bündnis der Etrusker mit den Karthagern sichert ihrer Flotte die Herrschaft über das westliche Mittelmeer.

um 535   Seesieg über die Phokäer bei *Alalia (Aleria)* vor
          Korsika.
616–509   Herrschaft der *Tarquinier* in Rom.
2. Hälfte des Jh.s   Expansion der Etrusker in der *Poebene*
          und in *Kampanien*.

III. Der Verfall des etruskischen Reiches:

Ende des 6. bis Anfang des 5. Jh.s   Befreiung Roms:
509   Vertreibung der *Tarquinier*.
508   Feindselige Rückkehr des *Porsenna*, des Königs von
          Clusium und Herrschers über Rom.
504   Sieg des *Aristodem von Cumae* und der *Latiner* bei
          Aricia über einen Sohn des Porsenna.
499   Sieg der Römer über die Latiner am *Lacus Regillen-*
          sis.
474   Seeschlacht bei *Cumae*: die Etrusker, erdrückt durch
          die syrakusische Flotte, verlieren die Kontrolle über
          das Tyrrhenische Meer.
423   Einnahme *Capuas* durch die Samniten.
um 400   Beginn der *gallischen Invasionen* in Italien: die
          Etrusker werden auch von Norden her bedrängt.

IV. Die römische Eroberung:

396   Einnahme von *Veji* durch die Römer.
390   Die Gallier dringen bis nach Rom vor, belagern die
          Stadt und stecken sie in Brand.
386   Bündnis zwischen Rom und *Caere*.
384–383   Zug des Hieron von Syrakus gegen *Caere*.
358   Beginn des Krieges zwischen Römern und Etruskern.
353   Sieg Roms über *Caere*.
351   Sieg Roms über *Tarquinia*.
310   Durchzug durch den Ciminischen Wald, Eroberung
          Inneretruriens, Sieg über *Arezzo*, *Cortona* und *Peru-*
          sia.
308   Unterwerfung *Tarquinias*.
301   Aufstand der Cilnii in *Arezzo*.

295 Niederlage der Gallier und Etrusker bei *Sentinum*: Unterwerfung von *Volsinii*, *Arezzo* und *Perusia*.

280 Bündnisvertrag mit *Arezzo*, *Volsinii*, *Perusia*, *Vulci*, *Rusellae*, *Vetulonia* und *Populonia*.

273 Gründung der latinischen Kolonie *Cosa*.

265 Einnahme und Zerstörung von *Volsinii*.

V. Das römische Etrurien:

(264–241 1. Punischer Krieg.)

245(?) Gründung der römischen Kolonie *Pyrgi*.

241 Zerstörung von *Falerii*, Bau der *Via Aurelia*, Bau der *Via Amerina*.

225 Sieg der Römer und ihrer etruskischen Verbündeten über die Gallier bei *Telamon*, Bau der *Via Clodia*.

(218–201 2. Punischer Krieg.)

218 Gründung der latinischen Kolonie *Piacenza*.

205 Kontributionen der etruskischen Städte für die Expedition des Scipio gegen Karthago.

196 *Sklavenaufstand* in Etrurien.

189 Gründung der latinischen Kolonie *Bologna*.

183 Gründung der römischen Kolonien *Parma* und *Modena*.

181 Gründung der römischen Kolonien *Graviscae* und *Saturnia*.

177 Gründung der römischen Kolonie *Luni* und der latinischen Kolonie *Lucca*.

154 (od. 125) Bau der *Via Cassia*.

(133–121 Agrarreformen der Gracchen, die den etruskischen Grund und Boden nicht berühren.)

91 *Marsch der Etrusker auf Rom* aus Anlaß der Gesetze des Tribunen M. Livius Drusus, welche die Etrusker betreffen.

90–88 *Bundesgenossenkrieg*, danach erhalten die etruskischen Städte das römische Bürgerrecht.

82 Nach dem 1. Bürgerkrieg, in dem Etrurien für Marius Partei ergriffen hatte, entzieht *Sulla Arezzo* und

Volterra das Stimmrecht und konfisziert einen Teil ihres Territoriums.

42   Während des 2. Bürgerkrieges wird das von den An-
toniern besetzte *Perusia* von *Octavian* belagert und
angezündet.

Der Stand unserer etruskischen Sprachkenntnisse

Mancher wird es erstaunlich finden, daß wir uns so oft auf
das Zeugnis etruskischer Inschriften berufen und ihnen ver-
trauenswürdige Hinweise auf die Institutionen und Sitten
entnehmen. Das bedeutet nicht, daß wir zu denen gehören,
die sich von Zeit zu Zeit rühmen, »das Geheimnis der Sprache gelüftet zu haben«, das als »undurchdringlich« gilt. Doch
unsere Etruskischkenntnisse sind gar nicht so hoffnungslos
gering, wie man behauptet; es scheint vielmehr, daß das
Publikum nicht ganz auf dem laufenden ist, was die Grund-
probleme betrifft. Salomon Reinach hat einst ein Buch
Eulalia oder Griechisch ohne Tränen und *Cornelia oder
Latein ohne Mühe* publiziert. Es wäre an der Zeit, *Tanaquil oder Etruskisch ohne Betrug* auf den Markt zu bringen.

Das Etruskische entzieht sich uns nicht hinter dem Schleier
einer besonderen Schrift, die man erst lesen lernen müßte,
um weiterzukommen, ähnlich wie Champollion die ägyptischen Hieroglyphen entziffert hat und wie durch eine sensa-
tionelle Entdeckung der beiden englischen Gelehrten Ventris
und Chadwick die Ideogramme des mykenischen Syllaba-
riums, des sog. Linear B, entschlüsselt wurden. Zur allgemeinen Verwunderung hat sich herausgestellt, daß die unbekannten Zeichen, die zwischen 1450 und 1200 in Mykene
und Pylos auf Tafeln festgehalten worden waren, eine bekannte Schrift verbergen: keine andere als archaisches Griechisch. Das Etruskische ist ohne weiteres lesbar. Sein Alphabet ist dem unseren sehr verwandt, denn es ist vom Griechischen abgeleitet, und die Römer haben es übernommen

und an uns weitergegeben. Wir *lesen* die Wörter zwar fließend, aber wir *verstehen* sie nicht. Sie gehören einer Sprache an, die, mit Ausnahme einiger Lehnwörter, weder dem Griechischen noch dem Lateinischen, noch sonst einer bekannten Sprache gleicht.

Bedeutet das, daß wir für immer auf ein Verständnis verzichten müssen, es sei denn, eine Bilingue tauchte auf, wie z. B. der dreisprachige Stein von Rosette mit seinen parallelen Versionen desselben Textes in Hieroglyphen, demotischer und griechischer Sprache, der am Anfang des 19. Jahrhunderts der Ägyptologie zu einem ungeahnten Aufschwung verhalf?

Kurze etruskisch-lateinische Bilinguen, in denen ein romanisierter Etrusker doppelt seine Personalien angibt, stehen uns schon lange zur Verfügung. Möglicherweise legen die Archäologen eines Tages bei Ausgrabungen auf dem Forum von Vulci oder bei den Pfahlbauten von Spina eine lange Inschrift frei, die auf zwei Seiten zweisprachig die Klauseln eines Vertrages oder eine wichtige öffentliche Akte wiedergibt. Solch ein Fund würde unsere lexikographischen Kenntnisse erheblich bereichern; aber es wäre falsch anzunehmen, daß damit plötzlich ein Bereich in volles Licht rückte, der bislang in vollkommene Dunkelheit getaucht war. Gleichwohl wäre es ein großer Fortschritt. Doch hat man unterdessen nicht tatenlos abgewartet: eine beachtliche Wegstrecke ist schon zurückgelegt.

Man darf keinesfalls die geduldigen und fruchtbaren Anstrengungen mehrerer Generationen von Linguisten mißachten, die ohne Anmaßung und Reklamegeschrei im Bewußtsein ihrer augenblicklich noch sehr begrenzten Möglichkeiten, doch entschlossen, diese voll auszuschöpfen, aus der Etruskologie eine echte Wissenschaft gemacht haben, deren Methoden sich immer mehr klären. Sie haben aufmerksam etwa 10 000 epigraphische Texte, von denen allerdings nur wenige relativ lang sind, geprüft und in einem Meer von Ungewißheit einige feste Inseln erobert. Von ihnen ausge-

hend, stoßen sie ins Unbekannte vor und machen weitere
Fortschritte[13].

Es sei uns erlaubt, hier drei Epitaphe aus Tarquinia vorzustellen. Als grundlegende Beispiele sollen sie auch die Skeptiker überzeugen.

1. *Larth Avles clan avils huth muvalchls lupu*[14];
2. *Velthur Larisal clan Cuclnial Thanchvilus lupu avils
   XXV*[15];
3. *Larth Arnthal Plecus clan Ramthasc Apatrual eslz zi-
   lachnthas avils thunem muvalchls lupu*[16].

Die Untersuchung von Hunderten Formeln dieser Art, in
denen jeweils an der gleichen Stelle gleiche Wörter auftauchen, erlaubt es, ihren Sinn bis ins kleinste Detail sicher
festzulegen. Sie beginnen mit den Eigennamen, die oft durch
ihre lateinischen Äquivalente bekannt sind (*Lars*, *Aulus*,
Tanaquil usw.): es sind dies die Namen des Verstorbenen,
der seines Vaters, bisweilen auch der seiner Mutter. Sie
enden mit den Wörtern *avils lupu*, denen eine Zahl in Ziffern oder Buchstaben vorausgeht oder folgt (*thu* und *huth*
sind auf zwei Seiten eines Würfelpaares als Zahlwörter
bezeugt). Die dritte Inschrift führt in der Mitte zusätzlich
zwei Wörter ein; das eine *eslz* ist ein Zahlwort oder Zahl-
adverb, das andere ist aus einer Amtsbezeichnung abgeleitet, aus *zilath = praetor*, die aus anderen Quellen bekannt ist.

Nach dieser Analyse sind folgende Übersetzungen nicht nur
möglich, sondern sicher; allein der Wert der Zahlwörter
ist noch umstritten:

1. Larth, Sohn des Aulus, ist mit 55 Jahren gestorben.
2. Velthur, Sohn des Laris und der Tanaquil Cuclni, ist mit
   25 Jahren gestorben.
3. Larth, Sohn des Arnth (= Arruns) Plecu und der Ramtha
   Apatrui, ist nach zweimaliger Praetur mit 49 (*undequin-
   quaginta*) Jahren gestorben.

Dokumente dieser Art enthüllen unfehlbar Verwandtschaftsbezeichnungen (*clan*: Sohn, anderswo auch *sec*: Tochter,
puia: Gattin), das Substantiv, welches Jahr bedeutet: *avil*,
das Verb sterben: *lupu*. Sie zeigen uns (z. B. im 3. Epitaph)
eine Kopula -*c*, die wie das lateinische -*que* nachgestellt
wird. Sie liefern uns auch Angaben zur Morphologie, z. B.
die Genetivendungen -*s* und -*al*. Es bleiben die Zweifel über
die Zahlwörter, doch müssen sie nicht endgültig sein. Wenn
die etruskische Sprache auch schwierig ist, so ist ihre weiter-
schreitende Entzifferung doch wohl eine Frage der Zeit und
geduldiger Arbeit und nicht die Folge eines Wunders.
Die Etruskologie kennt mittlerweile ein Vokabular von
rund 200 Grundwörtern, die Gentilnamen nicht mitgerechnet. Eine bestimmte Anzahl stammt aus antiken Glossen,
die Mehrzahl konnte durch die Exegese der Texte festgestellt werden. Ihre Zahl wächst langsam von Jahr zu Jahr.
Emil Vetter ist es eines Tages gelungen, die Datierungsfor-
mel durch Angabe der Magistrate, die dem lateinischen *Cn.
Fulvio P. Sulpicio consulibus*[17] entspricht, herauszulösen; ein
anderes Mal entdeckte Santo Mazzarino, ausgehend vom
etruskischen *tular*, Grenze, in der Inschrift eines Cippus von
Perusia eine ganze Reihe juristischer Termini, die sich auf
eine Grenzstreitigkeit zwischen zwei Nachbarn beziehen[18].
Doch die Kenntnis einer Sprache mißt sich nicht an der größeren oder geringeren Anzahl von Wörtern, deren Bedeutung man weiß oder ahnt. Man beginnt, die grammatischen
Grundlagen des Etruskischen zu durchschauen, das kompli-
zierten und oft eigenartigen Gesetzen gehorcht. Und man
verfügt jetzt auch über eine einigermaßen solide Phonetik,
eine Morphologie mit Paradigmen zur Deklination und
Konjugation, einige Elemente der Syntax und sogar etwas
Stilistik. Die Gelehrten streiten sich heute nicht mehr darüber, ob das Etruskische dem Baskischen oder Kaukasischen
verwandt ist, sondern ob diese oder jene Form einen Genetiv oder einen Lokativ, ein Aktiv oder ein Passiv bezeichnet. Ein Interpretationsversuch bedeutet heute nicht mehr,

sich auf ein Wort zu stürzen, das aus einem dunklen Kontext durch eine vermeintliche Verwandtschaft mit dem Griechischen, Lateinischen oder Lydischen plötzlich ans Licht tritt, und daraus schwindelerregende Konsequenzen zu ziehen; man geht vielmehr von Phonetik und Morphologie aus und sichert so die Bedeutung der angenommenen Beziehung des Wortes zum Text. Dank dieser Methode sind beachtliche Ergebnisse erzielt worden, die oft von sehr großem Interesse für die Geschichte der etruskischen Kultur sind. Wir entnehmen sie den Fachzeitschriften *Glotta* und *Studi Etruschi*, wo sie aufgeführt sind, und verwenden sie bei unserem Rekonstruktionsversuch.

ERSTES KAPITEL

Die äußere Erscheinung der Etrusker

Wie sieht man als Etrusker aus? Angesichts des Erstaunens, das die Sitten des fremden Volkes sowohl den Menschen der Antike als auch der Moderne einflößen, kann man sich fragen, ob nicht bei den Etruskern wie bei den Persern des Montesquieu »in der Physiognomie etwas Seltsames lag«. Gab es einen etruskischen Menschentypus, der in der bunten Menge mittelmeerischer Menschen auf den ersten Blick den Piraten von Caere, den Haruspex von Tarquinia und die Kurtisane von Pyrgi verriet? Es ist für das Folgende nicht unwichtig zu wissen, mit wem wir es zu tun haben und ob die Leute, die wir in ihrem täglichen Leben beobachten wollen, eine Konstitution *sui generis* hatten.

Die Ergebnisse der medizinischen Biologie

Die Frage nach dem körperlichen Typus der Etrusker ist nicht neu. Zahlreiche Gelehrte, Archäologen, Anthropologen und Biologen, haben sich damit beschäftigt, allerdings meistens im Hinblick auf die Ursprünge der Etrusker: man wollte auf diesem Wege ihre Herkunft aus dem Orient beweisen. Jüngere Veröffentlichungen von Sir Gavin de Beer, dem Direktor des Victoria and Albert Museum[1], haben zu diesem Zweck die Entstehungsgeschichte der Blutgruppentypen ins Spiel gebracht. Der Prozentanteil der vier Grundtypen, in die die Menschheit eingeteilt wird, hält sich für jede Rasse erstaunlich stabil und läßt über Jahrhunderte hinweg z. B. den Zusammenhang zwischen jüdischen Kolonien in Holland und Rußland erkennen. Der Gegensatz zur übrigen Bevölkerung bleibt bestehen. Bei den Zigeunern in Ungarn zeigen sich dieselben Werte wie bei den Juden, von denen sie abstammen. Man glaubte nun, anhand von Karten über die Verteilung der einzelnen Typen feststellen zu können, daß es in Mittelitalien eine Zone gibt, die etwa mit dem Gebiet der Toskana übereinstimmt, in der das Verhältnis der Gruppen A und B etwa fünf Prozent über dem der Bevölkerung nördlich und südlich liegt. Dieses Ergebnis scheint auf eine Verwandtschaft der Nachkommen der Etrusker mit östlichen Stämmen, wie den Armeniern, Indern und Zigeunern, hinzuweisen.

Angeregt durch diese These veranstaltete die Ciba Foundation 1958 in London ein Kolloquium über die medizinische Biologie im Zusammenhang mit dem Ursprung der Etrusker[2]. Archäologen und Naturwissenschaftler verglichen ihre Methoden und Resultate. Die Wissenschaftler äußerten sich sehr zurückhaltend; sie vermieden es, endgültige Aussagen über den Ursprung der Etrusker zu machen. Sie stellten aber fest, daß eine genauere Untersuchung der Blutgruppentypen im Gebiet von Etrurien und den benachbarten Gegenden angestellt werden müßte.

Seit etwa hundert Jahren nehmen die Anthropologen Schädelmessungen in den etruskischen Nekropolen vor. Allerdings steht ihnen nur wenig Material zur Verfügung, und die Epochen, in denen die Einäscherung Brauch war, entziehen sich ganz ihrer Beobachtung. Giuseppe Sergi hat 44 Schädel aus sieben verschiedenen Nekropolen untersucht und 34 Dolichozephalen und Mesozephalen gegenüber 10 Brachyzephalen festgestellt. Die langen und mittleren Schädel deutet er als den Eindringlingen aus dem Osten zugehörig, die breiten als die der Eingeborenen. Dagegen ist eingewandt worden, daß sich dieselben Schädeltypen bei der ganzen Mittelmeerbevölkerung, die seit dem Neolithikum den gesamten Mittelmeerraum beherrschte, zu finden sind[3]. Die Verhältnisse sind so kompliziert, daß man mit Schrecken sieht, wie gewisse Anthropologen ohne Rücksicht auf die Fakten verallgemeinern: »Die Schädel der Etrusker haben eine glatte Oberfläche, der Wulst über den Augenhöhlen ist nur schwach ausgebildet. Die Seitenwände des Schädels sind von oben

Abb. 2 Der Sarkophag von Cerveteri (Louvre, Paris)

gesehen nicht parallel wie bei den anderen mediterranen Dolichozephalen, sie laufen nach vorne hin zusammen. Der Schädel ist über die Scheitelbeine hin breit, die Stirn ist schmal, die Nase zierlich, die Augenhöhlen sind hochgezogen und rund.« Sir Gavin schließt daraus: »Man erkennt in der Beschreibung der Anthropologen leicht den Typus des Paares auf dem Sarkophag von Cerveteri wieder: längliches Gesicht, schmale Nase, enge Stirn ohne Wülste, leicht länglicher Kopf[4].«

Der Terrakottasarg von Cerveteri (Caere) aus der zweiten Hälfte des 6. Jahrhunderts ist wohlbekannt. Es existieren davon drei fast identische Exemplare; einer befindet sich im Louvre (Abb. 2), der zweite im Museum der Villa Giulia in Rom, der dritte (unechte) im Britischen Museum[5]. Es erübrigt sich, die feinen Gesichtszüge und das verhaltene Lächeln des Paares zu beschreiben, des Paares, das Seite an Seite auf dem Ruhebett liegt. Die Gegenwart der Frau an

der Seite des Gatten, der zärtlich seine Rechte auf ihre
Schulter legt, wäre in Griechenland eine unzulässige Kühnheit gewesen. Wir sehen, daß es für die Etrusker ein ge-
wohntes Bild war. Die Tote trägt auf dem Kopf den *tutulus*,
die bevorzugte Kopfbedeckung der etruskischen Frau der
archaischen Epoche, an den Füßen die *calcei repandi*, eine
Art Schnabelschuhe, die zur Tracht gehörten. Trotz der Haltung der dargestellten Personen und einiger Details der Be-
kleidung, die nachweislich ionischen Ursprungs sind, gleichen
die Gesichter zum Verwechseln den entsprechenden Darstellungen an zeitgenössischen Monumenten in Griechenland
und Kleinasien. Die Frau ähnelt den ersten attischen Koren;
der Mann, »ein Tyrrhenier (wir zitieren Charles Picard) mit
Bartkranz, ovalem, fast dreieckigem Gesicht und schrägen
Augen und mit langem Haar, das frei über seine Schultern
fließt, könnte von den Küsten der Ägäis stammen«[6] (Abb. 3).

Das Zeugnis der bildlichen Darstellungen

Dürfen wir jetzt noch annehmen, daß der Sarkophag von
Cerveteri uns ein getreues Abbild der Etrusker jener Zeit
bietet und daß wir uns die Fürsten und Fürstinnen des
Hofes von Tarquinia gemäß dem tönernen Bild des Paares
vorzustellen haben? Täten wir es, so würden wir die gebie-
terische Macht der Kunst übersehen. Hat uns die zeitgenössische Ästhetik nicht darüber belehrt, daß die Kunst dem
Leben ihre Gesetze aufzwingt? Man hat festgestellt, daß die
Natur eher die Kunst nachahmt, als daß die Kunst die
Realität wiedergibt. Daß der Impressionismus sich in der
Reaktion auf das akademische Schönheitsideal in die Baden-
den von Renoir, die Tänzerinnen von Degas und die Nym-
phen von Rodin, deren tierhafte Anmut seiner Sensualität
entsprach, verliebte, bedeutet noch lange nicht, daß die
Franzosen von 1880 eines schönen Morgens mit Schlitz-
augen, stumpfen Nasen und wulstigen Lippen erwacht sind;
und noch weniger, daß sich durch Gauguin ein kleines Ta-

hiti an der Seine gebildet hat. Wieviel umfassender und gebieterischer muß in Etrurien der Einfluß des ionischen Stils gewesen sein! Zusammen mit den herrlichen Wollstoffen aus Milet und den schwarzfigurigen Amphoren aus Klazomene oder Attika, mit den handwerklichen Techniken und mit

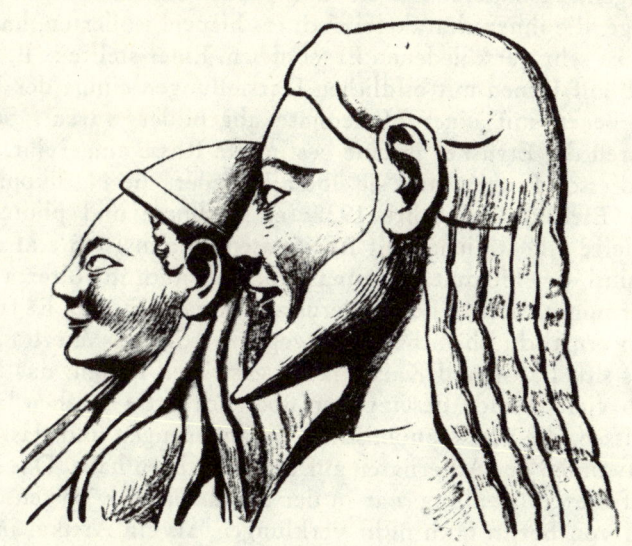

Abb. 3 Der Sarkophag von Cerveteri (Ausschnitt)

den Göttergestalten hatten die Etrusker aus Kleinasien und Griechenland die Vorstellung von der fliehenden Stirn, der schmalen, geraden Nase, den mandelförmigen Augen und dem besonderen Lächeln bei sich eingeführt. Diesem Schönheitsideal glichen sie die Lebenden an; auf jeden Fall bestimmte es das Bild, das nach ihrem Tode zurückbleiben sollte. Folglich versteckt sich das wahre Gesicht der Etrusker auf den Grabsulpturen hinter einer Maske.

Es ist verlockend, authentischere Zeugnisse in jüngeren Monumenten zu suchen in der Annahme, daß eine realistische

Strömung, verbunden mit der Beherrschung des überaus
formbaren Materials (des Tons), die Masken als veraltet
beiseite geschoben hätte, auch wenn andere Formen der Stilisierung zu bemerken wären. Dieser Gedanke hat vor dem
2. Weltkrieg deutsche Gelehrte, die der Rassentheorie an-
hingen, fasziniert. Da sie aber nach Gutdünken einzelne
Züge, die ihnen charakteristisch erschienen, isolierten, kamen
sie zu sehr verschiedenen Ergebnissen. Einer stellte z. B. fest,
daß auf Urnen mit bildlichen Darstellungen einige der Verstorbenen mit einer Hakennase abgebildet waren[7]. Schon
waren die Etrusker in eine bestimmte Rasse eingereiht, und
Professor Fischer fand sie überall wieder, die Nachkommen
der Etrusker im Jahre 1938: er zeichnete und photogra-
phierte alle Italiener mit Adlernasen. Die meisten traf er in
Chiusi, der Heimat Porsennas, an, viele auch in Volterra und
Tarquinia, wenige nur in Perusia, keine in Viterbo. Er fragte
sich ernstlich, ob nicht die bewegte Geschichte Viterbos, um
das sich Papst und Kaiser lange gestritten hatten, das folglich viele fremde Besetzungen über sich hatte ergehen lassen
müssen, die physiognomischen Veränderungen und das Verschwinden der Adlernasen auf dem Gewissen habe. Das Echo
auf diese Mitteilung war in der Akademie der Wissenschaf-
ten von Berlin noch nicht verklungen, als ein Artikel in der
Zeitschrift *Klio* vorgab, endlich das grundlegende und un-
terscheidende Rassenmerkmal der Etrusker und zugleich den
Beweis für den orientalischen Ursprung gefunden zu haben:
ihre Fettleibigkeit[8].
Hierfür sind allerdings Catull und Vergil verantwortlich,
der eine spricht vom *obesus Etruscus*, der andere vom *pin-
guis Tyrrhenus*[9]. Beide Aussagen sind offenbar unabhängig
voneinander. Catull beschreibt verschiedene Stämme Italiens und setzt den »feisten Etrusker« zwischen den »spar-
samen Umbrer« und den Latiner von Lanuvium, »sonnen-
verbrannt und mit weißen Zähnen«. Vergil beschreibt in
höherer Stillage eine Opferfeier, die sich unter Flötenklängen vollzieht, »während ein beleibter Tyrrhenier beim Altar

die Elfenbeinflöte bläst«. Etruskische Sarkophage aus dem 2. und 1. Jahrhundert scheinen die geeigneten plastischen Kommentare zu den Aussagen der Dichter zu sein. Sie zeigen den Toten halb liegend auf den Ellbogen gestützt, in der Hand eine Trinkschale wie beim Gelage. In einigen Fällen stellt der Künstler ganz realistisch, ja mit einer Art mitleidloser Freude einen beachtlichen Bauch dar, der aus den Falten des weit geöffneten Mantels hervorquillt.

Dies genügte einigen Leuten für die Behauptung, die frühen Etrusker seien gemäß den Darstellungen auf den Sarkophagen schmal gebaut und mager gewesen. Sie seien später nach ethnischen Wandlungen und sozialen Umwälzungen, in deren Verlauf die Urbevölkerung wieder zur Entfaltung gekommen sei, von den kurz gewachsenen, breit gebauten Italikern abgelöst worden. Andere erkannten mit Begeisterung auf den ältesten Stelen und Bronzen rundliche Etrusker: diese sollten folglich die authentischen Etrusker sein, dickbäuchige Silenenrudel, die geradewegs aus Karien und Kleinasien herübergekommen wären. Aus der eleganten Schlankheit der Gestalten von Cerveteri schloß man auf eine andere Bevölkerungsgruppe in Mittelitalien, die Pelasger, die von Kreta und den Inseln stammen sollen. Als ob es im Kanon des ionischen Stils nicht – wie schon längst nachgewiesen ist – gleichzeitig oder abwechselnd die kurzgestauchte und hochgewachsene Form des menschlichen Körpers gegeben hätte!

Dies hinderte Ernst Bux jedoch nicht, noch 1942 den Etruskern eine kleine, rundliche Gestalt zuzuschreiben. Er fand denselben Körperbau bei Vespasian wieder, dessen Vater zwar nachweislich Sabiner war, der aber vielleicht eine etruskische Mutter gehabt haben könnte. Schließlich sei diese Körperform, so bemerkt er, bis auf den heutigen Tag bei der Hälfte der toskanischen Bevölkerung erhalten geblieben.

Lassen wir diese lächerlichen Theorien beiseite und kommen wir auf die Fettleibigkeit der Etrusker zurück: Dieser Schönheitsfehler hat nichts mit einer kleinen Gestalt zu tun. Und in diesem Punkt dürfen wir das mehrfache Zeugnis der Dichter nicht übergehen, zumal es durch zeitgenössische Darstellungen auf Sarkophagen bestätigt ist. Hat man diese Zeugnisse nicht doch als zu gewichtig angesehen? In dem ausgezeichneten Katalog der jüngeren etruskischen Sarkophage, den Reinhard Herbig aufgestellt hat[10], finden wir nur eine kleine Anzahl, drei oder vier, die diese Besonderheit aufweisen. Und auch hier muß man noch unterscheiden. Die eine Darstellung aus San Giuliano bei Viterbo ist besonders eindrucksvoll, da die Figur in ihrer ganzen Länge auf dem Rücken liegt und der monumentale Bauch in der Mitte wie eine runde Kuppel aufragt. Man hat gemeint, es handele sich um eine schwangere Frau. Es ist aber eher damit zu rechnen, daß die Künstler dieser Zeit einen Hang zum Deformieren hatten und ihm gern nachgaben; dies führte dazu, daß die Massen in geometrische Formen aufgelöst wurden. Man kann durchaus von einer Art Kubismus sprechen; genauer hat man den Stil als stereometrisch bezeichnet, denn er kombiniert sphärische und kubische Körper. Der Sarkophag von San Giuliano stammt sicher aus dieser Schule, die sowohl dem griechischen Geschmack als auch der sonstigen etruskischen Kunst sehr fernsteht. Jedenfalls darf man nicht annehmen, daß es sich dabei um eine wirklichkeitsgetreue Darstellung des Toten handelt. Ein anderer Sarkophag aus dem Grab des Adelsgeschlechtes der Partunu in Tarquinia zeigt die große Gestalt eines alten Mannes. Die faltigen Wangen und der magere Hals kontrastieren eigenartig mit dem weichen, rundlichen Körper; aber so sieht mancher Intellektuelle am Ende seines Lebens aus, wie Herbig ganz richtig bemerkt. Der einzige wirklich beleibte Etrusker ist der im Museum von Florenz (Abb. 4). Man hat ihn als einen großen Fleischkloß beschrieben, der sich mit einer Art zynischer Unschuld vor uns ausbreitet. Ein Blütenkranz hängt um seinen Hals, in der ausgestreckten Rechten hält er eine Trinkschale, der goldene Ring des Ritters ziert den Ringfinger seiner Linken; der etwa fünfzigjährige Mann hat

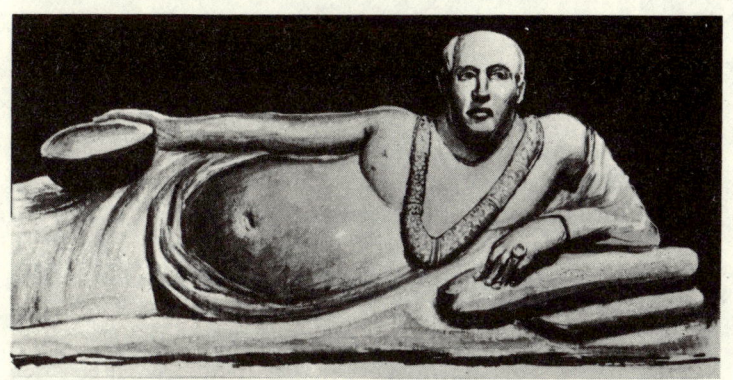

Abb. 4 Der feiste Etrusker (Archäol. Museum Florenz)

einen kleinen Kopf, der noch nicht verfettet ist, die Stirn ist
kahl, doch an den Schläfen wachsen die Haare noch; seine
großen, verschwommenen Augen sind weit geöffnet, seine
Lippen muß man sich rot vorstellen. Er scheint sich seiner
enormen Leibesfülle nicht bewußt zu sein; doch wenn er
sich vom Lager erheben wollte, müßten ihn wohl mehrere
Diener stützen. Die Nacktheit seines Nabels, des Zentrums
der Welt, ist fast indezent, aber das kümmert ihn nicht. Mit
seinem sorgfältig herausmodellierten Bauch bezeugt der
Nachkomme der alten etruskischen Könige ohne Scham, ja,
fast mit einem gewissen Dünkel, noch im Tode, der sich
wie ein Bankett ausnimmt, daß er zufrieden und satt aus
diesem Leben geschieden ist.
Der Sarkophag von Florenz kann als authentische Darstellung gewertet werden; er bestätigt in gewissem Sinn die
Aussagen der lateinischen Dichter. Er zeigt uns nicht den
Etrusker als Typus, sondern einen Etrusker unter anderen
aus der Zeit der Dekadenz, einen der reichen toskanischen
Großgrundbesitzer, denen Rom zwar die politische Unabhängigkeit genommen, die sozialen Privilegien aber belas-
sen hatte. Aus der Ferne verwalteten sie ihre *latifundia*, auf

denen eine große Zahl Sklaven arbeiteten; in ihren Palästen in Perusia und Tarquinia, wo sie stolz die Erinnerung an Größe und Glanz vergangener Zeiten pflegten, gaben sie sich dem *dolce far niente* und dem Wohlleben hin, und die Folgen zeigten sich nur zu deutlich.

Zur gleichen Zeit versuchte man in Rom, den Exzessen in der Lebenshaltung mit Gesetzen gegen den Aufwand zu begegnen; doch die Vorschriften blieben unwirksam. Cato Censorius entzog den *equites*, die zu korpulent waren, um sich im Sattel zu halten, das Staatspferd. Einen Dickleibigen griff er mit folgenden Worten an: »Wie kann der Staat Vorteil haben von einem Körper, bei dem der Magen den ganzen Platz von der Kehle bis zum Gürtel einnimmt[11]?« Der Satirendichter Lucilius brachte ein Vokabular, das Rabelais alle Ehre gemacht hätte, ins Spiel, um die Feinschmecker und die dicken Bäuche zu apostrophieren: *mandones, comedones, lurcones* – Leckermäuler, Schlemmer, Fresser, die sich mit Speck und halben Schweinen vollstopfen, sich anfüllen mit zartem Spargel und Blumenkohl, ihre Gesundheit ruinieren mit Garnelen und riesigen Stören. Sarkastisch schloß er mit der Anrufung: »*Vivite ventres*, seid gegrüßt, die Ihr nur aus Bauch besteht[12].« Der weise Lucilius, das *alter ego* des Scipio Aemilianus, lobte unterdessen die Genügsamkeit des Vegetariers und lehrte, daß der Sauerampfer allen Speisen überlegen sei[13]. Die Gassenredner wiederholten an jeder Straßenecke, daß die Feinschmeckerei Greise in Tiere verwandele wie die Zauberin Kirke und daß ein dicker Bauch unvereinbar sei mit einem subtilen Geist. »Wie könnten Menschen die Wahrheit erkennen, deren Herz voll ist von Wein und Schmutz[14]?« So verfolgten der römische Witz und die griechisch-römische Ethik gemeinsam mit ihren Spitzen und ihrem Urteil die Fettleibigkeit, den sichtbaren Ausdruck des Lasters. Da nun die Etrusker aus Gründen, die wir später sehen werden, den Ruf hatten, sich dem Luxus und der Ausschweifung zu ergeben, ist es nur natürlich, daß sie in den Augen ihrer Meister und Rivalen mit

dem sichtbaren Zeichen der *mollitia* versehen waren, zumal
ihre Entartung tatsächlich Anlaß zu Kritik gab. Doch handelte es sich hier eher um ein moralisches Urteil als um ein
objektives Bild ihrer körperlichen Erscheinung. Der Etrusker
wurde *obesus* genannt, wie man ihn auch als *segnis* und
ignavus bezeichnete. Wir kommen noch darauf zurück.

Die Etrusker und die Toskaner

Es bedarf übrigens keiner allzu großen Anstrengung, die
Nebel zu zerstreuen, hinter denen die Stilisierung der Alten
und der Systemzwang der Modernen den Typus des Etruskers verborgen haben. Denn sobald die Autorität der griechischen Vorbilder verblaßte, entwickelte sich ein frischer,
kraftvoller Realismus, ein Geschmack, der die Künstler und
das Publikum dazu trieb, die fast indiskret genaue Wieder-
gabe der individuellen Züge bis ins kleinste Detail anzustre-
ben und zu fordern. Wer sich darstellen ließ, damit der Sarkophag mit seinem Bild geschmückt sei, verlangte vor allem
Ähnlichkeit bis auf Warzen und Muttermale genau, denn
er hoffte, wenigstens in seinem Bild aus Stein oder Ton zu
überleben. Die Künstler überließen den Griechen den Marmor, ein Material, das Idealisierung und erhabene Effekte
begünstigt. Sie selbst hatten ihr Handwerk durch das Mo-
dellieren des Tons, der ihnen vertraut war, gelernt. Sie
formten nicht mit angehaltenem Atem wie der Bildhauer,
der vorsichtig den Marmor mit dem Meißel bearbeitet, sie
improvisierten und skizzierten eher und hielten so den
Augenblick fest und mit ihm das Persönliche. Auf dieselbe
Weise gingen sie mit der Bronze und sogar mit dem Ala-
baster um, ebenso auch mit dem Travertin. Ein sehr ein-
drucksvolles Beispiel dieser allgemeinen Tendenz liefert uns
eine Vasenmalerschule, die im 3. Jahrhundert in Volterra
in Blüte stand und sich offensichtlich einen Spaß daraus
machte, die schönen Profile der griechischen Modellzeich-
nungen auf der Wandung der Kratere systematisch zu erset-

zen: mit einigen schwungvollen Pinselstrichen – die volkstümliche Darstellungsweise reicht beinahe an die Karikatur
heran – zeichneten sie die Bürger der Stadt, so wie sie ihnen
auf dem Markt und beim Spaziergang auf dem Korso begegneten: die Naive mit feurigen Augen, die böse Alte mit

Abb. 5 Die Nonne (Antiquarium Berlin)

dem verkniffenen Zug um die Nase, den wichtigtuerischen
Sportsmann, den sauertöpfischen Gelehrten, das Kind mit
runden Wangen, die Alte mit ihrem um den Kopf gekno-
teten Tuch. Gerade diese Gestalt hat einem der Künstler
dieser Schule seitens der Wissenschaft den Namen *Nun-
painter*, Nonnenmaler, eingebracht[15] (Abb. 5).
Wenn man diese Galerie von Porträts betrachtet – kein
Volk hat sich je wahrheitsgetreuer dargestellt –, dann fin-

det man eine Fülle verschiedenster Gesichter und Typen, zarte und vulgäre, energische und weichliche, schlaue und dumme. Natur und Leben haben alle möglichen psychologischen Kombinationen hervorgebracht. Auf jeden Fall hat das etruskische Volk nichts Fremdartiges in seinen Zügen,

Abb. 6 Urne von Volterra

nichts, was uns das Gefühl von Andersartigkeit geben könnte, nichts, was uns in besonderem Maße anzieht oder abstößt, wie das so oft beim Anblick bestimmter Rassen der Fall ist; wir finden auch nichts, was man gemeinhin als orientalisch bezeichnet. Sobald die orientalisierenden Masken fallen, erscheinen die Italiener von gestern und heute: der Eindruck, daß sie blutsverwandt sind, ist einfach überdeutlich. »Mein Ebenbild, mein Bruder!«, könnte der

Florentiner von heute sagen. Unter den dargestellten Personen gibt es keinen Kalifen von Bagdad, keinen Kaufmann von Venedig, es handelt sich vielmehr um toskanische Bauern, Condottieri, Domherren, römische Kaiser, junge Bonapartes, und auf einer Urne von Volterra das Bild eines zufriedenen alten Paares: Philemon und Baucis des Ovid oder Taddeo und Veneranda von Giuseppe Giusti (Abb. 6). Nichts hindert uns also daran, in den Straßen von Tarquinia und Veji Menschen von demselben Schlag anzunehmen, wie wir ihn heute bei Spaziergängern auf dem Lungarno sehen.

Ein letztes Detail ergänzt unser Bild: die Frauen waren erheblich kleiner als die Männer[16]. Man hat Skelette vermessen; die Durchschnittsgröße der Männer belief sich auf 1,64 m, die der Frauen auf 1,55 m. Welch ein Glück, daß sich die gynäkokratischen Züge der etruskischen Gesellschaft, von denen wir in einem späteren Kapitel noch zu sprechen haben, nicht im Gardemaß ausdrückten; daß eine Frau wie Tanaquil ihren Mann Tarquinius nicht durch ihr Gewicht erdrückte, sondern durch ihren Charakter beherrschte, und daß Tarquinius sich leicht herabbeugen mußte, wenn er mit Tanaquil sprach.

Die durchschnittliche Lebenserwartung der Etrusker

Es ist vielleicht nicht ganz uninteressant, den Ausführungen über die körperliche Konstitution der Etrusker einige bis jetzt unveröffentlichte Daten über ihre durchschnittliche Lebensdauer hinzuzufügen. Die demographischen Studien sind in vollem Gange. Auch sie versuchen, mit neuen Methoden die Probleme zu lösen, die diese Bevölkerung mitten in der griechisch-römischen Welt aufwirft. Man hat die Lebenserwartung in Ägypten, Nordafrika, Spanien und Bordeaux festzustellen versucht. Zeugnisse dafür liefern die Grabinschriften, die sehr oft das Alter der Verstorbenen angeben[17]. Wir kennen eine ganze Anzahl etruskischer Epitaphe. Was sagen sie uns zu dem Gesamtproblem?

Wir haben bei der Interpretation nicht die Texte berücksichtigt, die die Zahlen in Buchstaben ausdrücken, da diese
ausgeschriebenen Zahlen noch nicht eindeutig identifiziert
sind. Die Reihe der ersten zehn Zahlwörter liegt allerdings
bereits fest; die Etruskologen geben sie an wie folgt: *thu,
zal, ci, huth, mach, sa, cezp-, semph-, nurph-* und *zar.* Un-
klar ist noch, welches der Wörter *huth* und *sa* 4 und 6 bedeutet und ob *cezp-* und *semph-* 7 und 8 bedeuten oder umgekehrt[18]. Da die Zehnerzahlen 30 bis 90 nach den Grund-
zahlen 3 bis 9 gebildet sind, könnte die Verwertung der
betreffenden Inschriften (rund zwanzig) eine beachtliche
Fehlerquelle sein. Ist *Ramtha Matulnai* mit 45 oder 65 Jahren gestorben[19]? *Larth Tute* mit 72 oder 82 Jahren[20]? Man
kann es eben nicht sicher entscheiden.

Wir verfügen über etwa 130 Inschriften, die das Alter des
Verstorbenen in Ziffern angeben; bei ihnen gibt es keinen
Zweifel. Ausgeschlossen werden allerdings die Steine, auf
denen die Schrift unleserlich oder zerstört und die Entzifferung demnach unsicher ist. Es bleiben 113 übrig, eine Zahl,
die als Grundlage für einige Rückschlüsse ausreicht.

Die 113 genannten Inschriften sind spät; sie gehören in die
beiden letzten Jahrhunderte der etruskischen Welt, etwa
zwischen 200 und 50. Sie stammen fast alle aus Tarquinia
und Volterra, den beiden einzigen Städten, wo es allge-
meiner Brauch gewesen ist, das Alter des Toten in der Grabinschrift anzugeben. Innerhalb dieses begrenzten Raumes ist
aber die Bevölkerung aus allen Schichten und Altersklassen
vertreten.

Wir lesen von der kleinen *Ravntza Urinati*, der zweijähri-
gen Tochter des Arruns, von dem kleinen *Sethre Ceisinies
Masu* (Caesennius Maso in Latein), der drei Jahre gelebt
hat, von der kleinen *Agatinia Annia*, der Tochter des Lucius, die mit vier Jahren gestorben ist. Wie rührend klingen
die zärtlichen Diminutivformen der Namen (*Ravntza* von
Ravntu, Agatinia) neben den würdevollen onomastischen
Attributen aus der Welt der Erwachsenen: Gentilname, bis-

weilen *cognomen* und Name des Vaters, der das Kind anerkannt hat[21].

Neben den Frühverstorbenen, für die die Unterwelt des Vergil und sicher auch die der Etrusker ihren Limbus hatte, sehen wir das ehrenvolle Grab des hochgeachteten *Larth Vestarcnies*, der im Alter von 84 Jahren verstarb. Sicherlich unterschied er sich nicht wesentlich von seinem Landsmann, der drei Jahrhunderte später lebte, denselben Namen trug und vielleicht aus dem früheren Herrschergeschlecht stammte: wir meinen den Konsular Vestricius Spurinna, dessen kraftvolles, heiteres Alter Plinius der Jüngere beschreibt[22]. Zwischen den Extremwerten liegen die Lebensdaten von Kindern, rund dreißig jungen Männern und Frauen in der Blüte der Jahre, von stolzen Müttern mit einem erfüllten Leben, von einem Großvater, dessen erfolgreiche Laufbahn auf politischem und privatem Sektor verzeichnet ist: drei Söhne, mit 28 Jahren Vorsteher seiner kleinen Heimatstadt, sechs Enkelkinder, gestorben im Alter von 66 Jahren.

Die Dokumente beziehen sich nicht nur auf eine begrenzte Adelsklasse; eine große Zahl Sklaven und Freigelassener ist ebenfalls erfaßt. Eine der größten Familien von Volterra war die der Caecina. Cicero fand am Ende der Republik enge Freunde unter ihnen; er rühmte ihre religiösen Kenntnisse und entschuldigte ihre politischen Irrtümer. Diese Familie hielt sich eine große Dienerschaft, deren Grabinschriften in unserer Statistik mit berücksichtigt sind[23]. Hinzu kommt noch eine gewisse *Larthi Lautnei*, gestorben mit dreiunddreißig Jahren, deren Name *(lautni)* ausdrücklich auf ihren Stand als Unfreie hinweist[24].

Das Ergebnis? Die Summe der Lebensjahre der 113 Personen beläuft sich auf 4620, die mittlere Lebensdauer auf 40,88 Jahre. Für die Männer liegt der Wert bei 41,09, für die Frauen etwas darunter bei 40,37. Dasselbe Verhältnis findet man überall in der antiken Welt wieder. Diese Zahlen liegen erheblich über der bislang angenommenen von 25 Jahren, sie entsprechen aber den Ergebnissen aus anderen

Ländern und Städten: 45,2 in Nordafrika, 36,2 in Spanien, 35,7 im galloromanischen Bordeaux. Es handelt sich natürlich nur um Näherungswerte. Sie tragen der Kindersterblichkeit nicht Rechnung. Würden sie diese berücksichtigen, müßten die Zahlen etwa um ein Sechstel herabgesetzt werden. Trotzdem haben sie ihren Wert und bezeugen recht eindrucksvoll die Vitalität des etruskischen Volkes, das damals schon in seiner Verfallszeit stand. Man muß bedenken, daß die Lebenserwartung in Europa um 1800 bei 30 Jahren lag, 1960 betrug sie 65 Jahre. In Italien lag sie 1900 bei 44,2 Jahren für die Männer und 44,8 Jahren für die Frauen; 1950 bei 53,7 bzw. 56 Jahren[25].

ZWEITES KAPITEL

Die geistige Veranlagung der Etrusker

Dionys von Halikarnass, der den Etruskern kritische Studien und tiefgehende Forschungen gewidmet hat, berichtet nicht, daß sich das Volk äußerlich von den anderen unterschieden habe, aber er versichert, daß es sich durch seine Sitten und Bräuche deutlich absetzte. Muß man daraus schließen, daß Natur oder Geschichte es mit einer besonderen geistigen Veranlagung ausgestattet haben, welche es von der ganzen übrigen Menschheit absonderte?

Was die Griechen uns hierzu überliefern, ist unzuverlässig. Sie haben nämlich niemals den erbitterten Kampf vergessen, welchen sie jahrhundertelang gegen die Etrusker und die mit ihnen verbündeten Karthager um den Zugang und die Herrschaft im westlichen Mittelmeer führen mußten. Die Furcht vor der etruskischen Piraterie und der Grausamkeit der Eingeborenen hatte sie lange Zeit daran gehindert, sich in dieses Gebiet zu wagen. Ihrer Expansion in Kolonien war damit eine unüberwindliche Schranke gesetzt. Die Grenze ihres Einflußbereiches verlief auf der Höhe von Cumae, Pozzuoli und Neapel.

Zweifellos war es den Griechen aus Phokäa in Kleinasien gelungen, die Blockade zu durchbrechen und bis zum entfernten Andalusien bzw. bis in die Provence vorzustoßen, wo sie um 600 Marseille gründeten. Aber 535 ging ihre Seeherrschaft in der Schlacht von Aleria (Alalia) an der Küste Korsikas zugrunde: die vereinigten etruskischen und karthagischen Flotten verjagten sie von Korsika und Sardinien. Die Überlebenden flüchteten nach Marseille oder ließen sich in Velia (Elea) in Lukanien nieder. Diejenigen, die das Unglück hatten, als Gefangene in die Hände der Etrusker von Agylla oder Caere zu fallen, wurden auf eine Weise bestraft, die den Zorn der Götter hervorrief und die Historiker mit

eisigem Schrecken erfüllte. Sie wurden aus der Stadt hinaus-
geführt, so erzählt Herodot, und zu Tode gesteinigt[1].
Andere Texte desselben Autors berichten von noch schreck-
licheren Todesstrafen, die man den etruskischen Piraten
ganz allgemein zuschrieb, obwohl Vergil den König von
Caere, den ruchlosen Mezentius, allein dafür verantwortlich macht: »Was soll ich von den scheußlichen Morden, was
von den greulichen Taten des Tyrannen berichten? Die Götter sollen sie über sein eigenes Haupt und sein Geschlecht
kommen lassen. Leichname ließ er sogar an Lebende binden,
Hände an Hände, Münder an Münder. Diese neue Art von
Marter tötete die von Blut und Verwesung triefenden Opfer
der grausamen Umarmung in einem langsamen Tod[2].«
Das Bild, das sich die Griechen vom etruskischen Volk machten, war geprägt vom Schrecken dieser unerbittlichen Kriege
und den ungeheuerlichen Grausamkeiten, die weniger primitive Brutalität als raffinierten Sadismus, Freude am Leiden
anderer, zu offenbaren scheinen. Das Bild war um so dü-
sterer, als dort, wo der Haß aufhörte, die Eifersucht zu regieren begann. Die Etrusker teilten mit den Milesiern aus
Kleinasien und den Sybariten aus Großgriechenland die gefährliche Ehre, den minder begüterten Rivalen, die gern
aus der Armut eine Tugend machten, die reifen Früchte einer
großen Kultur anzubieten: derselbe Vorwurf der Weichlichkeit lastete auf allen drei Völkern; sie wurden gleichermaßen
der Völlerei und des Luxus angeklagt; man bezichtigte sie,
Komplicen zu sein aufgrund ihrer gemeinsamen Vergnü-
gungssucht. Nach den Worten des sizilianischen Historikers
Timaios kam alles Unheil von den Wollmänteln aus Milet:
»Die Sybariten trugen Mäntel aus milesischer Wolle, daraus
entstand Freundschaft zwischen den beiden Städten. Denn
sie zogen die Etrusker allen italischen Stämmen vor, allen im
Osten aber die Ionier, weil sie zu Luxus und Weichlichkeit
neigten[3].« Als Sybaris 510 zerstört wurde, schoren sich alle
erwachsenen Männer in Milet zum Zeichen der Trauer die
Haare.

Seit langem ist man sich darüber im klaren, daß man von diesen moralisierenden Erwägungen absehen muß, weil die Etrusker, Milesier und Sybariten aus ganz realen ökonomischen Gründen zusammenfanden und sich gegenseitig schätzenlernten. Sybaris war einer der Haupthäfen, über welchen ionische Waren und Kulturgüter an die Küsten der Toskana gelangten. Sicherlich hatte er nicht das Monopol, wie man lange Zeit meinte; die chalkidischen Städte an der Meerenge von Sizilien, Regium und Zancle (Messina), machten ihm harte Konkurrenz[4]. Es ist außerdem sicher, daß bei den Sybariten und Etruskern ein Lebensstil herrschte, dessen Schwächen und Mängel die Mißgunst übertrieben herausstellte.

Die Klatschgeschichten des Theopomp

Das Unglück hat es gewollt, daß ausgerechnet, *ne varietur*, ein Theopomp das Bild der etruskischen Sitten und Bräuche zeichnete; der ebenso wortreiche wie lügnerische Schriftsteller schrieb in der Mitte des 4. Jahrhunderts. Seit mehr als einem Jahrhundert war die Seemacht der Etrusker unter den Schlägen des Hieron von Syrakus in den Gewässern von Cumae versunken. Die Gefahr für die griechischen Flotten war vorüber: nun konnte man es sich leisten, über den verhaßten, beneideten und schließlich besiegten Gegner zu lachen. Theopomp war, wie Cornelius Nepos[5] treffend bemerkt, überhaupt die böseste Zunge in der ganzen Literatur, ganz gleich, ob er von athenischen Demagogen, persischen Tyrannen oder Barbarenkönigen berichtete; er war vor allem auf zweideutige Anekdoten und schlüpfrige Geschichten aus; aber sein Klatsch wurde geglaubt. Er wurde von Philosophen und Historikern aufgenommen, von dem ernsten Aristoteles[6], dem schwärmerischen Herakleides Ponticus[7] und von Timaios von Taormina[8], den Cornelius Nepos ebenfalls in die Schar der verleumderischen Schriftsteller einreiht. Lesen wir also folgendes Fragment des Theopomp, das

Athenaios in sein *Sophistenmahl*[9] übernommen hat, ohne daß
wir allerdings der Darstellung vollen Glauben schenken:
»Theopomp berichtet im 43. Buch seiner Historien: Bei den
Etruskern besteht die Sitte, daß die Frauen allen gemeinsam
sind; sie verwenden viel Sorgfalt auf die Pflege ihres Körpers und treiben Gymnastik, oft zusammen mit den Männern, bisweilen allein; denn es ist für sie keine Schande, sich
unbekleidet zu zeigen. Sie setzen sich zu Tisch nicht an die
Seite ihres eigenen Gatten, sondern zu den ersten besten der
Gesellschaft, ja sie trinken auf das Wohl eines jeden, wie es
ihnen beliebt. Sie sind übrigens sehr trinkfest und sehr schön
anzuschauen. Die Etrusker ziehen alle Kinder groß, die zur
Welt kommen, obwohl sie nicht wissen, von welchem Vater
ein jedes stammt. Die Kinder leben auf dieselbe Weise wie
ihre Ernährer, d. h. sie verbringen die meiste Zeit mit Trink-
gelagen und haben mit allen Frauen Umgang. Es ist keine
Schande bei den Etruskern, in aller Öffentlichkeit gewisse
Dinge zu tun oder an sich tun zu lassen; denn auch das ist
eine Sitte des Landes. Sie sind so weit davon entfernt, diese
Dinge als Schande zu betrachten, daß sie, wenn man nach
dem Hausherrn fragt, der sich gerade mit jemandem ver-
gnügt, antworten: er lasse dies und das mit sich tun, indem
sie die Dinge ohne Hemmungen beim Namen nennen. Wenn
sie sich versammeln, sei es in Gesellschaft, sei es im Kreise
der Verwandtschaft, tun sie folgendes: wenn sie aufgehört
haben zu trinken und sich zum Schlafen niederlegen wollen,
bringen die Diener zuerst, solange die Lampen noch brennen, bisweilen Kurtisanen, bisweilen schöne Knaben, bisweilen auch die Ehefrauen herein. Wenn sie sich mit ihnen er-
götzt haben, dann bringen die Diener junge Leute in den
besten Jahren herein. Sie verkehren und tändeln miteinander manchmal vor aller Augen, meistens umgeben sie ihre
Ruhebetten mit einer aus Zweigen geflochtenen Wand, über
die sie ihre Mäntel legen. Sie haben viel Verkehr mit Frau-
en, aber noch mehr Freude haben sie am Umgang mit Knaben und jungen Männern. In ihrem Land bieten diese einen

erfreulichen Anblick, weil sie im Überfluß leben und den Körper enthaaren. Übrigens bestreichen alle Barbaren, die gegen den Westen hin wohnen, ihren Körper mit Pech und rasieren ihn. Auch bei den Etruskern sind viele Geschäfte eingerichtet, und es gibt Leute, die gewerbsmäßig diese Behandlung ausführen, wie bei uns die Barbiere. Wenn sie dorthin gehen, lassen sie sich auf jede Weise behandeln, ohne sich vor Zuschauern und Passanten zu schämen.«

Das Urteil des Poseidonios

Wir werden später sehen, wieviel Wahres in dem lüsternen Klatsch enthalten ist. Doch wir wollen ihm sofort das Zeugnis des Philosophen Poseidonios von Apamea gegenüberstellen; dieser hatte nämlich Ende des 2. Jahrhunderts von seinen ausgedehnten Studienreisen im Westen ein sehr viel gerechteres Bild von den Sitten und Gebräuchen der Etrusker mit nach Hause gebracht. Zu dieser Zeit war die alte Rivalität auf dem Meer, die so lange das Urteil der Griechen getrübt hatte, nur noch Gegenstand alter Geschichte. Vor allem aber war Poseidonios ein Mann von ganz anderer geistiger Veranlagung als Theopomp. Der Stoiker war nicht besonders duldsam im Hinblick auf Weichlichkeit und Luxus; er verurteilte sie streng im Fall der Städte seines Heimatlandes Syrien. Aber er verstand zu sehen, d. h. Tugenden und Laster in ihren Abstufungen zu erfassen. Aus seinem intelligenten Bericht hat uns Diodor von Sizilien, der unter Cäsar schrieb, folgendes überliefert[10]:

»Die Etrusker, die sich früher durch besondere Tatkraft auszeichneten, eroberten weite Landstriche und gründeten viele bedeutende Städte. Sie verfügten ebenfalls über eine mächtige Flotte und beherrschten lange Zeit das Meer, welches sie folglich, soweit es die Küste Italiens berührte, nach ihrem eigenen Namen Tyrrhenisches Meer nannten. Sie vervollkommneten die Ausrüstung ihres Landheeres und erfanden die sogenannte Trompete, welche im Krieg von größtem Nutzen ist.

Sie nannten sie tyrrhenische Trompete. Ihren Feldherren gaben sie Ehrenzeichen: sie teilten ihnen Liktoren zu, einen Elfenbeinsessel und eine purpurgesäumte Toga. Auf dem Gebiet des Hausbaus erfanden sie das Peristyl, welches sehr gut gegen den Lärm des Gesindes abschirmt. Die Römer übernahmen und vervollkommneten die Mehrzahl dieser Erfindungen und fügten sie in ihre eigene Zivilisation ein. Die Etrusker förderten Literatur, Naturwissenschaft und Theologie; mehr als alle anderen pflegten sie die Beobachtung des Blitzes. Deshalb flößen sie auch heute noch denen, die fast die ganze Welt beherrschen [d. h. den Römern], Bewunderung ein und werden von ihnen zur Deutung der Blitzzeichen herangezogen. Da sie ein Land bewohnen, das ertragreich ist an Früchten aller Art, und sie es sehr sorgfältig bebauen, haben sie eine Überfülle landwirtschaftlicher Produkte, die nicht nur zu ihrem Unterhalt ausreichen, sondern sie zu übertriebenem Luxus und zu Weichlichkeit verführen. Denn zweimal am Tag lassen sie sich üppig auftischen mit allem, was zu einem übertrieben feinen Leben gehört, mit blumenbestickten Decken und einer Fülle von Silbergerät. Eine beträchtliche Zahl Sklaven steht zu ihren Diensten. Diese Sklaven sind teils von erlesener Schönheit, teils mit Kleidern geschmückt, die für ihren Stand viel zu prächtig sind. Bei ihnen haben nicht nur die Diener Einzelwohnungen verschiedenster Art, sondern auch die Mehrzahl der Freien. Fast völlig haben sie sich von der hochgeschätzten früheren Tüchtigkeit losgesagt. Da sie ihr Leben mit Banketten und weichlichen Genüssen verbringen, haben sie – wen könnte das überraschen? – den guten Ruf verloren, den ihre Ahnen im Krieg erworben hatten. Was aber vor allem dazu beigetragen hat, daß sie sich dem Wohlleben ergeben haben, ist die Fruchtbarkeit ihres Landes: denn da sie ein sehr fruchtbares Land mit ausgezeichnetem Boden bebauen, horten sie Mengen von allen Früchten. Tatsächlich hat Etrurien einen äußerst guten Boden, denn es besteht im großen und ganzen aus weiten Ebenen, zwischen denen Hügel liegen, deren

Hänge bepflanzbar sind; es ist mäßig feucht, und zwar nicht
nur im Winter, sondern auch während des Sommers.«
Man sieht auf den ersten Blick, daß Poseidonios, im Gegensatz zu Theopomp, den Etruskern ohne weiteres das Verdienst männlicher Tüchtigkeit (ἀνδρεία) zugesteht, wie später auch Vergil: »*Sic fortis Etruria crevit:* So wuchs das
tüchtige Etrurien[11].« Er erkannte außerdem ihre reiche Begabung an und nannte die vielen Künste, auf die sie unbestreitbar viel Energie verwandt hatten. Doch erkannte er,
daß sie entartet waren und unter dem Einfluß eines Klimas,
das es zu gut mit ihnen meinte, die Kraft verloren hatten,
die man früher so sehr an ihnen bewundert hatte. Das Bild
des Etruskers, der seine Zeit mit Trinken und weichlichen
Vergnügungen verbringt (ἄνανδροι), bezog sich also auf die
unausweichliche Dekadenz eines Menschenschlages, der sich
selbst überlebte im Müßiggang, zu dem die römische Eroberung ihn verdammt hatte.
Es ist wahrscheinlich, daß Poseidonios in Rom selbst zu dieser
neuen Auffassung von der etruskischen Lebensweise gelangte,
die sich so grundlegend von den Darstellungen der Historiker
und Philosophen Griechenlands unterscheidet. Denn die Römer
kannten nach fünf Jahrhunderten nachbarschaftlicher Beziehungen und dem regen Austausch von Kulturgütern das
Volk, von dem sie so viel gelernt hatten, sehr viel besser. Und
obwohl auch aus römischer Feder – angeregt durch die griechische Tradition oder die aktuellen Zustände – einige sati-
rische Bemerkungen über das schlechte Benehmen der etruskischen Mädchen und die Fettleibigkeit der Musiker geflossen sind, wurde die Sinnlichkeit doch nicht als hervorstechende
Charaktereigenschaft des etruskischen Volkes angesehen.

Das Urteil der Römer

Wenn die Römer am Ende der Republik an die Etrusker
dachten, entstand vor ihrem geistigen Auge das Bild einer
gewaltigen Macht, die untergegangen war, märchenhafter

Reichtümer, die sich verflüchtigt hatten, aber vor allem –
man kann es kaum glauben – das Bild der Vorzüge eines
alten Stammes von Bauern, gebräunt von Sonne und Feldarbeit, beseelt von einer tiefen Frömmigkeit. Es war, berichtet Livius, »ein Volk, das mehr als alle anderen religiösen
Gebräuchen anhing, um so mehr, als es auf diesem Gebiet
besonders kompetent war[12]«.

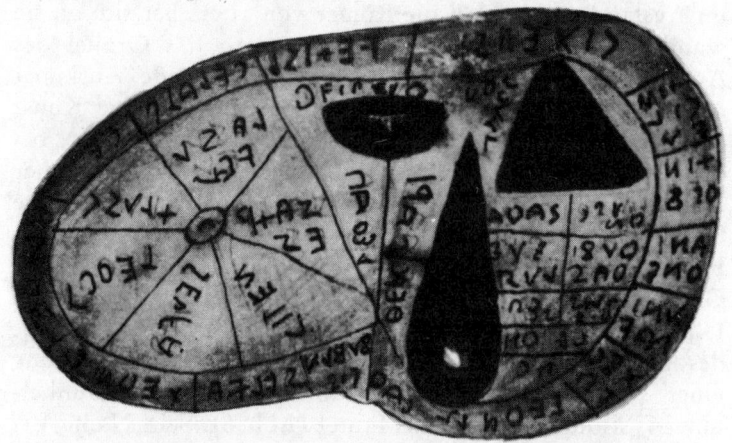

Abb. 7 Modell einer Bronzeleber (Museum Piacenza)

Die Etymologen versuchen, selbst im Namen der Etrusker,
Etrusci oder *Tusci,* Hinweise auf diese besondere Berufung zu
finden. Sie bringen *Tuscus* mit griechisch ϑυσία, »Opfer«[13],
zusammen und zweifeln nicht daran, daß *caerimoniae*, »Zeremonien«, aus dem Namen der Stadt Caere hergeleitet ist[14].
Kaum ein Volk war so besessen darauf aus wie die Etrusker,
den Willen der Götter zu ergründen. Ihr alltägliches Leben,
das öffentliche wie das private, war umgeben von einem
Wald von Symbolen, und die Seher hatten die Aufgabe, ihre
ängstlichen Schritte durch dieses Dickicht zu leiten. Aus
peinlich genauen Beobachtungen des Blitzes und der Leber
der Opfertiere (Abb. 7), aus aufmerksamen Interpretationen

von Naturkatastrophen und anormalen Geburten, aus allen
Prodigien, die sich zu jeder Jahreszeit wiederholten, lasen
die Seher und Opferschauer die Zukunft, ja bisweilen ver-
mochten sie sie sogar zu beschwören, wenn sie unheilvoll
war. Sie hatten ihre jahrhundertelange Erfahrung in gelehrten Büchern niedergelegt, den *Schicksalsbüchern*. Zahlreiche
lateinische Fragmente sind uns erhalten. Ihr Ruf war selbst
im Ausland so gut, daß die Römer von alters her sich an sie
wandten, wenn die eigenen Priester und das Orakel des
Apollon von Delphi ihnen keine befriedigende Auskunft
geben konnten. Wir kommen später auf die heilige Kunst
der Etrusker zurück, die *Etrusca disciplina*. Aber hier, bei
der Darstellung des *homo Etruscus*, würde ein wesentlicher
Zug fehlen, wenn man nicht deutlich genug die brennende
Sorge um das Göttliche hervorheben würde.
Eines der berühmtesten Gräber Etruriens ist das François-
Grab in Vulci. Seine Fresken können nicht vor Beginn des
1. Jahrhunderts v. Chr. entstanden sein. An einer der Wände
des Atriums befindet sich die wunderschöne Profildarstellung
eines schwarzhaarigen jungen Mannes in einem dunkel-
blauen, stickereigesäumten Mantel (Abb. 8). Sein Name *Vel
Saties* ist über seinem Kopf vermerkt; vielleicht war er der
Besitzer des Grabes, auf jeden Fall handelt es sich um eine
wirkliche Person. »Dies ist«, so hat man behauptet, »das erste
Ganzporträt der europäischen Malerei[15].« Zu seiner Rechten
kauert ein Zwerg, *Arnza*, »der kleine Arruns«, der mit der
linken Hand einen mit einer Schnur angebundenen Vogel
hält, den man als Specht erkannt hat. Es handelt sich um
eine Auguriumsszene, die im Augenblick der höchsten Spannung erfaßt ist: in dem Augenblick, in dem der Vogel zum
Flug ansetzt. Schon ist *Vel Saties* bereit, mit seinem Blick
zu verfolgen, wie er sich als Träger von Vorzeichen in den
Himmel aufschwingt. Man ist betroffen von dem ängstlichen Ausdruck in den erhobenen Augen und dem halboffenen
Mund: eine packende Übersetzung des Wortes von Livius
ins Bild: *gens ante alias dedita religionibus.*

Abb. 8 Vel Saties (François-Grab, Vulci)

Die glühende und zugleich finstere Frömmigkeit, die in jedem Ding eine verborgene Bedeutung ahnt, die sich gemäß den Anweisungen der rituellen Bücher unter die Last der großen kosmischen Gesetze beugt, ist die Grundgegebenheit des Lebens der Etrusker, wie sie es uns selber enthüllen und wie es die römischen Zeugnisse bestätigen. Diese Darstellung steht in scharfem Kontrast zu dem doppeldeutigen Bild, das sich die Griechen gemacht hatten. Auch dieses muß, wenn man Übertreibungen und Entstellungen Rechnung trägt, einen Teil Wahrheit wiedergegeben haben. Man muß annehmen, daß es bei den Etruskern einen bewußten Hang zur Grausamkeit gab, der sich in gewissen schrecklichen Strafen und dem Festhalten an Menschenopfern in schon geschichtlicher Zeit offenbart, und auch eine überschäumende Sinnlichkeit und Freiheit der Sitten, welche selbst die römische Eroberung kaum zügelte. Lassen sich diese drei widersprüchlichen Wesenszüge nicht vereinbaren, wenn man sie als Eigentümlichkeiten eines Menschenschlags ansieht, der noch ganz fest unter der Herrschaft des Unbewußten der vorgriechischen Zeit stand, eines Volkes, das sich zwar von der griechischen Kultur besonders angezogen fühlte, aber dennoch mit zäher Beharrlichkeit einem Zustand vor der Einsicht und Weisheit verhaftet blieb?

Die etruskische Welt hat mit Begeisterung die Boten der dionysischen Religion aufgenommen, aber es ist schwer vorstellbar, daß die Lehren des Sokrates ihr zusagten. Sie blieb trotz aller Offenheit für die fremde Kultur treue Erbin urtümlicher Kräfte – orientalischer, wenn man so will, oder mittelmeerischer, wenn man diese Erklärung vorzieht –, Kräfte, die weiterwirkten und der etruskischen Kultur den archaischen Grundzug geben, der sofort ins Auge springt.

DRITTES KAPITEL

Die etruskische Gesellschaft

I. Die Klasse der Herrschenden

Die etruskische Gesellschaft ist eine archaische Gesellschaft. Während die Gesellschaftssysteme der Nachbarvölker langsam und nicht ohne Anstoß und Erschütterung der Notwendigkeit gehorchten, ihre Strukturen zu ändern, bemühte sie sich – starr und konservativ, wie sie war –, eine Organisation aufrechtzuerhalten, die man trotz des Anachronismus als feudal bezeichnen kann.

In Rom hatte die Einteilung in Vermögensklassen, die man Servius Tullius zuschrieb und die im 6. Jahrhundert stattgefunden haben soll, in Wirklichkeit aber später anzusetzen ist, die ursprüngliche Dualität abgelöst. Kurz nach der Schaffung der Republik, im Jahre 493, wählte das Volk Tribunen, die es gegen die Unterdrückung seitens der Patrizier zu verteidigen hatten und die ihm nach und nach den Zugang zu allen Ämtern erkämpften. Natürlich versuchte die herrschende Klasse, die römische Nobilität, sich das Recht auf die Ausübung der Ämter vorzubehalten. Doch die Ämterlaufbahn öffnete sich schließlich den Repräsentanten italischer Familien, und immer mehr *homines novi* fanden den Weg zum Senat. Der Aufstieg der unteren Klassen wurde zwar gebremst, nicht aber unterdrückt. Eine reiche Bourgeoisie, eine Mittelklasse, die Klasse der römischen Ritter, konstituierte sich und erstarkte als dritter Stand zwischen den adligen Senatoren und der Masse der *humiles*. Die etruskische Gesellschaft aber hat bis zu ihrem endgültigen Verschwinden nur Herren und Sklaven gekannt. Es gilt nun zu präzisieren, was man unter *domini* und *servi* zu verstehen hat.

Die Könige

Die Herrenschicht ist uns natürlich besser bekannt als die Sklavenschicht, denn den Herren behalten Epos und Geschichte die Ehre und den Glanz vor. An der Spitze der Hierarchie stehen die Könige: sie erscheinen sehr früh als Führer des etruskischen Volkes, obwohl man nicht mit Sicherheit weiß, ob die Monarchie bereits von den ersten Anfängen an bestand.

Wir kennen die Namen mehrerer Könige. Rom wurde während seiner etruskischen Periode von der Dynastie der Tarquinier beherrscht, die aus Tarquinia stammten. Nicht weniger berühmt war Porsenna, der König von Clusium (Chiusi), den die gemeinsame Gefahr zum Rang des Königs der ganzen Nation erhob. Er versuchte, die vertriebenen Tarquinier wieder in ihre Rechte einzusetzen, belagerte Rom und nahm es zweifellos auch ein, obwohl fromme Legenden die Niederlage zu verschleiern suchen: Horatius Cocles soll allein dem Ansturm von hundert Feinden standgehalten haben, während man den Pons Sublicius zerstörte. Der Feind wollte diese Brücke zum Übergang benützen, um dann vom Janiculus aus die Stadt zu stürmen. Mucius Scaevola drang in das Lager des Porsenna ein, um ihn zu töten, und ließ über einem Feuer seine Hand verbrennen zum Zeichen, daß er die Verschwörung nicht verraten werde. Cloelia entfloh mit einer Gruppe junger Mädchen, die der König als Geiseln festgehalten hatte, schwimmend über den Tiber und brachte alle heil nach Hause.

Es ist wahrscheinlich, daß die ersten Konsuln in Rom lediglich die Präfekten Porsennas waren[1]. Doch die schönen Geschichten, an denen sich die Annalisten berauschten, so daß sie in unzähligen Versionen immer wieder in der lateinischen Literatur auftauchen, haben bis auf den heutigen Tag indirekt zum Ruhme des Porsenna beigetragen. Sein Andenken muß am Ende der römischen Republik noch sehr lebhaft gewesen sein. Damals beschrieb Varro sein gewaltiges

Grabmal, das er sich am Fuß des Hanges von Chiusí hatte erbauen lassen mit einem Labyrinth im Innern und übereinandergetürmten Terrassen, die von gewaltigen Pyramiden gekrönt waren[2]. Leider haben die Archäologen keine Spur davon gefunden. Auch Caere hat seine Könige gehabt. Einem von ihnen, dem berüchtigten Mezentius, »dem Verächter der Götter«, gibt Vergil die Schuld an den grausigen Strafen, die die Piraten von Agylla über ihre Gefangenen verhängten. Eine lateinische Inschrift, die vor einigen Jahren in Tarquinia entdeckt wurde, erwähnt einen König von Caere: *Caeritum regem*[3]. Allerdings ist der Stein so verstümmelt, daß man den Namen nicht rekonstruieren kann; die Lücke ist zu umfangreich. Aus Veji kennen wir eine ganze Serie von Namen: einen gewissen Morrius, wenn das Wort nicht verderbt ist, einen Thebris, der dem Tiber seinen Namen gegeben haben soll, und einen Namensvetter des Elegiendichters Propertius[4]. Die Zahl der bekannten Könige beweist, daß die lokale Tradition von Veji nicht weniger reich war als die Roms mit seinen Dynastien. Besonders bekannt – hier bewegen wir uns auf wirklich sicherem Gelände – ist Lars Tolumnius, der 432 durch die Hand des römischen Konsuls Cossus starb. Die Inschrift, die sich auf die erbeutete Rüstung bezieht, die Cossus dem Feind abgenommen und im Tempel des Jupiter Feretrius auf dem Kapitol aufgehängt hatte, war noch zur Zeit des Augustus zu lesen[5]. Die Existenz der *gens* Tolumnia ist in den letzten vierzig Jahren durch vier Inschriftenfunde bei Ausgrabungen im Tempel Portonaccio in Veji bestätigt worden. In der ersten Hälfte des 6. Jahrhunderts haben ein *Velthur Tulumnes* und ein *Karcuna Tulumnes* der dortigen Gottheit zwei Tongefäße gestiftet[6], und spätestens im 3. Jahrhundert, als Veji von Rom unterworfen und das Etruskische durch das Latein ersetzt war, weihte ein *L. Tolonios* Minerva und Ceres zwei Vasen[7]. Man könnte noch den umstrittenen Arimnestos, »König der Etrusker«, anführen, der durch ein Exvoto bekannt ist: ein Thronsessel im Heiligtum des Zeus in Olympia bezeugt seine Großzügigkeit[8]. Nicht zu vergessen ist außerdem, daß Maecenas, der Minister des Augustus, nach den Aussagen der Dichter, die er unterstützte, in gerader Linie von königlichen Ahnen abstammte, von den Cilnii, die in Arezzo geherrscht hatten[9].

Wir kennen Titel und Insignien dieser Könige. Sie nannten sich in etruskischer Sprache *lauchme* oder *lauchume*, ein Wort, das als *lucumo* ins Lateinische übertragen wurde: *lucumones reges sunt lingua Tuscorum*[10]. Manchmal haben die Römer Gattungsnamen als Eigennamen aufgefaßt, so wie andere Piräus für einen Männernamen hielten. Ein etruskischer *lucumo*, der nach der Legende ein Verbündeter des Romulus im Kampf gegen die Sabiner war, wird bei Cicero Lucumo und bei Properz Lygmon genannt[11]. Lucumo nannte Livius auch Tarquinius Priscus, bevor er sich in Rom niederließ und sich mit den drei Namen, aus denen sich in Rom die Personalien zusammensetzten, als Lucius Tarquinius Priscus einschrieb[12]. Diese Art von Verwechslung – wir finden sie noch einmal im Fall des Servius Tullius – wurde zweifellos von der Tatsache begünstigt, daß nach dem Sturz der Könige die Bezeichnung Lauchme und Lauchume oft unter abgewandelten Formen wie *Lauchumni* und *Lauchumsnei* vor allem in der Gegend von Perusia und Chiusi zum Familiennamen herabsank[13]. In der Kaiserzeit nannte sich eine Dame aus Volterra Laucumnia Felicitas. Es sei darauf hingewiesen, daß selbst in der Republik die religiösen Funktionen der alten Könige noch ausgeübt wurden: was in Athen der Archon Basileus war, war in Rom der *rex sacrorum* und in Etrurien ein Magistrat, der den Königstitel behielt *(lucairce – regnavit*[14]*)* und vielleicht in einer *Regia (lauchumneti* im Lokativ im Rituale von Zagreb[15]*)* residierte.

Die Insignien der Gewalt

Die Insignien der Königsherrschaft zählt uns Dionys von Halikarnass auf in seinem Bericht über die Eroberung Etruriens durch Rom unter der Herrschaft des Tarquinius Priscus. Die Gesandten der etruskischen Liga erkannten diesem »die Insignien zu, die ihre eigenen Könige als Zeichen ihrer Macht zu tragen pflegten. Sie brachten ihm eine goldene Krone, einen Elfenbeinsessel, ein mit einem Adler gekröntes Zepter, eine golddurchwirkte Purpurtunika und einen bestickten Purpurmantel, wie ihn auch die Könige von Lydien und Persien trugen[16].« Wir werden auf diese beiden Kleidungsstücke, das königliche Ober- und Untergewand, zurückkommen, wenn wir die etruskische Kleidung und ihr Fortleben in Rom betrachten. Der Kleidung des Königs entsprachen dort die *tunica palmata* und die *toga picta*, die bisweilen mit Goldsternen übersät war. Beide Gewänder trug der römische Triumphator auf seinem Weg zum Kapitol. Für einen Tag schmückte er sich mit dem Purpur, der Krone und dem Zepter der Könige. Abgesehen von geringfügigen Abweichungen werden die Angaben des Dionys von Halikarnass durch bemalte Tafeln, die sich im Louvre befinden, bestätigt[17] (Abb. 9). Ein etruskischer König, ein Zeitgenosse der Tarquinier, sitzt vor der Statue einer Göttin; in der Linken hält er ein Zepter; bei seinem Sitz ohne Rücken- und Armlehnen handelt es sich nicht um den Thronsessel, von dem Dionys sprach, sondern um einen elfenbeinbeschlagenen Klappstuhl, wie er in Rom unter dem Namen *sella curulis* bekannt war. Ihn benutzten die Magistrate, wenn sie Recht sprachen. Der König trägt die charakteristischen Schuhe mit den hochgezogenen Spitzen, welche wir schon auf den Sarkophagen derselben Epoche und derselben Stadt gesehen haben. Er ist bekleidet mit einer kurzärmligen Tunika aus weißem Tuch, die nur bis zur Hälfte der Oberschenkel reicht, sich also wesentlich von dem langwallenden Gewand der orientalischen Monarchen unterscheidet. Darüber trägt er einen ebenfalls kurzen, mit Stickerei verzierten Purpurmantel. Diese kleine Toga nannte man *trabea*.

Ein noch eindrucksvolleres Zeichen der Herrschergewalt waren die Liktoren, die mit ihren Rutenbündeln den Zug des Königs eröffneten. Jeder der zwölf etruskischen Könige soll einen zur Verfügung gehabt haben. Wenn aber im Krieg einem einzigen die oberste Gewalt gegeben wurde, teilte man ihm alle zwölf Liktoren zu. In der Tat brachten die Etrusker dem Tarquinius zwölf Rutenbündel mit den anderen königlichen Insignien als Pfand der Unterwerfung nicht nur einer einzelnen Stadt, sondern der ganzen Nation. Es ist bekannt, daß in der römischen Republik jeder der beiden Konsuln, die die Erben der Könige waren, Anrecht auf zwölf Liktoren hatte.

Das Rutenbündel mit dem Beil in der Mitte, das gewisse römische Magistrate als Zeichen der Macht von den Etruskern übernommen haben, ist seit den Anfängen der etruskischen Geschichte belegt. Nach Silius Italicus, einem Dichter der flavischen Zeit, der in seiner *Punica* inmitten von Vergilnachahmungen und rhetorischem Schwulst ab und zu wertvolle Angaben zu alten Überlieferungen macht, die er aus Catos *Origines*[18] bezieht, hat die etruskische Stadt Vetulonia die *sella curulis*, die *toga praetexta*, die Kriegstrompete und das Rutenbündel erfunden: »Vetulonia, einst die Ehre des lydischen Volkes, setzte als erste Stadt die zwölf Rutenbündel an die Spitze des Geleitzuges und fügte als wortlose Drohung ebenso viele Äxte hinzu[19].«

Durch einen eigenartigen Zufall hat man gerade in Vetulonia in einem Grab aus dem 7. Jahrhundert das älteste Beispiel für ein solches Rutenbündel gefunden: eine Weihegabe aus Eisen in verkleinertem Maßstab. Sie wies noch dazu eine Besonderheit auf. Im Unterschied zu der Axt in den römischen *fasces* handelt es sich hier um eine Doppelaxt, eine *bipennis*[20].

Die Axt hat in primitiven Religionen immer eine besondere Rolle gespielt. Die Kulturen des Orients und des Mittelmeers räumten ihr einen Ehrenplatz unter den religiösen Symbolen ein. In ihr konzentriert sich, so hat man gesagt, »alles, was göttlich ist im Ungewitter, im menschlichen Blut

Abb. 9 Der König, bemalte Tafel von Cerveteri
(Louvre, Paris)

und im Opfertier«. Vor allem auf Kreta war die Doppelaxt Gegenstand eines allgemeinen Kultes: man legte sie in Gräbern nieder, weihte sie in heiligen Grotten und stellte sie bei religiösen Zeremonien neben den Göttern dar[21].
Das Rutenbündel mit der Doppelaxt, das man in Vetulonia

ebenfalls in einem Grab entdeckte, muß man wohl in Zusammenhang mit ägäischem Brauchtum sehen. Die Verbindung des Beiles mit den Ruten, die sehr eindeutig auf die Attribute des römischen Beamten hinweist, läßt aber auf eine mehr politische als religiöse Bedeutung schließen: einem toten Anführer, vielleicht einem König, wollte man ein Zeichen seiner Macht, die er im Leben ausgeübt hatte, ins Grab mitgeben.

Der Zufall wollte ein zweites Mal das Zeugnis des Silius Italicus bestätigen: man fand ebenfalls in Vetulonia eine zeitgenössische Stele aus den letzten Jahren des 7. Jahrhunderts, auf welcher ein Krieger in der rechten Hand gleichsam als Kommandostab eine Doppelaxt schwingt. Er trägt außerdem einen Helm mit großem Busch und einen Rundschild[22] (Abb. 10). Eine der ältesten, ja vielleicht die älteste etruskische Inschrift belehrt uns über den Namen des Mannes: *Aveles Feluskes Tusnuties*, lateinisch: Aulus Feluscus, der Sieger oder der Schreckliche oder der Tapfere (der Sinn des Beinamens ist nicht ganz eindeutig). Ihm zum Gedächtnis hat einer seiner Waffenbrüder, *Hirumina Phersnachs*, Herminius von Perusia, diese Stele errichtet[23].

Die Condottieri

Hier handelt es sich offenbar nicht mehr um legitime Könige, sondern um Condottieri, die man zu Beginn der etruskischen Geschichte an der Spitze ihrer Banden abwechselnd im Dienst von Perusia und Vetulonia das Land durchstreifen sieht. Genauso mußte im 15. Jahrhundert Erasmo de Narni mit dem Beinamen Gattamelata – sein Reiterstandbild von Donatello steht in Padua – den Sieg über die Visconti, die Herren von Mailand, sicherstellen; die Stadt verlieh ihm den Marschallstab dafür.

Wenn uns die Geschichte auch nichts über Aulus Feluscus berichtet, so haben doch die Heldentaten anderer etruskischer Führer, welche die epische Dichtung verherrlicht, in der späteren Literatur und Kunst einige Spuren hinterlassen. Noch in römischer Zeit erinnerte man sich zweier legendärer Helden aus Vulci, der Brüder Caelius und Aulus Vi-

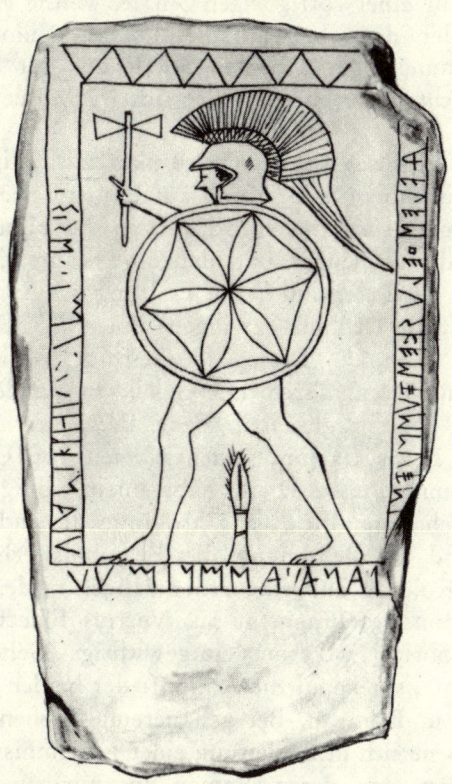

Abb. 10 Stele des Aviles Feluskes (Archäol. Museum Florenz)

benna. Ihre Existenz oder zumindest die Existenz ihrer *gens* ist sogar epigraphisch bezeugt, wie im Fall der königlichen Familie der Tolumnii[24]. In demselben Heiligtum von Veji hat ein *Avile Vipiiennas*, Aulus Vibenna, um die Mitte des 6. Jahrhunderts, in dem Augenblick also, in dem sich, wie

die Archäologie beweist, Vulci auf dem Gipfel seiner Macht
befand, einen Trinkschalenständer aus Bucchero geweiht.
Ein Jahrhundert später erscheinen dieselben Namen, *Avles
V(i)pinas*, auf einer rotfigurigen Schale, welche ein etruski-
scher Künstler, der sehr wahrscheinlich aus Vulci stammte,
in Nachahmung einer attischen Schale aus der Schule des
Duris gemacht hatte; sie befindet sich im Musée Rodin zu
Paris.

Caelius und Aulus Vibenna schrieb man zahlreiche Heldentaten zu. Auf einem Spiegel und auf Urnen des 3. Jahrhunderts sieht man sie mit dem Schwert in der Hand in einen
heiligen Hain eindringen und den dort wahrsagenden Cacus, der mit der Leier und in der Haltung des Apollo dargestellt ist, durch Drohung zwingen, ihnen ihr Geschick zu
enthüllen[25] (Abb. 11). Dieses ihr Geschick sollte sie unter
anderem nach Rom führen. Die Gelehrten aus der Zeit der
endenden Republik glaubten sogar, daß einer der sieben
Hügel, der Mons Caelius, seinen Namen von Caelius Vibenna bekommen habe. Dieser habe einem König von Rom,
Romulus, behaupten die einen, Tarquinius die anderen, Hilfe
geleistet und als Belohnung die Erlaubnis erhalten, sich
mit einer Kolonie auf einem der Hügel niederzulassen[26].
Ein verstümmeltes Fragment aus Verrius Flaccus, das gerade dort abbricht, wo es uns ein gewichtiges Geheimnis enthüllen könnte, spielt auf die Ankunft der beiden Brüder bei
Tarquinius in Rom an. Bei genauerem Zusehen stellt sich
heraus, daß sie sich in Begleitung einer geheimnisvollen Person befanden, von deren Namen uns nur ein Bruchstück
überliefert ist: *Max . . .* Folgendes haben die Herausgeber
entziffert: *Volci]entes fratres Caeles et A. Vibenna[e . . . .
ad] Tarquinium Romam se cum Max [. . . contulerunt]:*
Die Brüder Caeles und Aulus Vibenna aus Vulci begaben
sich nach Rom zu Tarquinius in Begleitung des Max . . .[27].
Wenn man dem Kaiser Claudius Glauben schenken kann[28],
erzählten die etruskischen Historiker die Vorgänge anders:

Servius Tullius, dessen Herrschaft die römische Tradition zwischen der des Tarquinius Priscus und der des Tarquinius Superbus ansetzt, soll mit Caelius Vibenna in Verbindung gestanden haben. Er sei »der treueste Freund des Caelius

Abb. 11 Der Angriff der Brüder Vibenna auf Cacus (Museum Siena)

Vibenna und der unzertrennliche Gefährte seiner Abenteuer« gewesen. Offenbar endeten diese Abenteuer mit einer Katastrophe: Servius wurde »mit den Resten der Armee des Caelius« aus Etrurien vertrieben und mußte sich ins Exil nach Rom begeben. Dort nahm er den Mons Caelius in Besitz und benannte ihn nach »seinem Anführer«. Er regierte dann »zum Besten des römischen Reiches« unter dem Namen Servius Tullius, »denn auf Etruskisch nannte er sich

Mastarna« oder Maxtarna: er war also der Unbekannte,
den Verrius Flaccus erwähnt.

Eine der dramatischsten Episoden des Kampfes, den Caelius und Aulus Vibenna mit der Hilfe ihres treuen Verbündeten gegen ihre Feinde führen mußten, ist im François-
Grab von Vulci bildlich dargestellt[29]: die Befreiung des
Caile Vipinas, des Caelius Vibenna, dem der getreue *Macstrna* (Macstarna, Maxtarna) die Fesseln zerschneidet
(Abb. 12). Daneben sind mehrere Kriegerpaare im Zweikampf festgehalten. Über einer jeden Figur ist der Name
vermerkt: *Larth Ulthes*, d. h. Lars Voltius, tötet *Laris Pa-
pathnas Velznach*, Lars Papatius aus Volsinii; *Rasce* oder
Rascius ersticht *Pesna Arcmsnas Sveamach*, Pesius Arcum-
nius aus Sovana; *Avle Vipinas*, Aulus Vibenna selbst beseitigt einen Gegner, dessen Namen *Venthical . . . plsachs* verstümmelt ist. Vielleicht bezeichnet er einen Mann aus Falerii.
Nicht weniger interessant ist es, daß ein *Marce Camitlnas*,
Marcus Camitilius, *Cneve Tarchunies Rumach*, Cnaeus Tarquinius aus Rom, mit dem Schwert durchbohrt, einen unserer
Tarquinier also, obgleich sein Vorname Cnaeus nicht dem
entspricht, den die Geschichte vermerkt, nämlich Lucius.
Jedenfalls wird bei all diesen Einzelkämpfern nur die Heimat der Besiegten angegeben. In Vulci war es nicht nötig,
die Vaterstadt eines Caelius und Aulus Vibenna, Macstarna,
Lars Voltius, Rascius und M. Camitilius zu nennen. Die
anderen waren die Anführer einer fremden Koalition, welche Truppen aus Volsinii, Sovana, vielleicht auch aus Falerii
und Rom vereinigte. Für kurze Zeit hatten sie Caelius Vibenna gefangengehalten. Aber Macstarna war mit Aulus an
der Spitze eines Entsatzheeres gekommen, hatte eingegriffen
und seinen Anführer und Freund gerettet.

Es gäbe noch manches zu der erstaunlichen Persönlichkeit
des Macstarna zu sagen: nach der römischen Überlieferung
kam er als Verbündeter nach Rom und stellte sein Schwert
in den Dienst des Tarquinius; in der etruskischen Version
der Ereignisse zählte er zunächst zu den Feinden, ja zu

den Mördern des Tarquinius und bemächtigte sich schließlich nach vielen Abenteuern eines der sieben Hügel – niemand weiß, ob er dabei mit friedlichen Mitteln vorgegangen ist – und des Thrones, der aus ungeklärten Gründen frei

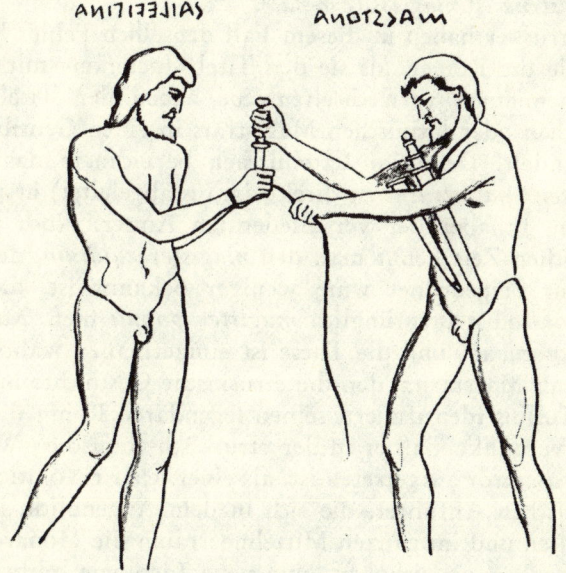

Abb. 12 Macstarna befreit Caelius Vibenna (François-Grab, Vulci)
(vgl. Abb. 72)

war. Es ist eindeutig, daß römische Eigenliebe, wie schon öfter, unter anderem z. B. im Fall des Porsenna, versuchte, eine harte Niederlage als freundliches Zugeständnis zu tarnen. Aber auch für die Etrusker selbst war Macstarna ein lästiger Held: er spielte für sie nur die Rolle eines Pylades. Selbst in Vulci galt er noch als Fremder. Sein Name beweist es: er ist lateinischen Ursprungs.

In der Tat weiß man seit langem, daß *Macstrna* – dies ist die authentische Schreibweise im François-Grab –, abgesehen von der Endung *-na*, dem gebräuchlichen Suffix der Gentil-

namen*, von dem lateinischen Substantiv *magister* her-
kommt. Das Etruskische beachtet selten oder überhaupt
nicht die Vokale im Wortinnern und verwechselt in der
Schreibung den stimmhaften Guttural g mit dem stimmlosen
c: *Macstrna* ist *mag(i)st(e)r-na*[30].
Die Etrusker haben in diesem Fall denselben Fehler began-
gen wie die Römer, als sie den Titel »lucumon« mit einem
Personennamen verwechselten. Sie haben den Titel eines
römischen oder lateinischen Magistrats in einen Gentilnamen
verwandelt. Denn im Lateinischen bezeichnete das Wort
magister (*magistratus* ist direkt daraus abgeleitet) ursprünglich die Inhaber der verschiedensten Ämter. Noch in der
klassischen Zeit kennt man den *magister equitum*, der dem
dictator beigeordnet war; weniger bekannt ist, daß der
dictator selbst ursprünglich *magister populi* hieß. Man hat
angenommen[31], und die These ist einigermaßen wahrscheinlich, daß Macstarna, den die etruskische Geschichte mit Servius Tullius identifiziert, seinen legendären Ruhm der Tatsache verdankt, daß er in der etruskisch-römischen Welt als
erster *dictator* aufgetreten ist, als einer jener revolutionären,
plebejischen Anführer, die sich in dem Augenblick, in dem
in Italien und im ganzen Mittelmeerraum die Monarchie zu
wanken begann, erhoben, eine neue Ideologie mitbrachten,
die Könige entthronten, die Völker befreiten und zur Republik hinführten. Handelt es sich hier wirklich um die Person, der die Römer schlecht und recht einen Platz zwischen
den beiden Tarquiniern in ihrer Königsreihe eingeräumt haben? Zugunsten dieser Identifizierung führt man an, daß
Servius Tullius, dessen Name auf niedere oder ausländische
Herkunft hinweist, im republikanischen Rom als Begründer
aller demokratischen Institutionen galt. Nach den Worten
des Tragödiendichters Accius war er es, der *libertatem civi-*

---

* Der Gentilname (von *gens*) ist der lateinische Familienname; der Vorname geht voraus; der Beiname, das *cognomen*, steht nach. Alle zusammen bilden die *tria nomina*, die römischen Personalien. Das etruskische
Namensystem ist ganz analog aufgebaut.

bus stabiliverat, die Freiheit der Bürger gesichert hatte. Tatsächlich macht sich seit dem Ende des 6. Jahrhunderts ganz Zentralitalien, Rom ebenso wie Tusculum in Latium, Tarquinia in Etrurien und Assisi in Umbrien, in Kriegs- wie in Friedenszeiten an die Aufgabe, zukunftsträchtige Formen der Politik herauszuarbeiten.

Die Magistrate

Texte und bildliche Darstellungen erlauben uns, immer eindeutiger festzustellen, daß die etruskische Aristokratie eifersüchtig über ihre Privilegien wachte und sich die Regierung der Städte vorbehielt[32]. Die Autoren erwähnen wiederholt eine Gruppe, welche Livius *principes*, Fürsten, nannte; sie bildeten eine Klasse *(ordo)*, die dazu berufen war, in einem Senat zu beraten. Abgesehen von den Versammlungen, die den römischen Zenturiat- und Tributkomitien entsprachen, war dies die einzige politische Körperschaft bei den Etruskern. Der Senat wählte aus seiner Mitte den *princeps civitatis*, der als Ersatz für den König das Amt des Präsidenten der Republik versah. Er war auf ein Jahr gewählt. Ihm zur Seite standen Magistrate, die ebenfalls für die Dauer eines Jahres gewählt wurden. Sie bildeten ein Kollegium, ähnlich wie die Archonten in Athen. Über die Magistrate, ihre Titel, die Stufen ihrer Laufbahn und ihre speziellen Befugnisse gibt uns lediglich die Epigraphie einige wenige Auskünfte. Die Historiker schweigen darüber. Inschriften weisen auf etwa vierzig *cursus honorum* hin, die oft sehr kompliziert aufgebaut sind. Die Bedeutungen und Beziehungen der zahlreichen verschiedenen Aufgabengebiete sind noch längst nicht geklärt.
Die Inschriften sind allerdings im allgemeinen ziemlich spät; die ältesten reichen nicht weiter als ins 4. Jahrhundert zurück. Die Mehrzahl stammt aus einer Zeit, in der die etruskischen Städte infolge des Bündnisses mit den Römern wohl oder übel ihre politische Verantwortung beträchtlich hatten

einschränken lassen müssen und in der die Institutionen der
Sieger ihre eigenen Traditionen verwischten. Die etruskischen *principes* trugen zwar noch voll Stolz ihre Medaillen,
aber dies war auch alles, was von ihrer Macht noch geblieben war: denn selbst in die Angelegenheiten der einzelnen
Städte suchte Rom seine eigenen Beamten einzuschalten. Im
malerischen Tuscania z. B., dessen zinnengekrönte Mauern,
mittelalterliche Türme mitsamt den beiden herrlichen romanischen Kirchen sich auf einem Tuffsteinhügel zwischen Tarquinia und Viterbo erheben, fand sich ein Sarkophag aus
dem 3. Jahrhundert, der den Ruhm einer bekannten Persönlichkeit verkündete. Leider ist der Name unleserlich.
Es handelte sich gewissermaßen um einen Pontifex, Prytanen und Generalissimus seines Vaterlandes. Vielleicht war
er auch noch Duumvir irgendeiner Behörde. Er war mit
Ehren überhäuft im Alter von 36 Jahren gestorben. Diese
Anhänglichkeit an alte Titel verweist in eine Zeit zurück,
in der sie noch auf echter Macht beruhten.
Lassen wir zunächst alle Priesterwürden und Verwaltungs-
titel beiseite, die bis jetzt nur leere Namen für uns sind.
Betrachten wir zuerst die Ämter, die offenbar mit besonderen Würden verbunden waren, weil sie eine tatsächliche
Teilhabe an der Regierung garantierten. Man hat im Etruskischen eine Wortfamilie vom Stamm *zil-* gefunden, der
»regieren« bedeutet: *zilc* oder *zilath* entsprechen dem lateinischen *magistratus*, Magistratur und Magistrat; *zilachnve*,
zilachnuce ist ein Perfekt und heißt: »hat das Amt des
zilath ausgeübt«. Der Regierung einer Stadt widmeten sich
mehrere *zilath*, die zu einem Kollegium vereint waren, das
wir mit dem der neun Archonten in Athen verglichen haben;
die Zahl der etruskischen Beamten ist uns nicht bekannt.
Die Befugnisse der einzelnen waren zum Teil fest umrissen.
In Athen gab es den König, den Polemarchen, den Epony-
mos und die sechs nicht weiter unterschiedenen Thesmothe-
ten; auch bei den Etruskern finden wir den *zilath*, der für
den Kultus verantwortlich war, einen anderen, der die

Klienten oder die Plebs zu schützen hatte, einen dritten, der die Interessen des Adels vertrat. Einige *zilath* trugen den Sondertitel *maru*, welchen man mit wechselnder Bedeutung auch bei anderen Stämmen in Italien wiederfindet, besonders bei den Umbrern in Assisi und Foligno. Der Dichter Vergil aus Mantua hat sein *cognomen* Maro der etruskischen Tradition seiner Vaterstadt zu verdanken. Die *maru* waren Priester und Magistrate zugleich; in gewisser Hinsicht kann man sie mit den römischen Ädilen gleichsetzen. In manchen Fällen wurde allein der Vorsteher des *zilath*-Kollegiums mit diesem Namen bezeichnet; zuweilen hieß er auch *purth* oder *purthne*, ein Wort, das vielleicht vom griechischen Prytanen hergeleitet ist. Er war der erste und oberste *zilath*. In der *interpretatio Latina* übersetzten die Römer den Titel mit *praetor*. Ursprünglich bedeutet dies soviel wie »Staatschef«.

Wir kennen nun die wichtigsten Magistraturen im Rahmen der Städteverwaltungen. Wenn sich die zwölf Stämme auf nationaler Ebene versammelten und verbündeten, wählten sie einen obersten *zilath* an die Spitze ihrer Liga. Inschriften bezeichnen ihn als *zilath mechl rasnal*, d. h. *zilath* des etruskischen Volkes. Man weiß, daß sich die Etrusker in ihrer eigenen Sprache *Rasenna* nannten. Bis zum Ende der römischen Kaiserzeit gab es *praetores Etruriae*.

Auf der Basis dieser Erkenntnisse können die Epigraphiker eine Reihe von *cursus honorum* entziffern, Zeugnisse großer Karrieren. Eine Inschrift aus Vulci belehrt uns, daß *Larth Tute*, der Sohn des Arruns und der *Ravnthu Hathli*, siebenmal *zilath* war und einmal *purth*, d. h. Vorsteher des Kollegiums, und daß er mit 72 Jahren verstarb[33]. *Sethre Tute*, wahrscheinlich sein Sohn, das Kind des *Larth* und der *Vela Pumpli*, war *zilath* und starb fünfundzwanzigjährig im Jahre seiner Präsidentschaft[34]. Man ersieht aus diesen Beispielen, daß man mehrmals die gleichen Ämter innehaben und sehr jung in hohe Stellungen aufsteigen konnte.

Vor einiger Zeit hat man einen umgekehrten *cursus* entzif-

fert, der die Ämter in absteigender Reihe aufzählt, indem er
beim letzten und höchsten einsetzt: ... *Larisal Crespe
Thanchvilus Pumpnal clan zilath mechl rasnas marunuch
cepen zilc thufi tenthas marunuch pachanati ril LXIII*[35].
Dieser *Crespe*, dessen Vorname ungenannt bleibt, der Sohn des
Laris und der *Tanaquil Pumpni*, war 1. *marunuch pachanati*,
d. h. *maru* der Bacchus-Brüderschaft, 2. *zilc thufi*, d. h. zum ersten Mal *zilath* oder erster *zilath*, 3. *marunuch cepen*, d. h. Inhaber eines öffentlichen Priesteramtes, 4. *zilath mechl rasnas*,
d. h. Haupt der etruskischen Liga. Er starb mit 63 Jahren.

Offizielle Ehrengeleite

Es gäbe noch viele andere Beispiele. Die aufgeführten lassen
zumindest erkennen, wie die Verwaltung funktionierte.
Noch deutlicher werden unsere Vorstellungen, wenn wir den
epigraphischen Zeugnissen die bildlichen Darstellungen, d. h.
die Reliefs und Grabmalereien, zugesellen[36]. Eine große
Zahl Sarkophage, auf deren Deckel sich das Bild des Verstorbenen befindet, zeigen unterhalb des Epitaphs, das seine
Größe preist, ein Trauergeleit, welches ihm in das Jenseits
folgt (Abb. 13). Die *zilath*, *maru* und *purth* erschienen nicht
in der Begleitung einfacher Leute vor den Göttern der Unterwelt. Ihre letzte Reise, die der Nachwelt zur Erbauung
in Stein festgehalten wurde, mußte den feierlichen Anblick
eines Triumphzuges bieten. Die Verstorbenen überschreiten
die Schwelle zur Unterwelt, angetan mit ihren Insignien und
umgeben von der Eskorte, die ihrem Rang gebührt. So sieht
man sie denn auf den *nenfro*-Sarkophagen von Tarquinia,
auf den Alabasterurnen von Volterra und einigen Fresken-
stücken, wie sie auf einem Prunkwagen, gezogen von zwei
oder vier Pferden mit kostbarem Zaumzeug, daherfahren;
sie tragen die Tunika und eine Art Toga und auf dem Kopf
eine Krone, deren Vergoldung noch zu sehen ist. Hinter ihnen schreiten schwerbeladene Diener; sie tragen nicht nur
das notwendige Reisegepäck, sondern auch große Register,

Schreibtafeln, Hülsen für Schriftrollen – Hinweise auf die
Verwaltungstätigkeit des Verstorbenen – und vor allem die
sella curulis, auf der er zu thronen pflegte und vielleicht – wer
weiß – auch unter den Unterweltsrichtern thronen wird.

*Abb. 13 Das Gefolge des Magistraten (aus Tuscania, Vatikanisches
Museum)*

Noch eindrucksvoller ist die Vorhut des Geleits: es wird eröffnet durch eine Bläsergruppe mit riesigen Hörnern, geraden und gekrümmten Trompeten (Abb. 59); bisweilen ist
ihnen ein Kithara- oder Flötenspieler beigesellt. Es folgen,
um dem Wagen des Beamten freie Bahn zu schaffen, zunächst ein Begleiter, lateinisch *viator*, mit einer Lanze, dem
Symbol der Macht in der Rechten, oder mit einem vorge-
streckten Stab, um die Menge wegzudrängen; dann eine
nicht feststehende Anzahl Liktoren, meist zwei, oft auch
drei oder vier. Man weiß nicht, ob die Zahl im Zusammenhang mit der Bedeutung des Amtes steht, das der Verstorbene bekleidet hat. Diese Liktoren sind sowohl in den
etruskischen Stadtstaaten wie in der römischen Republik die
Nachfolger der Begleiter der einstigen Könige. Nur erscheinen die Rutenbündel, die sie über der linken Schulter tragen, die traditionellen Insignien des *imperium*, hier ohne die
Axt, die ursprünglich nicht von den Ruten getrennt war.

Bedeutet das Verschwinden der Axt, wie man angenommen hat, daß die Römer den etruskischen Magistraten einen Teil ihrer Macht genommen hatten und daß das Recht über Leben und Tod der Bürger, das die Axt versinnbildlichte, nun in den Händen der Römer lag? Auch in Rom soll der Konsul P. Valerius Publicola im Jahre 509 als symbolische Handlung die Axt aus dem Rutenbündel entfernt haben, als das Gesetz durchkam, das jedem zum Tode verurteilten Römer erlaubte, an das Volk zu appellieren: *secures de fascibus demi iussit*[37]. In Wirklichkeit bestand das Gesetz *de provocatione* nicht vor 300: von diesem Zeitpunkt an trugen die Liktoren innerhalb der Stadtmauern, wo die souveränen Rechte der Magistrate aufhörten, nur noch Rutenbündel ohne Axt. Es ist interessant, daß die Liktoren von Tuscania möglicherweise ab dem 3. Jahrhundert ebenso verfuhren.

Einige Alabasterreliefs aus Volterra – das Material ermöglicht eine deutlichere Darstellung der Details – fügen den Rutenbündeln einen dünnen Stab hinzu; es könnte sich auch um eine Lanze handeln. Die Liktoren trugen diesen Stab entweder in der freien Rechten oder auch in der Linken, die bereits das Rutenbündel hielt, vor sich her, und zwar aufrecht wie eine Kerze. Dieses Attribut, dessen Bedeutung wir nicht kennen – ein praktischer Nutzen ist aus den Darstellungen nicht zu erschließen –, findet sich wieder auf römischen Münzen, auf denen ein Appell an das Volk dargestellt ist: der Begleiter des Magistrats trägt zwei Ruten über der linken Schulter und hält in der rechten Hand senkrecht eine Lanze, das Sinnbild der Souveränität. Der ganze Aufwand beweist, daß die Etrusker auch noch in ihrem Niedergang zumindest in der Grabikonographie den alten Zeichen ihrer Macht die Treue hielten.

Die Ehrengeleite lehren uns noch manches andere, nicht nur über das Zeremoniell der *zilath*, sondern auch über das der römischen Magistrate. Denn die etruskische Symbolik für das *imperium*, aus der – wie wir wissen – Rom geschöpft hat, war unendlich reich. Sie umfaßte Insignien, die die Römer nicht übernahmen, weil sie nichts damit anfangen konnten. Auf den Malereien der *Tomba del Tifone* in Tarquinia (Abb. 14) und des Grabes der *Hescana* in Orvieto[38] findet man in der Schar der Musiker und Liktoren Herolde, die

Abb. 14 Ein anderes Gefolge (Tomba del Tifone, Tarquinia)

über der Schulter eine Art Schlangenstab tragen, dessen Äste schraubenartig gedreht sind. Nichts entspricht diesen Stäben auf den Bildern, die wir vom öffentlichen Leben in Rom haben.

II. Die Dienerklasse

Unterhalb der Herrenschicht gab es in Etrurien im Grunde nur Sklaven, obwohl nicht alle in gleicher Dienstbarkeit standen, wie wir sehen werden. Die Paläste in den Städten, die Güter auf dem Land und die Werkstätten in den Industriezentren wimmelten von einer mehr oder minder ver-

sklavten Volksmasse. Nur selten tritt diese Schicht auf bildlichen Darstellungen und in den Berichten der Historiker in
Erscheinung.

Die Dienerschaft

Eine Fülle dienstbarer Geister – in Rom nannte man sie
später *familia urbana* – bevölkerte in Tarquinia und Volsinii die Wohnsitze der Reichen. Die *familia* war bei den
Etruskern so zahlreich, daß man manchmal behauptete, das
Atrium oder die Säulenhalle in der Mitte des Hauses diene
dazu, die Wohnung des Gesindes von den Gemächern der
Herren zu trennen, um diese »vor dem Lärm der Schar der
Bediensteten zu schützen[39]«. Auf den Grabfresken des
6. Jahrhunderts sieht man, wie sie sich um die Teilnehmer
an den Gelagen zu schaffen machen: Mundschenke stehen
bereit, die Trinkschalen zu füllen, junge Dienerinnen fä-
cheln ihren Herrinnen Kühlung zu, Köche kneten den Teig
und schieben Töpfe in den Ofen; nicht zu vergessen der
kleine Junge, der einen Sitz herbeiträgt, der andere, der
unter dem Tisch eine Katze neckt, der dritte, der in einer
Ecke zusammengekauert einschläft. Das Dienervolk gleicht
im Grunde ganz genau den Sklaven, die an den Tafeln des
kaiserlichen Roms ihren Dienst versehen. Unsere Darstellung wird adäquat, wenn auch in satirischer Überspitzung,
von Seneca kommentiert; er schreibt in seinem berühmten
Brief über die Behandlung der Sklaven[40]: »Eine Mode ohne
alles Maß erfordert ein ganzes Heer von Sklaven, die beim
Mahl der Herren bedienen . . . Wir liegen auf unseren Speise-
polstern. Ein Sklave wischt den Speichel von der Erde
auf, . . . ein anderer zerlegt das kostbare Geflügel; mit kun-
diger Hand führt er das Messer präzise vom Brustbein zum
Steißbein und löst mit der Messerspitze die Fleischteile . . .
Der Mundschenk ist aufgeputzt wie eine Frau und versucht,
sein Alter zu vertuschen . . . Die unglückseligen Sklaven haben nicht das Recht, die Lippen zu bewegen. Die Rute er-

stickt auch das leiseste Murmeln. Es gibt auch keine Ausnahme für unwillkürliche Geräusche wie Husten, Niesen
oder Schluckauf... Die ganze Nacht bringen sie stehend
zu, hungrig und stumm.« Seneca zeigt uns hier die Rückseite der Kulisse. Die etruskische Welt war manchmal huma-
ner; einige Sklaven sind mit Namen genannt; sie haben eine
Persönlichkeit. Es scheint so, als hätten die Überlebenden
den Toten eine Freude machen wollen, indem sie sie auch
im Jenseits mit der Pflege durch ihre ständigen Diener umgaben, der Diener, die noch Seneca »die bescheidenen, demü-
tigen Freunde« ihrer Herren nannte.
Sklaven waren es auch, die, nach den Fresken im Grab der
Auguren und im Triclinium-Grab zu schließen, mit ihren
Künsten die Gäste ergötzten oder an den Leichenspielen
zum Gedächtnis des Verstorbenen teilnahmen: Athleten,
Faustkämpfer, Akrobaten, Jongleure, vor allem Flötenspieler, Tänzer und Tänzerinnen, vielleicht auch Schauspieler. Jeder toskanische Adlige unterhielt eine Artistengruppe.
Nach Poseidonios waren sie glänzender gekleidet, als es
ihrer abhängigen Stellung zukam[41]. Wir werden später ihre
prächtigen Gewänder und Mäntel beschreiben. Die etruskische Malerei hat überall ihre leuchtenden Farben vermittelt.
Aber trotz aller Pracht waren die Träger Sklaven.
Livius beschreibt eine bezeichnende Szene, die sich Ende des
4. Jahrhunderts kurz vor der Belagerung und Zerstörung
Vejis abgespielt hat. Die Bundesversammlung der zwölf
Stämme tagte in Volsinii im Tempel der Voltumna. Anlaß
waren die Wahl des Führers der Liga und die Feier des
jährlichen Festes. Ein Adliger aus Veji hatte sich als Kandi-
dat aufstellen lassen und war mit besonders großer Pracht
aufgetreten, fiel aber bei der Wahl durch. Seine Niederlage
kränkte ihn so, daß er seine Artisten mitten aus den festli-
chen Darbietungen herausrief: *artifices, quorum magna pars
ipsius servi erant, ex medio ludicro repente abduxit*[42]. Eine
Unterbrechung religiöser Zeremonien war ein ungeheurer
Skandal; die etruskische *pietas* konnte ihn nie vergeben.

Man kann sich auf jeden Fall die traurige Rückfahrt der arbeitslosen Truppe auf der Via Cassia vorstellen: die Reihe der Karren, auf denen sich die enttäuschten Künstler zusammendrängen, die leuchtenden Kostüme in Kisten verpackt – wirklich eine Szene aus einem alten *Roman Comique*!

Die Bauern

Die Sklaven auf dem Land *(familia rustica)*, bestimmt auch zahlreich, unterschieden sich in ihrer Lebensweise vollkommen. Lassen wir uns nur nicht von dem Bericht Plutarchs verwirren, der die Reiseeindrücke des Tiberius Gracchus wiedergibt. Auf dem Weg zum Kriegsschauplatz Numantia in Spanien durchquerte er im Jahre 137 Etrurien. »Er sah die Einsamkeit des Landes und daß die Sklaven, die die Felder bestellten oder das Vieh weideten, aus der Fremde stammten und unkultiviert waren[43].« Dieses Zeugnis gilt für das am Meer gelegene Etrurien, denn Tiberius Gracchus folgte notwendigerweise der Küstenstraße, der Via Aurelia; es betrifft bestenfalls die toskanische Maremma und den am wenigsten fruchtbaren Teil Etruriens. Seine Bedeutung ist noch dazu eingeschränkt durch den Zeitpunkt: es umreißt den demographischen Zustand nicht nur Etruriens, sondern ganz Mittelitaliens im 2. Jahrhundert v. Chr. Politische und wirtschaftliche Faktoren waren nachweislich für das Verschwinden der kleineren Landgüter und die Entwicklung der Latifundien verantwortlich. Die ländlichen Gebiete entvölkerten sich von einem Ende der Halbinsel bis zum anderen, man mußte auf Arbeitskräfte aus dem Sklavenstand zurückgreifen, um die Herden auf dem allgemeinen Weideland hüten zu lassen. »Fremde, unkultivierte Sklaven« – der Ausdruck ist sehr treffend; die beiden Adjektive bezeichnen weniger Griechen als Karthager, Sarden, Gallier und Spanier, welche infolge des Krieges in großer Zahl auf die Sklavenmärkte kamen. Im alten Etrurien muß die Landbevölkerung anders ausgesehen haben.

Auch zu diesem Punkt verdanken wir Livius einige wertvolle Angaben. Gegen Ende des 4. Jahrhunderts durchquerte
eine römische Legion unter der Führung des Q. Fabius
Rullianus in der Nähe von Viterbo den undurchdring-
lichen Ciminischen Wald und gelangte in die reichen Ge-
treidelande des inneren Etrurien. Die Familientradition der
Fabier hat die Kühnheit ihres großen Mannes nach Belieben
ausgeschmückt. Aber als Hintergrund des Gemäldes sind
uns dabei zahlreiche kleine Tatsachen wahrheitsgemäß überliefert worden. Es interessiert uns wenig, ob der Bruder
oder der Halbbruder des Konsuls in Begleitung eines einzigen Sklaven auf Kundschaft ausgegangen ist und allen Fallen, die ihm die Natur und der Feind stellten, entgehen
konnte. Hierbei handelt es sich um eine Erzählung, doch die
Details sind erstaunlich echt. Dieser Römer konnte nämlich
Etruskisch; er war in Caere erzogen worden bei einer *gens*,
der die Fabier durch Gastrecht verbunden waren.
Um nicht entdeckt und gefangengenommen zu werden, hatten die beiden Kundschafter Kleidung und Ausstattung der
Eingeborenen angelegt: »Sie gingen als Hirten verkleidet
und ausgerüstet mit Gerät und Waffen des Landarbeiters,
jeder mit einer Sichel und zwei Spießen.« Als das Heer ihnen in das Gebiet des Feindes folgte, begegneten ihm lediglich kleine Abteilungen etruskischer Bauern, die in aller
Eile von den Besitzern des Landes mobilisiert worden waren: *tumultuariae agrestium Etruscorum cohortes repente
a principibus regionis eius concitatae*[44].
Als die Römer in das etruskische Land rund um Chiusi,
Arezzo und Perusia eindrangen, fanden sie zwischen tiefen
Wäldern gut bebautes Ackerland (Getreide und Holz waren
stets die Haupteinnahmequellen von Chiusi). Die seßhafte
Bevölkerung des Gebietes stand noch auf einer sehr primitiven Stufe. Die Wirtschaft war nicht differenziert; man
lebte von Viehzucht (»sie verkleideten sich als Hirten«),
Ackerbau (Sichel) und Jagd (die zwei Spieße). Die Bauern
waren verpflichtet, ihren Herren im Ernstfall Kriegsdienste

zu leisten. Mit ihren Werkzeugen, die sie als Waffen benutzten, bildeten sie ein Heer von recht mittelmäßiger
Schlagkraft, wie es scheint.

Dionys von Halikarnass hat den etruskischen Bauern einen
Namen gegeben, der recht treffend ist, obwohl es sich nur
um eine Metapher handelt. Im Verlauf eines der legendären Kriege zwischen Rom und Veji, welchen die annalisti-
sche Tradition ins Jahr 480 verlegt, hatte das bedrohte
Veji an die Liga der zwölf Stämme appelliert. »Aus ganz
Etrurien war Verstärkung gekommen«, berichtet Livius[45].
Doch der griechische Historiker, der weniger kurz angebun-
den dieselbe Quelle resümiert, erzählt: »Aus ganz Etrurien
waren die Fürsten mit ihren Penesten gekommen[46].«

Mit diesem Namen bezeichnete man die thessalische Urbevölkerung, die von den Eroberern in der Zeit der dorischen Wanderungen versklavt worden war. Sie waren wie
die Heloten in Sparta an die Scholle gebunden und mußten
Landarbeit und Kriegsdienste leisten. Dafür garantierten
die Herren ihnen Schutz gegen Gewalt und Vertreibung
von ihrem Land. Demosthenes berichtet von einem thessa-
lischen Adligen, Menon von Pharsalus, der anläßlich der
Expedition des Kimon gegen Amphipolis den Athenern
außer zwölf Talenten Silber »dreihundert Reiter aus der
Schar seiner Penesten« zur Verfügung gestellt hat. Auf ganz
ähnliche Weise rufen die Lucumonen den Heerbann ihrer
Vasallen auf, um Veji Hilfe zu leisten. Indem Dionys sie
mit den Penesten Thessaliens vergleicht, betont er, daß es
im Grunde freie Männer waren, die von ihren Herren ab-
hingen wie etwa Klienten. Zugleich gibt er zu verstehen,
daß die etruskischen Herren im Unterschied zu den römischen ihre Klienten verächtlich behandelten, ihnen erniedri-
gende Arbeiten auferlegten, sie schlugen und mißhandelten,
als ob es echte Sklaven wären, die sie auf den großen Märkten Griechenlands und Kleinasiens ersteigert hatten. Dionys
scheint sich über folgendes nicht im klaren gewesen zu sein:
als eifriger Verfechter der Autochthoniethese liefert er mit

der Erwähnung der Penesten denen ein Argument, die in
den Sklaven-Klienten des etruskischen Landes die späten
Nachkommen der Villanovaleute sehen, die dafür, daß sie
das Land ausbeuten, das ihnen die Eroberer entrissen haben,
Tribut zahlen müssen.

Wenn er den etruskischen Fürsten vorwirft, daß sie ihre
Penesten zu Diensten heranziehen, die eines freien Mannes
unwürdig sind, denkt man zunächst an die besonders müh-
selige Arbeit in den Steinbrüchen und Minen, die in der
ganzen Antike den Sklaven vorbehalten war. Die Marmor-
steinbrüche von Luna (Carrara) wurden erst am Ende der
römischen Republik geöffnet. Aber die Ausbeutung der
Minen von Populonia und im Gebiet von Campiglia, welche
die Macht der Etrusker begründete, war nur durch eine
überaus zahlreiche Arbeiterschaft möglich. Daß die Waffen-
und Werkzeugfabriken von Arezzo allein voll in der Lage
waren, im Jahre 205 die Flotte des Scipio Africanus mit
3000 Schilden und Helmen, 50 000 Wurfspießen, Speeren
und langen Lanzen auszurüsten – ganz abgesehen von Beilen,
Schaufeln und Sensen –, ist nur vorstellbar, wenn man von
einem großen Bestand an Metallarbeiter-*familiae* ausgeht.

Juvenal berichtet an einer Stelle über die Strafen, die einen
faulen, verhätschelten Stadtsklaven treffen konnten, wenn
er sich schlecht benahm. Man schickte ihn zur Feldarbeit tief
nach Lukanien hinein oder *in Tusca ergastula*, in toskanische
Sklavenarbeitshäuser[47]. Manche mögen hier *ergastulum* im
ursprünglichen Wortsinn als »Werkstatt« verstehen, abgeleitet vom griechischen ἐργαστήριον in leicht abgewandel-
ter lateinischer Transkription. Sicher gab es in Populonia,
an der Mündung des Po und auf dem etruskischen Land
solche Sklavenhäuser, Baracken oder Gewölbe, wo nachts
die Bergarbeiter und Erdarbeiter, die an der Erschließung
der Sümpfe arbeiteten, eingeschlossen wurden; doch waren
die Lebensbedingungen in diesen Sklavenhäusern so schreck-
lich, daß *ergastulum* bald die Bedeutung von »Sklaven-
gefängnis« bekam, wohin man die Gefangenen, *vincti*, ver-

bannte, die niemals mehr ihre Fesseln los wurden. So konnte
Martial am Ende des 1. Jahrhunderts – nicht ohne rheto-
rische Überspitzung – sagen, daß die Latifundien Etruriens
vom Klirren unzähliger Ketten widerhallten[48].

Die Sklavenrevolten

Die Grabmalereien und die literarischen Texte liefern uns
also nur einige ungewisse Angaben über die unteren Bevölkerungsschichten. Die Literatur betont aber, daß heftige
soziale Unruhen häufig waren. Seit dem Ende des 4. Jahrhunderts suchten sie die blühendsten Städte Etruriens heim:
Arezzo[49], wo der ungeheure Reichtum der Cilnii, entfern-
ter Ahnen des Maecenas, einen bewaffneten Aufstand hervorrief, und später Volsinii, dessen gewaltige Festungsanlagen von Raymond Bloch oberhalb von Bolsena[50] festgestellt
worden sind. Eine ähnliche Revolte fand außerdem in dem
geheimnisvollen Oinarea oder Oina statt. Man weiß nicht,
ob man diese Stadt mit Volterra, Orvieto oder Volsinii
selbst identifizieren soll. Wir haben über den Vorgang den
fast zeitgenössischen Bericht eines Griechen aus dem 3. Jahrhundert in den *Mirabiles Auscultationes*, die man Aristoteles zugeschrieben hat[51].
Der Untergang von Volsinii ist von Livius beschrieben worden. Leider ging das betreffende Buch verloren. Doch haben
Schriftsteller wie Valerius Maximus, Florus, Cassius Dio
und andere[52], die seine Berichte fortsetzten bzw. zusammen-
faßten, den Inhalt der Darstellung bewahrt. Trotz der moralisierenden Tendenzen und trotz mancher romanhafter
Züge hat sie großen historischen Wert.
Volsinii hatte sich 280 Rom unterwerfen müssen. Aus ungeklärten Gründen – Livius sieht darin die Wirkung einer
langsamen Verweichlichung, sicherlich spielten auch Hoff-
nungslosigkeit und Überdruß mit – hatte der Adel sich um
nichts mehr gekümmert und alle Verantwortung den Sklaven überlassen.

Mit viel feinerem politischem Spürsinn enthüllt der Pseudo-Aristoteles bei der Darstellung der Ereignisse, die sich in Oinarea ganz ähnlich abspielten, daß die Adligen sich im Grunde dadurch veranlaßt sahen, von der politischen Bühne abzutreten, daß sie sich durch eine mögliche Tyrannis bedroht fühlten. Adlige mit liberaler Gesinnung hatten geglaubt, dem steuern zu können, indem sie sich auf die niedrigen Schichten stützten.

Auf jeden Fall steht fest, daß die Volsinier in einer überaus beschleunigten Entwicklung auf die Demokratie hin die Sklaven weitgehend emanzipiert hatten. Da es keine Versammlungen gab, in denen sich der Volkswille artikulieren konnte und dann auch kanalisieren ließ, wie dies in Rom der Fall war, hatte man in Volsinii den gerade Freigelassenen sofort den Zutritt zum Senat gewährt. Diese hatten sich mit List alsbald der ganzen Regierungsgewalt bemächtigt. Der Pseudo-Aristoteles berichtet, daß sie die Macht in jährlichem Turnus ausübten.

Die livianische Tradition verweist immer wieder auf die Exzesse der neuen Herrscher: sie bestimmten nach Lust und Laune und in ihrem eigenen Interesse über Testamente, d. h. sie verteilten Land und Besitz neu; sie verboten den vormals Adligen Versammlungen und Bankette, d. h. sie verhinderten, daß sie sich verbündeten; sie heirateten die Töchter ihrer Herren, d. h. sie hoben das Heiratsverbot zwischen Freigeborenen und Freigelassenen auf, das in Rom bis zur Zeit des Augustus bestand. Ja man behauptet sogar – möglicherweise handelt es sich dabei aber um eine böswillige Übertreibung –, daß sie ein besonderes Gesetz erließen, das die Verletzung der Ehre von Witwen und verheirateten Frauen legalisierte und verbot, daß ein junges Mädchen einen Freigeborenen heiratete, ohne daß ein Freigelassener sie vorher besessen hatte.

In dieser verzweifelten Lage appellierte die Partei der Adligen an Rom. In diesem Punkt haben die Annalisten vor Livius ihrer Phantasie freien Lauf gelassen. Mit Genuß schilderten sie die Ankunft geheimer Abgesandter, die darauf bestanden, in einer Privatwohnung vom Senat empfangen zu werden, damit von ihrem Unternehmen ja nichts zu Hause bekannt würde. Das Unglück wollte es, daß ein Samnit, ein Gast des Hausbesitzers und überdies krank, sich am Versammlungsort verborgen hatte, das Gespräch belauschte und das Komplott verriet. Die Unterhändler wurden festgenommen, gefoltert und hingerichtet.

Im Jahre 265 wurde der Konsul Q. Fabius Gurges nach Volsinii geschickt. Er schlug das Heer, das ihm entgegentrat, und belagerte die Stadt; als er tödlich verwundet wurde, ersetzte man ihn durch den _consul suffectus_* P. Decius Mus. Dieser mußte einem heftigen Ausfall der Belagerten standhalten, die sich erst ein Jahr später infolge von Hungersnot ergaben. Der Konsul M. Fulvius Flaccus triumphierte am 1. November 264 _de Vulsiniensibus_[53]. Die Freigelassenen hatte man in ihren Gefängnissen hingerichtet, die Adligen wieder in ihre Rechte eingesetzt, nachdem man sie in das Gebiet von Bolsena umgesiedelt hatte. Volsinii selbst war zerstört; mit seinen zweitausend Bronzestatuen schmückte sich Rom.

Die Freigelassenen

Wir haben gesehen, daß es sich nicht genau feststellen läßt, in welcher Weise und in welchem Maße die unteren Bevölkerungsschichten Etruriens von der Aristokratie, den _principes_, abhängig waren. Man weiß nicht einmal recht, wie man sie nennen soll: Sklaven, Leibeigene, Klienten oder Freigelassene[54]. Die Alten selbst hatten nur annähernd passende Bezeichnungen und wußten um ihre Ungenauigkeit. Die Griechen mieden das Wort δοῦλοι und sprachen von οἰκέται

---

* Der _consul suffectus_ ist ein nachträglich hinzugewählter Konsul, der als Ersatz einspringt, wenn einer der Konsuln nicht mehr in der Lage ist, sein Amt zu versehen.

und θεραπεύοντες, was in ihrer Sprache »Gesinde« und »Diener« bedeutete. Als ob der Aufstand in Volsinii nicht auch von Köchen und Musikern gemacht worden wäre! Ein einziges Mal, wie wir gesehen haben, benützt Dionys von Halikarnass in Zusammenhang mit den Sklaven auf dem Lande eine Metapher, die nur zu deutlich beweist, daß die geläufige Terminologie nicht ausreichte. Weit weg in Thessalien mußte man die Bezeichnung suchen, die auf die Stellung der Landbevölkerung paßte. So wenig glich das alte Volk der Etrusker anderen Völkern! Denn wenn man auf diese Penesten die obengenannte Definition anwendet, waren es Freie, die wie Sklaven behandelt wurden. Dionys schrieb in Rom zu Beginn der Kaiserzeit, und er fand in der Überlieferung des seltsamen Volkes keine bekannten, fest umrissenen juristischen Formen des *mancipium*, d. h. des Rechtes, das der Herr über den Sklaven hat, wie es im römischen Recht festgehalten war. Wenn ihm der Status des Landarbeiters eher mit der Beziehung des Klienten zum Patron vergleichbar schien, so sah er doch genau, daß seine tatsächliche Lage nicht besser war als die eines Sklaven. Dies waren die Probleme, die sich beim Studium der fremden, stark archaischen Kultur für einen Historiker ergaben, der in den Kategorien seiner Zeit und seiner Wahlheimat zu denken gewohnt war.

Livius hatte weniger Skrupel; er zögerte nicht, die Tänzertruppe eines Lucumonen und die Landarbeiter, die sich 196 gegen die Großgrundbesitzer erhoben, gleichermaßen mit dem Namen *servi* zu belegen[55]. Valerius Maximus schreibt ebenfalls, daß *servi*, die man unvorsichtigerweise zum Senat von Volsinii zugelassen habe, ihre alten Herren aus der Regierung vertrieben hätten. Dieser einfache Terminus täuscht über eine historische Entwicklung hinweg; er unterschlägt die Etappen der Freilassung. Orosius und Aurelius Victor nehmen darauf Rücksicht; sie sprechen von *libertini*[56]. Aber auch hier gibt es eine Schwierigkeit: es ist nicht sicher, ob

die Freilassung in Etrurien dieselben Konsequenzen hatte
wie die *manumissio* bei den Römern.

Eine kleine Anzahl etruskisch-lateinischer Bilinguen lassen
erkennen, daß das lateinische Wort *libertus* und das etruskische *lautuni* (meist in der synkopierten Form *lautni*) Äquivalente sind. Auf dem Deckel einer Aschenurne von Perusia liest man z. B.:

L. SCARPVS SCARPIAE L. POPA[57],

d. h. *Lucius Scarpus Scarpiae libertus popa*: Lucius Scar-
pius, Freigelassener der Scarpia, Opferdiener. *Popa* ist die
Bezeichnung für einen niederen Priester, den Opferpriester,
der das Tier zum Altar führt und mit einer Keule erschlägt.
Der hier Genannte war freigelassen worden von einer Frau
namens Scarpia. Ihr Name war zu seinem Gentilnamen geworden.

Dieser Inschrift entspricht folgende:

Larth Scarpe lautuni.

Dieselbe Person erscheint hier mit ihrem etruskischen Vornamen *(Larth)* und dem vom Namen der Herrin abgelei-
teten Gentilnamen und der Bezeichnung *lautuni*, die mit
libertus übersetzt wird. Man ist also versucht, in den zahlreichen Inschriften, in denen der Terminus *lautni* oder die
Femininform *lautnitha* vorkommen, automatisch zu übersetzen: *Avle Alfnis lautni* – Aulus, Freigelassener des Alfius; und *Velia Tutnal lautnitha* – Velia, Freigelassene der
Tutia[58].

Man kennt andererseits aber den Ursprung des Wortes
lautni. Es ist abgeleitet aus *laut(u)n*, einem Begriff, der
ziemlich genau dem lateinischen *familia* entspricht. *Familia*
bedeutet in gutem Latein nun alles andere als »Familie«;
es heißt zunächst »Gesamtheit der Sklaven und Diener, die
unter einem Dach leben« und dann mit Bedeutungserweite-
rung »das ganze Haus, einerseits den Herrn, seine Gattin

und seine Kinder und andererseits die Sklaven, die alle unter seiner Befehlsgewalt stehen«[59].

Die Wortbedeutung verlagerte sich ständig; zunächst bezeichnete *familia* alle Sklaven und schloß die freien Personen der Hausgemeinschaft aus; am Ende der Entwicklung umfaßte das Wort nur noch die Freien unter Ausschluß der Sklaven. Gleichzeitig erhielt das Adjektiv *familiaris* eine gefühlsmäßige und moralische Nuance: es wies auf Intimität und innere Verbundenheit hin. Als Seneca in dem oben erwähnten Brief seinen Partner lobt, weil er *familiariter* mit seinen Sklaven lebe, weil er sie an seinen Tisch lade, spielt er mit der alten und der neuen Bedeutung des Adverbs. Weiter unten schreibt er: »Betrachte nur, wie peinlich genau unsere Ahnen alles vermieden, was die Sklaven erniedrigen und ein Gefühl des Hasses gegen den Herrn in ihnen wachrufen konnte; den Herrn nannten sie *pater familias*, »Vater der *familia*«, und die Sklaven waren *familiares*, »Glieder der *familia*«!

Die etymologisch richtige Übersetzung für *lautni* wäre also *familiaris*, d. h. Sklave. Die Verwirrung der Begriffe Sklave und Freigelassener ist bemerkenswert und zugleich charakteristisch für die Unterschiede zwischen zwei Gesellschaften, die sich von Natur aus oder aus Gründen der zeitlichen Entwicklung nicht überbrücken lassen. Die Bilinguen stammen überdies aus den Jahrzehnten, da die untergehende etruskische Welt ihr Eigendasein aufgab und sich mehr und mehr nach der Lebensweise der Sieger ausrichtete.

Vielleicht ist der Widerspruch auch nicht so groß, wie es zunächst scheinen mag. Selbst in Rom bleibt der Freigelassene in gewissem Sinn von seinem früheren Herrn abhängig, von dem er wie ein Sohn Name und Vorname übernommen hat. Zwar löst er sich meist aus dem Verband seiner alten *familia*; aber man kennt auch genug Gräber, in denen der *patronus* einen Platz offenhält *sibi libertis libertabusque posterisque eorum*, für sich, die Freigelassenen, Männer und Frauen, und deren Nachkommen. Bei den Etruskern schei-

nen die *lautni* in der späten Zeit, aus der die Inschriften
stammen, innerhalb der *familia,* deren Zusammenhalt auch
weiterhin unangetastet blieb, eine mit Privilegien ausgestattete Sonderstellung eingenommen zu haben. Sie gehörten nicht zur Masse der Sklaven niedrigsten Ranges, zu
denen, die kaum einen Namen hatten und kein Begräbnis
erhielten. Sie standen ziemlich hoch auf der Stufenleiter der
niederen Schichten, da sie sich durch persönliches Verdienst
oder die Gunst ihres Herrn einer gewissen Freiheit erfreuten, welche sie nach den Begriffen des römischen Rechts
in den Status von *liberti* erhob. Es ist möglich, ja wahrscheinlich, daß diese Freiheit durch einen juristischen Akt
besiegelt wurde, der der *manumissio* entsprach. Das Wesentliche ist, daß sie nicht aus der *familia* ausschieden, sondern eines ihrer wichtigen Elemente ausmachten, das einzige, das zählte. Der Rest der Sklavenschaft ist nicht der
Ehre wert, erwähnt zu werden.
Die große Stabilität der etruskischen *familia* wird an fol-
gendem Beispiel deutlich; es stammt aus dem Jahre 91
v. Chr. Bedrohliche Prodigien hatten den Zorn der Götter
angezeigt. In den Augen der Großgrundbesitzer waren daran die Agrarreformen schuld, die rund vierzig Jahre vorher
von den Gracchen in die Wege geleitet worden waren. Lange
Zeit hatten sie das etruskische Land nicht betroffen, aber
nun war es unmittelbar bedroht. »Auf dem Gebiet von
Modena stießen zwei Berge mit gewaltigem Getöse zusammen; sie bewegten sich aufeinander zu und trennten sich
dann wieder, während am hellen Tag Flammen und Rauch
zwischen ihnen hervorbrachen und zum Himmel aufstiegen.
Von der Via Aemilia aus sahen eine große Anzahl römischer Ritter mit ihren *familiae* und Reisende dem Schauspiel zu. Der Zusammenprall zermalmte alle Besitztümer,
die sich dort befanden, und tötete sehr viele Tiere, die sich
zwischen den Bergen aufhielten[60].«
Die Schilderung des Erdbebens, wie es die etruskischen Haruspices in ihren Büchern vermerkt hatten, aus denen Pli-

nius der Ältere wohl geschöpft haben wird, ist bewunderns-
wert genau und anschaulich. Jedes Detail verdient es, kurz
kommentiert zu werden. Wer kennt nicht die Via Aemilia,
die große römische Straße von Rimini nach Piacenza, welche die gewaltige, fruchtbare Ebene durchquert, der sie den
Namen Emilia gegeben hat. Breit und gradlinig verläuft
sie zwischen Maisfeldern und reichen Gehöften, die durch
von Maulbeerbäumen gesäumte Alleen zu erreichen sind.
Wer ihr einmal von Bologna nach Modena, von Reggio
nach Parma folgte, wird sich die Szene gut vorstellen können, wenn auch moderne Anbauweisen die Landschaft verändert haben. Man könnte die Naturkatastrophe z. B. im
Tal von Frignano lokalisieren: es gab dort viele *villae*, die
zerstört wurden; man betrieb in der Gegend eine ausge-
dehnte Schafzucht – die *Campi Macri* bei Modena waren
ein berühmter Wollmarkt; bei den *animalia*, die getötet wurden, hätte es sich also um Schafe gehandelt. Die Straße war
schwarz von Menschen, nach dem Text des Plinius: *spec-
tante e via Aemilia magna equitum Romanorum familia-
rumque et viatorum multitudine*. Ohne Zweifel handelte es
sich um Reisende zu Fuß, zu Pferde oder im Wagen, den
die Gallier der Zisalpina schon lange in den verschiedensten
Formen eingeführt hatten. Sie alle standen da und schauten.
Am zahlreichsten waren wohl die Bewohner der Gegend
vertreten. Bezeichnenderweise werden nur zwei Schichten
genannt: römische Ritter *(equites Romani)* und ihre Leute
(familiae). Die römischen Ritter aus dem Jahre 91 waren
keine anderen als die Nachkommen der adligen Etrusker,
die römische Bürger geworden waren. Ihr Vermögensstand
hatte sie in den Rang römischer Ritter versetzt. Es handelt
sich immer um die gleichen Großgrundbesitzer, hier speziell
um Viehzüchter, deren Reichtum weder von der römischen
Kolonisierung noch von der Politik der Gracchen ange-
tastet worden war. Um sie scharen sich ihre *familiae*. Plinius
macht sich nicht die Mühe, ihre einzelnen Glieder aufzu-

zählen. Er nennt auch keine weiteren Gruppen von Freien, die man zwischen den beiden genannten Bevölkerungsschichten ansetzen könnte.

Die Zusammensetzung der Sklavenschaft

Glücklicherweise erlaubt uns die etruskische Epigraphie, die Zusammensetzung dieser Schicht weiter zu analysieren, ja sie erhellt sogar die Existenz von Individuen.

Irgendwo auf dem Land zwischen Chiusi, Montepulciano und dem Trasimenischen See gab es eine *familia*, aus der uns fünfzehn Mitglieder bekannt sind, und zwar durch Grabinschriften. Es war die Familie der *alfni*[61]. Der Name ist trotz des Suffixes nicht etruskisch; er ist aus der Wurzel *alb-* (lateinisch), bzw. *alf-* (oskisch-umbrisch) gebildet, welche »weiß« bedeutet. Albii und Alfii sind auf der ganzen Halbinsel zu finden. Es ist durchaus möglich, daß der Urahn der *alfni* aus Umbrien oder Kampanien nach Chiusi gekommen ist, um dort sein Glück zu machen.

Im letzten Jahrhundert v. Chr. wurde die Asche des *pater familias* in einer schönen Travertinurne beigesetzt; erstmals sind die Personalien in etruskisch und in lateinisch angegeben:

Vl. Alfni. Nuvi. Cainal
C. ALFIUS. A. F. CAINNIA. NATVS[62].

In seiner Muttersprache hieß er *Vel Alfni Nuvi*; er hatte einen etruskischen Vornamen und zwei Gentilnamen, die beide nicht zu der etruskischen Namengebung gehörten. Der eine war die ins Etruskische übertragene Ableitung aus dem Adjektiv *novus* (neu), eine im südlichen Italien sehr verbreitete Namensform, welche die Verbindung der *Alfni* mit der Fremde bestätigt.

Daß der Mann die Bräuche seines Volkes achtete, beweist die Erwähnung seiner Mutter *Cainei* bzw. *Cainal* im Genetiv. Um sich in das römische Zensusregister eintragen zu

lassen, hat *Vel Alfni Nuvi* seinen Vornamen, der sich offensichtlich nicht übertragen ließ, gegen den Allerweltsnamen
Caius eingetauscht, nur einen der beiden Gentilnamen beibehalten und in der gebräuchlichen Abkürzung den Vornamen seines Vaters beigefügt: *A(uli) f(ilius)*, Sohn des Aulus.
Aber auch in der lateinischen Fassung der Inschrift hat er
seine Mutter Cainnia nicht verleugnen wollen.
Die *Alfni* hatten eine zahlreiche, bunt zusammengewürfelte
Dienerschaft. Einige ihrer Grabinschriften, in roter Farbe
auf Urnen und Töpfe gemalt, deuten vage einzelne Persönlichkeiten an.
Wir lesen da von einem Diener *Aule Alfnis lautni*, d. h.
Aulus, *lautni* des Alfius. *Venzile Alfnis lautni* hatte als Vornamen die zärtliche Diminutivform des Namens *Venel* erhalten. Hier verrät sich die gerührte Zuneigung des Herrn zu
dem kleinen, im Haus geborenen Sklaven *(verna)*. Ein Zie-
gel, Hinweis auf ein nahe gelegenes Beinhaus, stellt uns einen
Arruns Alfius vor, der Färber war: *fulu*, lateinisch *fullo*.
Es gab Dienerinnen, wie Vibia, *lautnitha* des Alfius; und
in lateinischen Angaben *Alfia Q(uinti) l(iberta) Prima*; daneben *Larthi Alfnis lautnitha Percumsnas*, Larthi, *lautnitha*
des Alfius, Gattin des Percumsna, ein Name wie Perco-
nius oder Pergonius. Die kleine Terrakotta-Urne mit ihren
sterblichen Überresten ist etwa 10 km westlich von Chiusi
in Sarteano gefunden worden, wo Larthi geheiratet hatte
und an der Seite ihres Mannes Vel Percumsna, dem Sohn
des Arruns, bestattet worden war. Eine andere, *Sleparis
Alfnis l(autnitha) Achlesa,* hatte einen Vornamen, den man
zunächst für die Übersetzung der griechischen Form von
Kleopatra hielt. Er scheint aber eher die besondere Funktion zu bezeichnen, die sie im Haus gehabt hatte. Andere
waren z. B. mit dem Geschirr beschäftigt *(urnasis)* oder mit
den Betten *(hupnis)* oder mit den Tischen *(aklchis)*[63]. Auch
diese *lautnitha* des Alfius war verheiratet, und zwar mit
Achle, d. h. *Achilles*.
Er war nicht der einzige Sklave griechischen Ursprungs in

dieser *familia*. Eine weitere Urne barg einen *lautni* des Alfius namens *Pilunice*, was ganz offensichtlich *Philoneikos*
bedeutet. Ein Cippus erinnert in lateinischer Sprache an
Amethystus T. Alfi Hilari servus, Amethyst, Sklave des Ti-
tus Alfius Hilarus. Hier ist *servus* wie anderenorts *libertus*
eine Übersetzung für *lautni*.
Die Sklavenonomastik in Etrurien ist voller griechischer
Namen, die sich unter der Maske phonetischer und ortho-
graphischer Verstümmelung leicht erkennen lassen. Überall
sind *Antipater* (Antipater), *Apluni* (Apollonios), *Archaza*
(Arkadios), *Atale* (Attalos), *Evantra* (Euander), *Herclite*
(Heraklit), *Licantre* (Lykander), *Nicipur* (Nikephoros),
Pherse (Perseus), *Philutis* (Philotis), *Tama* (Damas), *Tinusi*
(Dionysos), *Tiphile* (Diphilos) bezeugt. Der mehrfach erwähnte Name *Zerapiu* (Serapion) geht eindeutig auf ägyptischen Ursprung zurück[64].
Natürlich würde auch das am Meer gelegene Etrurien dieselbe Sprache sprechen, wenn dort die Ausbeute an Inschriften ebenso reich und instruktiv wäre. In Caere hatte eine
frühe Romanisierung die allgemeine Einführung des Lateinischen mit sich gebracht. Doch die herrschenden *gentes* waren nicht verschwunden. Wie viele griechische oder orientalische *cognomina* gibt es nicht in der riesengroßen Familie
der Magilii, welche bestimmt von den *Macla* oder *Macula*
abstammt, die bereits in der Zeit der Unabhängigkeit in
Blüte standen! Wir erhalten Kenntnis von Philemon und
Lais, Philipp und Chelido (Schwalbe), von Hebene, schwarz
und kostbar wie das Holz, von dem sie ihren Namen her-
leitet, ja sogar von einem Juden *L. Magili L. l. Aciba*, dessen
Beiname die Transkription des hebräischen Eigennamens
Aqiba, Jakob, ist[65].
Die Sklaven, die seit Ende des 3. Jahrhunderts in immer
größerer Anzahl gehalten wurden, stammten nicht mehr
von den Beutezügen der alten etruskischen Piraten, sondern
rekrutierten sich aus den großen Scharen Kriegsgefangener,
welche die römischen Generäle mitbrachten. Die Mehrzahl

der 150 000 Griechen, die Aemilius Paullus 167 von seinem
Kriegszug in Epirus nach Rom brachte, wanderte in die toskanischen Sklavenarbeitshäuser. Zweifellos wurden auch
viele der 50 000 Karthager, welche Scipio Aemilianus 146
nach der Zerstörung ihrer Stadt verkaufte, in Etrurien aufgenommen. Sie trugen zur Verbreitung einiger Ackerbau-
techniken bei, die der große punische Agronom Magon beschrieben hatte und die der etruskische Agronom Saserna
und sein Sohn studieren sollten. Man würde auf etruskischen Inschriften gern die Spur karthagischer Sklaven finden, verstümmelte Formen von Namen wie Hannon oder
Muthumbal. Solche Namen waren durch den *Poenulus* des
Plautus bekanntgeworden. Bis jetzt hat man jedoch vergebens gesucht. Vielleicht verbergen sich die Karthager unter
griechischen Namen. Die Sklavenhändler generalisierten
gern die entsprechenden Namen, weil griechische Sklaven
gesucht waren; vielleicht haben sie auch spezielle etruskische
Namen angenommen, harmlose Bezeichnungen wie *Cae*
(Caius) oder *Aule* (Aulus) oder das seltsame *Lethe*, dessen
weibliche Form *Lethi* oder *Lethia* lautet. Man hat nachgewiesen, daß diese Namen für Diener allgemein gebräuchlich
waren, ähnlich wie das lateinische *puer* als eine Art Gat-
tungsbezeichnung auf junge Sklaven angewandt wurde.
Für den Sklaven wurde er zu einem Vornamen oder gar zu
einem Familiennamen, den er seinen Kindern vererbte[66].
Wenn wir die Karthager und Sarden, die Tiberius Gracchus
sicherlich in großer Anzahl entlang der Via Aurelia angetroffen hat, auch nicht identifizieren können, so bringt die
wissenschaftliche Analyse doch nach und nach andere »Aus-
länder« und »Barbaren« zutage, die in etruskischen Fami-
lienverbänden lebten.
Bei Perusia hat man ein Grab gefunden, in dem eine offenbar reiche Familie mindestens neun ihrer Mitglieder in Urnen bestattet hat: das Grab der Venetii, etruskisch *Venete*.
Einer von ihnen heißt z. B.:

Se. Venete La. Lethial clan[67],

d. h. *Sethre* (Vorname) *Venete, clan* (Sohn) des *Larth (Venete)* und der *Lethi.*

Der Urahn der *Venete* war sicherlich aus dem Norden gekommen, aus der Gegend von Este und Padua, wo ein Volk lebte, das Venetien und Venedig den Namen gab. Die Veneter waren Pferdezüchter, Händler und Seeleute. Ihre Religion, Kunst und Sprache, die dem Lateinischen verwandt ist, erschließen sich langsam der Forschung. Als einziges Volk der Zisalpina hatten sie angesichts der etruskischen Kolonisierung ihre Unabhängigkeit gewahrt. Livius, ein Landsmann der Veneter, versäumt keine Gelegenheit, voll Stolz an dieses Faktum zu erinnern. Sie hatten sich aber nicht mit einer unüberwindlichen Mauer umgeben; so kam es in Kriegs- und Friedenszeiten zum Austausch auf den verschiedensten Gebieten. In Este hat man einen *Voltiomnios* (Voltumnius), eine *Carponia* und andere Etrusker festgestellt[68]. Ebenso gab es *Venete* in Perusia, in Chiusi und Bomarzo (Polimartium). Die Bezeichnung für ihre Herkunft ist früh zu ihrem Namen geworden.

Ist der erste *Venete* als freier Mann nach Perusia gekommen, als Gastfreund und ausländischer Siedler? Möglich wäre auch, daß er oder einer seiner Nachkommen Kriegsgefangener und Sklave war und dann freigelassen wurde. Bei den *Venete* aus dem genannten Grab erinnert nichts mehr an eine niedere Abstammung. Doch der Vater des *Sethre Venete, Larth Venete*, hatte eine Frau geheiratet, deren Name *Lethi* noch eine mehr oder minder direkte Abstammung aus dem Sklavenstand verrät. Wir werden uns später noch einmal unter einem anderen Gesichtspunkt mit ihm und seiner *familia* beschäftigen.

Die Epigraphie deutet in Perusia und Chiusi auf weitere Veneter hin. Der Linguist erkennt sie an charakteristischen Namen wie *Ustiu, Autu, Tita.* Vom anderen Ende der Zisalpina stammen die Ligurer: ein *lautni* namens *Lecusta* (Ligu-

stius)[69], eine Freigelassene mit dem lateinischen Namen
Salassa Grania nach den Salassern aus dem Tal von Aosta[70].
Ganz zu schweigen von den Mantuanern; Mantua war eine
etruskische Kolonie; wen könnte es da wundern, daß ein
Manthuate und eine *Manthuatnei* in ihrer Heimat begraben
wurden[71].

Man sucht unter den Einwanderern aus dem Norden vor
allem die Gallier, weil man weiß, daß ein jahrhundertelanger Kampf um die Zisalpina beide Völker miteinander
in Berührung brachte. Aus der etruskischen Zisalpina wurde
schließlich eine gallische Zisalpina. Die etruskischen Städte
zitterten ständig vor der gallischen Bedrohung. Bevor die
Gallier 390 Rom erreichten, plünderten sie Etrurien. Lange
Zeit mußte Rom – damals noch eine von seinen Hügeln begrenzte Stadt – an zwei Fronten kämpfen, gegen die Griechen, d. h. gegen die Syrakuser, deren Flotte die Küste unsicher machte, und gegen die Gallier, die vom Apennin kaum
aufgehalten wurden. Diese doppelte Bedrohung findet ihren
schlagenden Ausdruck in einem barbarischen Brauch, der
vorschrieb, daß der Zorn der Götter in bestimmten kriti-
schen Zeiten dadurch zu besänftigen sei, daß man auf dem
Forum einen Griechen und eine Griechin, einen Gallier und
eine Gallierin lebendig begrub, arme Teufel, die man aus
der anonymen Masse der griechischen und gallischen Sklaven
des nächstgelegenen Arbeitshauses auswählte.

Sicherlich haben Gallier die Reihen etruskischer Sklaven
aufgefüllt; vielleicht verbergen sich die meisten unter bana-
len Vornamen wie *Cae, Aule* usw. – dasselbe haben wir
schon für die Karthager angenommen – oder hinter der Bezeichnung *Lethe*. Doch manchmal lüftet sich der Schleier ein
wenig.

Ein Cippus von Volterra nahe beim Grab des Mogetius
verweist auf einen *lautni* des Cneuna, *Mucetis Cneunas
lautunis*. Der Patron trägt den Gentilnamen *Cneuna*, sonst
auch *Cnevna*, nach dem Vornamen *Cneve*, lateinisch *Cnaeus*
gebildet. In *Muceti, Mogetius*, erkennen die Linguisten ein-

deutig einen keltischen Namen, der oft in den drei Teilen Galliens bezeugt ist. Er findet sich auch in Mainz, dessen Name Mogontiacum aus derselben Wurzel gebildet ist; sie bedeutet übrigens »groß«[72].

Die tatsächlichen Lebensbedingungen der etruskischen Sklaven

Abgesehen vom Ursprung der Sklaven spiegeln die Inschriften in kleinem Maßstab, manchmal aber mit romanhafter Deutlichkeit ihre Lebensbedingungen wider. Auch hier erfahren wir nichts über die untersten Schichten. Erst wenn der Sklave auf die Stufe des *lautni* emporgestiegen ist, erhält er eine Stimme, einen Namen und eine Bestattung. Wir haben oben festgestellt, daß der Sklave oft *Lethe* genannt wurde; andere haben uns das mitgeteilt, er selbst bleibt stumm. Erst die *lautni* werden mitteilsamer, unter anderem erzählen sie uns von ihrer Heirat.

Thana Laucinei, lateinisch Thana Lucinia, war *lautnitha* zweier Brüder, *Vel* und *Tite*, d. h. sie war gleichermaßen beider Eigentum, bevor sie von beiden freigelassen wurde, die zusammen ihre Patrone blieben. Daher die Inschrift auf einem armseligen Terrakotta-Krug:

Laucinei Thana Velus Tites lautnitha[73].

Auf dem Stein, der den Vorübergehenden auf das Grab hinwies, wurde sie genannt:

Thana Laucinei Lethesa = *Thana Laucinei*, Frau des *Lethe*[74].

Wir können nicht feststellen, ob sie offiziell miteinander verheiratet waren. Aber wir sehen, daß sie als Verheiratete das Recht auf denselben Titel wie die Freie hat, auf den Titel *puia, coniunx*: *Caia puia Lachus*, *Caia*, Frau des *Lachu* (der Name ist vielleicht die Transkription des griechischen Λάχων)[75].

Die Freigelassenen heirateten gelegentlich außerhalb ihrer

jeweiligen *familia*. Die Frau folgte ihrem Mann an dessen Wohnsitz: *Larthi Alfni* z. B. verließ nach ihrer Heirat Chiusi und kam nach Sarteano.

Es gab auch Mesalliancen: Freie heirateten freigelassene Frauen; doch es kam auch vor – zumindestens zwei Fälle sind klar bezeugt –, daß freigeborene Frauen mit *lautni* zusammen lebten.

Eine Urne aus Chiusi, die sich im Louvre befindet, enthält die Asche der *Hasti Ecnatei* – Vorname und Gentilname weisen auf eine sehr ehrenvolle Abstammung hin; seit dem 2. Jahrhundert gab es Egnatii im römischen Senat – und eines *lautni*, dessen Name nicht weniger bezeichnend ist: *H. Ecnatei Atiuce lautnic*[76]. Obwohl die Kopula -*c* (lateinisch -*que*) dem zweiten der koordinierten Begriffe nachgestellt ist, kann man klar lesen: *Hastia Egnatia Antiochusque libertus*, Hastia Egnatia und der Freigelassene Antiochus. Die Aufständischen von Volsinii träumten in der kurzen Zeit ihrer Machtübernahme von solchen entwürdigenden Verbindungen. Aber im späteren Etrurien bedeuteten sie kaum mehr einen Skandal, ja man schrieb sie auf das Grab, obwohl der erwähnte *Atiuce*, Antiochus, bestimmt nicht lange vor seiner unstandesgemäßen Ehe auf einem Sklavenmarkt am syrischen Orontes feilgeboten worden war.

Die *familiae* in Chiusi und Perusia scheinen von einem bestimmten Zeitpunkt an Schauplatz rascher sozialer Aufstiege gewesen zu sein. Wir haben bereits einen Diphilos und einen zweiten Griechen, Damas, zitiert, die zum Hause der Velcii gehörten. Diphilos war in Chiusi begraben worden an der Seite seiner Frau Pollia, die zweifellos eine *lautnitha* war: *Tiphile, lautni Velches Puliac*, d. h. *Diphilos, Velcii libertus et Pollia*. Sie hatten laut Grabinschrift einen Sohn: *Ath. Tiphile. Palpe. Pulias*, d. h. *Arruns Diphilus Balbus, Pollia natus*. Im Zeitraum einer Generation ist *Tiphile* ein Gentilname geworden, der auf den klassischsten aller etruskischen Vornamen folgt, auf *Arnth*, Arruns, und dem ein aus dem Lateinischen entlehnter Beiname nachsteht (*Balbus*, der Stammler). Gemäß dem Brauch der besseren Gesellschaft ist der Name der Mutter erwähnt. Der Vater wird nicht genannt, da Arruns juristisch *nullo patre* ist. Einige Jahre später finden wir in lateinischer Sprache die Grabinschrift eines *Ar. Tibile, P. l., Arruns Diphilus Publii libertus*. Die neu entstandene *gens*, die erst einige Jahre alt ist, hat bereits ihre eigenen Freigelassenen[77].

Die Klienten

Es gab auch sozialen Aufstieg, der nicht mit dem Titel *lautni* und der Freilassung endete. Außerdem wissen wir um eine höhere Stufe, um die Kategorie der *etera*, die einen Ehrenplatz im Familiengrab einnahmen. Im Grab der Venetii z. B. stand die Urne des *Se. Venete La. Lethial clan* neben der Urne eines *La. Venete La. Lethial etera*[78]. Die Inschriften unterscheiden sich nur im Vornamen (*Larth* und *Sethre*) und in der Bezeichnung *etera* statt *clan* (Sohn). Im Grab der Titii Petronii wurden an der Hinterwand Seite an Seite die Urne des ältesten Sohnes und die des *etera* des *pater familias* aufbewahrt. Die *etera* bildeten eine privilegierte Klasse, waren aber abhängig. In Tarquinia vertrat ein besonderer Beamter, *zilatheterau*, ihre Interessen[79].
Man hat sich darauf geeinigt, in den *etera* Klienten und Wahlklienten zu sehen. Für ihren Namen hat man die verschiedensten Erklärungen gegeben. Wir haben aus der Vielzahl der angebotenen Etymologien eine ausgewählt und vorgeschlagen, ein griechisches Lehnwort als Ursprung anzunehmen: ἑταῖρος, ἕταρος, Waffengenosse[80]. Die etruskische Legende, die in vielem dem Homerischen Epos nachgebildet ist, liebt solche Waffenbrüderschaften sehr. Wir haben es am Beispiel des Mastarna und des Caelius Vibenna gesehen. Klienten gab es in den Frühstadien aller antiken Gesellschaften. Der römische Adel hatte seine Klienten, die Dionys von Halikarnass bisweilen ἑταῖροι nennt; die gallische Aristokratie hatte die ihren, welche in keltischer Spra-

che *ambacti* hießen. Der Historiker Polybios übersetzte bezeichnenderweise *ambacti* mit ἑταῖροι, als er von den Galliern der Zisalpina berichtete, die lange Zeit die Etrusker gefährdeten. Auch die Etrusker kannten wohl kein anderes Zeichen für Vertrauenswürdigkeit und Macht als die Zahl ihrer Sklaven und ἑταῖροι[81], die sie um sich versammelten. Es ist ziemlich wahrscheinlich, daß sie ihre Klienten *etera* nannten, da sie auch viele andere Termini aus dem kulturellen und sozialen Bereich von den Griechen entlehnt haben.

Daneben findet man in den etruskischen Inschriften von Perusia und Chiusi die Bezeichnung *lautneteri*, welche sich zweifellos aus *lautn* und *etera* zusammensetzt. So heißt also *Salvi Precus lautn eteri*: *Salvius, lautneteri* des *Preco*[82]. Es handelt sich wohl um einen *lautni*, der in einer etruskischen *familia* den beneidenswerten Rang des *etera* erlangt hat. Livius gibt uns zufällig das lateinische Äquivalent, indem er einen *cliens libertinus* des Volkstribunen P. Rutilius erwähnt[83].

VIERTES KAPITEL

Die etruskische Familie und die Rolle der Frau

Das Familienleben

Die etruskische Familie – wir nehmen jetzt das Wort im gewöhnlichen, eingeschränkten Sinn –, d. h. die Gruppe, die aus Vater, Mutter, Kindern und Kindeskindern besteht, unterscheidet sich in ihrer Zusammensetzung in nichts von der griechischen oder römischen Familie. Man kannte weder Frauengemeinschaften wie die Araber, von denen Strabon berichtet[1], oder die Kelten der britannischen Inseln, wie Cäsar schreibt[2], noch die Heirat zwischen Bruder und Schwester, wie sie in alter Zeit im Orient üblich war und wie man sie noch im Ägypten des Ptolemäus praktizierte. Es gab weder Polygamie, wie die Gesetze in Assyrien sie anerkannten, noch Erbfolge nach der mütterlichen Linie, wie es in matriarchalischen Gesellschaften üblich war, z. B. bei den Lykiern, die nach Herodot den Namen der Mutter, nicht des Vaters annahmen[3].

Die Etrusker scheinen von alters her feste, unerschütterliche Familienverbände gehabt zu haben. Auch bei ihnen besaß der *pater familias* die Autorität, die ihm die Römer zubilligten. Der Stammbaum, den die Inschriften nennen, bezieht sich vorwiegend auf die väterliche Linie.

Ein Priester aus Tarquinia nannte sich zu Beginn des 2. Jahrhunderts *Laris Pulenas*, Sohn des *Larce*, Neffe des *Larth*, Enkel des *Velthur* und Urenkel des *Laris Pule Creice*[4]. Zur selben Zeit gab in Rom ein Scipione folgende Genealogie an: *L(ucius) Cornelius, P(ublii) f(ilius), L(ucii) n(epos), P(ublii) pron(epos)*.

Durch die Inschriften kennen wir die wichtigsten etruskischen Verwandtschaftsbezeichnungen. Wir wissen, daß *clan* »Sohn« bedeutet, *sec* »Tochter«, *puia* »Gattin« und *tusur-*

thi(r) »Eheleute«. Wir erschließen, daß »Großvater« *papa* (vgl. griechisch πάππος), »Großmutter« *ati nacna*, wörtlich übertragen »liebe Mutter«, »Bruder« *thuva*, »Neffe« *papacs* heißt. »Urenkel« wird wiedergegeben mit *prumaths* und »Enkel« mit dem Wort *nefts*, das sehr dem lateinischen *nepos* gleicht. *Nefts* und *nepos*, *papa* und πάππος, diese Übereinstimmungen oder Entlehnungen beweisen, daß zwischen der etruskischen und der griechisch-römischen Familie eine enge Verwandtschaft bestanden hat.

Über das geregelte Familienleben der Petronii aus Perusia z. B. gibt die Inschrift einer Urne, auf der das Ehepaar liegend dargestellt ist, Auskunft. Der Text ist so banal wie unsere Familienanzeigen: Vel Titius Petronius, Sohn des Vel und der Anneia Spurinna, ruht hier mit seiner Gattin Veilia Clantia, Tochter des Arruns. Daneben stand eine andere Urne mit den sterblichen Resten des Sohnes Lars Titius Petronius, Sohn des Vel und der Clantia und mit den Gebeinen seiner Gattin Fasti Capenia, der Tochter des Vel und der Coesidia, Gattin des Tarchi[5]. Zweifellos handelt es sich hier um relativ späte Inschriften aus dem 2. Jahrhundert, aber wir dürfen annehmen, daß auch die großen, serienmäßig hergestellten Sarkophage des 6. Jahrhunderts nicht anders sprechen würden, wenn sie beschriftet wären. Sicherlich handelte es sich um ähnliche Angaben bei dem namenlosen Ehepaar aus Caere, das in würdiger und doch vertraulicher Haltung vereint auf dem Totenbett liegt. Die liebevolle, schützende Gebärde des Mannes und die zarte Zutraulichkeit der Frau drücken im tiefsten und allgemeinsten Sinn des Wortes eheliches Glück aus (Abb. 2).

Angesichts der Darstellungen und der Texte fühlen wir uns weit entfernt von den Verleumdungen eines Theopomp, deren Haltlosigkeit wir bereits betont haben: »Die Tyrrhenier haben die Frauen gemeinsam . . . . Sie ziehen alle Kinder auf, ohne zu wissen, von welchem Vater ein jedes stammt[6].«

Die rechtliche Stellung der Frau

Vielleicht ist bei den genannten Inschriften ein Detail auf-
gefallen, das gerade für die etruskischen Personalien typisch
ist. Die Frauen haben einen Vornamen. Auch die vor-
nehmste Römerin ist in lateinischen Inschriften nur eine
Claudia, eine Cornelia oder – selbst als Kaiserin – eine Livia. Die etruskischen Frauen waren durch ihre Vornamen als
Individuen gekennzeichnet. Sie hießen *Ramtha, Tanaquil,
Fasti, Velia*. Im Schoße der Familie war ihre Persönlichkeit voll anerkannt. Der Etrusker führt bei den onomastischen Formeln außerdem regelmäßig den Namen der Mutter, manchmal sogar ihren Vornamen an, während der Römer nach seinem Vornamen und seinem Gentilnamen nur
noch den Namen des Vaters erwähnt: *M(arcus) Tullius
M(arci) f(ilius)*. Ein Prätor aus Tarquinia hieß *Larth Arnthal Plecus clan Ramthasc Apatrual*, d. h. Lars, Sohn des
Arruns Pleco und der Ramtha Apatronia[7]. Diese Sitte war
so fest in der Nation verwurzelt, daß sie sogar die Romanisierung überlebte: in den lateinischen Inschriften Etruriens
ist stets auch die mütterliche Linie neben der väterlichen erwähnt. Einem echten Römer mußte das als unnötiger Luxus
erscheinen. Noch in der Kaiserzeit machen uns Inschriften
in Montepulciano mit einem *A. Papirius L. f. Alfia natus*,
Aulus Papirius, Sohn des Lucius und der Alfia, und mit
einem *L. Gellius C. f. Longus Senia natus*, Lucius Gellius,
Sohn des Caius und der Senia[8], bekannt. Anhand dieser
Eigenheiten läßt sich auch außerhalb des etruskischen Territoriums entscheiden, woher eine Schwägerin des Kaisers
Claudius, *Vibia Marsi filia Laelia nata*, Vibia, Tochter des
(Vibius) Marsus und der Laelia[9], stammte.

Diese Bräuche haben sich so lange erhalten, daß man die
zugrundeliegende Vorstellung berücksichtigen muß; allerdings darf man ihre Bedeutung nicht überschätzen. Denn
offenbar steht der Name des Vaters doch an erster Stelle;
in Tarquinia und Perusia erhalten Söhne und Töchter so

gut wie in Rom bei der Geburt den Namen des Vaters. Der Name der Mutter kommt erst an zweiter Stelle. Daß man aber sorgfältig darauf achtete, daß er mit angegeben wurde, und daß man der Frau auch einen eigenen Vornamen zugestand, beweist, daß sie besonders geachtet war. Noch anderes spricht für diese Annahme. Wir wollen keine überhasteten Schlüsse ziehen; wir stellen zunächst einmal fest.

Die Freiheiten der Frau

Bei den Griechen und Römern hatten die etruskischen Frauen einen ziemlich schlechten Ruf. Ernsthafte Autoren wie Aristoteles schlossen sich den Skandalgeschichten eines Theopomp an und warfen ihnen vor, daß sie an den Gelagen der Männer teilnahmen und sich mit ihnen unter einem Mantel lagerten[10]; Komödiendichter wie Plautus behaupteten, daß sie sich ihre Aussteuer verdienten, indem sie aus ihren Reizen Geld schlugen[11]. Dergleichen Aussagen hat man – wie sollte es auch anders sein? – als Argument für den orientalischen Ursprung des Volkes gewertet. Aber warum sucht man die Ursache für die Ausschweifungen der Etrusker in der religiös sanktionierten Prostitution der Babylonier? Die lydischen Frauen gaben sich offenbar jedem beliebigen hin. Nicht anders lebten die Frauen auf Cypern und selbst in Locri in Großgriechenland. Festzuhalten ist, daß das Leben der Etrusker in diesem Punkt der Kritik Übelgesinnter einen Ansatz bot und, vom Standpunkt antiker Moral aus betrachtet, bisweilen skandalös erscheinen mußte. Selbst wenn man berücksichtigt, daß sich die beengten Lebensbedingungen der griechischen Frau unter der strengen dorischen Gesetzgebung mit der Zeit gebessert hatten und sie nicht mehr ins Gynäzeum[12] verbannt war, so erfreute sich die etruskische Frau doch einer Bewegungsfreiheit und eines rechtlichen Status, die einen engherzigen Griechen – und die gab es überall – die wildesten Ausschweifungen befürchten lassen mußten.

Abb. 15 Das Triclinium-Grab, Tarquinia

Die griechische und die römische Frau lebten im Haus; die
etruskische »ging viel aus«. Man begegnete ihr überall; sie
spielte überall eine nicht unbeträchtliche Rolle. Die Blicke
der Männer, so sagt Livius von einer Etruskerin, brachten
sie nicht zum Erröten. In Etrurien war es das anerkannte
Privileg auch der ehrenwertesten Damen, mit den Männern
zusammen an Banketten teilzunehmen. Sie legten sich wie
diese, ja zusammen mit ihnen auf dem *triclinium* zu Tisch.

In Griechenland konnten sich das nur Kurtisanen erlauben.
Attische Stelen zeigen, daß sie selbst bei Mahlzeiten im eng-
sten Familienkreis als Gattin an der Seite ihres Herrn und
Meisters saß, um ihn so besser bedienen zu können. Die
etruskischen Frauen ließen sich anders darstellen. Auf zahlreichen Fresken in Tarquinia, im Grab der Leoparden und
im Triclinium-Grab (5. Jahrhundert) (Abb. 15) sehen wir
sie: ihre Haare sind normalerweise blond (die der Männer

schwarz); über ihrer Tunika trägt sie einen schweren, bestickten Mantel. In gleicher Aufmachung wohnt sie tänze-
rischen Darbietungen, Konzerten und sportlichen Spielen
bei, ja sie präsidiert sogar, wie es ein Gemälde in Orvieto
zeigt, von einer Estrade aus Faustkämpfen, Wagenrennen
und akrobatischen Schaustellungen[13]. In Olympia dagegen
hatte nur die Priesterin der Demeter Chamyne das Recht,
bei den Spielen dabeizusein[14]. Daß die etruskische Frau in
dieser Weise am privaten und öffentlichen Leben teilnehmen durfte, kam den Nachbarvölkern unschicklich vor.
Jedenfalls weckte es manchen Verdacht und gab der feindlichen Propaganda Nahrung.

Von der beneidenswerten oder zumindest grundverschie-
denen Situation der etruskischen Frau, die in Rom und in
Griechenland mißbilligendes Erstaunen hervorrief, gibt uns
Livius einige wunderbare Schilderungen. Livius ist trotz
mancher summarischen Urteile in einzelnen Büchern einer
der intelligentesten Historiker der Antike. Sein Sinn für
psychologische Zusammenhänge ist sicher genauso entwickelt
wie der des Tacitus, dem man ihn eher zuzusprechen geneigt ist. Er schrieb unter Augustus; aus der Überlieferung
seiner Vorgänger hatte er viel Material aus ältester Zeit
zusammengetragen und versuchte, jedes Ereignis aus dem
Charakter der handelnden Personen zu verstehen, zu moti-
vieren und zu erklären. Im zweiten Teil des ersten Buches
erzählt er die Geschichte der drei etruskischen Könige Tarquinius Priscus, Servius Tullius und Tarquinius Superbus,
die im 6. Jahrhundert in Rom regiert hatten. Dieser Teil
seines Werkes zeichnet sich im Vergleich mit dem Vorhergehenden durch folgende Besonderheit aus: die Darstellung
ist konzentrierter, reicher an menschlicher Wahrheit und
an dramatischen Effekten. Sie unterscheidet sich so von un-
gewissen Fabelerzählungen und Kriegsschilderungen. Plötzlich erscheint – in leuchtenden Farben beschrieben – eine
lebendige Dynastie von Condottieri auf der Bühne der
Geschichte und spielt dort ein Jahrhundert lang ein ver-

wickeltes Drama, reich an Intrigen und Gewalttaten. Am Ursprung dieser Tradition stehen die dunklen, umstrittenen Angaben der etruskischen Historiographie. Sie waren bereits von den ersten römischen Annalisten gebraucht, ausgeschlachtet und zurechtgestutzt worden. Und doch enthielten sie – sozusagen als fossile Reste – eigenständige und noch unverstandene Fakten. Livius scheint nicht immer den wahren Sinn erfaßt zu haben; in seinen Augen handelt es sich um Ungeheuerlichkeiten oder fremdartige Dinge, deren tiefere Bedeutung er nicht ermißt. Aber er liefert uns Material, das wir genauer interpretieren können.

Im 57. Kapitel erzählt er z. B. eine wundervolle Anekdote: Wir befinden uns in der Zeit des Tarquinius Superbus. Die jungen Prinzen, seine Söhne, belagern Gabii in Latium. Der Fall der Stadt läßt auf sich warten. »Wie es in solch schleppenden kriegerischen Unternehmungen eher der Fall ist als im harten, schnellen Kampf, gab man den Soldaten ziemlich freizügig Urlaub, den Offizieren noch lieber als den Gemeinen. Die jungen Prinzen vertrieben sich die Zeit öfter durch gegenseitige Einladungen und Trinkgelage. Einmal tranken sie bei Sextus Tarquinius. Auch Tarquinius Collatinus, der Sohn des Egerius, war unter den Gästen. Die Rede kam auf die Frauen[15].«

Der Inhalt der Unterhaltung ist wohlbekannt. Roman und Drama haben die Erzählung immer wieder aufgegriffen: ein Gespräch, wie es eben in Offiziersmessen oder Stalags zustande kommt, wo sich Männer treffen, die ihre Freizeit totschlagen oder sich über ihre Gefangenschaft hinwegzutrösten versuchen, indem sie über ihre Frauen sprechen. Jeder lobt die Verdienste der seinen. Verlangen und Eifersucht führen zu dramatischen Verwicklungen. Was Livius nicht berichtet, weil es ihn nicht interessierte, ist die Tatsache, daß die Prinzen mit Etruskerinnen verheiratet waren, die Frau des Tarquinius Collatinus aber eine Römerin war. Die tugendsame Lucretia entfachte in Sextus Tarquinius, einem blasierten Don Juan, gerade durch ihre Reinheit

eine Leidenschaft, die zur Gewalttat führte, und diese wiederum hatte die Revolution und die Vertreibung der Könige zur Folge.
»Man kam auf die Frauen zu sprechen. Jeder lobte die seine besonders. Die Debatte wurde hitzig. Da sagte Collatinus, er brauche keine Worte zu verlieren; in einigen Stunden könne man sich überzeugen, wie hoch über allen anderen seine Lucretia stehe. Wir sind jung und voller Kraft. Warum besteigen wir nicht unsere Pferde und prüfen mit eigenen Augen das Verhalten unserer Frauen? Für einen jeden soll das entscheidend sein, was er selbst sieht, wenn der Gatte unerwartet ankommt. Vom Wein erhitzt riefen alle: Ja, wir reiten! Im Galopp ging es nach Rom. In der ersten Dämmerung kamen sie dort an. Sie ritten weiter nach Collatia. Dort verbrachte Lucretia die Zeit ganz anders als die Schwiegertöchter des Königs, die sie bei verschwenderischen Gastmählern mit ihren Freundinnen [oder Freunden; das lateinische *cum aequalibus* läßt offen, ob es sich um Männer oder Frauen handelt] angetroffen hatten. Lucretia fanden sie in ihrem Gemach, noch am späten Abend mit Handarbeit beschäftigt, bei Licht unter ihren Mägden sitzen. Ihr wurde der Siegespreis in diesem Wettkampf der Frauen zugesprochen.« Livius sah bei diesem Vergleich nur den Gegensatz von Ausschweifung und Tugend. Wir erkennen auch den Unterschied zwischen zwei Kulturen. Man wird festgestellt haben, daß der Historiker mit etwas ängstlicher Diskretion über die Beschäftigung der Prinzessinnen hinweggeht. Das Grab der Leoparden und das Triclinium-Grab lassen keinen Zweifel darüber, daß sie schöne Jünglinge bei sich hatten, und was ihre Methode, »die Zeit zu verbringen«, betrifft, so wissen wir, daß sie »tüchtige Zecherinnen« waren[16]. Die kurze Darstellung der Lebensweise etruskischer Frauen ist bis zum Schluß der Erzählung aufgespart, damit das Bild der Römerin Lucretia, der Hüterin des häuslichen Herdes, als Kontrast um so deutlicher hervortrete: am Abend sitzt sie beim Schein der Leuchte, um-

ringt von ihren müden Dienerinnen, und spult den Faden
und spinnt. In der Haltung liegt der wesentliche Unterschied: sie liegt nicht auf einem Polster, sie sitzt *(seden-
tem)*.

Pudica, lanifica, domiseda, so lauten die gebräuchlichen
Epitheta auf den Grabinschriften, die die römischen Männer zum Lob ihrer Gattinnen anbringen ließen. Sie konnten sich für ihre Frauen keine passendere Rolle vorstellen, als zu Hause zu sitzen und Wolle zu spinnen.
»Domum servavit, lanam fecit«, schließt knapp und nüchtern das berühmteste Grabepigramm[17]. Man kann sich gut
vorstellen, zu welchen häuslichen Konflikten es kommen
mußte, als die beiden Kulturen sich vermischten. Wenn ein
junger Römer eine Braut aus Chiusi heimbrachte und sie
dem *pater familias* vorstellte, dürfte die Prüfung ihrer Sitten und ihrer Lebensweise nicht immer zu ihren Gunsten
ausgefallen sein. Die Fremde war nicht häuslich, sie hielt
sich nicht gerade genug, wenn sie saß usw. Wenn umgekehrt eine Fabia oder eine Claudia in eine Familie von Volterra oder Vulci kam, machten sich ihre Schwägerinnen über
ihre Prüderie lustig. Die Römer trugen am Ende den Sieg
davon: vom 4. Jahrhundert an, so ersieht man aus den Gemälden von Tarquinia, hatten die Etruskerinnen gelernt,
wie man zu sitzen hatte.

Der politische Einfluß der Frauen

Sie genossen nicht nur mehr Freiheit bei ihren Vergnügungen, sie spielten auch im bürgerlichen Leben eine hervor-
ragendere Rolle als die Matronen im alten Rom, deren
moralische Autorität dank ihrer Tugendhaftigkeit groß war.
In bewundernswerter Weise zeigt sich das an der Persönlichkeit der Tanaquil, die Livius nicht ohne Staunen beschreibt, und in der Art und Weise, wie diese außergewöhnliche Frau am Aufstieg ihres Gatten Tarquinius Priscus beteiligt war.

Er war der Sohn eines Griechen aus Korinth, den eine Revolution aus der Heimat vertrieben hatte. In Tarquinia hatte er sich niedergelassen. Die intensiven Handelsbeziehungen zwischen Korinth und Etrurien um die Mitte des 7. Jahrhunderts bestätigen, daß eine solche Legende durchaus wahrscheinlich sein kann[18]. In Tarquinia heiratete Demaratos eine Etruskerin, die ihm zwei Söhne schenkte; einer von ihnen, den Livius Lucumon nennt, verehelichte sich mit Tanaquil. »Lucumon war bereits voller Stolz und Ehrgeiz, da er der Erbe aller Güter war; vermehrt wurde der Stolz noch durch seine Heirat mit Tanaquil, die aus der besten Gesellschaft stammte und es nicht ertragen wollte, daß der Stand, in den sie eingeheiratet hatte, unter dem lag, in dem sie geboren war. Sie konnte die Schande, daß die Etrusker Lucumon verachteten, nicht erdulden. Um ihren Mann in einer Ehrenstellung zu sehen, vergaß sie sogar die angeborene Liebe zur Vaterstadt und entschloß sich, Tarquinia zu verlassen. Rom hielt sie am geeignetsten für ihre Pläne: bei diesem jungen Volk, wo aller Adel noch neu und ohne Tradition war und durch Tüchtigkeit erworben werden konnte, würde es für einen echten Mann voller Unternehmungsgeist einen Platz geben[19].«

Nichts erscheint feierlicher und zugleich doch auch vertrauter als die Ankunft der Auswanderer, des zukünftigen Tarquinius und seiner Frau Tanaquil, in Rom. Mit einem Karren, auf dem sie ihren Hausrat verladen hatten, erschienen sie eines Tages vor der Stadt. Man glaubt fast, ihren Weg entlang der späteren Via Aurelia verfolgen zu können. An der letzten Biegung in der Höhe des Janiculus entdecken wir mit ihnen in einer Schleife des Tiber Rom, zweifellos nicht das Rom der tausend Kuppeln, welches man heute von der Aussichtsterrasse aus betrachtet, nicht einmal das Rom, das Augustus zur Zeit des Livius gerade aus Marmor erbauen ließ, sondern nur das ursprüngliche Rom, die über die sieben Hügel verstreuten Bauerndörfer. Sie lagen aber unter demselben goldenen Licht wie die spätere Weltstadt. Es sollte das Werk des Tarquinius sein, aus den verstreuten Siedlungen eine echte Stadt zu machen, die Ewige Stadt.

An dieser Stelle hielten die Einwanderer an in bangen Gedanken über ihr Geschick. Da erhielten sie ein Vorzeichen: ein Vogel, ein Adler, umkreiste das Haupt des Tarquinius, nahm seine Kopfbedeckung auf, kreiste in der Luft und setzte sie wieder richtig *(apte)* auf den Kopf dessen, den Jupiter so zum Herrschen berief. Tarquinius erschrak, doch Tanaquil, »wie die meisten Etruskerinnen in der Deutung himmlischer Vorzeichen bewandert«, konnte ihn beruhigen. »Sie umarmte ihren Mann und sagte ihm, daß er etwas Großes und Erhabenes erwarten dürfe.« Dieser Zwischenfall bestärkte Tanaquil und Tarquinius in ihrem Ehrgeiz. Voller Freude setzten sie ihren Weg fort und suchten sich eine Wohnstätte. Tarquinius ließ sich in der Quästur der damaligen Zeit unter dem seltsamen Namen Lucius Tarquinius Priscus einschreiben. Die Tradition scheute sich nicht vor dem handfesten Anachronismus: Lucius Tarquinius nannte sich sofort *der Ältere,* um sich so von allen Nachfolgern zu unterscheiden[20]. Römische Tradition wird hier auf Etruskisches aufgepfropft: der zukünftige König erscheint im Schmuck der *tria nomina* des echten römischen Bürgers. Dafür wird diejenige in die Anonymität verbannt, die ihn veranlaßt, seine Ehrenstellung in Rom zu suchen, und die Vorzeichen gedeutet hatte.

Siebenunddreißig Jahre später, beim Tod des Tarquinius, spielte Tanaquil noch einmal die ausschlaggebende Rolle bei der seltsamen Thronbesteigung des Servius Tullius. Sie hatte das Geheimnis seiner Zukunft schon erraten, als er noch ein Kind war, und ihn zu ihrem Schwiegersohn gemacht. Mit ihrer unwiderstehlichen Autorität drängte sie ihn dem zunächst widerstrebenden Volk auf. Ihre eigenen Söhne setzte sie zurück[21]. Das neuerliche Eingreifen erscheint noch mehr mit magischen Praktiken und pseudogelehrten Erwägungen verbunden als das erste. Auf jeden Fall enthüllt es auf seiten der etruskischen Königin eine politische Vormachtstellung, die den Einfluß der Männer, denen sie auf den Thron geholfen hatte, untergraben hätte, wenn die Annalistik sie nicht in geduldiger Kleinarbeit recht und schlecht auf den Platz zurückgedrängt hätte, der vom Standpunkt des Römers aus einer Frau zukam. Ganze Generationen von Historikern, angefangen von Fabius Pictor, der am Anfang des zweiten Jahrhunderts als erster aus etruskischen Quellen den Stoff dieser Erzählung geschöpft hatte, bemühten sich angestrengt, diese virago zu einer römischen Matrone zu machen und sie noch nachträglich der Macht des *pater familias* zu unterstellen. Tanaquil, die in ihrer Heimatstadt Tarquinia sicher in Gesellschaft von Männern an Banketten und Spielen teilgenommen hatte, trug in Rom schließlich die obligatorische Spindel in der Hand. Zumindest stellten es sich diejenigen, die sie aufgenommen und anerkannt hatten, gern so vor. Junge Bräute pflegten sie bei ihrer Eheschließung anzurufen, denn sie galt als Muster ehelicher Treue und Reinheit. Der Beweis: sie war eine ausgezeichnete Spinnerin, *summa lanifica*. Noch Varro hatte im Tempel des Sancus auf dem Quirinal ihre durch ein Wunder erhaltene Spindel gesehen. Sogar Wolle soll noch daran gewesen sein[22].

Nicht alle autoritären Frauen der Geschichte können und sollen mit Hilfe der Etruskologie erklärt werden. Aber am Hofe des Augustus fand sich eine, die trotz der fortgeschrittenen geschichtlichen Entwicklung die Tradition der Tanaquil ohne Abstriche wiederaufzunehmen schien. Sie hieß Urgulania; ihr Name zeigt deutlich ihre Herkunft an. Er wurde vor nicht allzulanger Zeit auf einer Inschrift in Tarquinia gefunden. Tacitus hat an mehreren Stellen in den *Annalen* ein Porträt großen Stils von dieser stolzen, herrischen Persönlichkeit gezeichnet[23]. Dank ihrer Freundschaft mit Livia, der Gattin des Augustus, hatte sie sich eine beachtliche Stellung geschaffen, »die sie über das Gesetz stellte«. »Als Zeugin in einem Prozeß vor den Senat bestellt, weigerte sie sich zu erscheinen; man schickte einen Prätor zu ihr, der sie in ihrem Haus vernahm.« Einer späteren Anklage konnte sie sich dadurch entziehen, daß sie sich in den kaiserlichen Palast bringen ließ. Schließlich erscheint sie in Gestalt der alten Frau, die keinen Spaß versteht, wenn es um die Ehre ihrer Nachkommen geht. Einer ihrer Enkel hatte seine Frau aus dem Fenster geworfen; Urgulania schickte ihm einen Dolch, damit er seiner sicheren Verurteilung zuvorkomme.

So handelte die Etruskerin, getrieben von einem unerbittlichen Stolz und einem gebieterischen Wesen. Sie lebte mit einem bedeutungslosen Gatten, von dem man außer dem Namen Plautius nichts weiß. Um das Glück ihrer Nachkommenschaft, eines Sohnes und ihrer vier Enkel, zu sichern, nutzte sie ihre besondere Vertrauensstellung und ihren gewaltigen Einfluß *(nimia potentia)*, die sie aufgrund ihrer Beziehungen zur Kaiserin besaß, bedenkenlos aus.

Zuerst gelang es ihr, ihren Sohn M. Plautius Silvanus im Jahre 2 v. Chr. zum Konsul zu machen. Er hatte die hohe Ehre, das Konsulat mit Augustus selbst zu teilen. Silvanus machte eine glänzende Karriere. Inschriften in dem Mausoleum, das er für sich und die Seinen in Ponte Lucano bei Tivoli[24] erbauen ließ, unterrichten uns über die Geschichte seiner Familie.

Er selbst hatte eine Lartia geheiratet. Der Gentilname, eine Ableitung aus dem Vornamen *Lars, Lartis,* verweist auf etruskische Herkunft. Urgulania war mit ihrem Volk stets treu verbunden geblieben.

Der älteste Enkelsohn, nach dem Vater M. Plautius Silvanus genannt, hatte – wie oben erwähnt – Schwierigkeiten mit seiner Frau. Sie, die er aus dem Fenster warf, hieß Apronia; wieder handelt es sich um einen etruskischen Namen. Der zweite Enkel, Aulus Plautius Urgulanius, starb mit neun Jahren. Seine Großmutter hatte keine Zeit, ihn zu verheiraten. Doch der dritte, P. Plautius Pulcher, entging seinem Schicksal nicht. Die Grabinschrift erlaubt, seinen langsamen, mühevollen Aufstieg zu verfolgen. Er

brachte es trotz aller Protektion nur bis zur Prätur. Auch
er hatte eine etruskische Prinzessin geheiratet, *Vibia Marsi
filia Laelia nata.*

Urgulania praktizierte, wie es sich zeigt, eine strenge Endo-
gamie innerhalb der etruskischen Aristokratie. Sie duldete
nur eine einzige Mesalliance: ihre Enkelin Urgulanilla
wurde die Frau eines Enkels der Livia, des zukünftigen
Kaisers Claudius.

Er war der kaiserliche »Familientrottel«. Alle verachteten
und verspotteten ihn. Für seine Großeltern war er ein
schwieriges Problem. Wir haben das Fragment eines Briefes
des Augustus an Livia, in dem der alternde Herrscher seiner Verlegenheit Ausdruck gibt. Was soll mit dem armen
Kleinen, *misellus*, geschehen, jetzt, da er in das Alter kommt,
in dem er die Ämterlaufbahn ergreifen sollte? Man fand
keine bessere Lösung, ihm gutes Benehmen beizubringen, als
ihn dem M. Plautius Silvanus – dem, der seine Frau aus dem
Fenster werfen sollte – anzuvertrauen und ihn mit Urgulanilla zu verheiraten. Claudius fand Zugang zu der etruskischen Wissenschaft und wurde ein großer Gelehrter. Er
schrieb eine Geschichte der Etrusker in zwanzig Büchern. Er,
der durch seine Heirat mit den vornehmsten etruskischen
gentes seiner Zeit verschwägert war, hatte natürlich Zutritt
zu den Familienarchiven, die sonst eifersüchtig hinter den
strengen Mauern der toskanischen Paläste von Tarquinia,
Volterra, Chiusi und Perusia gehütet wurden. Aus solchen
Quellen bezog er sein Wissen auf dem Gebiet der Etruskologie. Aus dieser Sicht betrachtet, gewinnen die uns erhaltenen Fragmente seiner *Tyrrhenica* ungeahnten Wert.

Das Fortleben mittelmeerischer Traditionen bei den Etruskern

Wenn man von der *nimia potentia* der Urgulania her auf
den grenzenlosen Ehrgeiz der Tanaquil zurückschaut, erkennt man die Spuren der besonderen sozialen Stellung der
etruskischen Frau, die sich, mag ihr Bild auch durch vor-

eingenommene Historiker mehr oder weniger verwischt und
verzerrt sein, doch wesentlich von der römischen Tradition
unterschied. Auf diese Erkenntnisse hat vor rund hundert
Jahren der deutsche Gelehrte J. J. Bachofen, ein Freund und
Zeitgenosse Nietzsches, die geniale, aber unzulässige *Sage
von Tanaquil* gegründet. Er definierte die etruskische Gesellschaft als einen Fall von Mutterrecht, der sich in historische Zeit hinübergerettet habe.

Eine ziemlich reine Form von Mutterrecht beschreibt Herodot bei den Lykiern in Kleinasien: »Sie erhalten ihren Namen nach ihrer Mutter, nicht nach ihrem Vater. Wenn einer
seinen Nachbarn fragt, wer er denn sei, so nennt dieser seinen Stammbaum mütterlicherseits und zählt die weiblichen
Vorfahren seiner Mutter auf. Wenn eine Bürgerin sich mit
einem Sklaven verbindet, so gelten ihre Kinder als Freigeborene; wenn aber ein Bürger, und sei es der angesehenste,
eine Frau aus der Fremde heiratet oder eine Konkubine hat,
genießen seine Kinder keinerlei Ansehen[25].«

Die Soziologen unterscheiden jedoch zwischen dem Matriarchat und einer Herrschaftsform, die man aus Ägypten und
Kreta kennt, die zwar mit der mütterlichen Erbfolge verwandt ist, aber mit ihr nicht verwechselt werden darf: die
Herrschaft der Frau oder Gynäkokratie. Beide Fälle, so
glaubt man, bezeugen, daß die hervorragende Stellung und
Würde der *mater familias* ein unterscheidendes Merkmal der
mittelmeerischen Gesellschaften war, bevor griechische und
italische Invasionen die Herrschaft des Mannes einführten.

Es ist nicht zu leugnen, daß die etruskische Gesellschaft in
vielem an Matriarchat und Gynäkokratie erinnert. Der
Name der Mutter nimmt, wie wir gesehen haben, in den
Personalien einen Platz ein, der auf matriarchalische Züge
im Gesellschaftssystem hinweist. Unter diesem Gesichtspunkt
ist Maecenas, der Minister des Augustus war, besonders interessant. Seine Ahnen hatten in Arezzo regiert; er nannte
sich *C. Maecenas C. f.*, doch sein Adel scheint aus der mütterlichen Linie zu stammen, aus der berühmten *gens* der *Cilnii.*

Augustus verschweigt den Namen der Ahnen des Maecenas väterlicherseits, wenn er ihn freundschaftlich *Cilniorum smaragde*, Smaragd aus dem Stamme der Cilnii, nennt. Wenn es bei den Etruskern Mutterrecht gab, so war es arg verfälscht, denn die Kinder erhielten den Gentilnamen des Vaters. Wenn Tarquinius Priscus in einer streng mutterrechtlichen Gesellschaft gelebt hätte, hätte er nicht auszuwandern brauchen[26]. Bei den Lykiern sind »die Kinder Freigeborene, wenn sich eine Bürgerin mit einem Sklaven verbindet«. In Tarquinia hätte der Sohn einer Etruskerin und eines Korinthers keine Schwierigkeiten gehabt, seine ehrgeizigen Pläne zu verwirklichen, und Tanaquil hätte, stolz wie sie war, nicht unter der Mesalliance leiden und um ihre Privilegien bangen müssen.

Was bedeutet das? Wir kennen ein Wort Ciceros, in dem er sehr weit geht. Er tadelt den radikalen, abstrakten Dogmatismus Catos und hält ihm entgegen, daß er »nicht im Idealstaat Platos lebe, sondern in der schmutzigen Stadt des Romulus[27]«. Wir dürfen in der etruskischen Gesellschaft nicht ein theoretisches Mutterrecht, eine Ideal-Gynäkokratie suchen, wir müssen in ihr eine Etappe auf dem Weg einer langen Entwicklung sehen. Antagonistische Kräfte in voller Evolution befanden sich hier in einem wenig stabilen Gleichgewicht. Nur der Vergleich mit Rom und Griechenland macht deutlich, was in Etrurien anders ist. Schon öfter haben wir festgestellt, daß es sich bei den Etruskern um eine archaische Gesellschaft handelt. Ihr Feminismus ist keine neue Errungenschaft, sondern, so seltsam das klingen mag, ein altes Erbe, das durch die griechisch-römische Nachbarschaft bedroht wurde. Etrurien erinnert eher an das Kreta der Ariadne und der Malereien von Knossos als an das Athen des Solon und Perikles. Falls die gesellschaftliche Ordnung, von der noch einige charakteristische Eigenheiten übrig waren, je rein bestanden hat, so war sie im Etrurien des 7. und 6. Jahrhunderts unter dem Einfluß entgegengesetzter Formen längst verfälscht und verändert. Die

menschlichen Gesellschaftsformen lassen sich kaum einmal
mit absoluter Schärfe bestimmen. In der etruskischen Familie gab der *pater familias* das Gesetz, und die *mater familias* hatte ein Wort dazu zu sagen; es war oft das letzte
Wort.

Schlagen wir unseren Livius wieder auf. Bei der Thronbesteigung des Tarquinius Superbus spielte seine Frau Tullia
eine ganz ähnliche Rolle wie Tanaquil bei Tarquinius Priscus und Servius Tullius[28].
Servius Tullius hatte zwei Töchter, eine ältere Tullia und
eine jüngere Tullia; die römische Geschichte hat ihre Vornamen nicht überliefert. Die eine war heftig, die andere
schüchtern. Um seine Herrschaft zu festigen, hatte Servius
Tullius sie mit zwei Söhnen des Tarquinius Priscus verheiratet: zwei schlecht zusammenpassende Paare, denn die
Sanfte hatte den Heftigen, die Wilde den Zartfühlenden
geheiratet. Tullia, die Heftige, verliebte sich in ihren wilden
Schwager; die sanfte Tullia und der sanfte Tarquinius wurden ermordet. Die beiden Überlebenden taten sich zusammen
und sicherten Lucius Tarquinius, dem späteren Superbus,
den Thron.
In dem Bericht des Livius, der sich wie eine Tragödie im
Stile der *Orestie* des Aischylos ausnimmt, gibt es einige
Einzelheiten, die aufhorchen lassen. Servius Tullius wird in
der Kurie von seinem Schwiegersohn Lucius Tarquinius angegriffen und vom Thron gestoßen. Tullia erwartet im Palast den Ausgang der dramatischen Szene; schließlich hält
sie die Spannung nicht mehr aus und verläßt das Haus.
»Man hat den Verdacht, daß dies auf Tullias Betreiben geschah; denn es unterschied sich nicht von ihrem sonstigen
verbrecherischen Betragen. Jedenfalls ist sicher, daß sie sich
im Wagen zum Forum bringen ließ, ohne sich vor der Män-
nerversammlung zu schämen [es handelt sich hier um den
persönlichen Kommentar des Römers Livius], ihren Mann
aus der Kurie rufen ließ und ihn als erste König nannte:

regemque prima appellavit[29].« Die drei Worte sind vielleicht ein Überrest einer sehr alten Tradition, von der wir oben gesprochen haben. Der ganze Kontext ist psychologische und in gewissem Sinn literarische Interpretation. Sicher ist, wie Livius sagt, die Proklamation des Königs durch die Königin. Livius ist diese Art der Thronerhebung so verdächtig, daß er seinen ganzen Scharfsinn aufbietet, um sie aus dem Temperament der Tullia zu erklären. Sein Lucius Tarquinius zeigt sich zutiefst betroffen, denn für seine römischen Biographen ist er zum Römer geworden. Sehr bestimmt befiehlt er Tullia, »sich aus dem großen Gedränge zu entfernen« und heimzukehren. Der Keim dieser Erzählung scheint jedoch auf einem Brauch aus uralter Zeit zu beruhen, dem gemäß die etruskische Frau – wie es auch in der kretischen und ägyptischen Gesellschaft der Fall war – als »Königsmacherin« auftrat. Es sieht so aus, als habe der rechtmäßige König der Berufung und Krönung durch die Königin bedurft: *regem prima appellavit*. Livius konnte dafür kein Verständnis haben.

In einem der vorausgehenden Livius-Kapitel findet sich ein Satz, der bei vielen Herausgebern Anstoß erregt[30]. Wir haben gesehen, daß Tullia ihre jüngere Schwester verachtete, weil sie sanft und schüchtern war, und ihrem Schwager Lucius Tarquinius dauernd Vorhaltungen machte, eine solche Gattin sei seiner unwürdig. Sie, die einen energischen Gatten bekommen hatte, besitze nicht die entsprechende weibliche Kühnheit: *muliebri cessaret audacia*. Diese *muliebris audacia* ist den Livius-Herausgebern suspekt. Wenn der Historiker darstellt, wie sich die Sabinerinnen in das Kampfgetümmel stürzen, um ihre Väter und Gatten zu trennen – diese Szene hat David zu einem Gemälde inspiriert –, und sagt, daß sie den *muliebris pavor*, die Furchtsamkeit der Frau, überwanden, widerspricht keiner. Wenn Sallust in der *Verschwörung des Catilina* die Gestalt der schönen Sempronia zeichnet, ihren Geist, ihre Talente und ihre Unverfrorenheit beschreibt und erklärt, daß diese edle Dame

»mehr als eine männlich-kühne Untat auf dem Gewissen habe«, nimmt keiner Anstoß an dem Ausdruck *virilis audacia*. Doch Tullia verachtet ihre Schwester, weil sie »weiblicher Kühnheit« entbehrt, und man schließt daraus, daß der Text verderbt ist. Ein englischer Herausgeber schlägt vor, *audacia* durch *ignavia* zu ersetzen. *Muliebris ignavia* klingt allerdings sehr beruhigend. »Tullia verachtet ihre Schwester, weil sie aufgrund weiblicher Feigheit zögerte.« Jean Bayet schlägt vor, *muliebriter cessaret audacia* zu lesen: »Es fehlte ihr an Wagemut, da sie ja eine Frau war.« Man sollte den Text beibehalten, wie es die Oxford-Ausgabe von Conway und Walters richtig tut. Vielleicht war sich Livius über das Gewicht seiner Aussage nicht im klaren. Vielleicht verstand er selbst nicht recht, was die Quellen ihm überlieferten. Wir müssen die Realität ins Auge fassen, wie sie ist. Tullia lehnt sich nicht gegen ihr Geschlecht auf; sie verleugnet nicht ihre Geschlechtsgenossinnen; sie betrachtet sich nicht als Ausnahmewesen, das von weiblicher Schwäche frei ist. Sie hat sich lediglich eine besondere Vorstellung von weiblichem Temperament gemacht, die nicht unvereinbar ist mit einer spezifischen Art von Wagemut, Energie und Ehrgeiz, eben mit der *audacia muliebris* der etruskischen Frau, der Tanaquil und der älteren Tullia in der Dynastie der Tarquinier.

Bestätigende Zeugnisse der Archäologie

Daß die Traditionen, von denen Livius hier indirekt berichtet, keine unbegründeten Fabeln waren, sondern, wenn auch die Ereignisse und Personen zum Teil erfunden sind, einem Kulturstand entsprachen, der der Frau Vorrechte einräumte, bestätigt die Archäologie ganz entschieden. Die Malereien zeigen, daß die etruskischen Frauen an der Seite der Männer an vielen Ereignissen des gesellschaftlichen Lebens teilnahmen; in den Epitaphen hat der Name der Mutter seinen Platz. Hinzu kommen bestimmte, bis jetzt noch nicht ge-

nügend beachtete Hinweise aus dem Inhalt und der Anordnung der Gräber.
Einige der ältesten und prunkvollsten Gräber, die im
19. Jahrhundert der erstaunten Welt zeigten, wie der Reichtum eines etruskischen Adligen aussehen konnte, waren tatsächlich für Prinzessinnen errichtet worden. Mit Sicherheit
läßt sich dies vom Regolini-Galassi-Grab in Caere sagen[31].
Es stammt aus dem Jahre 650. Das Hypogäum umfaßte die
Totenkammer am Ende eines langen Ganges, in dessen Wände zwei Nischen eingelassen waren. In der rechten befand
sich die mit einem Pferd verzierte Urne eines Kriegers
nebst Waffen und Prunkwagen. Im Vorraum des Toten-
zimmers war ein weiterer Mann begraben zusammen mit
reichem Gerät, vor allem mit Gold- und Bronzegeschirr; ein
Teil davon befand sich in der linken Nische. In der eigentlichen Totenkammer lag das mit Schmuckstücken beladene
Skelett einer Frau neben dem Thron auf einem mit Gold,
Silber und Elfenbein bedeckten Boden (Abb. 54). Für sie
war das Grab in erster Linie bestimmt. Durch einen glücklichen Zufall wissen wir sogar ihren Namen. *Larthia* steht
eingraviert auf den Schalen und Silberbechern.
Man ist versucht, über die Beziehungen, die zwischen den
drei Toten bestanden, irgendwelche Vermutungen anzustel-
len. Allerdings kommt man dabei zu keinem sicheren Ergebnis. Larthia hatte auf jeden Fall den ersten Platz im
Grab inne; sie war Königin. Mit ihr zusammen oder nach
ihr war ein Prinz der Familie am zweiten Platz in der
Vorkammer beigesetzt worden zusammen mit einem Krieger, dessen Urne in der rechten Nische zu stehen kam. Diese
Konstellation könnte den Stoff für einen Roman liefern.
Die verschiedenen Bestattungsriten – Beerdigung und Einäscherung – und die unterschiedlichen Lebensumstände der
Bestatteten – den einen weisen die Waffen als Krieger aus,
den anderen die kostbaren Gegenstände als Mitglied der
Königsfamilie – sind dazu angetan, auch die Phantasie des
nüchternsten Betrachters zu beflügeln. Ein großer Gelehrter

hat der Versuchung nicht widerstanden und angenommen, daß der Krieger ein besiegter Feind oder ein Sklave war, den man den Manen des im Vorraum bestatteten Prinzen geopfert hat, und daß Larthia – warum auch nicht? – als seine Witwe gezwungen war, ihrem Gatten in den Tod zu folgen, wie es bei den Hindus Sitte war. Luigi Pareti, der jüngste Interpret der Funde des Regolini-Galassi-Grabes, ist vorsichtiger in seinen Schlüssen: »Die angeblichen Spuren des Matriarchats in Etrurien sind ohne Zweifel überbetont worden. Doch konnte in der archaischen Epoche eine Prinzessin in Caere ohne weiteres die souveräne Stellung einnehmen, die die römische Tradition der Tanaquil, der Gattin des Tarquinius Priscus, zuschrieb, die in Rom die Thronbesteigung ihres Gatten und später die ihres Günstlings Servius Tullius unterstützt haben soll[32].«

Man kann wohl noch weiter gehen: Larthia war vielleicht gar keine Ausnahme. Das Bernardini-Grab in Praeneste, das offenbar zur gleichen Zeit entstanden ist wie das Regolini-Galassi-Grab in Caere, war mit ähnlichem Prunk ausgestattet. Lange Zeit ist es anonym geblieben. Bei der Reinigung einer großen Silberschale hat man schließlich auch hier ein Sgraffito gefunden, das einen Namen preisgibt: *Vetusia*[33]. Es handelt sich um einen lateinischen Namen, der unter der Form Veturia fortlebte (die phonetische Umbildung, Rhotazismus genannt, hat vor dem 4. Jahrhundert stattgefunden). Noch zu Beginn des 5. Jahrhunderts gab es Vetusii als Konsuln in Rom. Der lateinische Name kann in Praeneste nicht überraschen, da es sich um eine latinische Stadt handelt. Festzuhalten ist, daß es sich bei dem einzigen Namen eines Besitzers, den man bis jetzt im Bernardini-Grab festgestellt hat, um den Namen einer Frau, Vetusia, handelt.

Gelegentlich wird der eine oder andere Wißbegierige fragen, warum sowohl in Caere als auch in Praeneste Larthia und Vetusia nur auf dem Silbergeschirr ihr Besitzrecht anmelden. Für das Bernardini-Grab gibt es nur ein Zeugnis.

Aber im Regolini-Galassi-Grab findet sich der Name Larthia auf fünf Schalen, sechs Bechern und einer kleinen Sil-
beramphora. Der Name ihres Gefährten aus dem Vorzim-
mer ist auf keinem seiner Geschirre vermerkt. Auf den
Fibeln, Armbändern und Goldblättchen, dem Schmuck der
Prinzessin, findet sich ebenfalls nicht das kleinste Sgraffito.
In der Mitte des 7. Jahrhunderts beginnt man in Griechenland, in Athen, Ägina und Korinth, aus diesem Metall Münzen zu prägen. Fürchtete man, daß geprägtes Metall mit
seinem Kaufwert Diebe anlocken könnte? Zählte die Mit-
gift einer etruskischen Prinzessin nach der Anzahl der Sil-
bergeräte? Wir müssen diese Fragen vorerst unbeantwortet
lassen.
Wir können feststellen, daß auch später gegen Ende des
6. Jahrhunderts und zu Anfang des 5. Jahrhunderts, als
Caere auf dem Höhepunkt seiner Macht stand, die adligen
Frauen zwar möglicherweise auf ihren Herrschaftsanspruch,
sicherlich aber nicht auf ihr Luxusgerät verzichtet haben.
Dies bestätigen die Ausgrabungen von Raniero Mengarelli,
die er zu Beginn unseres Jahrhunderts in der Nekropole der
Banditaccia durchgeführt hat, und speziell das Studium
eines Grabes, das unter dem Namen »Grab der griechischen
Vasen« bekannt geworden ist[34]. Wir werden bei der Beschreibung des etruskischen Hauses – die Gräber sind nämlich nach demselben Plan gebaut – auf dieses Grab zurückkommen. Seine Anlage und seine Ausstattung beweisen
den bereits klassischen Geschmack derjenigen, die es für sich
hatten errichten lassen. Ein großer Tumulus bezieht die drei
benachbarten Gräber von Ahnen in das neuere Grab mit ein.
Vor allem beweisen rund einhundertfünfzig attische schwarz-
und rotfigurige Vasen des strengen Stils, viele von ausgezeichneter Qualität, die sich innerhalb von zwei oder drei
Generationen angesammelt haben mögen, mit welcher Begeisterung eine Familie in Caere um 550, als die Tarquinier in
Rom regierten, die Keramiken und ganz allgemein die raffi-
niertesten Formen der griechischen Kultur aufnahmen.

Bildung und Lebensstil der etruskischen Frauen

Im »Grab der griechischen Vasen« wurden unter anderem drei von dem Töpfer Nikosthenes signierte Stücke gefunden: zwei schwarzfigurige Amphoren und eine rotfigurige Pyxis. Die beiden Amphoren sind unterschiedlich bemalt, eine mit einem Tierfries, die andere mit tanzenden Silenen und Mänaden, aber sie sind genau gleich hoch (31 cm) und tragen auf dem Fuß den Namen des Eigentümers. Die Inschrift lautet: *mi culnaial,* ich gehöre *Culni. Culni* ist eine Frau. Zwei weitere Gefäße tragen denselben Namen: es handelt sich um schwarzfigurige ὄλπαι, die wie die Nikosthenes-Amphoren etwa auf 530 zu datieren sind. Man hat nach weiteren Sgraffiti auf den Gefäßen gesucht, aber nur noch eines gefunden auf dem Fuß einer dritten ὄλπη: *mi atiial,* ich gehöre *Ati.* Zwei Frauen also, *Culni* und *Ati,* geben dem Grab etwas von der persönlichen Ausstrahlung, die Lebenden eigen ist. Vor allem *Culni* verrät einiges über ihre Persönlichkeit: sie liebte griechische Vasen und ganz besonders signierte Exemplare. Sie schwärmte für die zierliche Eleganz der Amphoren des Nikosthenes; eine Nikosthenes-Amphora zu besitzen besagt schon etwas, zwei von gleicher Größe zu haben stempelt den Besitzer zum Ästheten. Die beiden Gefäße waren dazu bestimmt, eine Tür zu flankieren. *Culni* hatte Sinn für Symmetrie; dies zeigt sich auch an der Architektur ihres Grabes. Die etruskischen Frauen der zweiten Hälfte des 6. Jahrhunderts scheinen eine aktive Rolle bei der Verbreitung griechischen Kulturguts in ihrem Land gespielt zu haben. Von den Männern läßt sich dies nicht behaupten: fern der Heimat befuhren sie das Meer, kämpften bei Aleria, steinigten die gefangenen Phokäer.

Es finden sich natürlich auch männliche Besitzer; doch in Caere sind entsprechende Inschriften sehr selten. In Griechenland dagegen zeigt sich keine Spur von weiblichen Besitzern, insoweit man aus den Gefäßinschriften von der Agora zu Athen oder Olbia einen Schluß ziehen darf. Xenophon läßt in seiner Schrift *Über den Haushalt* Ischomachos seiner Gattin die Sorge für die häuslichen Geräte übertragen. »Welch ein schöner Anblick, wenn Schuhe verschiedenster Art in Reih und Glied dastehen... wie schön, wenn man sieht, daß Bronzegefäße, Tafelgeschirr und auch... Töpfe in bester Ordnung klar getrennt dastehen... Alle Arten von Gebrauchsgegenständen bilden so einen Chor, und der Platz, an dem sie alle stehen, sieht sehr schön aus[35].« Das hat nichts zu bedeuten. Wenn die Hausfrau, der Xenophon zwar die besten Anweisungen geben läßt, deren Namen er aber zu nennen vergißt, das Geschirr des Hauses mit ihrem Zeichen versehen hätte, wäre es zu einem Drama gekommen.

Wir wollen keine übertrieben schwerwiegenden Schlüsse aus diesem archäologischen Befund ziehen. So viel ist aber klar: die etruskischen Frauen der *belle époque* hatten das Recht, Nikosthenes-Amphoren zu besitzen. Gibt es nicht etwas Ähnliches auch in anderen Zeiten? Findet im späten Kaiserreich nicht das Christentum ein lebhaftes Echo bei den Damen der römischen Aristokratie, während ihre Gatten, halbe Barbaren, die sie waren, an den Grenzen Krieg führten; sind nicht diese Frauen das beste Publikum des heiligen Hieronymus gewesen?

Andere Funde auf dem Friedhof von Caere lassen noch weitere Schlüsse zu. Einige Zeit nach der Bestattung der *Culni* und *Ati* bürgerte sich eine neue Sitte ein: am Eingang der Gräber wurden zahlreiche Säulenstümpfe in die Fliesen eingelassen neben Steinkistchen, die wie kleine Sarkophage oder Häuschen aussehen (Abb. 16). Sie tragen eine aufgemalte oder eingravierte Inschrift, zunächst in Etruskisch, später in Latein, und weisen so die Vorübergehenden darauf hin, wessen Grab in der Nähe liegt. Die Säulchen – ihre phallische Symbolik ist unumstritten – waren dem Mann vorbehalten, die Häuschen der Frau, vielleicht weil sie vorwiegend im Haus arbeitete und lebte[36]. »In Rom«, so

schreibt ein Historiker, »war der *pater familias* der Mittelpunkt des Hauses, in Etrurien war es die Frau[37].«
In Caere ist die Unterscheidung gesichert: alle Säulchen sind
mit Männernamen versehen, z. B. *A(vles) Campanes L(ar-*
thal) clan oder *L(ucius) Magilius L(ucii) l(ibertus) Pilemo*
(d. h. Philemon); alle Häuschen tragen Frauennamen, z. B.

Abb. 16 Der Cippus des Mannes und der Frau

Thanchvil Pustinia L(arthal) s(ec) oder *Magilia L(ucii)*
L(iberta) Celido (d. h. Schwalbe). Die Regel scheint aber
nur in Caere streng eingehalten zu sein. In Tarquinia, wo es
überhaupt weniger Gedenksteine dieser Art gab, fand Pallottino ein Häuschen, das einem Mann gewidmet war; der
Fund bereitete ihm ein diebisches Vergnügen[38]. Wie auf allen Gebieten, so hatte auch hier jede Stadt in Etrurien ihre
eigenen Riten.
Selbst in Caere kennen wir Gedenksteine erst seit dem Anfang des 4. Jahrhunderts, als die Technik der Grabinschrift
so weit entwickelt war, daß die Steine ihren Zweck erfüllen
konnten. Die Tradition, auf die sie verweisen, ist sicher viel
älter; Zeichen dafür ist ein weniger beachtetes, mysteriöseres
und bedeutungsvolleres Faktum, das sich in Gräbern vom
Ende des 7. Jahrhunderts an bis zur Mitte des 5. Jahrhunderts feststellen läßt.

Abb. 17 Totenbetten im Atrium des Grabes der Kapitelle
(Cerveteri)

Die Privilegien der Frau im Jenseits

Die Totenbetten, auf die man den Leichnam in der Grabkammer niederlegte, wurden aus dem Tuffstein herausgearbeitet. Mengarelli erkannte 1927[39], daß es zwei verschiedene
Arten gab. Die eine ist das treue Abbild des etruskischen
Bettes oder der griechischen κλίνη mit vier den Bettkasten
überragenden Beinen; am Kopfende befindet sich eine halb-
kreisförmige Vertiefung für das Kopfkissen (Abb. 17). Die
andere Art ist länger und breiter; sie sieht aus wie ein großer griechischer Sarkophag ohne Deckel, ist aber mit einem
dreieckigen Giebel an Kopf- und Fußende versehen. Im
Inneren findet man oft einen Halbkreis für das Kopfkissen (Abb. 18). Betrachten wir dazu die Planskizze (Abb. 19)

Abb. 18 Sarkophage im Grab der Betten und Sarkophage (Cerveteri)

eines prächtigen Grabes aus der zweiten Hälfte des 6. Jahrhunderts; es handelt sich um das sog. Grab der Kapitelle[40]. Die Vorräume enthielten Bänke für die Dienerschaft. Im mittleren Raum waren an den Wänden entlang acht κλῖναι aufgestellt. Doch in den drei Kammern an der Hinterwand, die im Haus den Prunkräumen entsprachen und hier für die sterblichen Reste der Hausherren bestimmt waren, finden sich jeweils rechts ein Sarkophag und links ein Bett. Es drängt sich die Vorstellung auf, daß wir hier Grabkammern von Ehepaaren vor uns haben; die mittlere gehörte dem *pater* und der *mater familias*, die beiden anderen den Kindern und Schwiegerkindern. Wie der hausförmige Grabstein der Frau zukam, so wird auch der Sarkophag für die Frau und Mutter bestimmt gewesen sein. Mengarelli hat daraus ein neues Gesetz abgeleitet: im etruskischen Grab wurde der Mann auf der linken Seite auf einer κλίνη bestattet, die Frau rechts in einem Sarkophag.

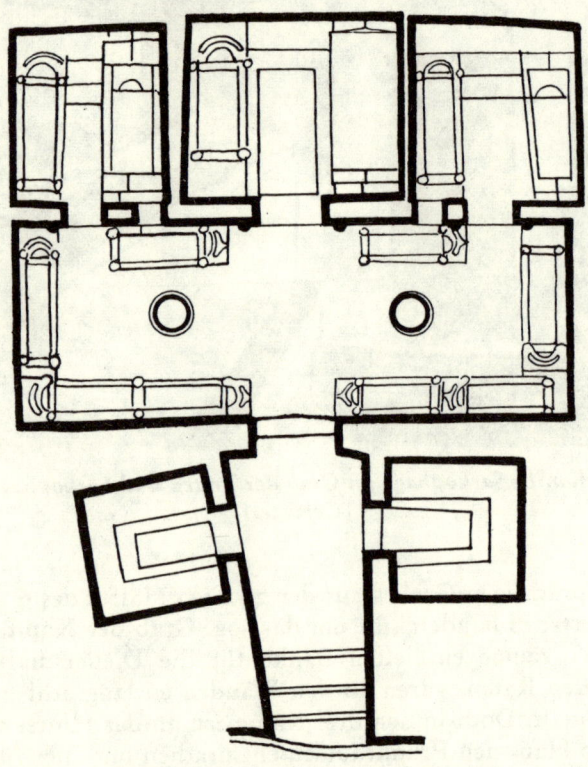

Abb. 19 Das Grab der Kapitelle

Natürlich ist die so absolut formulierte Regel bestritten worden, da Funde Ausnahmen bestätigt haben. Es gibt Grabkammern, in denen Seite an Seite zwei Betten mit verzierten Füßen aufgestellt sind. Sollte es sich dabei um das Grab von zwei Brüdern handeln?

Im sog. Tablinum-Grab stehen zwei Betten und acht Sarkophage. Das würde bedeuten, daß es in dieser Familie anor-
mal viele Mädchen gegeben hat[41]. Alles in allem werden

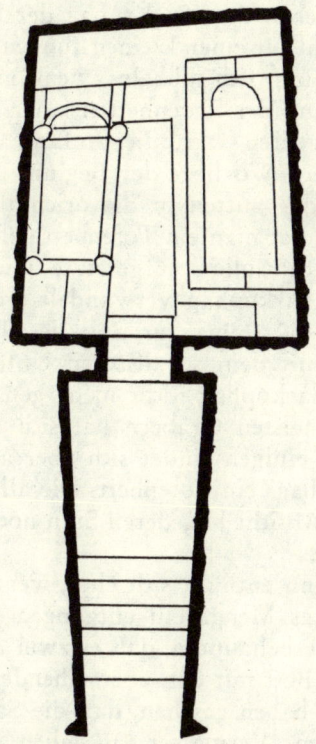

Abb. 20 Cerveteri: Letzte Ausgrabungen, Grab 8

wir mit vielen Etruskologen zusammen Mengarelli doch
recht geben. Seine Beobachtungen haben sich oft bestätigt,
unter anderem 1951 durch die Ausgrabungen der Universität Rom in Caere (Abb. 20). Die Anordnung der Totenbetten, die Mengarelli zuerst entdeckt hat, war nicht zu-

fällig. Es gibt sogar den Fall, daß der rechts stehende Sarkophag zwei Halbkreise für Kopfkissen, einen großen und einen kleinen, aufweist: ein totes Kind ist hier zusammen mit seiner Mutter bestattet worden. Manchmal steht in der Kammer dicht neben dem Sarkophag der Mutter auch eine kleine κλίνη, wohl für einen kleinen Jungen[43].

Ausnahmen erklären sich mühelos, wenn man bedenkt, daß die Unterscheidung der Totenbetten einer historischen Entwicklung unterworfen war, die Anfang, Höhepunkt und Abstieg erlebt hat. Wo liegt der Beginn? Im Grab der gemalten Löwen, das mitten in die orientalisierende Epoche (um 650) gehört, hat man ein Totenbett gefunden, das durch zwei kleine, nachträglich aufgesetzte Giebel recht ungeschickt in einen Sarkophag verwandelt worden war[44]. Wo das Ende? Um 450 (etwa zur Zeit des Tablinum-Grabes) scheint man es mit dem spezifischen Unterschied zwischen Totenbett und Sarkophag nicht mehr genau genommen zu haben. In den meisten Gräbern hat sich der Brauch zwar durchgesetzt; in einigen findet sich aber auch für die Frau statt des Sarkophags ein Totenbett. Die allgemeine Tendenz deutet auf eine Absicht hin, deren Sinn noch nicht ganz klar durchschaubar ist.

Dieser tiefere Sinn enthüllt sich eher, wenn man ein Detail berücksichtigt, das Mengarelli entgangen ist[45]. Es ist nicht ganz treffend, zu behaupten, daß es zwei Arten von Totenbetten gibt, das Bett mit den überstehenden Füßen und den Sarkophag. Wir haben gesehen, daß die Sarkophage breiter und tiefer waren. Vermessungen haben ergeben, daß die Betten für die Männer meist 80 cm und die Sarkophage 110 cm breit sind. Bei den Sarkophagen ist dabei der Durchmesser der Seitenwände mitgerechnet. Im Innern des Sarkophags befand sich in Wirklichkeit auch für die Frau eine κλίνη; man erkennt noch das abgerundete Kopfende; die Beine muß man sich verdeckt vorstellen. Anders ausgedrückt: es bestand nicht die Alternative Bett oder Sarkophag, sondern einfaches, unverkleidetes Bett oder Bett im

Sarkophag. Am Beginn der Entwicklung stand also das Totenbett; später hat man es manchmal mit dreieckigen Giebeln versehen und dann in einen Sarkophag eingeschlossen. Offensichtlich hat man durch Zusätze und Umwandlungen langsam auf das Ziel hingearbeitet, einer besonderen Kategorie von Toten, speziell den Frauen, einen besonders würdigen Platz einzuräumen, ihre sterblichen Reste besser zu schützen und die Unverletzlichkeit ihres Grabes zu sichern. Der Sarkophag diente als eine Art Schrein – es sei erlaubt, diesen anachronistischen Ausdruck zu gebrauchen –, der besonders kostbare Reliquien bergen sollte. Fast sieht es aus, als hätten die Etrusker in der Zeit von 650 bis 450, vor allem die Bewohner von Caere, geglaubt, die Frau sei ein höheres Wesen und eher zur Vergöttlichung berufen als der Mann.

Wir rühren hier mit unzureichenden Mitteln an unergründliche Probleme. Es ist fraglich, ob sie sich mit den Kenntnissen, die wir besitzen, lösen lassen. Auf jeden Fall wäre eine gründliche Untersuchung Vorbedingung. Es ist darauf hinzuweisen, daß die besondere Verwendung von Sarkophagen und hausförmigen Grabsteinen bei einem bestimmten etruskischen Bestattungsritual in Verbindung mit einem verbreiteten Traditionsgefüge zu sehen ist, das sich über die ganze antike Welt von Kleinasien bis Westeuropa erstreckt. Eine Untersuchung hätte den Gebrauch von Hütten-Urnen in voretruskischer Zeit in Etrurien, in Latium und an der Elbe zu berücksichtigen, nicht zu vergessen die Häuser-Stelen auf den keltischen Friedhöfen der Galloromania. Die Etrusker haben offenbar eine weitverbreitete Sitte aufgegriffen und ihr, als sich die Gelegenheit ergab, eine Bedeutung beigelegt, die ihnen am Herzen lag. Andererseits zweifelt die Forschung, ob die Sarkophage Häuser oder Tempel darstellen sollen, denn sowohl der Tempel als auch das Grab sind nach dem Vorbild der menschlichen Behausung gebaut. Vielleicht läßt sich gar nicht klar entscheiden, ob es sich hier um gewollte Zweideutigkeit oder einfach um Undeutlichkeit in der Darstellung handelt. Schließlich ist zu bemerken, daß das religiöse Universum der Etrusker der Allmacht einer weiblichen Gottheit, der Mutter Erde, unterstand. In Veji und Caere wurde sie unter dem Namen Hera oder Juno, Mater Matuta oder Leukothea verehrt. Es ist also möglich, daß die Lebenden eine tote Frau um so eher mit einem Kult umgaben, als sie glaubten, daß die Verstorbene sich im Jenseits mit der großen Göttin vereinen werde. Schon von Natur aus galt die Frau als Teilhaberin an der Gottheit, die über Tempel und Nekropolen herrschte.

Auch dieser Brauch wirft ein Licht auf die besondere Stellung der etruskischen Frau. Sie lebte in einer Gesellschaft, die sie voll und ganz an den Freuden und Geschäften des öffentlichen Lebens teilnehmen ließ. Von den Außenstehenden wurde sie mitleidlos kritisiert, aber innerhalb ihres Lebensbereiches genoß sie fast souveräne Autorität. Sie ist künstlerisch veranlagt und gebildet; mit offenen Armen empfängt sie die Verfeinerungen der hellenistischen Kultur und führt so die Zivilisation in ihr Land ein. Im Grabe schließlich wird sie verehrt als Emanation der großen Gottheit. Kurz, sie nimmt einen in jeder Beziehung privilegierten Platz ein. Sie erinnert an Frauen wie Ariadne und Phädra im minoischen Kreta. Cornelia, die Mutter der Gracchen, hätte eine solche Stellung nie zu erstreben gewagt.

FÜNFTES KAPITEL

Das etruskische Land und die verschiedenen Arten des Landlebens

Die Fruchtbarkeit des Bodens

Wir haben bereits gehört, mit welcher Begeisterung die Alten die Fruchtbarkeit des etruskischen Bodens rühmten. Will man ihnen Glauben schenken, so waren dort alle Gaben der Natur gehäuft vorhanden, alle Früchte der Erde lohnten die Mühe des Landmanns; ja, der Überfluß an Getreide und Wein soll schließlich das Volk zur Verweichlichung verführt und seinen Verfall besiegelt haben. Wenn man die Darstellung wortwörtlich ernst nimmt und sich eine *Etruria Felix* (d. h. fruchtbar in demselben Sinn, wie man von der *Campania Felix* und dem »glücklichen Arabien« sprach) vorstellt, d. h. eine idyllische Landschaft, in der sich die Rebe der Ulme vermählte und lebendige Wasser sprudelten, dann muß man zugeben, daß sich das Bild im Ablauf von zweieinhalb Jahrtausenden grundlegend geändert hat.

Die Touristen, die der Via Aurelia von Pisa nach Rom gefolgt sind, haben kaum »kornbedeckte Ebenen zwischen Hügeln, die bebaut werden können«[1], entdeckt, wohl aber flaches, steiniges Sumpfland: die ungesunde Maremma, die jahrhundertelang wüst dalag und erst in letzter Zeit teilweise nach neuesten Methoden urbar gemacht worden ist. Auch die Veteranen des italienischen Feldzuges, die im Juni 1944 auf der Via Clodia das südliche Etrurien durchquerten, lernten trockenes Steppenland und dorniges Gebüsch zwischen Labyrinthen von steilen Cañons kennen, die Reste von Festungen umgaben, und die sandigen Läufe der Fiora, der Orca und des Ombrone. Die antike Beschreibung paßt jedenfalls nur auf das innere Etrurien, hier allerdings trifft sie die Tatsachen wunderbar genau. Vom Bolsena-See aus,

an der Flanke des Amiata entlang, kommt man in die echte
Toskana; Kastanienwälder zeigen an, daß wir uns in einer
anderen Welt befinden; die Horizonte sind entschiedener
gezeichnet durch das Auf und Ab der Hügel, wir treffen auf
lebendige Wasserläufe. Am Eingang des Tales der Paglia
und der Chiana und am Oberlauf des Tibers, bei Chiusi,
Cortona und Perusia haben wir wohl einen ähnlichen Eindruck wie die Römer am Ende des 4. Jahrhunderts, als sie
den Ciminischen Wald endlich hinter sich ließen und ent-
deckten, daß sich vor ihnen »die reichen Felder Etruriens«
(opulenta arva Etruriae)[2] ausbreiteten.

Unsere Autoren dachten bestimmt an die Toskana (im modernen Wortsinn), als sie die Fruchtbarkeit Etruriens priesen, speziell an ein Gebiet, das man *Etrusci campi*, »die
etruskischen Ebenen«[3], nannte, das Gebiet zwischen Fiesole
und Arezzo, »fruchtbar an Getreide, Vieh und allen Dingen«.

Wünscht jemand eine hübsche Beschreibung? Wir besitzen
eine von dem jüngeren Plinius, der sich bei Tifernum Tiberinum (Città di Castello) ein Landhaus hatte bauen lassen[4]: »Die Landschaft ist sehr schön. Stellt euch ein großes
Amphitheater vor, wie nur die Natur es hervorbringen
kann. Eine riesige, weit geöffnete Ebene wird von Bergen
eingerahmt, deren Gipfel von uralten Hochwäldern gekrönt sind; alle Arten von Wild gibt es dort in Fülle. Buschwald wächst auf den Abhängen. Die fruchtbaren Hügel, die
sich anschließen, tragen eine dicke Schicht des besten Bodens
(denn Felsengrund findet man kaum, selbst wenn man ihn
sucht) und stehen den Feldern, die in der überaus gleich-
förmigen Ebene liegen, an Ertragfähigkeit nicht nach. Reiche
Ernte reift hier, später zwar, aber nicht weniger gut. Am
Fuße der Hügel breiten sich nach allen Seiten Weinberge
aus; sie schließen sich in Länge und Breite zu einem Land-
schaftsbild zusammen.

An ihrer Grenze, sozusagen am äußersten Saum der Hügel,
stehen Baumgruppen. Wiesen und Getreidefelder schließen

sich an. Die Felder können nur mit riesigen Ochsen und
starken Pflügen bearbeitet werden. Die überaus kompakte
Erde bricht beim ersten Pflügen in riesigen Schollen auf.
Erst der neunte Durchgang des Pfluges macht sie saat-
bereit. Die blumenübersäten Wiesen bringen Klee und andere Kräuter hervor. Sie bleiben immer jung und zart und
wie neu, denn alle Felder werden von nie versiegenden
Quellen getränkt. Auch dort, wo das Wasser besonders reichlich fließt, bilden sich keine Sümpfe; weil das Land ab-
schüssig ist, leitet es die Feuchtigkeit, die es nicht aufnehmen kann, in den Tiber ab. Der Fluß durchquert das Land,
er ist im Winter und Frühjahr schiffbar und bringt alle
landwirtschaftlichen Produkte hinunter in die Stadt. Im
Sommer sinkt der Wasserstand erheblich, und das Rinnsal
im halbausgetrockneten Bett verdient nicht mehr den Namen Fluß. Im Herbst ändert sich dies wieder. Es wäre
sicherlich ein großes Vergnügen für euch, von den Bergen
aus das Land zu betrachten, denn ihr würdet das, was sich
euch bietet, nicht für eine Landschaft halten, sondern für
ein prachtvolles Gemälde. Der Blick, wo immer er sich
hinwendet, erfreut sich an der Vielfalt und der überaus
glücklichen Anlage des Geländes.«
Das am Meer gelegene Etrurien muß zu allen Zeiten anders
ausgesehen haben. Seit der Zeit der Römer hat es den Anblick einer verwilderten, verpesteten Buschlandschaft gebo-
ten voller Wildschweine und Schlangen. Dante hat die
Landschaft im *Inferno* besungen[5]. Reisende des 19. Jahrhunderts haben ihre pittoreske Romantik beschrieben. Schon
Tiberius Gracchus hat sie so erlebt. Er bemerkte »die Einsamkeit des Landes und daß die Sklaven, die die Felder
bestellten oder das Vieh weideten, aus der Fremde stammten und unkultiviert waren[6]«. Zu Beginn der Kaiserzeit war
Veji bereits unter wuchernder Vegetation begraben und von
Wasserfällen umspült. Auf dem einstigen Forum weideten
Hirten ihre Herden[7]. Caere war nur noch ein Schatten seiner
selbst. Strabon berichtet, daß ein benachbartes Badestädt-

chen, *Aquae Caeretanae*, bereits bevölkerter war, da Leute von auswärts kamen, um sich dort zu erholen[8]. Von Vulci, Vetulonia oder Rusellae sprach keiner mehr. Am Anfang des 5. Jahrhunderts beschrieb der gallische Dichter Rutilius Namatianus, der auf dem Wasserweg in seine Provinz zurückkehrte, die Küste Etruriens, an der er entlangfuhr. Überall waren Städte und Dörfer großen Höfen gewichen. Auf der Höhe von Cosa, bei Orbetello, entdeckte er »alte Ruinen und schreckliches Gemäuer, in denen niemand mehr wohnte[9]«.

Das Malariaproblem

Daß die Küste, an der die Tyrrhenier in alter Zeit vielleicht gelandet waren und wo sich ihre Hauptstädte befunden hatten, verödete und sich entvölkerte, hatte verschiedene Gründe: die Versandung von Häfen, wie z. B. des Hafens von Vetulonia, der seit dem Ende des 6. Jahrhunderts unbrauchbar war; der Krieg, der Veji und Volsinii völlig zerstörte; die Politik der Römer – Tiberius Gracchus verstand darunter die Ausbreitung der Latifundien; und auch die verheerende Malaria. Über dieses Problem haben wir kurz zu sprechen.

Das Sumpffieber, das in der Maremma und bisweilen auch in einigen Tälern Inneretruriens wütete, hat ganz Etrurien den Ruf eines ungesunden Landes eingetragen. Diese Verallgemeinerung ist ungerecht. Apollinaris Sidonius hat von seiner Heimat Averni aus ganz Etrurien verurteilt als *pestilens regio Tuscorum*[10]. Aber man wundert sich doch, daß am Ende des 1. Jahrhunderts n. Chr. ein gebildeter Römer[11], ein Bewunderer Martials, der auch mit dem jüngeren Plinius in Briefwechsel stand, sich beunruhigt zeigte, daß sein Freund Plinius sich im Sommer in seine Villa in der Toskana begab. Plinius mußte seine Bedenken zerstreuen und ihm erklären, daß er fern vom Meer wohne, »fast am Fuße des Apennin, des gesündesten aller Gebirge«. Er gab

zu, daß »die Luft im Küstenstreifen ungesund und voller
Krankheitskeime« sei: *est sane gravis et pestilens ora Tuscorum, quae per litus extenditur*[12].

Das älteste Zeugnis zu diesem Thema stammt von Cato. In
lakonischer Kürze gibt das Fragment ein bedeutendes historisches Ereignis wieder. Im Jahre 181 hatte Rom am Fuße
der Hochebene, auf der Tarquinia lag, dicht am Meer an
der Stelle, die im Altertum *Graviscae* hieß und heute den
Namen Porto Clementino trägt, eine Kolonie gegründet.
Dadurch wollte man die stolze Stadt, die mit unwandelba-
rer Treue an ihren Traditionen hing, einschüchtern. Das
Unternehmen endete mit einer Katastrophe: der Platz er-
wies sich als ungeeignet für eine große Stadt; Fieber dezimierte die Siedler. Die Römer erinnerten sich mit Schrecken
an diese Ereignisse[13]. Vergil und Rutilius Namatianus haben
darüber geschrieben[14]. Cato, der das verfehlte Unternehmen
miterlebt hatte, erklärte, daß *Graviscae* seinen Namen von
gravis (schwer, ungesund) ableite, weil der Boden *gravem
aerem* (eine ungesunde Luft) ausströme, die Malaria[15].

Wir wollen versuchen, zeitlich noch weiter zurückzugehen.
Ein berühmtes Dokument, auf das wir noch zu sprechen
kommen werden, verweist uns auf das Jahr 205, das Ende
des Zweiten Punischen Krieges[16]. In diesem Jahr appellierte
Scipio, der seine Landung in Afrika vorbereitete, an die
Bundesgenossen, ihm eine Flotte ausrüsten zu helfen. Denn
der Staat weigerte sich, die Kosten zu tragen. Etrurien, so
berichtet Livius, kam dem Aufruf besonders schnell nach.
Die Aufzählung der Lieferungen, die jedes Volk versprach,
belehrt uns über die Produkte und die Industriezweige der
einzelnen Gebiete. Caere wollte Getreide und alle Arten
von Proviant geben, Populonia Eisen, Tarquinia Leinen für
die Segel, Volterra Holz für die Kiele und Rippen der
Schiffe und Getreide, Arezzo 3000 Schilde und ebenso viele
Helme, dazu Spieße, Speere und lange Lanzen (50 000 Stück
im ganzen), Beile, Schaufeln, Sicheln, Erdkörbe, Mühlsteine
für 40 Kriegsschiffe, einen Teil des Proviants für die Ruderer

und ihre Offiziere und dazu noch 120 000 Scheffel Weizen; Perusia, Chiusi und Rusellae versprachen Tannenholz für die Konstruktion der Schiffe und eine große Menge Getreide.

Diese Liste beweist schlagend, daß sich das Zentrum des etruskischen Wohlstandes in das Landesinnere verlagert hatte. Nach der ungeheuren Menge von Lieferungen sowohl aus der Metallindustrie als auch aus der Landwirtschaft zu urteilen, scheint Arezzo das wirtschaftliche Zentrum Etruriens gewesen zu sein. Betrachtet man den Beitrag der Küstenstädte, so stellt man fest, daß zwischen Tarquinia und Rusellae, das – etwas oberhalb vom heutigen Grosseto gelegen – das ältere Vetulonia ersetzt hatte, auf einer Strecke von rund 100 km gähnende Leere herrschte. Dort, wo Etrurien sich zu einer Macht entwickelt hatte, wo bedeutende Kulturzentren gewesen waren, Telamon, Ansedonia-Cosa, Sovana, Saturnia, Vulci, war nicht einmal mehr ein Zentner Weizen zu holen. Vor allem Vulci, das große Vulci an der Fiora, glänzte durch Abwesenheit. Noch war dort das Leben nicht ganz erloschen: auch zu dieser Zeit zogen die *zilath* mit ihren Liktoren noch feierlich durch die Straßen; zu einem späteren Zeitpunkt noch erbauen sich die Bewohner in den Gemälden des François-Grabes am glorreichen Gedächtnis des Aulus und des Caelius Vibenna. Daß man es nicht gewagt hat, die Stadt zu besteuern, beweist, daß sie ruiniert war. Selbst Tarquinia, das sich doch rühmte, daß in grauer Vorzeit aus seinem Boden der göttliche Zwerg Tages[17] vor den Augen eines pflügenden Bauern entsprungen sei, hat aus seinen Vorräten lediglich Textilien abgeben können. Ein großes Unglück mußte über die ganze Gegend hereingebrochen sein: sollte es sich dabei nicht um die Malaria gehandelt haben?

Die Frage ist umstritten; viel Tinte ist bereits darüber geflossen. Man hat sich gefragt, und man fragt sich noch heute, zu welchem Zeitpunkt das am Meer gelegene Etrurien verseucht wurde, war es doch zu allen Zeiten von Lagunen gesäumt. Aber nicht alle Lagunen sind Brutstätten

von Malaria. Ravenna war auf Pfeilern mitten in den
Sumpf gebaut und besaß doch ein so anregendes Klima, daß
man dort eine Gladiatorenschule einrichtete[18]. Die An-
opheles-Fliegen sind nur als Träger eines Erregers schädlich,
den sie nicht selbst erzeugen. Wenn sie einem gesunden Menschen durch ihre Stiche das Sumpffieber übertragen, so bedeutet das, daß sie vorher einen Kranken gestochen haben.
Zu irgendeiner Zeit muß also das Plasmodium in Etrurien
eingeschleppt worden sein, wie es auch in der Ebene von
Sybaris in Großgriechenland der Fall war. Da das Sumpffieber besonders in tropischen und subtropischen Gebieten
vorkommt, suchte man die Urheber in Afrika und Asien.
Den Verfechtern der herodotischen These vom orientalischen Ursprung der Etrusker hat Nello Toscanelli einen
üblen Streich gespielt, indem er ihre Hypothese folgendermaßen einschränkte und zuspitzte: die Begleiter des Tyrrhenos, die bei Vetulonia an Land gingen, hätten die An-
opheles-Fliegen des Prilius-Sees *(Lago di Castiglione)* ange-
steckt, das Übel hätte sich weiter verbreitet und schließlich
den Untergang eines bis dahin gesunden Volkes herbeige-
führt[19]. Diese gewagte These lehnt man heute ab; man
glaubt vielmehr, daß das Übel erst später aufgetreten ist.
Diejenigen, die an eine Besiedlung durch einen asiatischen
Stamm glauben, machen geltend, daß die Einwanderer eine
bereits verseuchte Küste bald wieder verlassen hätten; selbst
wenn sie geblieben wären, hätten sie wohl nie eine mächtige
Kultur aufbauen können, die immerhin mehrere Jahrhunderte überdauern sollte[20].
Wir sind der Meinung, daß man hier die Möglichkeit energischen Eingreifens unterschätzt hat. Die Etrusker besaßen
die nötige Tatkraft. Daß man ein Malariagebiet sanieren
kann, zeigt sich am Beispiel der heutigen Toskana, wo nach
langem Kampf Agrarreformen und Bodenverbesserungen
auch die letzten Sumpfgebiete beseitigt haben. Vielleicht
wissen die Franzosen besser Bescheid, da sie die Geschichte
der algerischen Mitidja kennen. Das fruchtbare Gebiet war

durch Unachtsamkeit und Unsicherheit unter der türkischen Herrschaft zu einer »riesigen Kloake« geworden. Hundertdreißig Jahre hat der Kampf gegen Sumpf und Fieber gedauert, bis sich um Boufarik wieder wunderbare Felder, Weinberge und Obstgärten ausbreiteten[21]. Das Sumpffieber hatte unter den Siedlern und Soldaten furchtbar gewütet. Dürfen wir auf Etrurien übertragen, was der zivile Kommissar von Boufarik, Toussenel, schrieb? »1842 war Boufarik die tödlichste Gegend Algeriens. Die Gesichter der wenigen Bewohner, die dem schrecklichen Fieber entronnen waren, waren grünlich und gedunsen. Obwohl die Gemeinde dreimal im Jahr den Pfarrer auswechselte, blieb die Kirche geschlossen. Der Friedensrichter war tot. Das gesamte Personal der zivilen und militärischen Administration hatte ersetzt werden müssen. Der Chef des Distriktes, der allein auf den Beinen geblieben war, mußte alle Ämter übernehmen, da die entsprechenden Beamten entweder krank oder gestorben waren.«

Gewiß, die Etrusker kannten das Chinin nicht. Sie hatten auch keinen Laveran, der das Sumpffieber-Plasmodium hätte entdecken können. Aber man darf annehmen, daß sie mit den beiden Hauptprinzipien der Anopheles-Bekämpfung, die den Larven die stehenden Gewässer, in denen sie sich entwickeln, zu entziehen versucht, vertraut waren: den Boden so zu bearbeiten, daß das Wasser sich nicht sammeln kann, und das stehende Wasser zum Abfließen zu bringen, d. h. Kolmation und Dränage der Sümpfe.

Wir waren nicht wenig überrascht, als wir in dem Buch von Edmond und Etienne Sergent, *Histoire d'un Marais algérien*, dem wir obiges Zitat entnommen haben, folgende Angabe fanden: In einem Manuskript des Leonardo da Vinci, das sich im Institut de France befindet, hat man eine Zeichnung und einen Kommentar entdeckt, aus denen zu ersehen ist, »wie man mit fließendem Wasser Erdreich aus dem Bergland in versumpfte Täler abführen soll, um sie fruchtbar und gesund zu machen[22]«.

»Die Anwendung der Kolmation«, so schließen die Sergents, »ist in der Toskana, der Heimat des Leonardo, erfunden worden.« Erfunden wurde sie dort in der Tat, wofern es sich nicht schon um eine alte Methode etruskischer Ingenieure handelt, die über Jahrhunderte hinweg auf Leonardo vererbt worden ist.

Die Erfolge der Etrusker auf dem Gebiet der Hydraulik

Es steht fest, daß die Etrusker von alters her eine besondere Begabung auf dem Gebiet der Hydraulik hatten und sich ständig um die Beherrschung der Wasserkraft bemühten. Jüngere Ausgrabungen in Spina und Adria, die wir später besprechen werden, haben das Zeugnis des Plinius voll und ganz bestätigt. Er beschreibt die Regulierung des Wasserlaufes an der Pomündung und erklärt: »Alle Ableitungen und Kanäle von Sagis (Porto di Magnavacca) an sind zuerst von den Etruskern gebaut worden. Mit Hilfe eines Abzugkanals leiteten sie den breiten Fluß in die Sümpfe von Adria[23].« Wir brauchen uns gar nicht auf dieses Zeugnis zu berufen; denn wir wissen, daß die Annalisten den Tarquiniern als eines ihrer größten Verdienste um Rom den Bau von Dränagen und Entwässerungskanälen zuschrieben. Auf diese Weise war das vormals sumpfige Forum saniert worden.

Über Tarquinius Priscus (616–579) wird berichtet: »In tiefliegenden Stadtteilen am Forum und zwischen den Hügeln war die Entwässerung mangels Gefälle erschwert. Er ließ sie trockenlegen mit Hilfe eines Systems von Abwässerkanälen, die von höhergelegenen Punkten aus zum Tiber führten[24].« Und über Tarquinius Superbus (534–510): »Er ließ trotz der Proteste der Plebs, die diese Arbeit sehr mühsam fand, einen großen unterirdischen Kanal bauen, der alle Abwässer der Stadt aufnehmen sollte, ein Werk, das auch von unserer großzügigen Bauweise und Prachtliebe kaum überboten werden kann[25].« Noch heute ist die gemauerte Wölbung der Einmündung der berühmten *Cloaca Maxima*

in den Tiber zu sehen. Sie wurde mehrmals ausgebessert.
Unter dem Forum hat man weitere Anlagen entdeckt, die
entweder der Entwässerung, Wasserversorgung oder als
Sammelbecken für das Grundwasser des Kapitols dienten.
Alle Ausgrabungen bestätigen, daß die Etrusker bei der
Sanierung Roms eine besondere Rolle gespielt haben. Erst
sie machten die Stadt, die Romulus gegründet haben soll, *in
regione pestilenti salubrem*, gesund inmitten einer verseuchten Umgebung[26]. Die Etrusker ließen das Forum entstehen,
das im Lauf der Geschichte zum Zentrum des politischen
Lebens der Stadt werden sollte. Es hat freilich auch nach
den Etruskern noch zahlreiche *pestilentiae* oder Malaria-
epidemien gegeben. Im Sommer war es oft gefährlich, sich
in Tibernähe aufzuhalten. Mehrere Tempel wurden der
Febris geweiht. Apollon, dessen Heiligtum im 5. Jahrhundert auf dem Marsfeld entstand, wurde zuerst als Heilgott,
als *Medicus*, angerufen[27].

Warum sollten sich nicht schon die Etrusker im eigenen Land
um die Sanierung ihrer Kolonien bemüht haben, indem sie
verseuchte stagnierende Gewässer beseitigten? Schließlich
waren im 19. Jahrhundert auch die Europäer in ihren Besitzungen in Afrika und Asien sehr nachdrücklich mit diesem
Problem beschäftigt. Spuren der Arbeiten der Etrusker kann
man noch heute bewundern. Zwar hat sich erwiesen, daß
nicht sie die *Tagliata* in Cosa in die Felsen eingehauen haben als Verbindung zur Burano-Lagune, sondern daß es
sich hier um einen Kanal des römischen Hafens handelte,
der die Versandung hatte verhindern sollen[28]. Doch niemand zweifelt daran, daß der Felsendurchstich von 80 m
Länge, 4 m Breite und 10 m Höhe, der Ponte Sodo, der bei
Veji der Cremera den Weg freigibt, ihr Werk ist[29]. Seit langem weiß man, daß der Boden im südlichen Etrurien, vor
allem der *Ager Tarquiniensis* bei Bieda, von einem ganzen
Netz von *cuniculi* durchzogen ist, die »das Wasser unter
der Muttererde sammeln und abführen sollten« und folglich »den Boden entwässerten, ohne die Oberfläche abzu-

schwemmen[30]«. Zweifellos hat man den Etruskern zu viel
Ehre angetan, als man behauptete, daß das gesamte Drä-
nage-System in Latium von ihnen stamme. Rom hat diese
Arbeiten nicht vernachlässigt; die Initiative dürfte allerdings von den Etruskern ausgegangen sein. Die Lehren der
Haruspices, in denen sich die technischen Probleme der
etruskischen Ingenieure spiegeln, schrieben für die Ableitung des Wassers besondere Zeremonien vor. Als man bei
der Belagerung Vejis dem Camillus meldete, der Alba-See
sei über die Ufer getreten, ein bis dahin noch nie gesehenes
Vorzeichen, wußte ein etruskischer Seher sofort Rat und
beschrieb mühelos, *quae sollemnis derivatio esset*, wie die
rituelle Ableitung vor sich zu gehen habe[31]. Die etruskische
Hydraulik war mit den ältesten religiösen Traditionen ver-
wachsen.
Noch etwas weist auf die Kompetenz der Etrusker in dieser
Domäne hin: da sie sich eingehend mit der Entwässerung
beschäftigt hatten, waren sie auch bewandert in der Kunst
der Bewässerung und verstanden, trockenes Gelände durch
gefaßte Quellen zu berieseln. Nicht umsonst nennt Varro
den *Tuscus aquilex*[32]: aus Etrurien kamen die besten Spezialisten auf diesem Gebiet, und es waren keine Hexenmeister;
sie verstanden, durch Prüfung der Vegetation unterirdische
Wasseransammlungen zu lokalisieren und sog. artesische
Brunnen anzulegen[33].
Man könnte sich also vorstellen, daß das Sumpffieber nicht
erst in später Zeit aufgetaucht ist und das etruskische Volk
ruiniert hat, sondern zu allen Zeiten in gewissen Küsten-
strichen endemisch vorhanden war. Der wachsame Kampf
der Etrusker gegen die Sümpfe in ihren Provinzen zur Zeit
ihrer höchsten Machtentfaltung, die in den ältesten religiösen Vorschriften verankerten Anweisungen zeigen, daß sie
von Anfang an um die Bedrohung wußten, die sie lange
Zeit eindämmen und kleinhalten konnten und die sie vielleicht zu dem gemacht hat, was sie waren. Aber »ein unge-
pflegter Entwässerungskanal wird eine ebenso gefährliche

Brutstätte für Krankheiten wie ein Sumpf«[34]. Seit dem
3. Jahrhundert hatten die politischen und wirtschaftlichen
Umstände, die unsicheren Kriegszeiten, die Zerstörung ge-
wisser Städte, das Zurückweichen des Kulturlandes und die
Ausbreitung von Gemeindeweiden dazu beigetragen, daß
das Übel wieder aufflammte und sich verbreitete, die Vitali-
tät der Etrusker untergrub und die Dekadenz beschleu-
nigte, die das Übel überhaupt erst hatte entstehen lassen.
Gleichwohl war dies noch kein endgültiges Todesurteil.
Wenn die Malaria auch die ersten römischen Siedler von
Graviscae dezimierte, so war der Prilius-See am Rande der
Maremma am Ende der Republik nicht so verseucht, daß er
nicht die Begehrlichkeit des Tribunen Clodius[35] gereizt hätte.
Er wollte sich dort – nach der Aussage Ciceros – auf einem
Gelände, das er den einheimischen Eigentümern gestohlen
hatte, eine Villa bauen lassen. Auch in den schlimmsten Zeiten war die Malaria nicht überall akut. Selbst in der Umgebung von Graviscae lobt Rutilius Namatianus »die saftig
grünen Wälder« und »den bewegten Schatten der Kiefern-
gehölze am Seeufer«[36].

Das Eigentumsrecht

Als zweiter charakteristischer Zug bei der Beschreibung
des etruskischen Landes muß folgendes herausgehoben werden: Die Ebenen mit ihrer natürlichen Fruchtbarkeit, das
den Sümpfen abgerungene Tiefland, die systematisch bewäs-
serten Steppen waren in abgemessene, mit Grenzsteinen versehene Felder eingeteilt. Die Etrusker scheinen sich nie dem
Heimweh nach dem Goldenen Zeitalter, in der die Erde ihre
Früchte von sich aus gab, die ganze Natur allen gemeinsam
gehörte und Saturn über friedliebende Menschen herrschte,
die nicht vom Wunsch nach Besitz, *amor habendi*[37], geplagt
wurden, hingegeben zu haben. Ihre Erinnerungen gehen nur
bis auf die Herrschaft Jupiters zurück, durch den Arbeit
und Besitz ihren Platz in der Welt bekamen. Ihre Welt war

die Welt der harten Mühe, die Vergil in seinen *Georgica*
beschreibt und liebevoll zart verklärt: »Vor Jupiter fand
sich kein Bauer, der das Feld bearbeitete; es galt als Verbrechen, Grenzsteine zu errichten und das Feld durch Grenzen zu unterteilen; die Ernte gehörte allen[38].« Ähnlich
äußert sich auch eine etruskische Prophetin, die Nymphe
Vegoia, in einer Weissagung, die uns in lateinischer Sprache in
einer die Landvermessung betreffenden Textsammlung, dem
Corpus der Agrimensores, überliefert ist. Nach einer verkürz-
ten Darstellung der Kosmogonie, in der sie die Scheidung
von Himmel und Erde beschreibt, läßt sie sofort Jupiter, den
Schöpfer des Eigentums und Hüter der Grenzsteine, auftreten, als ob Etrurien vor ihm nicht bestanden hätte[39]:
»Wisse, daß das Meer vom Himmel getrennt worden ist.
Dann aber, als Jupiter sein Recht auf Etrurien geltend gemacht hatte, ordnete er an und befahl, daß die Felder vermessen und die Äcker mit Grenzen versehen würden. Da er
um die Gier der Menschen und ihr Bedürfnis nach Landbesitz wußte, wollte er, daß alles durch Grenzen umschrie-
ben sei. *Scias mare ex aethera remotum. Cum autem Iuppi-
ter terram Aetruriae sibi vindicavit, constituit iussitque
metiri campos signarique agros. Sciens hominum avaritiam
vel terrenum cupidinem, terminis omnia scita esse voluit.*«
Der etruskische Jupiter, Tinia, ist in besonderem Maße ein
Jupiter Terminus, dem die Grenzsteine geweiht waren (lateinisch *termini*, etruskisch *tular*). *Tular*, Grenzen, Schran-
ken, ist eines der Wörter (die Endung zeigt einen Plural
an), die auf die Soziologie der etruskischen Welt ein besonderes Licht werfen, seit man sie sicher interpretieren kann[40].
Die neun Inschriften, auf denen es auftaucht, meist Inschriften auf Steinen, sind wieder am Fundort aufgestellt worden. Man hat gezeigt, daß sie entweder ein *pomerium**
einer Stadt wie z. B. Perusia[41] oder die Grenze eines Stadt-
bezirks, z. B. von Fiesole[42], mit dem Namen des Beamten,

---

* *Pomerium* hieß ein geweihter Geländeabschnitt vor der Stadtmauer,
auf dem weder zu bauen noch zu pflügen erlaubt war (vgl. S. 189).

der sie festgelegt hat, die Grenzen eines Privatbesitzes[43], eines Gräberfeldes auf einem Friedhof[44] oder die Grenzen der etruskischen Liga in Cortona[45] bezeichnen.

Das Bemühen der Etrusker, durch unübersehbare Zeichen klar und deutlich anzugeben, wem ein Platz gehört, dem Staat, der Gemeinde oder einem Privatmann, hat sich auch in ihren Provinzen, ja sogar bei den Nachbarvölkern durchgesetzt. Die Römer haben die Sitte aufgenommen, die sich dann über die ganze Welt verbreiten sollte. Aus den Hypothekentabellen von Velleia kennen wir den Flurnamen *Tullare* (die Namensform stammt aus dem Apenningebiet bei Piacenza, heute Tollara). Er beweist, daß es noch zur Zeit des Trajan Spuren der etruskischen *limitatio* gegeben hat. Die Umbrer hatten mit der Vermessung auch die Vokabel übernommen; *tuder* ist auf den Iguvinischen Tafeln bezeugt, noch eindeutiger aber im Namen einer Grenzstadt zwischen Umbrien und Etrurien: *Tuder*, heute Todi[46].

Man gäbe etwas darum, wenn man die epigraphischen Dokumente über die Grenzziehung besser verstehen könnte, veranlassen sie uns doch, uns das etruskische Land als einer Art rudimentärem Kataster unterworfen vorzustellen. Unsere Kenntnisse über etruskisches Recht und antikes Recht im allgemeinen würden erheblich erweitert, wenn die Inschrift auf dem sog. Cippus von Perusia[47] ganz entziffert werden könnte. In Wirklichkeit stammt er aus Pian Castagnaio am Fuß des Amiata und trägt auf zwei Seiten den sechsundvierzig Zeilen langen Text eines Vertrages mit der Unterschrift der *Velthina* und der *Afula* als Zeichen, daß ihr Prozeß um die gemeinschaftliche Grenzmauer beigelegt sei. Die Entzifferung wird bald gelingen; die Frucht ist reif. Man muß sich eben gedulden, bis sie sich eines Tages wie von selbst vom Baum löst.

Noch ein anderer Terminus auf einem Grabstein in Montepulciano erregt unsere ungeduldige Neugier; *claruchies*, der Genetiv eines Adjektivs, das vom griechischen κληροῦχος abgeleitet ist. Die etruskische Sprache scheint ihn erst spät aus dem Vokabular des ptolemäischen Ägypten entlehnt und auf die Siedler, die in den Genuß von Landzuweisungen gekommen waren, angewandt zu haben[48]. Der Mann, der hier so bezeichnet wird, heißt seltsamerweise *Au. Latini*, d. h. Aulus Latinius. Handelt es sich etwa um einen Parteigänger Sullas, den dieser über das Gebiet von Chiusi gesetzt hatte? Das große Kolonisierungsprogramm, das die Gracchen 133 v. Chr. begonnen hatten und das darauf abzielte, den armen Bürgern Roms Land zuzuweisen, rief in der etruskischen Welt einen der größten Stürme hervor; ja 91 kam es sogar zu einem Protestmarsch auf Rom. Denn dieses Programm verletzte nicht nur die Interessen der Grundbesitzer, es beleidigte das uralte etruskische Gefühl für die Unverletzlichkeit der Grenzen. Dieselben Verwünschungen trafen sowohl die Übeltäter, die die Steine heimlich verschoben, als auch die Befürworter der Agrarreform. Jupiter selbst hatte die Steine aufgestellt und sie geheiligt. In Chiusi erzählte man, daß Jupiter zusammen mit Justitia dem Lucumon Arruns durch die Vermittlung der Nymphe Vegoia die unantastbaren Normen des Eigentumsrechtes übergeben habe[49]. In Tarquinia führt man die Belehrung auf Tages zurück, der zur großen Verwunderung der Bauern aus der Furche entsprungen war und Tarchon die Weisungen für die *limitatio* erteilt haben soll[50]: Man schrieb ihm ein Buch zu, dessen Titel in Latein höchst seltsam klingt: *liber qui inscribitur terrae iuris Etruriae*, »Das Recht des etruskischen Bodens« oder »Das auf Grund und Boden bezügliche etruskische Recht[51]«. *Terrae ius Etruriae* ist eine wörtliche Übersetzung, daher ist sie so linkisch. Mazzarino hat diese Worte auf dem Cippus von Perusia entziffern können[52]: endlich konnte man die Wörter *helu tesne rasne* miteinander in Verbindung bringen. *Hil–helu* bedeutet »Erde, Boden«, *tesan–tesne* »Recht« und *rasna–rasne* »etruskisch«, das Ganze folglich: *e terrae iure Etruriae*.

Dies also war Jupiters Gesetz für Etrurien gewesen, nachdem er die Herrschaft übernommen hatte; er hatte aus

Etrurien das ideale Vaterland des Privateigentums gemacht, des Großgrundbesitzes versteht sich, aber auch der kleinen und mittleren Bauernhöfe. Die Ergebnisse einer Untersuchung, die Ward Perkins[53] und die British School at Rome in Südetrurien unternommen haben, bestätigen diese Annahme: es war eine dringende Aufgabe, den alten Spuren nachzugehen, bevor die Bulldozer einer allgemeinen Agrarreform sie verwischten. Schritt für Schritt rekonstruierte man den Verlauf des antiken Wegenetzes auf dem Gelände. Unter anderem stellte man fest, daß die ganze Umgebung von Veji und der westliche Teil des *Ager Faliscus* im 2. und 1. Jahrhundert v. Chr. sehr stark neu besiedelt waren. Dies läßt sich aus den zahlreichen Ruinen landwirtschaftlicher Betriebe erkennen, welche für einen gewissen Wohlstand sprechen. Geht man noch weiter zurück in die Vergangenheit, ist man auf Vermutungen angewiesen. Die Wahrscheinlichkeit und die Indizien aus den örtlichen Inschriften sprechen dafür, daß zwar der Großteil des etruskischen Bodens in Händen der Aristokratie gelegen hat, welche große Landgüter unterhielt, es gab aber auch oder es entwickelten sich im Lauf der Zeit um die fruchtbaren Täler der Paglia und Chiana von Chiusi bis Arezzo und Cortona kleine Besitztümer, die direkt von der Bauernfamilie bewirtschaftet wurden. Auch in diesem Punkt hat die Geschichte das Gesicht des etruskischen Landes nicht radikal ändern können.

Das Getreide

Ein fruchtbares, gut bestelltes Land mit Überfluß an Produkten aller Art ... Livius hat uns in seinem Bericht über die Kontributionen der verschiedensten Stämme zur Expedition des Scipio die Produkte einer regionalen Wirtschaft aufgezählt, die bereits im Verfall begriffen war. Als das Land noch in Blüte stand, war jede Stadt von Äckern und Obstgärten umgeben; die Polykultur kam für alle Bedürfnisse der Bewohner auf. »Auf einem fetten Boden wie in

Etrurien«, sagt Varro – er stellt das arme Land bei Tusculum und Tivoli als Gegenbeispiel dar –, »sieht man fruchtbares Ackerland, das keine Brache kennt; die Obstbäume sind herrlich gewachsen und ohne Moos[54].«

Etrurien produzierte so viel Getreide, daß es gelegentlich davon an die Nachbarn abführte. Als Rom im 5. Jahrhundert von Teuerungen heimgesucht wurde, griff es mehrere Male auf die Vorräte zurück, die in den Silos des am Meer und am Tiber gelegenen Etrurien lagerten[55]. Verschiedene Texte schildern die großen Transporte, die den Fluß hinab nach Rom kamen[56]. Die Liste von 205 erwähnt Getreide aus Caere, Rusellae, Volterra, vor allem aus Chiusi, Perusia und Arezzo. In der klassischen Zeit befanden sich die reichsten Speicher Etruriens, sowohl was Quantität als auch was Qualität anbetrifft, ebenfalls im Inneren, in Chiusi und Arezzo. Man rühmte die wunderbaren Ernten der *Tusci campi*, die fünfzehnfache Erträge brachten[57], das Gewicht des Spelts von Chiusi *(far Clusinum)*, das sechsundzwanzig Pfund pro Scheffel betrug[58], und die helle Farbe des Mehls *(candoris nitidi*[59]*)*, das Ovid seinen Leserinnen eines Tages als Gesichtspuder empfahl[60], das aber schon lange dem einfachen Volk zur Herstellung des Breies *(Clusinae pultes*[61]*)* diente, der lange Zeit Grundnahrungsmittel der Etrusker und Italiener war. Clusium und Arezzo waren aber auch berühmt für ihr feines Weizenmehl *(siligo)*, das man für die Feinbäckerei verwendete[62]: Auch Pisa[63] war berühmt für diesen erstklassigen Weizen. Eine Spezialität der Stadt war eine Pastete aus einer Art Graupen *(alica)* mit Honig und Wein[64]. Die Gallia Cisalpina produzierte vorwiegend Hirse[65].

Wein- und Baumkulturen

Über den Weinbau sind wir ebenfalls gut informiert. Seit der Zeit Alexanders waren die Weine Etruriens in Griechenland bekannt[66]. Dionys von Halikarnass empfiehlt sie ebensosehr wie den Falerner und die Weine der Colli Romani[67]. Der Spanier Martial gibt zu, daß sie den Weinen von Tarragona nicht nachstehen[68]. Andere Autoren weisen darauf hin, daß die besten Lagen aus Luni und von der ligurischen Grenze kommen[69]. Die Weinberge von Graviscae lieferten trotz der Malariasümpfe ausgezeichnete Weine, ebenso die von Statonia an den Hängen der oberen Fiora[70]. Die Umgebung von Veji produzierte zum großen Schaden der Mägen eines Horaz, Persius und Martial nur einen schlechten, hellroten Wein mit viel Hefe, der lediglich dem Säckel geiziger Gastgeber angenehm war[71]. Von den Weinen aus der Gallia Cisalpina nannte man die aus Adria und Cesena und einen *Maecenatianum*, der sicher von einem Besitz des Maecenas kam[72]. Die genannten Marken waren allgemein geschätzt.

Uns interessiert besonders, daß die Etrusker selbst Muskatweine bevorzugten. Ihr süßer Geschmack soll den Bienen *(apes)* besonders gefallen; man nannte die Weine folglich *Apianae*[73], ohne Zweifel eine poetische Etymologie, denn der Name stammt sehr wahrscheinlich von einem Hersteller (*Appius*, mit der für das Etruskische charakteristischen Vereinfachung der Okklusive; aus Florenz kennt man einen *Aviles Apianas = Aulus Appianus*[74]). Auf jeden Fall trinken die Zecher auf den uns bekannten Gemälden diesen süßen, berauschenden Wein. Andere lokale Gewächse sind Vorläufer des Chianti und des Orvieto: in Todi, an der Grenze zu Umbrien hin, wuchs der *Tudernis*; in Arezzo der *Talpona*, der an den Gentilnamen *Talpius* oder *Talponius* erinnert[75]. Alle Sorten zeugen von langer Erfahrung auf dem Gebiet des Weinbaus, von einer entwickelten Veredelungstechnik, die die Schöpfung von Hybriden ermöglichte, und methodischem Vorgehen beim Anlegen von Weingärten, in denen man verschiedene Rebsorten kombinierte. Plinius berichtet von der sog. *Murgentina*, einer Rebe, die aus Sizilien nach Kampanien kam und dort den Namen *Pompeiana* erhielt. Sie gedieh vor allem auf den guten Böden der Hügel um Chiusi[76]. Da diese Rebe verhältnismäßig spät eingeführt worden ist, darf man wohl nicht annehmen, daß der Geschmack ihres Weins die Gallier, die Arruns von Clusium angelockt hatte, dazu verführte, in Italien einzubrechen[77].

Spezialitäten Tarquinias im 3. Jahrhundert waren die Flachskultur und die Segeltuchherstellung. Bei Plinius ist davon nicht mehr die Rede. Die Textilindustrie muß auch im Lande der Falisker geblüht haben: die Dichter kleiden die legendären Helden des Stammes in wallende Leinengewänder, die in Rom als Zeichen der Verweichlichung verpönt waren[78]. Noch zur Zeit des Augustus stellten sie bei weitem die besten etruskischen Jagdnetze her, die »so stabil waren, daß sie der Schneide des Schwertes widerstanden, so fein, daß man sie ganz durch einen Ring ziehen konnte, und so leicht, daß ein Treiber auf den Schultern eine Anzahl tragen konnte, die ausgereicht hätte, einen ganzen Wald zu umkleiden[79]«.
Seltsamerweise war der Ölbaum, der mit seinem silbrigen Grün à la Corot der heutigen Toskana ihre spezifische Farbe gibt, im alten Etrurien offenbar weniger verbreitet. Zur Zeit des Tarquinius Priscus war die Olivenkultur in Italien noch unbekannt[80]. Wenn Cato im 2. Jahrhundert mit viel Liebe eine Ölbaumpflanzung in der Gegend von Venafro am nordwestlichen Rand der Campagna[81] beschreibt, so weist, soviel wir wissen, keine ältere Anspielung darauf hin, daß es in Etrurien ebenfalls Ölplantagen gab. Das heißt nicht, daß die Etrusker nicht reichlich Öl verbraucht hätten. Den Namen hatten sie und auch die Latiner schon früh von den Griechen entlehnt; eine der ältesten etruskischen Inschriften auf einem Silberfläschchen gibt seinen Verwendungszweck an: *aska eleivana* (griechisch ἀσκός bedeutet »Gefäß«, ἔλαιον »Öl«[82]). Lange Zeit führten sie das Öl in ungezählten Amphoren aus Attika ein. Die Gefäße fanden sich zum Teil auf den Friedhöfen von Caere und Spina wieder.

Zu der Zeit, als Varro das Loblied Italiens sang und erklärte, daß »es überall mit Bäumen bestanden sei und wie ein großer Garten aussehe«[83], hat Etrurien wohl keine Ausnahme von der Regel gemacht. Man darf aber nicht vergessen, daß es im alten Italien die meisten uns bekannten Früchte und Gemüsesorten nicht gegeben hat, daß sie erst später im Zuge der Verfeinerung, die aus dem Orient kam, eingeführt wurden. Nicht umsonst vertraut Vergil seinen Traumgarten im 4. Buch der *Georgica* einem Bauern an, der gerade aus Kilikien herübergekommen ist[84]. Es gab Zeiten, da galt die Kirsche als exotische Frucht. Der reiche Lucullus[85] brachte sie 73 nach seinem Sieg über Mithridates aus dem Pontus mit. Die Zitronen waren im »Land, wo die Zitronen blühn«, lange nur als Medikament bekannt und wurden als Gegengift oder zur Verbesserung des Atems gebraucht[86]. Die Beziehungen der Etrusker zu Karthago, wo die Baumkultur voll ausgebildet war[87], die Unzahl orientalischer Sklaven, die in den etruskischen *familiae* lebte, ermöglichten es ihnen, den Römern in diesem Bereich zuvorzukommen. Blättert man im *Lexique des Termes de Botanique en Latin* von Jacques André, so stellt man fest, daß Namen wie Zitrone und Zeder von einer nicht indoeuropäischen Sprache abstammen und über das Etruskische ins Lateinische gekommen sind[88]. Man erfährt z. B. auch, daß es unter den Kirschen eine besonders rote Sorte gab, *cerasum Apronianum* genannt nach ihrem Züchter Apronius, der aus der Umgebung von Perusia stammen muß[89]. Wenn die antiken Agronomen die besten Früchte der Halbinsel aufzählen, nennen sie aber trotz allem die Äpfel von Ameria, die Birnen von Tarent, die Feigen von Herculaneum und die Mandeln von Praeneste[90]. Etrurien fehlt in diesem Katalog. Ovid sagt lediglich, daß es im Faliskerland viele Obstgärten gab[91].
Ebenso ist es mit dem Gemüse. Alle Welt lobte den Lauch von Aricia, die Rüben von Nursia, die weißen Rüben von Amiternum, die Zwiebeln von Tusculum, den Spargel von Ravenna; von den Gemüsegärten Etruriens schweigt man.

Selbst der Kohl, der Cato zu einer Lobeshymne veranlaßte, der Kohl, die Wonne aller Feinschmecker, das Allheilmittel, die Medizin gegen Geschwüre und Melancholie, der Kohl, der Italiens Städte Aricia, Ardea, Tivoli, Signia, Capua, Caudium[93] und andere zu einem großen Wettkampf animierte, dessen Ergebnis die verschiedensten Züchtungen waren: gekräuselte und glatte Sorten, Sorten mit dicken Köpfen, mit scharfem Geschmack, Rosenkohl und Kohlrabi – selbst der Kohl ließ Etrurien offensichtlich kalt. Alles deutet darauf hin, daß die Latifundien an der Küste den Obst- und Gemüsebau nicht förderten und daß die Ebenen im Landesinnern in erster Linie dem Getreide- und Weinbau vorbehalten waren.

Für die spätere Zeit werden wir auf die bildlichen Darstellungen verwiesen: auf Pflanzendekors auf Grabmalereien und Kunstgegenständen, die an einheimischen Gewächsen die Artischocke, die Winde, den Efeu, die Zwergpalme und die Eiche verwenden. An fremdländischen Pflanzen sind Krokus, Akanthus, Lorbeer, Zypresse, Lilie, Mohn, Granatapfel usw. zu sehen[94]. Allerdings können die Motive auch aus dem ornamentalen Repertoire des Orients übernommen sein. Der Granatapfel erscheint auf bemalten Tafeln von Caere aus dem 6. Jahrhundert: »punischer Apfel« hieß er, *malum punicum*, denn die Karthager beanspruchten seine Entdeckung für sich[95]. Mit Hilfe der Fresken aus dem Grab des Barons und dem Triclinium-Grab[96] kann man sich einige schöne Gärten von Tarquinia vorstellen: Palmen, Lorbeerbäume, Granatapfelbäume und verschiedene Büsche, deren Zweige sich unter dem Gewicht blauer Glöckchen biegen, bilden für die Tänzer einen Rahmen, der vielleicht an die altpersischen Vorstellungen vom Paradies anknüpft[97]. Von den etruskischen Texten, die uns in Übersetzungen überkommen sind, betrifft einer die Baumarten, die Unheil verkünden: Kreuzdorn, Blutkornelkirsche, Farn, schwarze Feigen, Stechpalme, wilde Birnen, Mäusedorn, Heckenrose und Brombeere[98] galten als verderbenbringende Höllenflora. Ihr

Wachstum kündigte den Haruspices schlimmste Übel an. Gegen diese Pflanzen hatte aber auch der Bauer mit Harke und Axt stets zu kämpfen.

Ackerbaugeräte

Etruskische Ackerbaugeräte sind im Museum von Florenz zahlreich vertreten; z. B. Eisengeräte aus Luni und Telamon, dazu Votivgeräte aus Telamon, die 225 anläßlich des Sieges der Etrusker und der Römer über die Gallier geweiht worden waren[99]. Diese Dinge sind aus Bronze, da der religiöse Brauch vorschrieb, daß die vor der Eisenzeit gebräuchliche Legierung beibehalten werden müsse. Tages hatte verordnet, mit einem Bronzepflug die Grenzfurche um die Städte zu ziehen[100]. Ob Votivgerät aus Bronze oder echtes Eisengerät, man besitzt eine komplette Sammlung Karste, Hauen, Schaufeln, Hacken, Gartenmesser zum Auslichten und Ausputzen, Sicheln für Grünfutter und Getreide und vor allem zwei räderlose Pflüge, welche die etruskische Ackerbautechnik gut illustrieren. Der bei uns gebräuchliche Pflug, dessen Vorderteil auf zwei Rädern ruht, ist in den Ebenen des Nordens entstanden und erst im 1. Jahrhundert nach Chr. erwähnt. Er war die jüngste Erfindung der Gallier in Rätien[101]. Später werden wir sehen, daß die Gallier im Wagen- und Karrenbau allen anderen weit voraus waren. Die Mittelmeervölker begnügten sich lange mit leichten, räderlosen Pflügen, die der Beschaffenheit des Bodens und dem Relief des Geländes besser angepaßt waren[102]. Einer der Pflüge aus Telamon ist ein typischer Ritualpflug primitivster Bauweise: er besteht aus einem langen Stiel, der in einem Haken endet. So ist er auch auf den zeitgenössischen Reliefs dargestellt. Der legendäre Krieger, der bei Marathon nur mit seinem Pflug gekämpft haben soll, schwingt ihn als Waffe[103]. In derselben Sammlung befindet sich auch eine flache, löffelförmige Pflugschar, die an das Pflughaupt angesetzt wurde. Der andere, komplizierter gebaute Pflug besteht im wesentlichen aus einer spitzen Pflugschar, einem Pflugsterz mit Griffen, einer langen Deichsel mit dem Joch am vorderen Ende, das in der Mitte mit drei Fortsätzen versehen war, an denen man die Zügelriemen des Gespanns

Abb. 21 Räderloser etruskischer Pflug nach einer Bronze von Arezzo

befestigen konnte. Einen ähnlichen Pflug findet man Ende des 6. Jahrhunderts auf den Friesen der Situla der Certosa in Bologna: ein Bauer, der sich auf dem Weg zum Felde befindet, trägt ihn auf dem Rücken; seine Ochsen treibt er vor sich her[104]. Den am weitesten entwickelten Pflug stellt eine Bronze des 4. Jahrhunderts aus Arezzo dar: sie zeigt einen Bauern bei der Arbeit hinter seinem Pflug, der von zwei Ochsen gezogen wird (Abb. 21)[105]. Der Pflug des Vergil und des Plinius ist noch vollkommener: er hat vor der Schar ein Pflugeisen, das die Furche vorritzt, und Ohren, die die Schollen wenden.

Die etruskischen Agronomen

Da die Etrusker an der Pflege ihres Ackerbodens großes Interesse hatten, entstanden bei ihnen auch Schriften über den Ackerbau. Nicht zufällig findet sich im Corpus der Feldmesser das Fragment über die Weissagung der Vegoia neben einem Text des berühmten karthagischen Agronomen Mago: *ex libris Magonis et Vegoiae auctorum.* Magos achtundzwanzig Bücher wurden nach dem 3. Punischen Krieg mehrfach ins Griechische und Lateinische übersetzt und exzerpiert. Die jahrhundertelangen Beziehungen zu Karthago hatten die Aufmerksamkeit der Etrusker mit Sicherheit schon vorher auf Mago gelenkt.

Nach dem Namen zu schließen, war Saserna Etrusker. Sein Werk entstand Ende des 2. Jahrhunderts; es wurde von seinem Sohn fortgesetzt. Varro, Columella und Plinius erwähnen es oft mit einer Mischung aus Anerkennung und Spott. Saserna führte als Beispiel ein Gut an, das er in der Gallia Cisalpina – denn dort waren etruskische Siedler den Römern zuvorgekommen – wahrscheinlich in der Nähe von Piacenza besaß. Varro stellt den leicht zu bearbeitenden Ebenen und den sanften Hügeln das schwierige Gelände im benachbarten Ligurien gegenüber[106]. Die Römer der ausgehenden Republik machten sich weidlich lustig über die herzhaften, aber unbrauchbaren Anweisungen Sasernas, der unter dem Thema Ackerbau eine Fülle anderer Dinge, wie z. B. Medizin, Hygiene und Schönheitspflege, behandelte. Er brachte unter anderem ein unfehlbares Rezept für die Wanzenvertilgung[107]: »Man nehme eine Schlangengurke, lasse sie in Wasser zerkochen und behandele dann den befallenen Platz mit dem Saft. Keine Wanze wird sich mehr zeigen. Oder man mische Ochsengalle mit Honig und bestreiche das Bett damit.« Wenn man sich enthaaren wollte, mußte man einen gelben Laubfrosch in kochendes Wasser werfen und, wenn er sich zu drei Vierteln aufgelöst hatte, den Körper damit bestreichen. Dem Hund einen gekochten Frosch hinzuhalten war überdies die beste Methode, ihn Gehorsam zu lehren. Saserna hatte vor allem ein Zaubermittel gegen die Gicht gefunden; Varro hatte das Rezept von einem Dritten erhalten, von einem gewissen Tarquenna, der natürlich auch Etrusker war: wenn man Schmerzen in den Füßen spürte, mußte man nüchtern ausspucken und siebenundzwanzigmal die Erde berühren und dabei sagen: »Ich denke an dich, heile meine Füße; die Erde soll mein Übel aufnehmen, die Gesundheit soll in meinen Füßen bleiben.«

In der Überlieferung aller Völker finden sich solche Zaubermittelchen. Auch Cato kannte einen Zauber gegen Verstauchungen. Selbst die Anrufung der Mutter Erde ist nicht spezifisch etruskisch. Viel interessanter ist die Tatsache, daß Saserna dem Wort Ackerbau eine solch weite Bedeutung gibt. Dies beweist, daß der Landmann alles selbst zu erledigen pflegte, was zur Aufbewahrung und zum Verkauf seiner Ware nötig war. Der Hof des Saserna war eine kleine Welt, die sich selbst genügte. Zur großen Verwunderung der Römer widmete er ein Kapitel den Tongruben *(figulinae*[108]*)*. Er besaß bestimmt selbst eine auf seinem Land und beschickte die eigene Töpferei, die die Getreidekrüge, die Wein- und Ölamphoren herstellte. Große Güter hatten ihren eigenen Arzt, ihre Walker und ihre Facharbeiter, was den Landarbeitern jeden Vorwand nahm, »an Werktagen im Sonntagsstaat herumzuspazieren«.

Saserna, wohlerfahren in den Problemen, die die Behandlung der Landarbeiter mit sich brachte, bestand noch ausdrücklicher als Cato auf der Disziplin, die in einer *familia rustica* zu herrschen hatte. »Niemand durfte das Gut verlassen außer dem Verwalter, d. h. dem Sklaven, der den Mundvorrat verwaltete, und demjenigen, der im Auftrag des Verwalters Einkäufe erledigte. Wenn einer trotzdem wegging, wurde er bestraft. Geschah dies nicht, war der Verwalter verantwortlich[109].« Saserna macht genaue Angaben über die Zahl der Leute, die man für eine Arbeit einsetzen muß. Ein Mann konnte in 45 Tagen 8 Joch, d. h. 2 Hektar bearbeiten. Eigentlich war er in der Lage, 1 Joch in 4 Tagen umzugraben; doch 13 Tage mußte man infolge von Krankheiten, schlechtem Wetter und mangelndem Arbeitswillen als verloren abrechnen[110]. Zwei Ochsengespanne waren nötig für 200 Joch (ungefähr 50 Hektar) Ackerland[111]. Soviel Land mochte ein durchschnittliches Gut umfassen, das größenmäßig zwischen den kleinen Landlosen der römischen Siedler (1–2 Hektar) in Modena und Parma und dem riesigen Besitztum des jüngeren Plinius lag, das man auf 750 Hektar schätzt[112]. Noch zur Zeit des Martial, des reichsten Grundbesitzers in Caere, ließ Hilarius, der begüterte Erbe einer alteingesessenen Familie, seine Bauern Parzellen bearbeiten, die nach der Aussage des Dichters knapp 3,5 Hektar umfaßten[113]. Man muß die allzu generellen Vorstellungen über Latifundien korrigieren.

Die Viehzucht

Daß auf den Weiden der Latifundien an der Küste und im Landesinneren schönes Vieh heranwuchs, daß die etruskischen Ochsen robust und tüchtig, die Kühe des Faliskerlandes schneeweiß und für Opfer[114] sehr begehrt waren, ist nicht unbekannt. Besonders erwähnenswert ist jedoch der berühmte *pecorino*, der Ziegenkäse aus Luni an der ligurischen Grenze. Er wurde in riesigen Laiben hergestellt, die bis zu 1000 römische Pfund, also rund 327 kg wogen. Das Originalwarenzeichen in römischer Zeit war natürlich der Halbmond. Martial beschreibt als eines der kleinen Geschenke, die er seinen Freunden zu verehren pflegte, einen *caseus Lunensis*, der so groß war, daß er für tausend Mittagessen einer Sklaven*familia* ausreichte[115].

Die Schweinezucht betrieben die Etrusker wie die Gallier der Zisalpina im großen. Die Kaldaunen nach Faliskerart waren berühmt. Da die Etrusker alle Arbeit mit Musik begleiteten, hatten sie ihre Herden so dressiert, daß sie dem Trompetenklang folgten. Ganz anders war es in Griechen-

land; dort mußten die Schweinehirten die Tiere vor sich
her treiben, wie Polybios berichtet. Er beschreibt auch die
langen Schweinezüge am Strande des Tyrrhenischen Meers:
der Hirt geht vor der Kolonne der Tiere her und bläst von
Zeit zu Zeit in die *bucina*, damit die Tiere, die den Klang
genau kennen, sich nicht an einer Wegbiegung verirren oder
sich mit Nachbarherden vermischen. Varro berichtet dasselbe
von der Dressur der Spanferkel, die der Züchter ganz jung
daran gewöhnt, *omnia ut faciant ad bucinam*[116].

Die Jagd

Wälder und Buschwald waren voller Wild verschiedenster
Art. Als Rutilius Namatianus auf dem Seeweg nach Gallien
zurückkehrte, wurde er durch ein Unwetter im Hafen von
Pisa, den das spätere Livorno ersetzt hat, festgehalten. Er
nützte den erzwungenen Aufenthalt dazu, einen Jagdausflug
zu organisieren: »Der Bauer, der unser Gastgeber ist, versorgt
uns mit Jagdgerät und Hunden, die darauf dressiert sind,
das Wild in seinem Versteck aufzuspüren. In unseren Fallen,
in den weiten, heimtückischen Maschen unserer Jagdnetze
verfängt sich ein Wildschwein mit gefährlich drohenden Hau-
ern, ein Wildschwein, das auch Meleager mit seinen Armen
nicht anzugreifen gewagt hätte und das selbst dem Würge-
griff eines Herkules widerstanden hätte. Das Jagdhorn er-
schallt, die Hügel werfen seinen Klang zurück. Durch Gesang
erleichtern sich die Träger die schwere Last der Beute[117].«
Die Beschreibung stammt aus dem Jahre 417 n. Chr.; aber
sie stimmt bis ins Detail mit den Verhältnissen bei den
Etruskern überein. Bildliche Darstellungen aus der Zeit des
mythischen Lausus, des Sohnes des Mezentius, des *debellator
ferarum*[118], beweisen es: die Waffen sind Spieß, Wurfspeer
und Beil; Jagdhunde verfolgen die Spur des Wildes; in den
Netzen aus Falerii bäumt sich das Wild (der *Tuscus aper*
des Statius[119]); Hörner erklingen im Wald, man kehrt mit
dem Wildschwein heim, das mit zusammengebundenen Läu-

fen an einer Stange hängt, die zwei Knechte über der Schulter tragen; man wird an den Kalydonischen und den Erymanthischen Eber erinnert, deren Andenken die Phantasie der Lucumone beflügelt haben mag. All dies ist auf den Friesen der Situla der Certosa und den Malereien in der *Tomba della Querciola* und der *Tomba della Scrofa Nera* in Tarquinia[120] bildlich dargestellt: Wildschweinjagd, Hirschjagd, Hasenjagd, alles läßt sich nachweisen.

Am Ende der Republik gab es auf dem Gebiet von Tarquinia eine zehn Hektar große Jagd, auf deren Gelände der Besitzer Q. Fulvius Lippinus nicht nur Hasen hielt (was dieser Art von Wildpark den traditionellen Namen *leporarium* eintrug), sondern auch Hirsche, Rehe und Wildschafe. Daß erst so spät schriftliche Zeugnisse über derartige Einrichtungen vorkommen, beweist nicht, daß es sich um Neuerungen handelt. Varro kannte im Gebiet von Statonia einen noch größeren Wildpark[121]. Die feudale Gesellschaftsstruktur und der Wildreichtum des Landes machten die Etrusker zu geborenen Jägern. Vielleicht beruht der Jagdeifer auch noch auf alten, undurchschaubaren ethnischen Traditionen, einer auf religiöser Grundlage beruhenden Vertrautheit mit der Tierwelt, die bis in ferne Ursprünge zurückgreift. Wir werden zu diesem Thema weiter unten einen bemerkenswerten Text des Aelianus zitieren, der sich über die Rolle der Musik bei der Jagd auf wilde Tiere ausläßt[122].

Die etruskische Kunst hat infolge der ausländischen Einflüsse, unter denen sie sich entwickelte, eine Vorliebe für gewisse Tierdarstellungen rein dekorativer Natur bewahrt: zwei Panther, die sich rechts und links von einer Säule gegenüberstehen, Löwen, die sich auf eine Gazelle stürzen, dazu Sphinxe und Fabelgreifen. Dabei handelt es sich um künstlerische Konventionen, die vor die Wirklichkeit, in der z. B. Wölfe vorkommen, den Schirm der Illusion schieben[123]. Manchmal gerät man in große Zweifel, wie z. B. bei der Darstellung von Affen.

Auf Villanova-Fibeln, Amuletten und Bernsteinkolliers aus

Vetulonia und Marsiliana d'Albegna, auf der Amphore von
Tragliatella vom Ende des 7. Jahrhunderts hat man eine
komplette Affenmenagerie gefunden. Die erwähnte Amphore zeigt einen Reiter, der vor sich auf dem Pferd ein
Äffchen sitzen hat. Mühelos läßt sich der orientalische Ursprung des Motivs nachweisen, z. B. auf Samos[124]. In einem
bekannten Grab in Chiusi aus der Mitte des 5. Jahrhunderts
sind Leichenspiele mit allen Attraktionen eines Volkszirkus
dargestellt, unter anderem ein Seidenaffe, den ein Zwerg,
der Äquilibrist der Truppe, an der Kette hält[125]. In der
Tomba dei Sette Camini bei Orvieto, die aus dem 4. Jahrhundert stammt, ist ebenfalls ein Affe abgebildet.
Die offensichtlich so bekannten Tiere stammen wohl kaum
aus den heimischen Bergwäldern. Es handelt sich um Luxus-
tiere, wie sie die griechische Zivilisation verbreitete. Im
Miles gloriosus, der in Ephesus spielt, ist ein Hausaffe in die
Intrige verwickelt. Die Tiere wurden hauptsächlich in Nordafrika gehandelt[126]. Der Numidier Masinissa soll einmal
Liebhabern, die eine ganze Herde kaufen wollten, die Frage
gestellt haben: »Haben in eurem Lande die Frauen denn
keine Kinder?«[127] Aus dem *Poenulus* des Plautus ist zu
entnehmen, daß es in den guten Häusern von Karthago ge-
zähmte Affen gab; denn der Held des Stückes hat als Kind
beim Spiel mit dem Affen einen Biß in die Hand erhalten,
an dessen Narbe er wiedererkannt wird; und so kann die
Komödie eine glückliche Lösung finden[128]. Die Affen in
Etrurien sind sicher Souvenirs von Söldnern, die in Afrika
gedient haben, oder Geschenke punischer Kaufleute für ihre
Kunden in Orvieto. Sie bezeugen die lebendigen Beziehungen zwischen den beiden Völkern.
Vielleicht liegen die Dinge aber doch nicht so einfach. Zwei
Tatsachen lassen sich nicht wegdiskutieren. Ischia, wo im
8. Jahrhundert die ersten Siedler aus Chalkis landeten,
wurde von ihnen Pithekusses (von πίϑηκος, d. h. Affe) genannt. Dieser bezeichnende Ortsname taucht wiederholt bei
griechischen Autoren auf, wenn sie Plätze in Afrika be-

schreiben, wo es viele Affen gibt. Zweitens überliefern uns
die alten Lexikographen eindeutig ein etruskisches Wort für
Affe, *arim-*. Wenn diese Angabe stimmt, war der Fluß *Arimi-
nus*, an dessen Mündung die Etrusker die Stadt Ariminum,
das heutige Rimini, gründeten, eine Art »Affenfluß«. Als
solcher war auch die Chiffa bei Blida (Algerien) bekannt.
Vielleicht taucht dasselbe Wort in der Bezeichnung der Einheimischen für Ischia auf: *Enarime*. Die Griechen hätten also
das fremde Wort in ihre Sprache übernommen, und der
klassische Name *Aenaria* wäre eine verstümmelte Form des
ursprünglichen Namens. Schon Strabo setzte sich mit dem
Problem auseinander[129], das die Gelehrten heute noch beschäftigt. Man hat vorgeschlagen, in *arim-* eine Entlehnung
des punischen Wortes **harim-* (Stumpfnase) zu sehen; so
sollen die Karthager ihre Affen bezeichnet haben. Unter
ihrem Einfluß soll *Enarime* seinen Namen bekommen haben. Aber weder die Phönizier noch die Etrusker sind in der
Gegend von Ischia gewesen. Also muß es wohl Affen in
Italien gegeben haben, wenn auch in grauer Vorzeit. Fossi-
lienfunde in der Toskana bestätigen die Vermutung ebenso
wie die alten Ortsnamen. Übrigens kannten Homer, Hesiod
und Pindar das Land der ᾿Αρίμνοι, sie verlegten es in die
Nähe von Syrien. Das Wort *arim-* gehört vielleicht zum
mittelmeerischen Substrat. Für die Epoche, die uns interessiert, sind diese Entdeckungen nicht von Bedeutung. Die
Bernsteinkolliers des 7. Jahrhunderts können aus irgend-
welchen Bazaren stammen, und die *Tomba della Scimmia*
beweist nichts weiter als die Freundschaft zwischen den
Karthagern und den Etruskern.
Die Vögel am Himmel Etruriens waren die Studienobjekte
der aufmerksamen Haruspices. In ihren »Weissagebüchern«
(ostentaria) waren dem Text Illustrationen beigegeben, die
die Vogelarten zeigen, deren Bedeutung für die Weissagung
erklärt wird[130]. Plinius berichtet, daß ganz unbekannte Arten dargestellt waren. Aber wir verdanken den Büchern die
Kenntnis des etruskischen Wortes für Adler *antar*, Sperber

Abb. 22 Gemälde in der Tomba della Caccia e Pesca (Tarquinia)

arac und Falke *capu*[131]. Auf der Darstellung der Augurenszene im François-Grab hat man einen auffliegenden Specht erkannt (Abb. 8).

Eine Fülle reizender Vögel im Flug oder in den Bäumen sitzend ist auf den etruskischen Malereien dargestellt. Das Triclinium-Grab ist das reinste Vogelhaus. Ganz abgesehen von dem Hahn und der Henne, die unter den Speisesofas von einer Katze belauert werden, bewegen sich die Tänzer inmitten von Amseln und Drosseln, die sich auf den Zweigen wiegen. Die Kämpfe und die blutigen Spiele im Grab der Auguren sind beherrscht von den Zügen großer roter Schwimmvögel, die man als Kormorane identifiziert hat[132]. Strabo berichtet, daß die Wassertiere einer der Hauptanziehungspunkte der etruskischen Seen und Sümpfe waren. In der *Tomba della Caccia e Pesca* ist ein ganzer Schwarm bunter Enten dargestellt, die ein Jäger vom steilen Ufer aus mit der Schleuder zu treffen sucht[133] (Abb. 22).

Die Fischerei

Auf der genannten Szene am Ufer des Meeres ist die Jagd zusammen mit der Fischerei dargestellt. Boote, die durch ein Steuerruder am Heck gelenkt werden, schaukeln auf grünen und violetten Wellen, aus denen Delphine hochschnellen. Vom Bug aus, der mit einem großen, glückbringenden Auge versehen ist, wirft ein Fischer sein Netz oder zielt mit seiner Harpune. Schwimmer klettern auf die Felsen, um von dort aus zwischen den Booten ins Wasser zu springen. Pallottino hat den originellen Maler mit Recht als »einmalig in der antiken Malerei sowohl der archaischen als auch der klassischen Epoche« charakterisiert. Der Maler versteht es, den Menschen in den verschiedensten Situationen und Haltungen zu erfassen und in eine überreiche Natur einzufügen.

Texte zum Thema Fischfang sind rar. Ein paarmal ist der Thunfischfang erwähnt. Auf den Vorgebirgen von Populonia und Monte Argentario oberhalb von Orbetello gab es zwei θυννοσκόποι, d. h. Beobachtungsposten, von denen aus man die Thunfischzüge verfolgte. Pyrgi, der Hafen von Caere, war ebenfalls berühmt für seine Fischerei. In der Kaiserzeit bezog Rom seine Fische von dort. Wir wissen auch, daß die Etrusker Barsche, Schwertfische und andere Meeresfische in den Seen von Bracciano, Bolsena und Vico aussetzten und daß sich diese gut an das Süßwasser gewöhnten[134].

Die Holzverwertung

Die Übersicht über die natürlichen Güter Etruriens muß auch die Wälder umfassen. Die Abholzung hat das Bild verändert. Schon zur Zeit des Livius hatte der undurchdringliche Ciminische Wald, der bis zum Ende des 4. Jahrhunderts Händlern und römischen Soldaten einen heiligen Schauder verursachte, alle seine Geheimnisse verloren. Heute besteht er nur noch aus einigen wenigen dünnen Baumgruppen, die

sich über das Buschwerk erheben[135]. Auch die Hänge, die
nach Volterra hinaufführen, sind kahl, und man fragt sich,
wo denn die Eichen und Buchen wuchsen, die im Jahre 205
zur Konstruktion der *interamenta navium*, d. h. der Innen-
ausstattung, des Kielraumes und des Kiels selbst dienten.
Tannen aus Rusellae, Perusia und Chiusi wurden als Masten
und zur Verkleidung verwendet[136]. Lange vor Scipio haben
die etruskischen Schiffer die Tannen- und Fichtenwälder um
Caere, die Vergil beschreibt, ausgebeutet. Für Vergil ist die
Fichte ein typisch etruskischer Baum *(Etrusca pinus)*. Theo-
phrast berichtete im 4. Jahrhundert von dreißig Meter langen Buchenstämmen, die allein den ganzen Kiel eines »tyrrhenischen Schiffes« bildeten. Pisa, dessen Hochwaldbestände sich
besonders für den Schiffsbau eigneten, war das Hauptarsenal
Etruriens geworden. Aus Pisa stammte die Idee, die Schiffe
mit Schnäbeln zu versehen, damit man die gegnerischen Fahrzeuge besser entern konnte. Später entfremdeten der Verfall
der etruskischen Flotte und der Bedarf an Luxus das Holz seiner alten Bestimmung; man verwendete die Stämme zur Herstellung von Zierbalken und Fußböden in den Palästen[137].
Wir übergehen die Ausbeutung der Steinbrüche, da die
Etrusker den Marmor von Luni, heute Carrara, nicht
gekannt haben. Er wurde erst am Ende der Republik
entdeckt. Über das Steinmaterial der Etrusker wissen wir
einiges durch Plinius. Sie verwendeten z. B. den weißen
Kalkstein des *Ager Tarquiniensis* beim Bolsena-See zur
Herstellung der beiden schönen Sarkophage im Grabe der
Partunu[138]. Wir wollen nun rasch zu einer der ältesten
und wichtigsten Quellen des Reichtums der Etrusker übergehen: zu den Erzminen und zu der Metallindustrie.

Die Minen

Die Erzvorkommen Etruriens waren der Ursprung seiner
Macht. Als um 770 die Siedler aus Chalkis auf der Insel
Pithekussa (Ischia) ihren ersten Vorposten gründeten, von

dem aus sie dann nach Kampanien vorstießen, fanden sie
dort vielleicht Zinn vor, sicher aber Kupfer und Bronzebarren aus Mittelitalien[139]. Der Kontrast zwischen der Fülle
von Bronzedingen in den Gräbern der Villanovazeit und die
Armut der griechischen Gräber der geometrischen Epoche
(9. bis 8. Jahrhundert v. Chr.), der gleichzeitige Beginn der
Besiedlung des Westens durch die Griechen und der Aufschwung der etruskischen Kultur im 8. Jahrhundert sind die
Grundgegebenheiten, aus denen sich die ungeheuere Bereicherung erklären läßt. Die orientalisierenden Gräber von
Praeneste, Caere, Vetulonia und Populonia bezeugen diese
Tatsache. Populonia, in der Nähe des heutigen Piombino,
der Insel Elba gegenüber gelegen, war, wie Vergil sagt,
»reich an unerschöpflichen Eisenerzminen«. Es wurde bald
zum Zentrum der Bergwerke und der eisenverarbeitenden
Industrie. Daher sein Beiname: Pittsburgh der Antike[140].
Der ganze Südteil der Provinz von Livorno, die gesamte
Gegend zwischen Volterra im Norden und Massa Marit-
tima im Süden tragen die Spuren einer jahrhundertelangen
Aktivität, die an der Zeitenwende aber fast erloschen war.
So konnte Strabo feststellen, daß bei Populonia viele Minen
aufgegeben worden waren[141]. Anderswo, z. B. in Massa
Marittima, hielt sich die Industrie länger. Die herrliche ro-
manische Kathedrale von Massa erstand gleichzeitig mit
den Palästen im 13. Jahrhundert auf einer wilden, von roten
Höhlungen durchzogenen Anhöhe. Diese Bautätigkeit zeugt
von solidem Reichtum. Seit 1830 wird an den Plätzen der
antiken Erzvorkommen wieder gefördert.
Das Gebiet von Campiglia Marittima, rund 12 km (Luft-
linie) nordöstlich von Populonia, trägt noch die sichtbaren
Spuren der Schachtanlagen aus der Etruskerzeit. Man förderte dort Kupfer und Eisenerz, aber auch silberhaltiges
Blei und Zinn. Die Arbeiten von Roger Dion und Jérôme
Carcopino[142] haben erwiesen, daß die antiken Bronzeher-
steller das nötige Zinn im allgemeinen von den fernen Kas-
siteriden-Inseln, der atlantischen Küste Armorikas und

Cornwalls bezogen. Die Phönizier hatten das Transport-
monopol inne und hüteten es eifersüchtig. Die Kelten ihrerseits transportierten es durch ihr Land auf einer Straße, die
auch Marseille berührte. Die Anwohner wurden durch diese
Erztransporte reich; dies beweist der Inhalt eines Prinzen-
grabes an der Grenze von Burgund und vor allem die berühmte Vase von Vix (das Grab wurde 1953 in Vix bei
Châtillon-sur-Seine gefunden), ein Meisterwerk griechischer
Ziselierkunst[143]. Und doch gab es das Zinn in Etrurien selbst
gleich neben den Kupfervorkommen. Es reichte lange aus
für die Herstellung der Legierung, denn Bronze enthält nur
8 bis 15 % Zinn[144]. Schlacken, die man bei Campiglia an
Stellen mit sprechenden Namen wie *Campo delle Buche*,
Cento Camerelle und *Cavina* und auf Elba gefunden hat,
beweisen diese Annahme.
Die Kupferförderung ist an manchen Stellen der Eisenerz-
gewinnung vorausgegangen, wie das auch im mittelmeerischen Orient der Fall gewesen war, wo das Eisen als Meteor
gegolten hatte, der durch ein Wunder vom Himmel gefallen war. Man kannte nämlich das Schmelz- und Härte-
verfahren noch nicht. Als dann das Eisen zur Herstellung
von Gebrauchsgegenständen diente, bekam die Bronze sakrale Bedeutung, wie man aus vielen rituellen Vorschriften
entnehmen kann. Fast alle Kultgegenstände waren aus
Bronze, berichtet uns Macrobius. Die sabinischen Priester
und die Flamen des Jupiter in Rom schnitten sich das Haar
mit Bronzescheren. Bei den Etruskern beachtete der Kult
des legendären Tages dieselben Vorschriften. Mit einem
Bronzepflug zog man die Grenzfurche um die Städte. Antonio Minto hat übrigens festgestellt, daß die Wagen, die
bei Populonia in der Nekropole von San Cerbone gefunden wurden, mit Metallapplikationen aus Bronze und Eisen
versehen waren: durchbrochene Eisenplättchen waren wie bei
einer Einlegearbeit in die Bronze eingelassen. Das Eisen galt
also als das wertvollere Metall. Am Ende der orientalisie-

renden Epoche, d. h. am Ende des 7. Jahrhunderts, war die
Eisenverarbeitung noch ein seltener Luxus.

Für Elba bezeugen Texte die Priorität des Kupfers vor dem
Eisen, für die Gegend von Campiglia bestätigen es archäologische Funde. Vor allem in einem Tal mit dem bezeichnenden Namen *Val di Fucinaia*, d. h. Tal der Schmiede, hat
man einen ganzen Minenkomplex gefunden mit gewaltigen
Höhlungen über Tage, mit Schächten und Stollen, die untereinander in Verbindung stehen, mit Versorgungsschächten
und ganzen Reihen von Schmelzöfen. Aus den Tonscherben
und den Bronzegegenständen, die man in der Nähe gefunden hat, kann man schließen, daß die Anlage auf das
8. Jahrhundert zurückgeht.

Einige Öfen sind noch recht gut erhalten[146] (Abb. 23): sie
haben die Form eines Kegelstumpfes von etwa 1,80 m
Durchmesser, sind innen mit feuerfesten Steinen ausgeklei-
det und in zwei übereinanderliegende Kammern eingeteilt,
deren Trennwand durchlöchert ist. Diese Wand wird von
einer Porphyrsäule gestützt. Unten befindet sich eine viereckige Öffnung, die der Feuerung und Luftzufuhr diente.
Die obere Kammer füllte man mit Kupferkies und Holz-
kohle; in der unteren entzündete man ein Feuer: das Eisen-
oxyd sammelte sich oben, das flüssige Kupfer rann durch
die Löcher. Man hat in den Löchern Kupferkarbonat gefunden.

Die Herkunft dieser Öfen ist ein Problem. Man hat einige
Ähnlichkeit mit den Schmelzöfen der Philister, der berühmten Metallfachleute im Palästina des 12. und 11. Jahrhunderts, festgestellt. Auch den Öfen der keltischen Kultur der
La-Tène-Periode (500 bis 50) sind sie verwandt. So hat man
denn wiederum zwischen möglichen östlichen und westlichen Einflüssen zu wählen. Eine Entscheidung ist unmöglich. Wir müssen uns mit der Feststellung begnügen, daß der
Metallertrag gering war. Denn die Rückstände konnten von
der modernen Industrie weiterverwertet werden. Über die
Arbeiter wüßten wir gern mehr. Ein Fund illustriert ihre

Tätigkeit: eine Grubenlampe aus roh geformtem Ton mit zwei Löchern zum Aufhängen an der Rückwand[147].
Das Eisen trug den Sieg über die Bronze davon. Die Förderung von Zinn und Kupfer in der Gegend von Campiglia und auf Elba wurde eingestellt. Vielleicht war die Konkur-

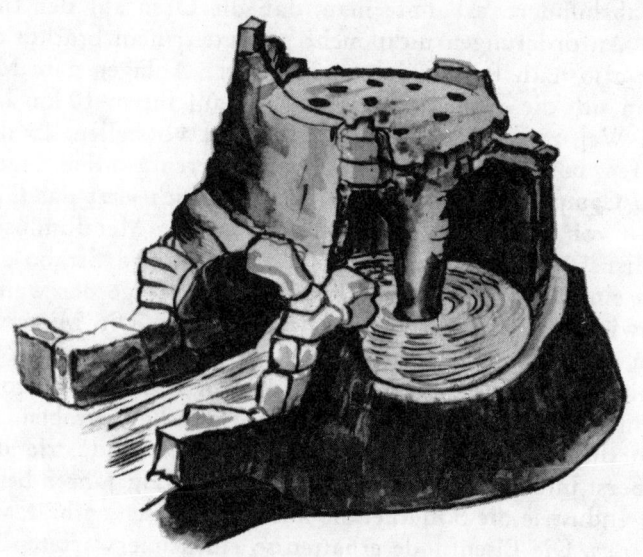

Abb. 23 Ein Kupfer-Schmelzofen von Val Temperino

renz aus Spanien und England übermächtig geworden, vielleicht waren aber auch die Vorkommen erschöpft. Auf Elba traf dies jedenfalls zu, denn der Pseudo-Aristoteles berichtet, daß zu seiner Zeit, d. h. im 3. Jahrhundert, schon lange kein Kupfer mehr gefunden wurde, daß man statt dessen aus denselben Schächten Eisen in großen Mengen förderte[148]. Diesmal waren die Lager unerschöpflich, ja man glaubte sogar, daß sich die Minen von Elba von selbst wieder auffüllten, was man auch von den Marmorbrüchen von Paros behauptete[149].

Ursprünglich wurde das Erz am Ort verarbeitet; viele
Schmelzöfen verbreiteten dunklen Rauch am südlichen
Himmel; daher soll, behaupten die Etymologen, der Name Αἰθάλεια, der griechische Name für Elba kommen; er
bedeutet »rußgeschwärzt«[150]. Später, wahrscheinlich im
5. Jahrhundert, erkannte man, daß die Öfen auf der Insel
den Anforderungen nicht mehr genügten; man brachte das
Erz also nach Populonia, wo es bessere Anlagen gab. Man
kann sich die großen Transportboote auf ihrem 10 km langen Weg zwischen Insel und Küste gut vorstellen. In dem
Hafen, in dem lange Zeit die Bronzebarren aus der Gegend
von Campiglia gelagert hatten, stapelte sich jetzt das Gußeisen von Elba. Er wurde das Zentrum der Metallindustrie
Italiens[151]. Der Pseudo-Aristoteles, Varro und Strabo sind
sich einig über diese Arbeitsteilung, die infolge der weiterentwickelten Technik nötig geworden war. Die Mine war
von da an von der Schmiede getrennt. Heute liegt Populonia mit seiner Nekropole und seinen archaischen Monumenten unter einem Berg von Eisenschlacke begraben. Allein diese Tatsache beweist, daß die Metallindustrie dort
äußerst intensiv gewesen ist. Seit rund fünfzig Jahren beutet
die Industrie die Schlacke, die noch 30 % Eisen enthält, weiter aus. Die Eisenfunde erhalten so einen unerwarteten Zuwachs. Eigentlich hätte man wissen müssen, daß es hier noch
etwas zu holen gab. Populonia war seinem Namen nach
die Stadt des Fufluns, eines etruskischen Gottes, den man
mit Bacchus in Bezug setzte, der aber im etruskischen Kult
dem Sonnengott Catha nahestand. Vulcanus ist mit Zange
und Hammer auf den städtischen Münzen aus dem 3. Jahrhundert dargestellt. Als Scipio im Jahre 205 den Städten
Etruriens spezifische Kontributionen auferlegte, verlangte
er von Populonia nur eines: Eisen[152].
Über die Schmelztechnik haben wir zumindest für die Zeit
des Niedergangs einige mehr oder minder klare Angaben
durch Poseidonios von Apamea. Er hatte eine lange Abhandlung über die Minen in Spanien geschrieben und dabei

die etruskischen sicher nicht übergangen. »Auf der Insel Elba«, so lesen wir bei Diodor, »gibt es viel eisenhaltiges Gestein. Man zerschlägt es in Stücke, damit das Metall ausgeschmolzen und verarbeitet werden kann. Diejenigen, die sich mit diesen Arbeiten beschäftigen, zerkleinern das Erz und erhitzen die zerschlagenen Brocken in kunstvollen Öfen. Durch die Hitze eines starken Feuers schmelzen sie das Metall und teilen es in Barren von handlicher Größe, die ihrer Form nach großen Schwämmen ähnlich sehen. Händler kaufen die Barren und bringen sie nach Pozzuoli und zu anderen Handelsplätzen. Diese Ware kaufen Unternehmer und suchen sich eine Menge Schmiede und lassen sie von ihnen bearbeiten. So stellen sie eine Fülle von Eisenprodukten her. Sie verarbeiten einen Teil des Materials zu den verschiedensten Arten von Waffen, einen anderen Teil zu Hauen, Sensen und anderen Werkzeugen von ausgezeichneter Qualität. Händler bringen sie an alle Orte. Dadurch erhält ein großer Teil der Welt Anteil an ihrem Nutzen[153].« Der Text ist in verschiedener Hinsicht recht interessant. Im Schlußsatz des Zitates preist der Historiker wie ein stoischer Philosoph mit Begeisterung die Vorteile des Handels, dem die Menschheit die Verbreitung der Kulturgüter verdankt. Dieser Schluß erlaubt eine Datierung: die Beschreibung kann sich keinesfalls, wie man einmal angenommen hat, auf die früheste Zeit der Eisenindustrie von Elba beziehen. Sie geht auf die Spätzeit, auf das 2. Jahrhundert v. Chr., als Pozzuoli das große *emporium* Italiens geworden war (obwohl Lucilius es nur als »kleines Delos« bezeichnet), das in regem Handelsverkehr mit den Märkten Griechenlands und des eroberten Orients stand[154]. Man vermutet, daß sich in den Text durch Verkürzung ein Fehler eingeschlichen hat oder daß zumindest etwas ausgelassen wurde. Daß Pozzuoli Ackergeräte hergestellt hat, ist ganz natürlich; das bezeugt auch Cato, der die Schmiedetätigkeit dort beschreibt[155]; daß es Waffen für die Söldner und die samnitischen Gladiatoren anfertigte, ist weniger bekannt, aber

nicht weiter überraschend[156]. Diodor muß aber ein Satz-
glied des Poseidonios übersprungen haben, in dem die Rolle
Populonias erwähnt war, das eine wichtige Station zwischen
der Erzförderung auf Elba und den eisenverarbeitenden
Manufakturen in Pozzuoli darstellte, es sei denn, daß aus
der Entfernung Elba und Populonia als Einheit aufgefaßt
wurden.

Jedenfalls konnte Strabo hundert Jahre später noch sagen:
»Von der Oberstadt aus, zu der ich eigens hinaufgestiegen
war, sah ich in der Ferne Sardinien, Korsika und Elba. Ich
habe auch die Schmiedewerkstätten gesehen, wo man das
Eisen aus Elba verarbeitet.« Die Hochöfen Populonias waren also noch nicht erloschen. Sie wurden noch mit dem
gerade geförderten Erz beschickt. Wir dürfen den bei Diodor vergessenen Namen *Populonienses* an der Stelle des
Textes, wo es heißt: »diejenigen, die sich mit diesen Arbeiten beschäftigen«, einschieben. Dorthin gehört der Name
als Präzisierung; die Angaben des Pseudo-Aristoteles, des
Varro und Strabo ermächtigen uns dazu. Die »kunstvollen
Öfen«, von denen Diodor spricht, müssen in Populonia gestanden haben und nicht auf Elba, dessen Einrichtungen als
unzureichend charakterisiert worden sind.

Der an sich ungenaue Bericht enthält doch einige wertvolle
Hinweise auf die Unvollkommenheit des Schmelzverfahrens
in Populonia. Man erhielt dabei bestenfalls ein vorläufiges
Produkt: die Barren sahen aus wie große Schwämme. Dieser
Vergleich erinnert an eine Bemerkung des älteren Plinius,
der erstaunt feststellt, daß »beim Schmelzvorgang das Eisen
flüssig wird wie Wasser und sich dann zu einer spröden,
schwammartigen Masse verfestigt, die leicht bricht: *in spon-
geas frangi*[157]«. War Populonia zu dieser Zeit nicht in der
Lage, den Schmelzvorgang ganz durchzuführen? Es scheint
auch auf die handwerkliche Bearbeitung des Eisens verzichtet zu haben. Gewiß, seine frühere Blütezeit war längst vor-
bei. Seine Öfen waren noch in Betrieb, aber, so schildert
Strabo recht lebendig die Lage, »der Ort ist, abgesehen von

seinen Tempeln und einigen Häusern, vollkommen verödet und verlassen. Das Viertel, das Arsenal genannt wird, bietet mit seinem kleinen Hafen am Fuß des Hügels und seinen beiden Binnenhäfen einen weniger vernachlässigten Anblick.« Vier Jahrhunderte später findet Rutilius Namatianus bei seinem Aufenthalt am 4. November 417 nur noch »einige zerfallene Befestigungsanlagen und unter riesigen Schuttmassen begrabene Dächer« vor[158]. Die Geschichte hatte sich von der Stadt abgewandt, die einst in guten Tagen die Hauptindustriestadt Etruriens gewesen war: eine neue Werkstatt des Vulcanus, ein Pittsburgh der Antike, dessen Hochöfen mit ihrem Rauch die Mauern der Häuser schwärzten. Damals bedurfte man nicht der Anlagen von Pozzuoli, um das Eisen fertigzustellen und zu verarbeiten. Populonia schmiedete selbst den Pflug des Tages und die Axt des Macstarna.

Die Straßen

Das Land war vielseitig und voller Aktivität. Man denke nur an die den Sümpfen abgewonnenen Gebiete, an die Hochwälder und Buschflächen, an die Werften, die Industriegebiete, die Getreidefelder und Weinberge rund um die Städte! Bevor wir die Städte näher betrachten, die die Zentren der Kultur waren, müssen wir uns dem Straßen- und Wegenetz zuwenden, dem Nervensystem des Landes, das die Verbindung zwischen den in sich geschlossenen Gebieten sicherstellte.

Den Wegebau in Etrurien zu erforschen ist ein schwieriges Problem. Zumindest auf diesem Gebiet hat der Sieg der Römer einen eindeutigen Bruch mit der Vergangenheit bewirkt. Die großen Straßen, die Etrurien durchquerten, die uns durch Pläne bekannt sind und deren Verlauf sich auch der moderne Verkehr noch anpaßt, stammen alle aus der Zeit nach der Eroberung und führen alle nach Rom, wie es sich gehört. Die Via Aurelia, 241 v. Chr. zwischen Rom und

Pisa erbaut, folgte der Küste; die Via Clodia (225) führte
über die Hochebene im Landesinneren und berührte Bieda,
Tuscania, Maternum (Farnese) und Saturnia; die Via Cassia (154 oder 125) verlief weiter östlich von Rom nach Florenz über Volsinii, Chiusi und Arezzo; die Via Amerina
(um 241) führte am rechten Tiberufer hinauf nach Ameria.
Diese vier Straßen gingen von Rom, dem Zentrum der
Welt, aus und waren den Interessen Roms gemäß gebaut,
Interessen, die sich nicht unbedingt mit denen der Etrusker
deckten, ja ihnen bisweilen zuwiderliefen. Es gab z. B. eine
alte Straße von Caere über Veji und Praeneste nach Kampanien, die Rom nicht berührte; sie überquerte den Tiber
8 km flußaufwärts von Fidenae (Castel Giubileo). Es ist
gut möglich, daß die Expedition der dreihundert Fabier
gegen Veji zum Ziel hatte, diesen Verbindungsweg zu erobern[159]. Die Römer haben nie daran gedacht, diese Straße
zu unterhalten. Aber sie bauten in Etrurien die vier oben
erwähnten neu, einerseits um das eroberte Land fester in die
Hand zu bekommen, andererseits damit sie ihre Truppen
schnell in den Norden bringen konnten; denn dort drohten
die Gallier, dort lockten neue Eroberungen. Manchmal benutzten sie den Verlauf schon bestehender Wege, z. B. auf
dem *Ager Tarquiniensis*, und berührten damit Bieda, Norchia und Tuscania; meistens ließen sie sich durch abseits
liegende etruskische Städte aber nicht von der geraden
Linie abbringen. Dieselbe Via Clodia führte von Tuscania
aus direkt zur römischen Kolonie Saturnia; Vulci und Sovana konnten nur über Seitenstraßen erreicht werden; das
hat ihren Niedergang beschleunigt[160].
Wir dürfen uns die etruskischen Straßen nicht wie die römischen vorstellen, z. B. nach dem Muster der Via Appia mit
ihren von Wagenspuren gezeichneten Steinplatten. Übrigens
wurde auch die Via Appia erst ab 293 gepflastert[161]. In
Etrurien gab es Pflaster nur in unmittelbarer Nähe der
Städte, z. B. am Nordwesttor Tarquinias[162]. Meist handelte
es sich um in den Felsen geschnittene Hohlwege, die von

schweren Wagen und vom Wasser tief ausgehöhlt waren.
Einige von ihnen (z. B. in Bieda, Veji und Sovana) waren
von senkrechten Mauern eingefaßt, in die in halber Höhe
Gräber eingelassen waren. Heute ist der Boden wild über-
wuchert. Touristen lieben diese Wege wegen ihrer Romantik.
Doch nicht alle *Cave* und *Cavoni*, die in den Führern vermerkt sind, stammen von den Etruskern. »Es ist unmöglich,
eine erst vor hundert Jahren aufgegebene Straße von einer
etruskischen zu unterscheiden[163].«
Einzige wirkliche Kriterien sind etruskische Gräber am Straßenrand und Inschriften auf den Felsen. Die jüngsten Untersuchungen von Ward Perkins auf faliskischem Gebiet
haben eine Reihe von Wegeresten der vorrömischen Zeit
längs der Via Amerina und anderswo ausfindig gemacht.
Um zu harte Steigungen zu vermeiden, hat man die Straßen
bis zu 15 m tief in den Felsen eingegraben. Parallel zu einem
der Straßenränder verlief, bisweilen verdeckt, ein *cuniculus*, der das Wasser ableitete. Einige Anlagen sind mit
dem Namen des leitenden Ingenieurs signiert: z. B. *Larth
Vel Arnies* bei Corchiano[165]. Alle diese Erkenntnisse lassen
einen regen Verkehr zwischen Veji, Nepete und Falerii ver-
muten. Sie zeigen auch, daß das etruskische Straßennetz im
Gegensatz zum römischen mit seiner gebieterischen Einfachheit ganz unwissenschaftlich angelegt war, d. h. vielfach
verzweigt und ohne übergeordnetes Konzept. Auch hier bestätigt sich, was wir schon wissen: die etruskische Welt war
nicht zentralisiert. Das *fanum Voltumnae* bei Volsinii war
der Platz der jährlichen Versammlung. Waren dort stern-
förmig von allen Seiten zwölf Wege zusammengelaufen?
Wir kennen das Straßennetz zu schlecht, aber man darf daran zweifeln. Am Ende der Kaiserzeit baten die Umbrer von
Spello Konstantin, ihnen die beschwerliche Reise über das
steile, fast weglose Gebirge, *ardua montium et difficultates
itinerum*[166], zu erlassen. Tausend Jahre früher ist man Tarchon bestimmt schon mit ähnlichen Bitten entgegengetre-
ten.

Die Fahrzeuge

Und doch reiste man in kleinen Tagesetappen häufig von Stadt zu Stadt. Die Geschichte der etruskischen Fahrzeuge beginnt mit den Kriegswagen, die man in Gräbern aus dem 7. Jahrhundert in Populonia, Vetulonia, Marsiliana und Caere gefunden hat[167]. Es handelt sich um Wagen mit zwei Rädern, die mit Metallreifen und -felgen verstärkt sind; der Wagenkasten besteht aus Holz, er ist hinten offen und vorn abgerundet; eine lange Deichsel verband den Wagen mit dem Gespann. Die Fahrzeuge gleichen Darstellungen auf griechischen Vasen von der Zeit des Dipylon an. Sie erinnern an die von Homer geschilderten Wagenkämpfe. Aber es ist höchst unwahrscheinlich, daß die Wagen in Etrurien jemals bei echten Kämpfen eingesetzt waren. Die Wände des Kastens sind mit von Wagen zu Wagen reicher gestalteten Bronzeplatten geschmückt. Es handelt sich um Zeremonienfahrzeuge, die vielleicht beim feierlichen Umzug eines siegreichen Feldherrn benutzt worden sind. In derselben Funktion lebten sie weiter in den mit vier Schimmeln bespannten Quadrigen der römischen Triumphatoren.

Die Wagen von Monteleone (Abb. 24) und Castel San Mariano[168] haben noch deutlicher den Charakter von Prunkwagen. Sie stammen aus der Mitte des 6. Jahrhunderts und sind mit aus Bronze getriebenen Gorgonenhäuptern und mythologischen Figuren geschmückt: einzigartige Meisterwerke etruskischer Ziselierkunst. Mit Krieg haben sie nichts zu tun. Zu dieser Zeit kämpfte man bereits mit anderen Waffen und anderen Methoden. Der Wagen, das archaische Instrument des kühnen Einzelkämpfers, war der in geschlossener Formation operierenden Kavallerie gewichen. Er diente nur noch zu Paraden und Wagenrennen, wie sie im Grab der Zweigespanne in Tarquinia – es stammt aus dem Anfang des 5. Jahrhunderts – dargestellt sind[169].

Man findet diesen Wagen noch im 3. Jahrhundert auf Stelen in Bologna und Urnen in Volterra, d. h. auf Darstellungen

der Reise des Toten in die Unterwelt; die geleitenden Dämonen schreiten dem Wagen voraus[170]. Wie er es zu Lebzeiten auf den Straßen Etruriens zu tun pflegte, geht der
Tote entweder zu Fuß oder er besteigt das Pferd, dessen
Zügel Charon hält, oder er benutzt seinen Wagen. Wie es

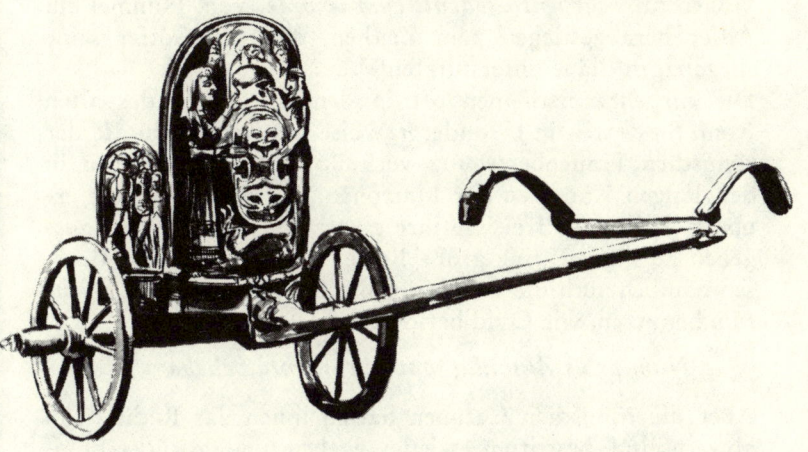

*Abb. 24 Der Bronzewagen von Monteleone di Spoleto
(Metropolitan Museum, New York)*

sich für eine heroische Szene ziemt, wird der Wagen wie in
archaischer Zeit von zwei oder vier Pferden gezogen, die in
vollem Galopp der Unsterblichkeit zustreben[171]. Manchmal
behält der etruskische Realismus die Oberhand und stellt
einen einfachen zeitgenössischen Karren dar: einen zweiräd-
rigen Wagen mit einem gewölbten Verdeck, das offensichtlich aus einer mit Litzen und Stickerei versehenen und über
Reifen gezogenen Plane besteht (Abb. 25). Nach vorn öffnet
sich das Verdeck; dort sitzen bequem der Reisende, der die
zwei friedlichen Maultiere lenkt, und seine Frau, als handele es sich darum, zum nächstgelegenen Markt zu fahren[172].
Auf einem solchen Wagen mögen Tarquinius und Tana-

quil einst ihre Heimat Tarquinia verlassen haben und nach
Rom gelangt sein. Auf einem solchen Karren, den Livius als
carpentum bezeichnet, hatten sie ihr Gepäck verstaut *(sub-
latis rebus)* und waren bis zum Gipfel des Janiculus gefah-
ren. Hier war auf Tarquinius, »der mit seiner Frau auf dem
Wagen saß, *carpento sedenti cum uxore*«, vom Himmel ein
Adler herabgestiegen zum Zeichen, daß die Götter seine
ehrgeizigen Pläne unterstützten[173].

Die *carpenta* erscheinen oft in den Chroniken des alten
Rom. Sie waren in besonderer Weise mit der Geschichte der
römischen Frauenbewegung verknüpft, denn sie spielen in
den langen Kämpfen der Matronen, die sich das Recht erobern wollen, so frei wie ihre etruskischen Schwestern aus-
gehen zu dürfen, eine große Rolle. Ganz am Anfang durf-
ten nämlich auch die Römerinnen ohne weiteres das *carpentum* benutzen, wie Ovid berichtet:

> *Nam prius Ausonias matres carpenta vehebant*[174].

Aber die römischen Catonen hatten ihnen das Recht dann
abwechselnd bestritten, wiedergegeben und zurückgenom-
men unter dem Vorwand, sie verstopften die ohnehin
engen Straßen und verletzten die Moral. Eine Frau, die sich
den Blicken der Männer auszusetzen wagte, mußte scham-
los – und eine Etruskerin – sein wie Tullia, die Tochter des
Servius Tullius, die sich im *carpentum* auf das Forum hatte
bringen lassen *(carpento in forum invecta*[175]). Auf dem
Heimweg hatte sie noch Schlimmeres getan: sie verirrte sich
so weit, ihren sterbenden Vater zu überrollen *(per patris
corpus carpentum egisse fertur)*. Man mußte eine freche
Dirne sein wie die Cynthia des Properz, wenn man im
carpentum mit Seidenverdeck *(serica carpenta)*, das einem
zärtlichen Freund gehörte, nach Lanuvium reiste, »mit bau-
melnden Beinen neben der Deichsel sitzend[176]«.
Im Jahre 395, nach der Einnahme von Veji, erlaubte der
Diktator Camillus den römischen Matronen, bei Opfern und
Spielen das *pilentum*, einen vierrädrigen Prunkwagen, und

an allen sonstigen Tagen das *carpentum* zu benutzen. Diese
Erlaubnis war sein Dank dafür, daß die Frauen ihren
Schmuck in den Staatsschatz gegeben hatten[177]. Im Jahre
213, in den dunkelsten Zeiten des Zweiten Punischen Krieges, verbot die *lex Oppia* den Frauen jeglichen Gebrauch

Abb. 25 Ein Carpentum

von Wagen mit Gespannen in Rom und in den anderen
Städten im Umkreis von einer römischen Meile außer bei
religiösen Anlässen. Nach dem Friedensschluß wandte sich
Cato in einer heftigen Rede im Jahre 195 gegen diejenigen,
die das Gesetz wieder aufheben wollten, und hatte Er-
folg[178]. Mit der Zeit wurden andere Fahrzeuge modern:
Sturzkarren, Wagen mit Bänken und Droschken. Die *carpenta* zählten zu den altehrwürdigen Dingen und waren
religiösen Zeremonien vorbehalten. Deshalb fiel in der
Kaiserzeit einer Messalina und einer Agrippina nichts Bes-
seres ein, um ihren Hochmut zu zeigen, als sich im *carpen-*

tum auf das Kapitol bringen zu lassen *(carpento Capito-lium ingredi)*, »einst ein Privileg der Priester und geweihter Gegenstände[179]«. Zum Andenken an seine verstorbene Mut-ter, die ältere Agrippina, ließ Caligula Zirkusspiele veran-stalten, in deren Verlauf ihre Statue feierlich auf einem *carpentum* vorbeigefahren wurde[180]. Man kennt den Ehren-wagen, der hier zur Karosse geworden ist, von einer Münze her, die *memoriae Agrippinae* geprägt worden ist. Das ge-wölbte Verdeck scheint von vier Statuen getragen zu sein. »Diese Art des Wagenverdecks ist sehr wahrscheinlich etrus-kischen Ursprungs[181].«

Nichts spricht dagegen, daß die Römer das *carpentum* von den Etruskern übernommen haben; bei den Etruskern sehen wir diesen Wagentypus zuerst. Letzten Endes haben ihn aber die Gallier erfunden. Wir wissen, daß von ihnen die meisten Fahrzeuge mitsamt den entsprechenden Bezeichnun-gen stammen. »Die Römer, so hat man richtig festgestellt, waren ein seßhaftes Bauernvolk; sie hatten keine vierräd-rigen Karren wie die Horden der eroberungslustigen Gal-lier, die ihr Gepäck damit transportierten und nachts damit ihr Lager befestigten[182].« Die Römer haben die Bezeichnung des Wagens von den Galliern übernommen, den Galliern, deren Einbruch in Italien ihnen half, sich vom Einfluß der Etrusker zu befreien. Das gilt für *carrus*, den Namen für einen vierrädrigen Wagen (das Wort hat in den romanischen Sprachen das lateinische *currus* abgelöst), für *petorritum*, *benna*, *covinnus*, *rheda*, *cisium*, *essedum* ebenso wie für *carpentum*, dessen Herkunft Livius *(carpentis Gallicis)* und Florus *(carpenta Gallorum)* bezeugen[183]. Ganz offensicht-lich haben zunächst die Etrusker von diesen gallischen Erfin-dungen profitiert. Man war sich nicht nur in zahlreichen Kämpfen, sondern auch in Handel und kulturellem Aus-tausch begegnet. Schließlich durchfuhren die schweren Kar-ren und die leichten Wagen der Gallier der Cisalpina vor den Augen der Etrusker die weite Poebene. »Der ganze Wagenapparat der Römer sowie die entsprechende Nomenklatur stammt von den Galliern[184].« Daran zweifelt niemand. Aber vielleicht haben die Etrusker eine Mittlerrolle gespielt; denn sie konnten am besten hinter die Geheimnisse der *carpenta* und einiger anderer Fahrzeuge kommen, da sie die Nachbarn der Gallier waren. Die Namen übertrugen sie in ihre Sprache; wir finden sie auf Urnen des 3. Jahrhunderts in Nordetrurien, Volterra und Fiesole.

SECHSTES KAPITEL

Die Städte und das Stadtleben

I.

Die Etrusker haben sich zwar als gute Agronomen erwiesen, die der Natur ihre Gesetze aufzuerlegen verstanden, aber sie waren in erster Linie geniale Städtebauer. Am Beginn der Geschichte Italiens haben sie als erste die Idee der Stadt entwickelt und verwirklicht[1]. Es ist erwiesen, daß die Italiker ursprünglich nicht den Begriff »Stadt« kannten im Sinne von *urbs*, ein Wort, das nicht eine mehr oder minder zufällige Ansammlung von Gebäuden bezeichnet, sondern eine materielle und geistige Einheit, die eigenen Gesetzen gehorcht, nach einem genauen Plan angelegt und durch Gründungsriten geheiligt ist[2]. Erst die Etrusker haben aus den über die Hügel verstreuten Dörfern Roms eine richtige Stadt gemacht, deren Zentrum schließlich das Kapitol und das vorher trockengelegte Forum wurden. In allen Gebieten, die sie eroberten, widersetzten sie sich dem natürlichen Bestreben der Eingeborenen, sich in ländlichen Bezirken, in einzelnen Höfen und kleinen Weilern zu zerstreuen. Sie bauten Städte, konzentrierten ihre Macht und verwalteten von dort aus das Land. Die Städte wurden zu Kultzentren.

Gründungsriten

Die Etrusker galten überall in der Antike als Experten für die Stadtgründung. Es bedeutete das höchste Lob für eine Stadt, wenn man von ihr sagen konnte, daß sie *Etrusco ritu* gegründet worden war. Man wußte, daß die Etrusker »Zeremonienbücher« besaßen, in denen geschrieben stand,

»nach welchem Ritus die Städte gegründet, die Tempel und Altäre geweiht werden mußten und was die Mauern unverletzlich und die Tore gesetzmäßig machte[3]«.

Die Gründungsriten setzten sich auch bei den Römern durch und wurden in allen Kolonien auf der Halbinsel und in den Provinzen angewendet. Der Augur beobachtete zunächst den Vogelflug, dann legte er die Grundrichtungen der neuen Stadt fest: er orientierte sich dabei an der Sonne mit Hilfe eines Instrumentes, *groma* genannt. So bestimmte er die Ost-West-Achse, *decumanus*, und die Nord-Süd-Achse, *cardo*. Dann begannen die Riten der *limitatio,* die wegen ihrer eindrucksvollen Details die Aufmerksamkeit der antiken Menschen besonders gefesselt haben. Der Gründer verhüllte sein Haupt mit einem Zipfel seiner Toga und pflügte mit einem Bronzepflug, der mit einem Stier und mit einer Färse bespannt war, die Urfurche, *sulcus primigenius.* Die aufgepflügte Erde warf er dabei nach innen. Wenn er an die Stellen kam, wo später die Tore gebaut werden sollten, hob er den Pflug an und trug ihn. So umgab er die Stadt zunächst mit einem symbolischen Graben. Dann wurde zu beiden Seiten der Furche ein Raum abgegrenzt und geweiht, das *pomerium*: auf der Innenseite durfte nicht gebaut, auf der Außenseite nicht gepflügt werden[4].

Innerhalb des umschriebenen Raumes wurde mit dem Maßband ein System von Straßen, die parallel zu *decumanus* und *cardo* verliefen, abgesteckt. Sie teilten die Stadt in regelmäßige *insulae.* Die ganze Anlage erhielt so das Aussehen eines riesigen Damespielbretts. Die Breite der Haupt- und Nebenstraßen sowie die Größe der *insulae* standen in einem festgelegten Verhältnis.

Die römischen Etruskerkenner bestätigten, daß die Gründer der etruskischen Städte keine Stadt als rechtmäßig, *iusta,* ansahen, die nicht drei Tore, drei Straßen und drei Tempel, die Jupiter, Juno und Minerva geweiht waren, besaß[5].

So lautete die Theorie des *ritus Etruscus.* Wollte man sie auf den Buchstaben genau nehmen, so müßten wir uns die

ältesten toskanischen Siedlungen vorstellen wie Lager und
Kolonien aus der Kaiserzeit, die unter anderem in Nordafrika das Gelände klar wie eine Aufrißzeichnung in fast
regelmäßige Quadrate aufteilten. Das Tarquinia des Tarchon und das Agylla des Mezentius hätten also acht Jahrhunderte früher ausgesehen wie die römischen Anlagen in
Lambese und Timgad, die wie ein faltenloser, karierter Tep-
pich auf dem sanften Hang liegen. Niemand glaubt daran;
das Bodenrelief Etruriens – wie auch das Numidiens –
machte die strikte Anwendung der Vorschriften meistens
unmöglich; die Natur lehnte sich gegen die unerbittliche
Vernunft des Menschen auf. »Wenn das Gelände es erlaubt«, schrieb ein römischer Geometer, »müssen wir die
Vorschriften einhalten, wenn nicht, müssen wir die Abweichungen so gering wie möglich halten[6].« Als man aber Orvieto hoch oben auf seiner von Abgründen umgebenen
Plattform einrichtete, mußte man ganz erheblich von der
Norm abweichen, ebenso auch im Fall von Volterra, das
wie eine riesige Pyramide das hügelige Gelände krönt.
Arezzo ist fächerförmig angelegt, Perusia wie ein Seestern.
Bei all diesen Städten bedarf es schon des geschärften Blicks
eines Archäologen, um den Plan der *urbs iusta* wiederzuerkennen.
Jüngere Untersuchungen bestreiten mit guten Gründen, daß
die Etrusker die Erfinder der wunderbaren Stadtanlagen
des Altertums waren. Man weiß nur wenig von den ältesten Städten; kaum einmal zeigt sich eine symmetrische Ausrichtung der Teile nach den beiden rechtwinkligen Hauptachsen. Vetulonia, das zu Beginn des 6. Jahrhunderts
verschwand, zeichnet sich vielmehr durch unregelmäßige, ge-
wundene Straßen aus, die nirgendwo einen rechten Winkel
bilden[7]. Vielleicht waren Veji und Sovana ursprünglich
regelmäßig angelegt[8]. Das echte Orthogonalsystem und der
daraus sich logisch entwickelnde Schachbrettplan erscheinen
erst später im 6. bis 5. Jahrhundert, und zwar gleichzeitig
im ganzen Mittelmeerbecken unter dem Einfluß der fort-

schreitenden griechischen Kolonisierung von Milet bis Agrigent und Metapont. Die Entdeckung dieses Systems schreibt man gewöhnlich dem Architekten Hippodamos von Milet zu; er lebte in der ersten Hälfte des 5. Jahrhunderts. Wahrscheinlich hat er nur die Tendenzen vorangegangener Generationen aufgenommen und voll ausgebildet[9]. Jedenfalls scheint, aus dieser Perspektive betrachtet, die Originalität der Etrusker eingeschränkt, obwohl es doch recht verdienstvoll war, daß sie griechische Kultur in Italien einführten, nicht ohne sie mit einem persönlichen Akzent versehen zu haben. Auch im Fall des Städtebaus spielen sie also wieder ihre schon bekannte Mittlerrolle.

Die Sprachgeschichte bestätigt ebenfalls die Abhängigkeit der Etrusker auf diesem Gebiet: der Name des Peilgerätes (*groma*), das die römischen Feldmesser benutzten, ist ein griechisches Lehnwort; es ist entweder aus γνώμων oder aus γνῶμα abgeleitet. Die Dissimilierung der Nasale *gn/gr* entspricht etruskischen Lautgesetzen und zeigt die Vermittlung durch die Etrusker an[10]. Die Verbindungen der Etrusker mit den Ioniern sind so zahlreich und offensichtlich, daß man gern auch in diesem Fall eine Verpflichtung dem Hippodamos von Milet gegenüber annimmt.

Die neuen etruskischen Gründungen entsprachen dem Plan der griechischen Kolonien. Auch bei den Etruskern handelte es sich ab dem 5. Jahrhundert[11] um Kolonien, um Brückenköpfe an den Grenzen ihrer cisalpinen und kampanischen Provinzen, Marzabotto und Capua. Durch einen glücklichen Zufall eignete sich an diesen beiden Plätzen das Gelände zur Durchführung der strengen Vorschriften, die von da an als etruskisch galten. Die eine Stadt lag auf einer Terrasse über dem Reno, der dort in die Emilia eintritt, die andere in der Ebene, die nach einer falschen, aber klassischen Etymologie Capua den Namen gab: *a campo dicta*[12]. Capua flößte den Römern stets neidvolle Bewunderung ein wegen seiner günstigen Lage, die auf ganz flachem Gelände eine Ausbreitung nach Plan erlaubte. Die eigene Stadt, die nach

Cicero »zwischen Bergen und Tälern lag, als ob sie mit ihren mehrstöckigen Häusern, mittelmäßigen Straßen und engen Gäßchen in der Luft hinge[13]«, sah eher aus wie eine
der alten etruskischen Städte vor der Zeit des Hippodamos.

Marzabotto (siehe nach S. 381)

Capua besteht seit 2500 Jahren als Stadt; die Zeit hat die
ursprünglichen Züge verwischt. Marzabotto wurde im
4. Jahrhundert bei einer gallischen Invasion zerstört; Ausgrabungen im letzten Jahrhundert, die nach dem Krieg fortgesetzt wurden, haben die ursprüngliche Anlage so klar
wiedererstehen lassen, daß man von einem etruskischen Pompeji sprechen konnte[14]. Im Nordwesten liegt der Misanello-
Hügel; er war das religiöse Zentrum der Stadt. Man hat
dort Grundmauern von fünf Kultstätten (Tempeln und Al-
tären) gefunden. Am Fuße dieses Kapitols, auf der Misano-
Hochebene, lag die eigentliche Stadt: ein regelmäßiges Straßennetz mit rechtwinkligen Häuserblocks auf einer Fläche
von rund hundert Hektar. Die westliche Hälfte ist durch
den Fluß zerstört. Die zwei Hauptachsen sind erhalten; sie
sind genau ausgerichtet und messen 15 m in der Breite (eine
solche Breite ist nirgendwo sonst festgestellt worden); sie
waren in je zwei Bürgersteige von 3 m und die Mittelbahn
aufgeteilt. Man hat sogar Kanäle für das Regenwasser festgestellt, wie man sie selbst in den späteren römischen Städten
Ostia und Pompeji nicht kannte; dem *decumanus maximus*
liefen im Süden weniger breite (12 m) *decumani* parallel,
sie waren durch 5 m breite Querstraßen mit dem *cardo* verbunden. Dieses Netz umgab Häuserblocks, von denen nur
die untersten Fundamente aus Bruchstein erhalten sind. Die
Mauern waren wohl aus rohen Ziegelsteinen aufgeführt.
Die Länge der *insulae* betrug überall 165 m, die Breite 35,
40 oder 68 m. Im Inneren gruppierten sich um einen oft
recht großen Hof, der eher einem Fabrikhof glich als dem
atrium des römischen Hauses, regellos Behausungen, Ge-

2

3

4

5

9

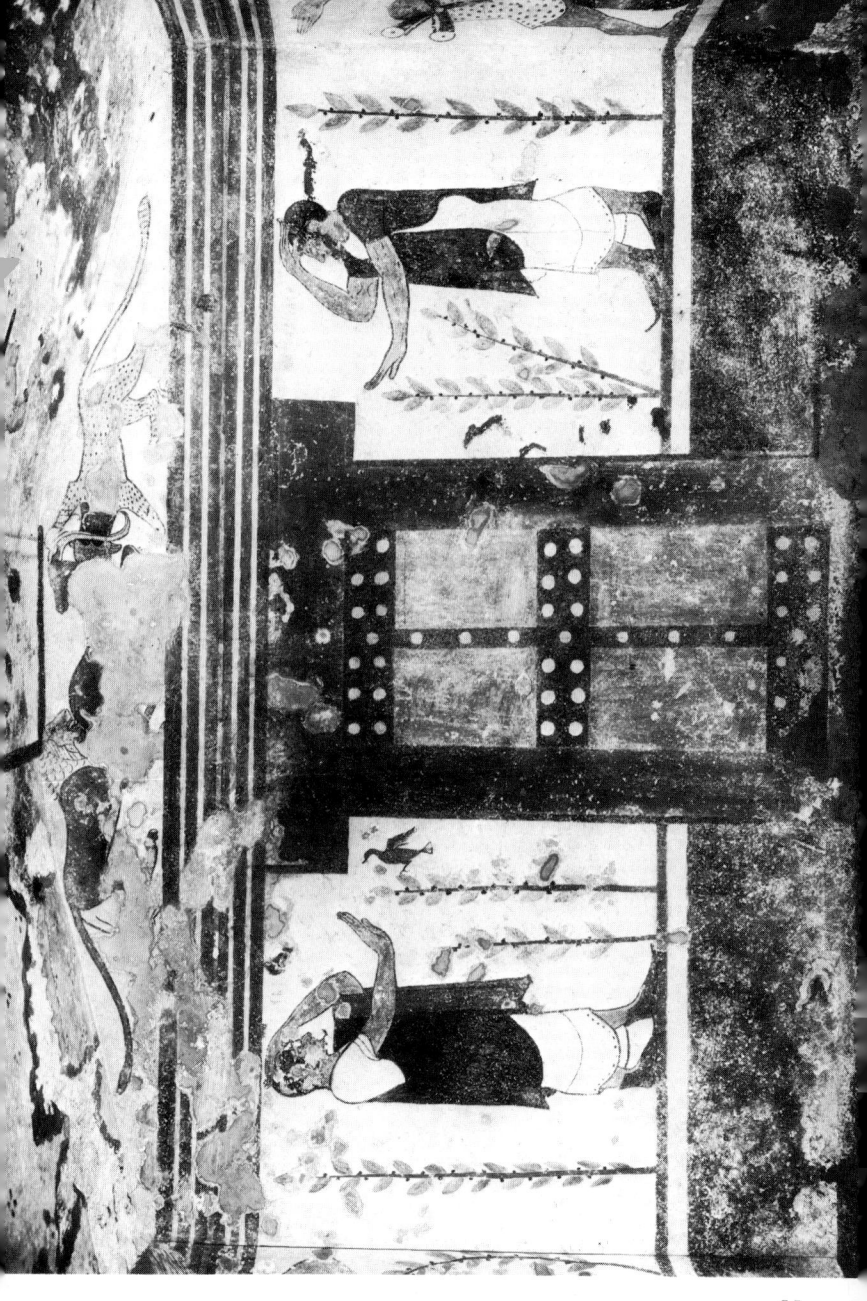

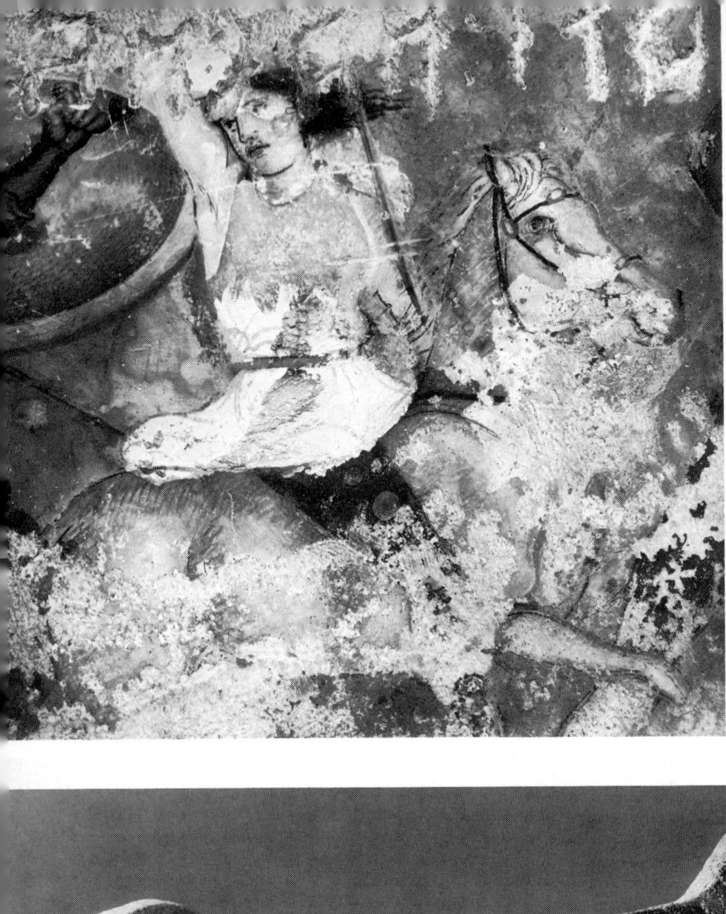

14

15

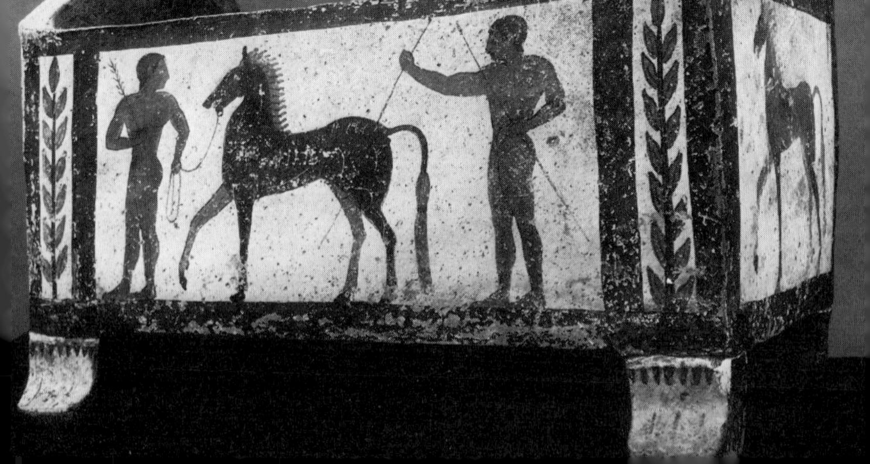

16

17

18

19

20

21

schäfte und Werkstätten. Anhand von Eisenabfällen hat man 1952 eine Eisenwarenfabrik nachweisen können. Die *insulae* waren armselig, auf jeden Fall viel bescheidener, als es der Rahmen, d. h. das wohlausgebaute Straßennetz mit Bürgersteigen und Kanalisation, hätte erwarten lassen. Möglicherweise bauten die Gründer von Marzabotto, besessen von dem Drang zu kolonisieren, zu groß, und schließlich reichten die Mittel nicht mehr, .die ursprünglichen Pläne durchzuführen; vielleicht machte auch die spätere Entwicklung die großen Hoffnungen zunichte. Jedenfalls hat die Stadt in der Geschichte keine Spuren hinterlassen; man kennt nicht einmal ihren Namen. Vielleicht hieß sie Misa. Mehr als ein Marktflecken war sie nicht. Ihre Gräber waren allerdings reich ausgestattet. Die Bombardierungen von 1944 haben einen Teil ihres Inhalts, Goldschmuck und attische Vasen, zerstört. Neuere Ausgrabungen haben einen sehr schönen Ephebenkopf aus parischem Marmor zutage gefördert. Marzabotto lag nur etwa 80 km von der griechisch-etruskischen Stadt Spina entfernt, von wo aus auf dieser Flanke des Apennin griechische Tonwaren und raffinierte hellenistische Lebensart einflossen.

Spina (siehe nach S. 381)

Spina[15] ist durch die jüngsten Forschungen Tagesgespräch geworden. Noch liegt es unter dem Wasser begraben; aber sein Geheimnis beginnt sich zu lüften. Im 5. Jahrhundert war Spina der größte Adria-Hafen, eine Art Venedig, 3 km vom offenen Meer entfernt mitten in einer Lagune erbaut, die von einem Mündungsarm des Po gebildet wurde; es lag etwa auf der Höhe des heutigen Comacchio. Spina war eine Weltstadt. Die eingeborenen Veneter lebten neben den Eroberern, den Etruskern; hinzu kamen die griechischen Kaufleute, die angeblich Nachkommen der Gefolgsleute des Diomedes, des Sohnes des homerischen Tydeus, waren. Ein in ihrem Namen errichtetes Schatzhaus in Delphi zeugt von

ihrem Reichtum und ihrer Frömmigkeit. Dieser Handels-
knotenpunkt war vielleicht der Umschlagplatz für den bal-
tischen Bernstein und das Zinn der Kassiteriden auf dem
Weg nach Athen, vor allem aber für das Getreide aus der
Poebene, die dank der etruskischen Bewässerungs- und Ka-
nalisierungstechnik besonders fruchtbar war. Spina handelte
dafür Produkte aus dem Orient ein, vor allem aber die
schönsten attischen Vasen. Die Gräberfunde der letzten vierzig Jahre sind heute der Stolz des Museums von Ferrara.
Viele Vasen wurden auch in Bologna und Marzabotto gefunden und weiter nördlich auf dem Gebiet von Atria, der
Schwesterstadt von Spina, nach der das Adriatische Meer
benannt ist. Die Erforschung von Atria steht noch aus; sie
verheißt viel[16].

Besondere wirtschaftliche Umstände, die man heute genau
überschauen kann, haben zur Entwicklung von Atria und
Spina beigetragen: die Niederlage der etruskischen Flotte in
den Gewässern von Cumae im Jahre 474 machte Syrakus
zur Herrin des Tyrrhenischen Meeres. Dadurch erhielt die
adriatische Meeresstraße volle Bedeutung. Über ihre Han-
delsniederlassungen an der Pomündung konnten die Athener
ihre geschäftlichen Beziehungen zu den Etruskern aufrecht-
erhalten und intensivieren. Aus der Datierung der Vasen,
die man in Spina, Atria, Bologna und Marzabotto gefunden
hat, kann man schließen, daß die Importziffer seit 470
schlagartig anstieg: 62 Vasen kommen auf das letzte Viertel
des 6. Jahrhunderts, 110 auf das erste Viertel des 5. Jahrhunderts, 309 auf das zweite Viertel[17].

Zwölfhundert Gräber sind vor dem Krieg ausgegraben wor-
den; heute kennt man über dreitausend. Die Agrarreform,
Trockenlegungsarbeiten und Bodenverbesserungsmaßnahmen
haben den Archäologen neue Möglichkeiten eröffnet. Auf
Sandbänken, knapp unter der Wasseroberfläche, sind neue
Nekropolen entdeckt worden. Senkkästen, die man in den
Schlamm hinabließ, brachten eine ungeahnte Fülle von Vo-
lutenkrateren und panathenäischen Amphoren zutage. Diese

Funde haben die Aalfischer von Comacchio veranlaßt,
heimlich weiterzusuchen. Aber geeignete Maßnahmen haben
verhindert, daß die wunderbaren Stücke weiter ins Ausland
abwanderten. Nachdem man die Stadt der Toten erforscht
hatte, galt es, die Stadt der Lebenden zu entdecken.
Seit Oktober 1956 ist man an der Arbeit. Luftaufnahmen
haben enthüllt, was mit dem bloßen Auge nicht zu sehen
war: die Grundlinien der städtischen Anlage, die sich noch
immer im Sand abzeichnen. Spina war eine Lagunenstadt
wie Venedig. Der Verkehr wickelte sich auf Wasserstraßen
ab: es gab einen *Canale Grande* von 30 m Breite; er durchquerte die ganze Stadt in gerader Linie; es handelte sich um
den kanalisierten Lauf des Po, der Spina auch als Hafen
diente. Der Hauptkanal wurde in regelmäßigen Abständen
von kleineren Kanälen gekreuzt. Auf ihnen wächst heute
das Gras dichter und höher, so daß sich der Verlauf der Kanäle als dunkle Streifen von den geometrischen *insulae* ab-
hebt. An der Photographie haben sich die Ausgrabenden
orientiert und in den Sümpfen nach Gebäuderesten gesucht.
Pfahlreihen kamen zutage, auf denen, wie man es erwartet
hatte, die Grundmauern der Gebäude ruhten. Auch Spina,
die Lagunenstadt, gehorchte den Gesetzen der etruskischen
Städtegründungsriten. Ja man hat sogar die Meinung vertreten, daß Spina als erste Stadt nach dem Plan des Hippodamos erbaut wurde und dann als Vorbild für Marzabotto
gedient hat, daß sich also die Bauweise von Spina aus in der
ganzen Etruskerwelt verbreitet hat[18].
Der Plan von Capua, die Ruinen von Marzabotto und die
Luftaufnahmen von Spina geben uns nur ein trügerisches
Bild von dem, was die alten Städte Etruriens waren, obwohl die etruskische Kultur das Neue in ihren alten Bestand eingeschmolzen hat. Tarquinia muß ganz anders ausgesehen haben, als Tanaquil den Palast ihrer Väter verließ.
Auch das auf steiler Höhe gelegene Volsinii bot einen anderen Anblick, als die Führer der ganzen Nation zur Versammlung der zwölf Stämme dort hinaufstiegen. Die *urbs*

iusta war zunächst ein unerreichbares Ideal, das man er-
träumte, ebenso unerreichbar wie die vollkommene griechische Kultur. Auch wenn Tyrannen wie Porsenna in Chiusi
oder vielleicht schon Tarquinius Superbus in Rom auf bau-
liche Veränderungen im großen Stil versessen waren und
eines Tages alle Mittel in Bewegung setzten, um breite,
gerade Straßen durch das archaische Gewirr der Gassen zu
brechen, ließ sich das Ideal nur teilweise verwirklichen.
Weiter unten werden wir feststellen, daß seit Beginn des
5. Jahrhunderts, als die attischen Vasen ins Land kamen,
auf den Friedhöfen (z. B. in Caere) die Fassaden der Gräber ausgerichtet und die Anlagen auf symmetrischen Ge-
ländeabschnitten gebaut wurden. Zweifellos spiegelt sich
hier wider, was zur gleichen Zeit im Städtebau geschah.

Von den Städten der Lebenden weiß man trotz entschlosse-
ner Forschungen auf diesem Sektor noch sehr wenig. Vor
dem Krieg hat Romanelli begonnen, nicht nur die Gräber,
sondern auch die Stadt Tarquinia zu untersuchen[19]. Nach
dem Krieg haben die von Raymond Bloch geleiteten Ausgrabungen der École Française bei Bolsena die Stadt Volsinii bekannt gemacht[20]. Man hat in Tarquinia den Verlauf
der Stadtmauer festgestellt und die Reste freigelegt, hat die
Akropolis lokalisiert und auch im Stadtinneren fruchtbare
Untersuchungen angestellt. In Volsinii kam ein Tempel zutage, die sog. *Ara della Regina* mit einer wundervollen
Gruppe von Flügelpferden aus Terrakotta. Er war der Göttin Northia geweiht. Trotz dieser schönen Ergebnisse kennen wir den Großteil der beiden Städte, ihre Straßen und
öffentlichen Plätze, ihre Häuser noch nicht. Sie liegen begraben unter Weinbergen und Olivenhainen, deren Besitzer
man nicht hat enteignen können. Die höhergelegenen Teile
werden uns niemals bekannt werden, da das Wasser alle
herausragenden Gebäudestücke in jahrhundertelanger Arbeit abgetragen hat.

Freudig hat man deshalb 1955 die Nachricht begrüßt, daß die Stadtanlage von Vulci unter der Leitung von Bartoccini, dem *Soprintendente* für Antikes in Südetrurien, vollständig ausgegraben werden solle[21]. Die Gräber von Vulci waren bereits untersucht, und ihr Inhalt hatte seit Lucien Bonaparte den Museen Europas Glanzstücke geliefert.

Die Ausgrabungen der Stadtanlage erforderten zunächst genaue vorbereitende Untersuchungen mit den neuesten technischen Mitteln: topographische Ortungen, Luftaufnahmen, geochemische, elektrische und phonische Untersuchungen nach der von dem Ingenieur Lerici erarbeiteten Methode. So verwandelte man das öde Plateau am Ufer der Fiora, wo einst die etruskische Stadt gelegen hatte, wo man aber keine Spuren von Gebäuden mehr sah, vor der eigentlichen Ausgrabungsarbeit in eine Art genauer Landkarte, die gezieltes Vorgehen ermöglichte. Man wollte so unnötige und kostspielige Ausgrabungen vermeiden und Zeit gewinnen, um den Landverbesserungsmaßnahmen zuvorzukommen. Man wollte zugleich die Verwüstungen durch heimliche Grabungen unterbinden und sich kein Indiz entgehen lassen, das zur Wiederentdeckung der Vergangenheit von Vulci dienen konnte.

Die Stadtmauern

Unterdessen müssen wir uns mit dem zufriedengeben, was wir schon entdeckt haben, z. B. mit den Stadtmauern, die aus riesigen, mehr oder minder vierkantig behauenen Blökken ohne Zement zusammengefügt sind. Früher schrieb man sie den Pelasgern und Zyklopen, d. h. Fabelwesen, zu[22]. In Wirklichkeit waren die etruskischen Städte lange ohne Befestigungen ausgekommen, denn sie waren durch ihre Lage auf steilen Anhöhen von Natur aus geschützt. Die Bedrohung durch die Gallier hat im 6. und 5. Jahrhundert die Mauern entstehen lassen. Uns interessiert besonders ihre Länge: in Tarquinia betrug sie rund 10 km, in Volterra

9 km, in Volsinii 6 bis 7 km. In Volsinii umfaßte die Mauer vier Hügel. In Volterra ist die Anlage auf der Südflanke fast geradlinig, im Norden ist sie an mehreren Stellen weit ins Land hineingezogen. So kamen mehrere Quellen der Umgebung in den Bereich der Befestigung zu liegen; sie garantierten die Wasserversorgung im Fall einer Belagerung. Mehr und mehr wird deutlich, daß das riesige Stadtgelände (150 Hektar in Caere, 135 in Tarquinia) nicht ganz bebaut war, sondern Gärten, Viehweiden und Brachland mit umfaßte. In Capua ist die Hälfte des Gebietes innerhalb der Mauern ohne jede Spur von Konstruktionen.

Die Vorherrschaft des Einzelhauses

Über die Eigenart der etruskischen Bauweise liefert der Bericht des Poseidonios-Diodor ein bis jetzt noch unberücksichtigtes Detail: »Bei ihnen haben nicht nur die Diener Einzelwohnungen verschiedenster Art, sondern auch die Mehrzahl der Freien[23].« Diese Angabe überrascht zunächst. Man könnte meinen, daß es sich da um ein Unglück handelt, das nicht nur die Sklaven, sondern auch die Freien trifft. Uns aber scheint der Besitz eines Privathauses vielmehr ein kostbares Gut zu sein.

In Wirklichkeit ist der Gang der Darstellung und die Ideenfolge des Autors komplizierter. Im vorausgehenden Text hat er Beispiele vom luxuriösen Leben der Etrusker gegeben, hat ihre aufwendigen Bankette, die gestickten Teppiche, das Silbergeschirr, die große Zahl der Sklaven, ihre Schönheit und ihre prächtige Aufmachung erwähnt, die so gar nicht ihrem Stande entspricht. Dann schließt sich an: »Sie haben Einzelwohnungen.« Es handelt sich also keineswegs um eine Strafe, sondern vielmehr um einen neuen Beweis der Prachtliebe und Verweichlichung ihrer Herren. Poseidonios denkt bei dieser Bemerkung an die gewöhnlichen Lebensbedingungen der Sklaven, nicht nur der Sklaven in Fesseln, die in den Arbeitshäusern zusammengepfercht sind, sondern ganz allgemein an die der Stadt- und Landsklaven, von denen man annehmen kann – auch wenn der Text darüber schweigt –, daß sie gewisse Zimmer der *villa urbana* oder *rustica* bewohnten. Diese Annahme stützt sich auf Ausgrabungen von Landhäusern bei Pompeji. Dort waren die Sklaven in einer Reihe Zellen neben den Ställen untergebracht[24]. Allerdings handelt es sich in den beiden Fällen nicht um dieselbe Art von Sklaven. Wir haben oben festgestellt, daß die Etrusker unter diesem Sammelnamen im allgemeinen eine Plebs verstanden, deren kultiviertere und privilegierte Glieder, die Freigelassenen, ein relativ unabhängiges Leben führen konnten.

Diodor resümierte bei dieser Angabe vielleicht ungeschickt den Text des Poseidonios, vielleicht fügte er auch ein rein rhetorisches »nicht nur ... sondern auch« ein, das den Sinn verfälscht. Jedenfalls sagt er, daß sich das Privileg der etruskischen Sklaven auch auf die Freien erstreckt. Man verstünde besser, wenn er folgendermaßen formuliert hätte: »Einzelwohnungen hatten auch die Freien.« Nur der erste Teil des Satzes gehört zur Schilderung der etruskischen τρυφή. Die Betrachtung über diese Art von Behausung bringt ihn sofort auf einen neuen Gedanken: daß sie nämlich auch bei der freien Bevölkerung verbreitet ist. Wenn er sich die Mühe macht, dies anzumerken, so müssen sich die Etrusker in diesem Punkt von den Römern unterschieden haben. Sie blieben der Tradition der *domus* treu und übernahmen nicht das Prinzip der *insula*, das sich in der Hauptstadt durchsetzte.

Carcopino hat in seinem schönen Buch *La Vie quotidienne à Rome*[25] die Entwicklung der Mietshäuser geschildert. Am Ende der Republik schossen sie aus dem Boden, denn eine stark anwachsende Stadtbevölkerung mußte untergebracht werden. Der Baugrund war rar, man mußte in die Höhe bauen. »Schon im 3. Jahrhundert v. Chr. waren dreigeschossige *insulae* so zahlreich, daß sie nicht mehr auffielen.« Zahlreiche Texte schildern ein aufregendes Ereignis des Jahres

218: ein Ochse stieg bis in die dritte Etage eines Wolken-
kratzers am *forum Boarium*, dem Tiermarkt, und sprang,
durch das Geschrei der Mieter verängstigt, in die Tiefe. Im
Jahre 153 fand ein ägyptischer König im Exil, Ptolemaios
Philometor, Aufnahme bei dem Maler Demetrios; er be-
wohnte eine Dachkammer in der obersten Etage, weil er die
teure Miete nicht bezahlen konnte. Im Jahre 99 hängte man
T. Claudius Centumalus einen Prozeß an wegen seines Hauses auf dem Mons Caelius; er mußte es abreißen lassen, weil
es wegen seiner Höhe die Auguren auf dem Kapitol bei der
Beobachtung des Vogelfluges behinderte. »Das Leben in
Rom, so sagt Cicero, spielt sich sozusagen in der Luft hän-
gend ab auf den Etagen der Häuser.« Man weiß, daß es
M. Caelius, dem jungen Freund Ciceros, zum Unglück ge-
reichte, daß er sich in einem Mietshaus des Tribunen P. Clodius eine Wohnung nahm und Nachbar der Clodia, der
schönen Lesbia Catulls, wurde. Ostia vor den Toren Roms
ging bald dazu über, die gewerblichen Anlagen mit mehreren Etagen Wohnungen zu überbauen. Rom war also ein
Beispiel für Überfüllung und Völkergemisch. Die Darstellung des Poseidonios beweist, daß in Etrurien im Gegensatz
zu der Ballung in Rom eine großzügigere Bauweise bevor-
zugt wurde: jeder Haushalt besaß eine *domus*. Vielleicht
handelt es sich hier um den flüchtigen Eindruck eines Durch-
reisenden, dem in gewisser Hinsicht die weiter unten geschilderten Kammergrabanlagen widersprechen. Seit dem
5. Jahrhundert sind sie nämlich nicht mehr für ein einzelnes
Ehepaar bestimmt, sondern für eine mehr oder minder
große *familia*. Eine ähnliche Interpretation liegt nahe, wenn
man an die *columbaria* von Sovana, Bieda und Veji mit
ihren zweihundert *loculi* denkt[26]: dies alles erinnert an
menschliche Massenbehausungen, in denen keiner mehr für
sich lebt. Nichtsdestoweniger müssen wir das Bild der Ein-
zelbehausung als charakteristisch ansehen für die etruskische
Stadt zumal der älteren Zeit. Die Privathäuser nahmen im
Inneren der Befestigungen natürlich viel Platz weg.

Die Stadtbevölkerung

Der befestigte Stadtraum war beträchtlich groß. Es stellt sich also die Frage, wie hoch die Einwohnerzahlen lagen. Die Historiker wissen darüber nicht viel zu sagen, denn es fehlen ihnen die Quellen, die z. B. Beloch erlaubt haben, sein Buch *Bevölkerungsgeschichte Italiens* im Mittelalter und in der Neuzeit[27] zu schreiben. In Pisa und Siena wurden seit dem 12. Jahrhundert Listen über die wehrfähigen Männer geführt, über Haushalte und *bocche che mangiano pan* (»Münder, die Brot essen«), Pfarregister usw. Dank dieser Dokumente weiß man, daß Florenz vor der großen Pest im Jahre 1348 51 000 Einwohner zählte, daß aber Corneto, die Erbin Tarquinias, 1503 nur noch 6810, Orvieto 9190 und Soriano (Sovana) 1140 Einwohner hatte.

Für die Antike ist man auf Vermutungen angewiesen. Vor rund vierzig Jahren hat B. Nogara vorgeschlagen, die Einwohnerzahl von Caere den 150 Hektar Stadtfläche entsprechend auf 25 000[28] zu schätzen. Analog teilte er Tarquinia, Volterra, Populonia, Veji, Chiusi und Perusia eine entsprechende Anzahl zu. Beim letzten Kolloquium der Ciba Foundation haben sich eine Reihe von Gelehrten gegen die Vorstellung ausgesprochen, daß eine etruskische Stadt 20 000 oder 30 000 Einwohner gehabt haben solle[29]. Man gab aber allgemein zu, daß sich die Bevölkerungsdichte des 6. Jahrhunderts nicht wesentlich von der mittelalterlichen unterschieden haben dürfte, als neue Hauptstädte wie z. B. Florenz mit nachweislich 51 000 Einwohnern die etruskischen Metropolen abgelöst hatten. »Sagen wir 5000«, schlug einer vor. – »Ich ginge bis 10 000«, erwiderte ein anderer. – »Ich kann mir nicht vorstellen, daß eine Stadt wie Tarquinia nur 5000 Einwohner gehabt haben soll«, protestierte zu Recht Ward Perkins. Die widersprüchlichen Schätzungen und der Handel mit Zahlen sind aber vielleicht nicht das letzte Wort der Wissenschaft. Foti hat vorgeschlagen, die

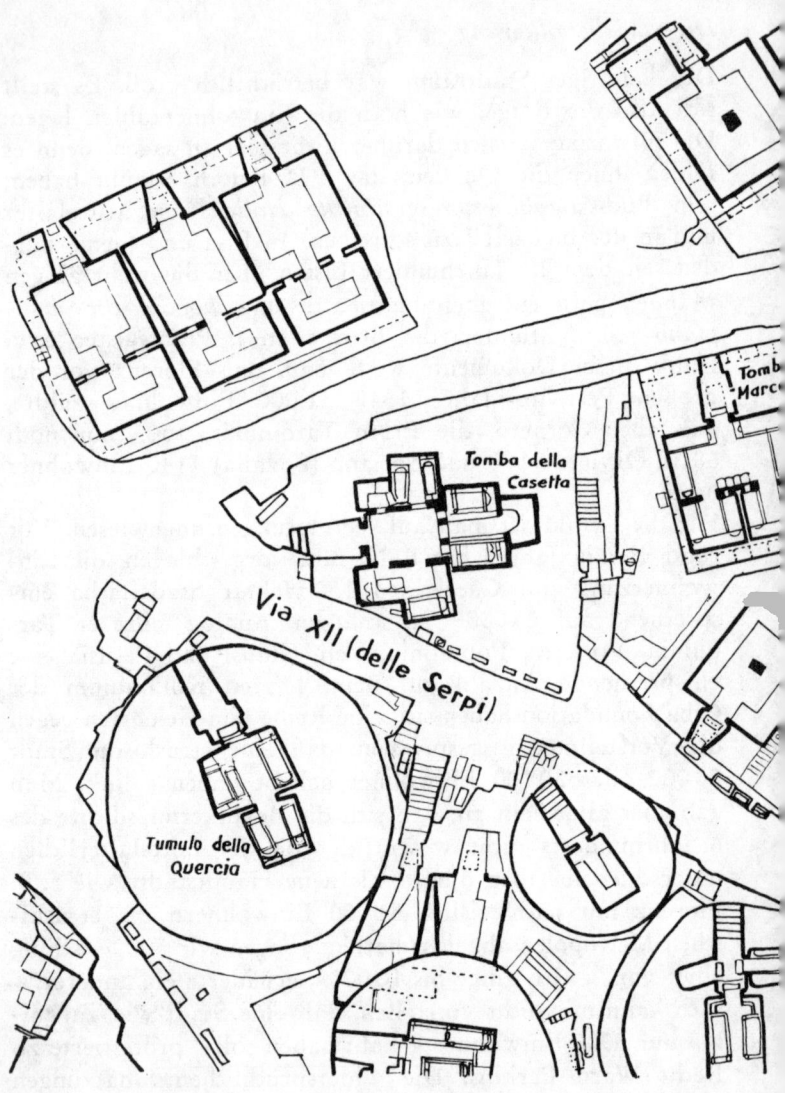

Abb. 26 Ausschnitt aus dem Sektor E der Banditaccia (Cerveteri)

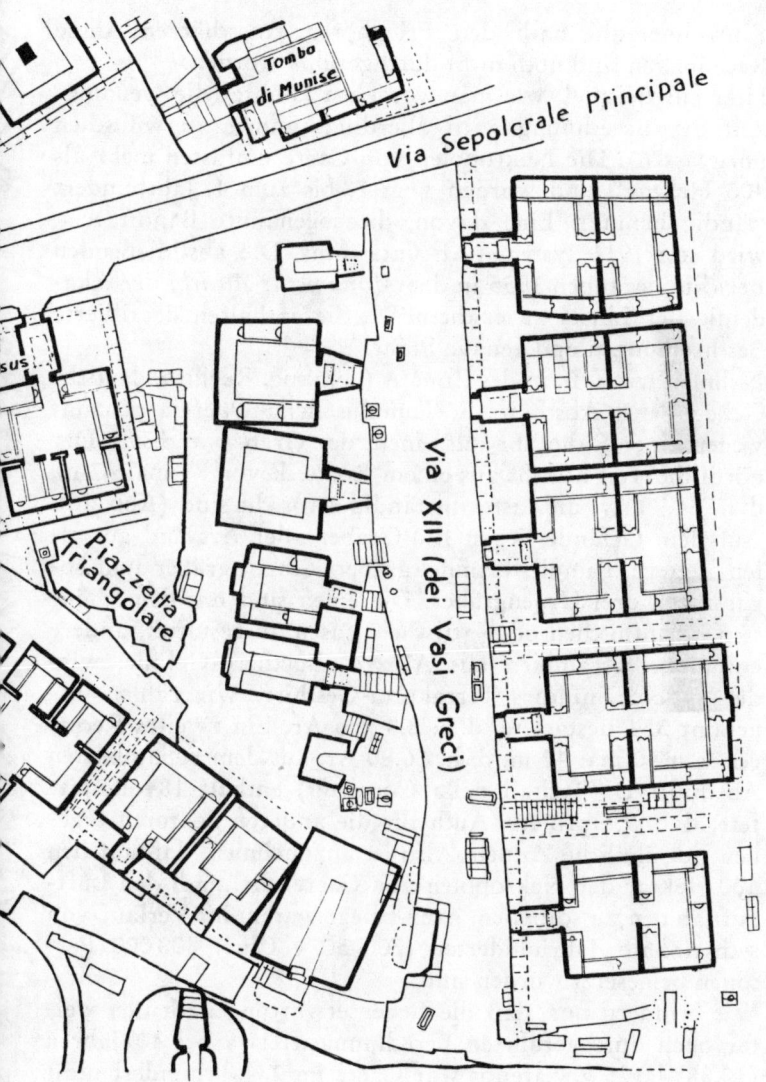

Einwohnerzahl nach den Friedhöfen zu schätzen; diese
Rechnungen sind noch nicht durchgeführt worden.

Hier ein Beispiel, wie man vorgehen könnte (die Genauigkeit der Berechnung wird allerdings immer zu wünschen
übriglassen): Die Nekropolen von Caere umfassen mehr als
400 Hektar[30] und wurden vom 7. bis zum 1. Jahrhundert
ständig benutzt. Eine davon, die sogenannte Banditaccia,
wird seit 1911 systematisch untersucht. Die abschließenden
Berichte begannen 1955 in den *Monumenti Antichi* der Akademie der Lincei zu erscheinen[31]. Sie enthalten detaillierte
Beschreibungen und genaue Pläne.

Nehmen wir z. B. in der Zone A (dem sog. Recinto, deutsch:
Gehege) den Abschnitt E, Tumulus della Quercia genannt
wegen einer Eiche, die auf einem der Gräber wächst[32]. Der
nördliche Teil besteht aus einem Rechteck von 74 mal 47 m,
d. h. 34,78 Ar, die fast vollständig erforscht sind (Abb. 26).
Auf dem Gelände liegen 170 Gräber aller Art und aus allen Zeiten: Tumuli, Kammergräber, Schachtgräber und sogar zwei, drei Urnengräber. Die einen sind mit den schönsten korinthischen oder attischen Vasen ausgestattet, andere
enthalten Keramiken aus Arezzo, Bucchero-Gefäße, wieder andere einfaches Terrakotta-Geschirr. Wir zählen ins-
gesamt 354 Bestattete, d. h. 8,8 pro Ar. Ein zweites Rechteck von 40 mal 42 m, d. h. 16,80 Ar, aus dem benachbarten
Abschnitt D (Tumuli della Cornice[33]) enthält 184 Bestattete, d. h. 9,1 pro Ar. Auch für die anderen Sektoren ergeben sich ähnliche Zahlen. Also ist anzunehmen, daß auf den
400 Hektar der Nekropolen von Caere, die, nach den Luftaufnahmen zu schließen, ganz belegt waren, im Verlauf von
sechseinhalb Jahrhunderten (700–50 v. Chr.) 400 000 Personen beigesetzt worden sind.

Wir erinnern uns, daß die Lebenserwartung nach den weiter oben durchgeführten Berechnungen etwa bei 40 Jahren
(40,88) lag[34]. Zweifellos war Caere im 2. Jahrhundert nicht
mehr so dicht besiedelt wie zu seiner Glanzzeit; es ist nicht
anzunehmen, daß die Einwohnerzahl konstant geblieben

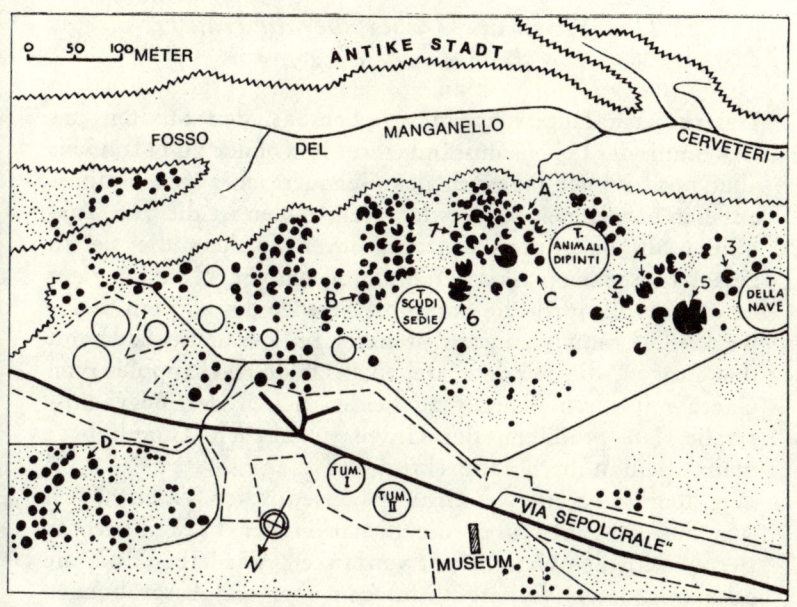

Abb. 27 Die Nekropole von Cerveteri nach einer Luftaufnahme
(vgl. nach S. 381)

ist. Mit dieser Einschränkung läßt sich sagen, daß in den 650 Jahren Stadtgeschichte 16 mal (15,9) die Zahl der durchschnittlichen Lebenserwartung erfüllt wurde. Das bedeutet, daß sich die Einwohnerzahl von Caere zu einem beliebigen Zeitpunkt auf 400 000 : 15,9 = 25 157 belaufen hat. Dies ist ein Minimum, denn die 184 bzw. 354 Bestattungen in den Sektoren D und E sind, auf die ganzen 400 Hektar gesehen, niedrige Ziffern; außerdem hat sich Caere im Laufe der Zeit ja entvölkert. Wir wollten nur in etwa die Größenordnung feststellen, und wir sind nach unserer Dreisatzrechnung zu einem Ergebnis gekommen, das sich mit den Annahmen Bartolomeo Nogaras (25 000 Einwohner) deckt und sie bestätigt.

II. Was uns die Gräber über die Häuser der Lebenden sagen

Unsere Archäologen haben sich bemüht, den Städten das Geheimnis der Lebensumstände ihrer Bewohner zu entreißen; aber noch immer läßt sich das Genauere eher den Gräberanlagen entnehmen. Unter den Nekropolen ist die von Tarquinia am bekanntesten wegen ihrer Fresken, die sie zu einem Museum etruskischer Malerei machen. Nicht weniger eindrucksvoll durch die grandiose Strenge des nackten Steinwerks und nicht weniger instruktiv im Zusammenhang mit den Fragen, die wir hier stellen, sind die Nekropolen von Caere mit ihren Tumuli zu beiden Seiten der Begräbnisstraße. Die Schönheit der Gräber unter den Tumuli liegt meist allein in ihrer Architektur.

Wir kennen bereits das Grab der griechischen Vasen[35], weil wir ihm Angaben über die Situation der Frau innerhalb der etruskischen Gesellschaft verdanken. Wir haben auch die ausgezeichneten Veröffentlichungen über die Ausgrabungen zwischen 1911 und 1933 erwähnt[36]. Die Luftaufnahmen von J. Bradford erweitern das Forschungsfeld beträchtlich, sie lassen nämlich unter der Vegetationsdecke Spuren von weiteren 1000 unbekannten Tumuli sehen: wie unzählige Luftblasen erscheinen sie auf den photographischen Platten. Man kann sogar die Grabeingänge und die darunterliegenden Grabkammern erkennen, hier und da auch Spuren von Straßen und Plätzen zwischen den Tumuli[37] (Photo III und Abb. 27).

Die Nekropolen von Caere begannen, sich ab dem 7. Jahrhundert um die Stadt auszubreiten, besonders auf zwei Anhöhen, der Banditaccia und dem Abatone, die parallel zur Stadt verlaufen, und zwar im Nordwesten und Südosten, jenseits der tiefeingegrabenen Flußläufe des Manganello und der Mola. Doch auch auf den beiden anderen Flanken der Stadt gab es Begräbnisstätten, vor allem im Südwesten in dem Winkel, der sich durch den Zusammenfluß der beiden

Wasserläufe bildet. Es handelt sich um sehr alte Gruben-
und Schachtgräber mit wenigen ärmlichen Beigaben aus der
voretruskischen Zeit. Die Nekropole, Sorbo genannt, ist
deshalb so wichtig, weil sie wie in Tarquinia und Volsinii

*Abb. 28 Der Tumulus II an der Kreuzung der beiden Begräbnis-
Straßen*

erlaubt, die Entwicklung der Villanovakultur zur etruskischen Kultur hin von der Eisenzeit an lückenlos zu verfolgen. Auf dem Sorbo, nicht auf der Banditaccia oder dem
Abatone, hat man 1836 das Regolini-Galassi-Grab gefunden, in dem neben der geheimnisvollen Larthia Goldschmuck, Silbergeschirr und Elfenbeinplaketten niedergelegt
waren. Dieses Grab liegt in unmittelbarer Nähe der Stadt am
Fuß des steilen Felsens und beherrscht nach Süden hin den
ganzen Villanova-Friedhof wie ein Herr seine Untertanen.

Von dieser Zeit an breiten sich die etruskischen Gräber auf
den Hügeln im Nordwesten und Südosten aus. Vor allem
auf der Banditaccia kann man die stufenweise Entwicklung
gut verfolgen. Die Luftaufnahmen lassen rund um die großen Tumuli, die in der Mehrzahl schon lange bekannt sind,
Hunderte von kleinen Blasen, die kleinen Tumuli von 10 bis
15 m Durchmesser entsprechen, erkennen. Es handelt sich um
die ältere Tumulusform, die *tumuletti arcaici*, die bis Ende
des 5. Jahrhunderts die Regel war, obwohl es mittlerweile
bereits größere Tumuli von 30, 40 und sogar 50 m Durchmesser gab (Abb. 28). Die großen Tumuli umfassen im
Gegensatz zu den *tumuletti arcaici* mehrere Gräber; sie
sind über älteren Tumuli erbaut, die wohl Gliedern derselben Familie gehörten. Die Nachkommen wollten die Ruhe-
stätten der Ahnen mit ihren eigenen Gräbern zusammen
unter einer Halbkugel aus Erde und Rasen bergen.

Die Erforschung eines Tumulus

Wir nehmen als Beispiel den Tumulus Nr. 2. Er hat einen
Durchmesser von 40 m[38] (Abb. 29) und enthält vier verschiedene Gräber; das jüngste ist zweifellos das Grab der
griechischen Vasen. Es hat, wie wir bereits gesehen haben,
seinen Namen von 150 zum Teil hervorragenden schwarz-
und rotfigurigen attischen Gefäßen strengen Stils, die über
den Boden und die Totenbetten verstreut lagen. Sie bezeugen
die verfeinerte Lebenshaltung der verstorbenen Besitzer und
vor allem der Besitzerinnen; sie erlauben aber auch, das Grab
auf das Ende des 6. Jahrhunderts zu datieren. Der Zugang
zum Grab ist zum Tumulus-Mittelpunkt hin ausgerichtet.
Dieses Streben nach Symmetrie finden wir allenthalben bei
den hellenisierten Etruskern. Zweifellos haben sie den großen
Tumulus Nr. 2 über drei frühere Gräber bauen lassen.
Wir wollen sie der Reihe nach besuchen und so die Entwicklung des Kammergrabs vom 7. bis zum 5. Jahrhundert verfolgen. Sicherlich hat sich das Grab den eigenen Prinzipien

gemäß verwandelt, aber der reguläre Hausbau hat eben-
falls seine Elemente hinzugefügt. Sobald das etruskische
Grab das Stadium einer in den Felsen gehauenen länglichen
Grube überschritten hatte, erweiterte es sich zur Größe

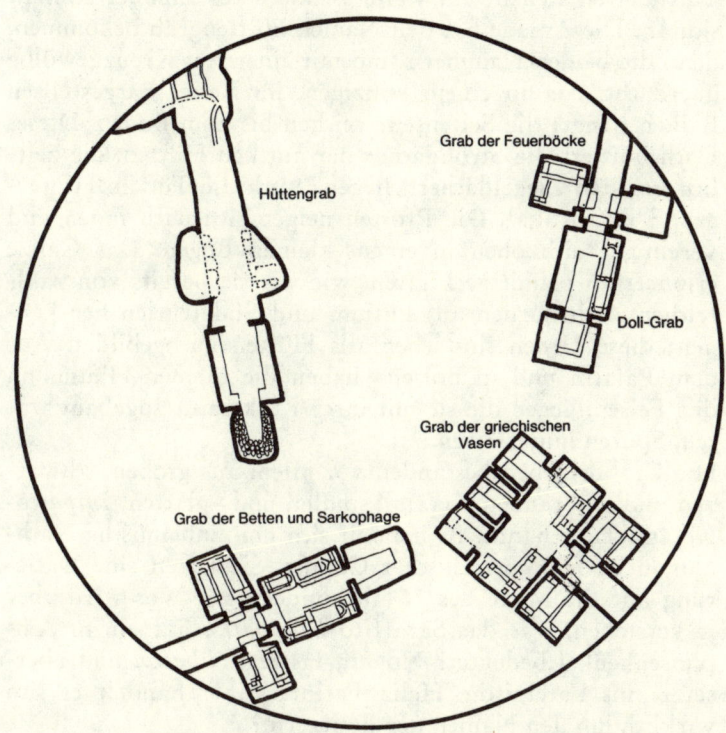

Abb. 29 Plan des Tumulus II (Cerveteri)

eines echten Zimmers mit Nebenräumen. Ein leicht geneig-
ter, oft hinter einer Treppe gelegener Gang (griechisch
δρόμος) führte in die Kammer. Als Abdeckung der Kammer
bildete man das normale Dach nach mit zwei geneigten
Flächen und einem gut sichtbaren Firstbalken *(columen)*.

Das älteste Grab ist im Plan links oben gelegen[39]. Man steigt einen breiten δρόμος hinab, der am hinteren Ende rechts und links mit je einer Nische versehen ist; er führt in eine trapezförmige Kammer, an deren Wänden rundum Totenbetten stehen; ein weiteres, kleineres Zimmer schließt sich an. Die Anlage hat den Namen Hüttengrab bekommen, denn die beiden Kammern sind mit einer Art Kreuzgewölbe überdacht, das an einem winzigen, im Relief dargestellten Balken hängt; die Seitenteile reichen bis zum Boden. Dieses Dach imitiert die Strohdächer der antiken Hütten, die zeitlich vor den Ziegeldächern liegen. Auch die Tür im Hintergrund ist rustikal. Die Pfosten neigen sich nach innen und vereinigen sich oben in einem kleinen Bogen. Das Ganze erinnert an primitive Hütten, wie wir sie bereits von zahlreichen Aschenurnen aus Latium und Südetrurien her kennen; diese Urnen sind ebenfalls Hütten nachgebildet. Auf dem Palatin und in Bolsena haben die kleinen Häuser an den Felsen, gegen die sie mit ihrer Rückwand angebaut waren, Spuren hinterlassen.[40]

Die Grabbeigaben bestanden vor allem aus groben, schwarzen und rotbraunen Keramikschalen und -platten, *Impasto*-Keramiken genannt. Es handelt sich um einheimische Nachahmungen frühkorinthischer Gefäße. Sie lassen eine Datierung auf die Mitte des 7. Jahrhunderts zu. Wer wird aber je verstehen, was das Sgraffito *henphathn* auf einem Amphorenhenkel bedeutet? Nogara las *Heli Phathn* und übersetzte ins Lateinische Helia Fatinia. Aber handelt es sich wirklich um den Namen der Besitzerin?

Betrachten wir die beiden anderen Gräber, so können wir feststellen, wie sich der Plan im Verlauf eines halben Jahrhunderts verändert hat: das primitive Grundschema erscheint bereichert und reguliert. Das eine der Gräber hat zwei Namen[41]: den vorderen Teil mit den beiden Seitenflügeln am Ende des Ganges nennt man *Tomba degli Alari* (Grab der Feuerböcke), weil man unter den zahlreichen Küchengeräten in der linken Kammer zwei eiserne Feuerböcke gefunden hat. Den hinteren Teil des Grabes bilden zwei rechtwinklige Kammern, die durch einen kurzen Gang miteinander verbunden sind; dieser Teil heißt *Doli*-Grab wegen der großen (90 cm hohen) Impasto-Krüge; sie sind noch am Fundort zusammen mit der restlichen Grabausstattung, großen Weinamphoren aus der örtlichen Produktion, frühkorinthischen und korinthischen Vasen. Man datiert die Anlage auf die Zeit um 600.

Die linke Kammer des Grabes der Feuerböcke ist allen Plünderungen entgangen. Ihre Entdeckung war eine Sensation. Die Aufzeichnungen Mengarellis[42] spiegeln die Erregung der Anwesenden wider, als man am 13. April 1910 im Beisein des Prinzen und der Prinzessin Ruspoli, des Botschafters Tittoni und anderer italienischer Persönlichkeiten feierlich die Tür freilegte, die unverletzt geblieben war, seit zweitausendfünfhundert Jahre vorher in der Kammer die sterbliche Hülle einer etruskischen Adligen niedergelegt worden war. »Als man den oberen Stein der Tür entfernt hatte, konnte man auf dem schwarzen, feuchten Boden verschiedene glänzende Goldgeräte, eine Menge Vasen und andere in Gruppen zusammengestellte Gegenstände sehen, dazu kleine frühkorinthische Gefäße und ägyptische Figurinen. Die Gegenstände waren rund um eine dünne Schicht zersetzten Holzes angeordnet. Dies waren die wenigen Reste des Sarkophages oder des Totenbettes, auf dem der Leichnam gelegen hatte. Vom Skelett fand man nichts mehr; auch in diesem Grab hatte die Säure des Tuffsteins von Caere im Laufe der Jahrhunderte die Knochen und alle sonstige organische Materie aufgelöst. Verschiedene frühkorinthische Vasen hingen noch an oxydierten Nägeln an der Wand. Man betrachtete das Grab zunächst, ohne es zu betreten, im Schein tragbarer Lampen und war erstaunt über die reiche Fülle der Grabbeigaben: Goldschmuck, kleine Gefäße mit Toilettenöl und Parfüm, πυξίδες, die Holzköfferchen nachgebildet waren und kleinere Gegenstände enthielten. Alle diese Dinge konnten nur einer Frau für ihren Aufenthalt im Jenseits mitgegeben sein. Hinzu kamen die unentbehrlichen Küchengeräte: Feuerböcke und Bratspieße, ein Kessel und der dazugehörige Dreifuß, schließlich noch ein komplettes Tafelgerät, wohl dasselbe, das beim Leichenmahl zu Ehren der Toten benutzt worden war; es umfaßte Weinamphoren, Schöpf- und Mischkrüge, Trinkschalen und Teller. Im ganzen zählte man hundertneun Gegenstände.« Mengarelli schließt daraus: »Die hier bestattete Frau muß eine von den Ihren innig geliebte Mutter gewesen sein.«

Das Grab links unten, Grab der Betten und Sarkophage genannt[43], ist mit dem oben beschriebenen etwa gleichzeitig entstanden; vielleicht ist es auch ein wenig jünger. Die Ausstattung ist bereits in der Antike geplündert worden. Wir kennen daraus nur eine späte frühkorinthische ὄλπη (630 bis 610) mit einem Sgraffito auf dem Fuß: *mi L . . . . ia Apicus.* Trotz der Verstümmelung ist der Sinn klar: »Ich gehöre Larthia, der Frau des Apicus.«

Das Grab interessiert uns hier vor allem einiger architektonischer Eigenheiten wegen. Sein δρόμος führt zunächst in zwei Seitenkammern und mündet dann erst in den Hauptraum (4,30 mal 3,70 m), dem sich eine weitere kleinere Kammer anschließt (3,20 mal 2,70 m). Beide Kammern haben ein relativ flaches Satteldach mit einem kräftigen Firstbalken; zwei Meter über dem Boden liegt das Dach auf den Seitenwänden auf. Zwischen dem δρόμος und den Seitenkammern, zwischen dem δρόμος und der Hauptkammer sowie zwischen der Hauptkammer und der Nebenkammer befinden sich Türen. Die beiden ersteren haben geneigte Pfosten, die ein Tympanon mit Rundbogen tragen; die dritte Tür ist von zwei schmalen Fenstern flankiert und mit einem blinden Bogen gekrönt (Abb. 18). Wozu die Fenster? Der Architekt wollte der Hinterwand der Hauptkammer das vertraute Gesicht einer Hausfassade geben. Eine ähnliche Architektur findet sich in der gleichzeitig entstandenen *Tomba della Casetta* (Häuschen-Grab[44]; Abb. 26).

Die Kammer im Hintergrund war an drei Seiten mit Bänken versehen; in der Hauptkammer und in den Seitenkammern standen an den Wänden Betten und Sarkophage, die
dem Grab den Namen gegeben haben. Wir haben bereits
gezeigt, daß die männlichen Toten auf Betten, die weiblichen in Sarkophagen bestattet wurden.

Wir kehren nun zum Grab der griechischen Vasen zurück,
von dem wir ausgegangen sind[45]. Der Plan läßt erkennen,
daß man es aufgegeben hatte, die Kammern hintereinander
anzuordnen. Man war vielmehr bestrebt, alle Räume zu
einem Viereck zusammenzuschließen (etwa 9 mal 9 m). Die
Hauptkammer ist erheblich verbreitert (8,70 m); die Tiefe
ist beibehalten (3,30 m). Folglich steht der Balken des *columen* senkrecht zum Eingang. Die Verbreiterung hat zur
Folge, daß die Hauptkammer rechts und links ein wenig
über die Seitenkammern hinausragt. Im Hintergrund finden
wir außerdem drei Kammern statt einer, die zusammen fast
ebenso breit sind wie die Hauptkammer. Ähnliche für den
Ausgang des 6. Jahrhunderts charakteristische Pläne liegen
einigen der schönsten Gräber in Caere, dem Grab der Sitze
und Schilde, dem Grab der Kapitelle und dem Kranzgesims-Grab, zugrunde.

Die hinteren Kammern waren nur mit Bänken versehen;
die Seitenkammern und die Hauptkammer enthielten Betten. In der letzteren standen an den Seiten zwei Sarkophage mit dreieckigen Giebeln hinter zwei Betten, an deren
Ecken Löcher ausgespart waren: dorthinein wurden die
Beine des echten Totenbettes versenkt. Die Pfosten der Türen zu den hinteren Kammern sind eingekerbt. Man hat sie
wohl erweitern müssen, um die breiten Totenbahren durch-
schieben zu können.

Im Vergleich zu dem Grab der Betten und Sarkophage
(Abb. 18) ist die Hinterwand der Hauptkammer architektonisch besonders schön ausgestaltet. Man bemühte sich in
dieser Zeit besonders um diese Wand. Die Tür zu der mittleren Nebenkammer ist meist ein wenig höher als die seit-

lichen Türen. Sie führt zum Grab des Hausherrn. Alle drei
sind trapezförmig; die seitlichen Pfeiler und die Oberschwelle sind von einem vorspringenden Rundstab eingerahmt, der ursprünglich grün bemalt war. Im Kranzgesims-
Grab (Abb. 30) finden wir noch die Fensterchen mit den

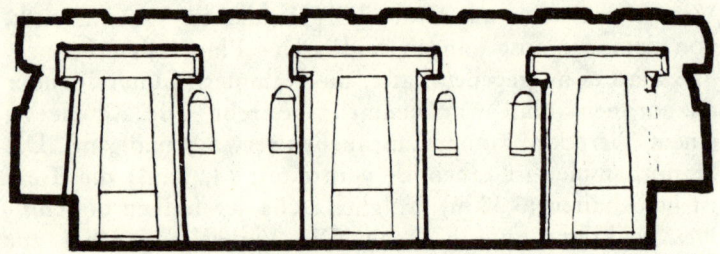

Abb. 30 Hinterwand des Atriums im Kranzgesims-Grab

Rundbögen; zwei flankieren die mittlere Tür, ein einziges
befindet sich jeweils am inneren Pfosten der Seitentüren.
Im Grab der Sitze und Schilde[46] (Abb. 31) und im Grab der
Kapitelle[47] (Abb. 32) sind die Fensterchen rechtwinklig geworden; man hat sich außerdem auf zwei beschränkt. Neue
ornamentale Elemente haben ihren Platz eingenommen.
Aber immer noch erkennt man die Fassade des Hauses, die
auf einen Hof oder ein Peristyl hinausgeht.

Abb. 31 Hinterwand des Atriums im Grab der Sitze und Schilde

Wir kommen hier nicht mehr auf die vielen Beigaben zurück, die im Fall der griechischen Vasen dem Grab den Namen gegeben haben und von einem feinen Lebensstil zeugen, dessen Pflege vor allem den Frauen oblag. Dasselbe Stilgefühl äußert sich in der Architektur der Paläste, die sich in

Abb. 32 Hinterwand des Atriums im Grab der Kapitelle

den schönen Grabanlagen widerspiegelt. Wir wollen sie noch etwas näher betrachten; sie hatten eine große Zukunft vor sich.

Das Atrium

Bis jetzt haben wir bewußt nur von der »Hauptkammer« gesprochen, wenn wir den zentralen Raum meinten, um den sich im Grab der Kapitelle, im Grab der griechischen Vasen und im Kranzgesims-Grab die Nebenräume gruppieren. Warum sollten wir ihn nicht gleich *atrium* nennen? Mit diesem Namen bezeichnet man den großen Saal in der Mitte des römischen Hauses, wo sich jeden Morgen die Klienten versammelten, um ihren Patron zu begrüßen und ihre *sportula** abzuholen. Diejenigen, die Pompeji kennen, werden sich beim Anblick der Skizzen sofort an ein Atrium erinnert fühlen. Der Vergleich drängt sich bei anderen Grä-

---

* Anm. d. Übers.: Portion Essen als Gabe an die Klienten; später durch Geld ersetzt.

bern, wie z. B. der *Tomba della Ripa*[48], die aus dem späten
5. Jahrhundert stammt, noch eher auf. Das Atrium ist nicht
mehr durch eine kleine Tür von den hinteren Räumen getrennt, sondern auf voller Breite zum *tablinum*, dem Wohn-
raum, hin geöffnet. Obwohl der Plan noch relativ unregelmäßig ist, kann man die Verwandtschaft z. B. mit dem sog.
Haus der Livia auf dem Palatin[49] oder dem Haus des M.
Lucretius Fronton in Pompeji[50] nicht übersehen. Auf der
Rückwand des *tablinum* befindet sich eine Scheintür mit
einem Bogen, die die Existenz eines *hortus*, eines Gartens,
suggerieren soll. Dieselbe Anlage findet sich auch in späteren Gräbern bis hin zu den Gräbern der Volumnii in Perusia[51] und dem François-Grab in Vulci[52], die in römischer
Zeit ebenfalls noch den echten Häusern nachgebildet sind
und bezeugen, was die Römer der etruskischen Kultur auf
diesem Gebiet verdanken.

Die Römer waren sich dessen auch bewußt. Eine bestimmte
Form des *atrium* nannten sie *tuscanicum* (toskanisch), »seit
sie«, wie Varro berichtet, »die Innenhöfe der Etrusker nach-
zuahmen begonnen hatten[53]«. Varro und sein Schüler Verrius Flaccus geben übrigens derjenigen Etymologie den Vorzug, die die Bezeichnung *atrium* von der Stadt Atria in
Etrurien ableitet, denn »von den Atriaten hat man diese
Anlage übernommen[54]«. Wir haben oben die an der Pomündung gelegene Stadt bereits erwähnt; sie hat seit der
Mitte des 6. Jahrhunderts eine große Rolle bei der Helleni-
sierung Etruriens gespielt[55]. Eine Inschrift auf den Mumienbinden von Zagreb scheint die Etymologie zu bestätigen:
wir finden dort das Wort *athre*, allerdings innerhalb eines
kaum verständlichen Kontextes[56].

Die Alten haben das Atrium viel genauer definiert als wir
bisher. Die Frage verdient mehr Aufmerksamkeit aus zwei
Gründen: der eine betrifft die Rolle des Atriums im Haus,
der andere seine Funktion beim Auffangen und Ableiten
des Regenwassers.

»Das Atrium«, schreibt Festus in einem Exzerpt, »ist ein

Raum vor dem Haus; er hat in der Mitte ein Becken, in das das gesammelte Regenwasser vom Dach abläuft[57].«
»Vor dem Haus, *ante aedem*«, bedeutet, daß das Atrium nicht zum Haus selbst gehörte. Das Herz der Wohnung war das Tablinum, der Empfangsraum des Hausherrn, in dem auch sein Bett und die Ahnenbilder aufgestellt waren. So war es wenigstens am Ende der römischen Republik. Die Archäologen streiten sich darüber, ob dies immer so gewesen ist oder ob die Unterordnung des Atriums unter das Tablinum das Ergebnis einer langen Entwicklung ist. Die einen meinen, daß das ursprüngliche römische Haus und damit das etruskische Haus, von dem es abstammt, aus einem Gebäudekern mit einem, zwei oder drei Zimmern bestand (den hinteren Kammern der Gräber zu vergleichen), die zwischen dem Atrium, d. h. dem Hof oder der Vorhalle, und dem *hortus*, dem Garten, lagen[58]. Sie vergleichen diese Anlage mit dem mykenischen Haus, in dem dem μέγαρον in ähnlicher Weise eine αὐλή vorgelagert ist. Andere glauben – und vielleicht haben sie recht –, daß das Atrium am Beginn der Entwicklung gestanden hat. Das Haus bestand aus einem einzigen zentralen Raum, in dem das Herdfeuer unterhalten wurde und an dessen Hinterwand dem Eingang gegenüber das Ehebett stand. Die Bettnische soll sich dann zu einem Schlafzimmer erweitert und schließlich zum Prunkraum entwickelt haben[59]. Die meisten Gräber, die wir besprochen haben, liegen zeitlich vor der *Tomba della Ripa*, auch *Tomba del Tablino* genannt; sie repräsentieren den Zustand, in dem das zukünftige Tablinum noch das Schlafzimmer des Hausherrn ist, neben dem rechts und links die Schlafzimmer der Kinder liegen: diese Anordnung »zeigt konkret den Vorrang der Eltern über die *familia*, die in den Nebenräumen untergebracht ist[60]«. Nicht zufällig enthält die Kammer, die direkt mit dem δρόμος verbunden ist, nur einfache Bänke statt Betten (vgl. Grab der Kapitelle); dieser Raum entspricht dem Dienstbotenzimmer des Hauses.

Seit dem 6. Jahrhundert kann man sich also überzeugen, daß die Aussage des Poseidonios berechtigt ist: das Atrium des etruskischen Hauses diente dazu, die Herren gegen den Lärm der Dienerschaft abzuschirmen.

Das Atrium hatte bei den Römern eine Öffnung im Dach (*compluvium*), durch die das gesammelte Regenwasser in

Abb. 33 Die Tomba della Mercareccia (Tarquinia)

ein darunterliegendes Becken (*impluvium*) abfloß. In Wirklichkeit ist diese Einrichtung ziemlich spät entstanden. Die Gräber, die so getreu die Architektur des Hauses widerspiegeln, liefern kein einziges Beispiel. Die ältesten Häuser von Pompeji waren mit einem Dach gedeckt und hatten ebenfalls kein *compluvium*[61]. Die Gräber von Caere lassen nicht die geringste Spur von einer Öffnung im Dach erkennen, obwohl alle anderen Details, Firstbalken, Dachsparren, Latten und Verzierungen, mit größter Sorgfalt

wiedergegeben sind. Ihre *atria* oder − was dasselbe ist −
cavaedia sind, nach der Terminologie Vitruvs, der die verschiedensten Arten von Innenhöfen[62] beschreibt, vom Typus
der *testudinata*, weil ihr Dach der *testudo*, dem Panzer der
Schildkröte, glich. Ein Grab in Tarquinia, *Tomba della Mercareccia*[63] (Abb. 33) genannt, und eine Haus-Urne, die in

Abb. 34 Urne in Hausform (Poggio a Gaiella)

Poggio a Gaiella bei Chiusi[64] (Abb. 34) gefunden worden
ist, zeigen eine neue Entwicklungsstufe: an der Stelle des
compluvium ist eine rechteckige Öffnung ausgespart. Beide
Beispiele sind nicht vor dem 4. Jahrhundert anzusetzen; das
pyramidenstumpfförmige Dach mit seinen vier Flächen neigt
sich nach außen, so daß das Regenwasser nach außen abfließt.
Vitruv nennt dies ein *cavaedium displuviatum*. Das *com-
pluvium-impluvium*-System beruht darauf, daß sich die
vier dreieckigen Dachflächen zur Mittelöffnung hin neigen

und das Regenwasser dorthin leiten. Ein archäologisches
Dokument existiert bis jetzt noch nicht. Wir müssen uns an
Vitruv halten, der zwischen dem toskanischen, dem vier-
säuligen und dem korinthischen Atrium unterscheidet.
»Im toskanischen Atrium«, berichtet er, »waren die Balken
über die ganze Breite des Raumes gezogen und mit Querbalken verstärkt; Regenrinnen führten von den Mauerecken
zu den Ecken des Gebälks; die Sparren, die die Dachtraufen
bildeten, waren zum *compluvium* hin ausgerichtet.« Das
Wesentliche war, daß das *compluvium* durch die Kreuzung
von vier Balken gebildet wurde, die im Mauerwerk veran-
kert waren, und daß die ganze Konstruktion von der Trag-
fähigkeit dieser Balken abhing. Zur Erweiterung des
Atriums bediente man sich dann der Säulen; zunächst waren
es vier (viersäuliges Atrium) und später mehr (korinthisches
Atrium); auf ihnen ruhte das Dach.

Säulen und Peristyle

Der Name *cavaedium tuscanicum* blieb mit dem verhältnismäßig archaischen Atrium-Typus verbunden, dessen Dach
mit *compluvium* nur von horizontalen Balken gehalten war
und ohne Säulenstützen auskam. Die Römer erkannten mit
dieser Bezeichnung an, was sie den Etruskern verdankten,
und gaben gleichzeitig zu verstehen, daß die Entlehnung
schon sehr früh stattgefunden hatte. Noch in der Kaiserzeit berichtet Plinius der Jüngere mit Zufriedenheit, daß
seine Villa bei Ostia mit einem »einfachen, aber eleganten
Atrium« versehen sei *(atrium frugi nec tamen sordidum*[65]*)*
und daß das Atrium, das er in Umbrien in Tifernum
Tiberinum (Città di Castello) hatte bauen lassen, »nach
einem alten Modell« errichtet war *(atrium ex more vete-
rum)*. Vielleicht hatte ihn der *genius loci* veranlaßt, zu den
etruskischen Traditionen zurückzukehren. Sicherlich ver-

stand er unter seinen Angaben ein toskanisches Atrium ohne
Säulen, das in seiner nüchternen Strenge dem vom barocken
Luxus der Säulenhallen übersättigten Geschmack eine ange-
nehme Erfrischung bot[66]. Damit ist aber nicht bewiesen, daß
die Etrusker selbst die hellenistischen Säulenhallen abgelehnt hätten und durch alle Zeiten dem Muster treu geblie-

Abb. 35 Ein Kapitell

ben wären, das sie selbst entwickelt hatten. Den Beweis
liefert Poseidonios. Als er von dem etruskischen Atrium berichtete, bezeichnete er es mit dem Namen περίστωιον,
einem griechischen Synonym für Peristyl[67].
Vitruv[68] beschreibt eine toskanische Säulenform und unterscheidet sie von der ionischen, dorischen und korinthischen.
Es handelt sich um eine besonders schlanke, hohe Säule, deren Durchmesser ein Siebentel der Höhe beträgt. An keinem
der erhaltenen Monumente ist sie zu finden. Diese Form

ist das Ergebnis einer langen Entwicklung; denn die etruskischen Architekten hatten im Verlauf mehrerer nicht er-
forschbarer Jahrhunderte viel geleistet. Wir kennen nur die
ersten Anfänge dieser Säulenform. Schon in Gräbern des
6. Jahrhunderts (die daher ihren Namen haben) stützen
Säulen die Decke des Atriums: im Grab der dorischen Säu-

Abb. 36 Fassade des Felsengrabes von Norchia

len[69] und im Grab der Kapitelle[70] in Caere waren es zwei,
im Vignanello-Grab auf faliskischem Gebiet nur eine
Säule[71]. Die besonders stämmigen Säulen ruhten auf einer
runden Basis, der Schaft war glatt oder kanneliert. Sie
entwickelten einen sehr alten griechischen Typus in unvor-
hergesehener Weise weiter; dies bezeugen die erstaunlichen
Kapitelle im Grab der Kapitelle: auf den zwei gegenüberliegenden Vorderseiten haben sie je eine doppelte Volute,
zwischen der sich eine Palmette entfaltet; die Seiten der
Kapitelle bestehen aus zehn vertikalen Volutenscheiben, die

sich wie Bücher in einer Bibliothek aneinanderreihen
(Abb. 35). Die Vorderseiten sind in Richtung Grabinneres
orientiert, sie schmücken eine Art Mittelallee aus, die den
δϱόμος verlängert und ins hintere Hauptgemach führt. Man
hat die Säulen äolisch genannt; ein stark orientalischer Zug
weist auf assyrische Vorbilder hin.

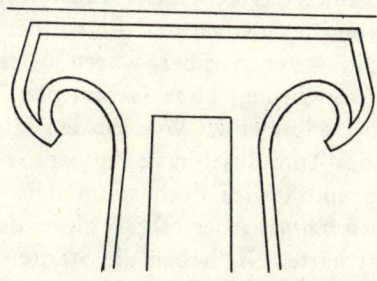

Abb. 37 Die Oberschwelle einer etruskischen Tür

Man kann sich ein Bild von der bisweilen überschäumenden
Freude der Etrusker an Säulenhallen machen, wenn man
die etwas späteren Felsengräber (4. bis 3. Jahrhundert) betrachtet, die in die Steilhänge mehrerer kleiner Städte in
der Umgebung von Tarquinia und Vulci, San Giuliano,
Bieda, Norchia und Sovana[72] (Abb. 36) eingelassen sind.
Diese Orte liegen wie Adlerhorste auf den Felsen. Die
Gräber haben einen Porticus mit zwei, vier oder sechs dorischen oder korinthischen Säulen, manchmal sogar zweistök-
kig angelegte Säulenhallen, deren Obergeschoß zurückge-
setzt ist. So haben wohl 200 v. Chr. die Loggien der etruskischen Häuser über den Tälern ausgesehen. Sie erinnern
ebensosehr an Tempelfassaden: Hausbau und Sakralbau
sind nicht zu trennen. Die Felsengräber öffnen sich in einer
trapezförmigen Tür. Interessant sind die neuen Formen der
Türen, die sich seit dem archaischen Grab wesentlich verändert haben: die Rahmen waren in Wirklichkeit aus Holz,

und der Meißel des Tischlers formte die überstehenden
Teile der Oberschwelle zu Voluten[73] (Abb. 37).

Die Spuren eines regulierenden Planes

Kehren wir zurück zur Banditaccia-Nekropole. Sie kann
uns noch einiges über das Leben der Einwohner von Caere
verraten, z. B. wie die Straßen und Plätze der Stadt ausgesehen haben. Die ersten Gräber waren offenbar zufällig
angelegt ohne Ausrichtung, ohne Gesamtplan. Die Trauer-
züge bahnten sich selbst einen Weg zu den älteren Gräbern
in der Gegend des Tumulus Nr. 2; die Straße war sehr ge-
wunden, aber grundsätzlich doch schon nach Osten orientiert wie ein *decumanus*. Aber es gab nirgends einen *cardo*,
der ihn gekreuzt hätte. Nie haben die Städte der Toten das
Aussehen der orthogonalen Stadtanlagen gehabt, obwohl
die Etrusker seit dem Ende des 6. Jahrhunderts auch den
weniger geeigneten Geländeteilen den Idealplan aufzuzwin-
gen suchten. Doch die Gräberstädte entwickelten mit der
Zeit ebenfalls eine Tendenz zur regelmäßigen Anlage. Einzelne erforschte Partien bzw. Luftaufnahmen beweisen es:
wir erkennen von Bauwerken fest eingeschlossene, kleine
rechteckige oder dreieckige Plätze, wie wir sie noch heute
in italienischen Städten antreffen. Als kleine schwarze
Flecken erscheinen sie auf den Photographien Bradfords.
Einen davon hat Mengarelli die *Piazzetta incassata*[74] genannt, »den kleinen eingeschlossenen Platz« (Abb. 38).
Außerdem richten sich die Gräber nun längs der Straße aus.
Die Via XIII, Straße der griechischen Vasen genannt, weil
man hier ebenfalls zahlreiche attische Vasen gefunden hat,
verdient in dieser Hinsicht besondere Aufmerksamkeit[75]
(Abb. 26). Es handelt sich um ein junges Viertel der Nekro-
pole: es ist als Ganzes etwa eine Generation später anzusetzen als die bekannten Fürstengräber, wie das Grab der
Kapitelle und das Grab der Schilde, die unter ihrem Tumu-

lus den Sinn für Symmetrie und Majestät, der auch aus den Palastanlagen der zweiten Hälfte des 6. Jahrhunderts spricht, ausdrücken; die Datierung wird durch die Grabbeigaben ermöglicht, die noch zum größten Teil aus schwarz-

*Abb. 38 Eine Seite der Piazzetta incassata
(Nekropole della Banditaccia, Cerveteri)*

figurigen attischen Vasen bestehen, aber auch zahlreiche, ziemlich nachlässig gestaltete Lekythen umfassen: es handelt sich um späte schwarzfigurige Arbeiten, deren Entstehungszeit man zwischen 515 und 480 ansetzt. Es fanden sich auch einige rotfigurige Gefäße: eine Schale des Skythes (um 520) im Grab Nr. 355 und eine Oinochoe, eine Weinkanne (Anfang des 5. Jahrhunderts) im Grab Nr. 343. Hin-

zu kamen Bucchero*-Gefäße und Fragmente später etruskischer Keramiken. Allen Gräbern der Via XIII sind die
genannten Merkmale gemeinsam; sie stammen aus der gleichen Zeit, aus der ersten Hälfte des 5. Jahrhunderts.

Der Schluß, der sich aus den Keramikfunden ziehen läßt,
wird bestärkt durch den neuen Gräbertypus, der von dieser
Zeit an der beherrschende wird: es handelt sich um die Gräber *a caditoia*, so genannt wegen einer Art Kamin, der vom
Boden des Zuganges senkrecht bis zur Decke gebaut war
und bis zur Erdoberfläche reichte; über seine Funktion ist
man sich nicht im klaren, es sei denn, daß er etwas Licht in
das Grab einlassen sollte, wenn man die Fliesen, die ihn
abdeckten, entfernte. Vor allem aber fehlen nun das Atrium
und die Totenbetten. Wir finden eine oder zwei Kammern,
an deren Wänden Bänke aufgestellt sind. Auf den Bänken
hatten die Toten ihren Platz, der durch ein Rechteck vor-
gezeichnet und mit einem Halbkreis am Kopfende versehen
war. Es handelt sich hier nicht mehr um Familiengräber im
strengen Wortsinn. Die Vorrangstellung der Eltern vor
ihren Kindern und den anderen Gliedern der *familia* drückt
sich nicht mehr in der Anordnung der Kammern und
der Totenbetten aus. Die ungewohnte Einrichtungsweise
entspricht gewiß Neuerungen im Kultus und im sozialen und
politischen Bereich, von denen wir nichts wissen, möglicherweise einer Rückkehr zu strengeren, puritanischen Formen.
Wir müssen bedenken, daß das 5. Jahrhundert, in dem die
Gräber *a caditoia* und die Mehrfachgräber auftauchen, nicht
allein in Rom, sondern in ganz Mittelitalien das Ende der
Monarchie und die Anfänge der Republik gebracht hat und
daß außerdem die Dekadenzzeit der Etrusker unmittelbar
bevorstand. Auch in der Nekropole von Caere sind Veränderungen zu bemerken.

---

* Man versteht darunter Keramiken aus sehr feinem Ton von glänzend
schwarzer Farbe, ein Geheimnis der Etrusker. Die Gegenstände waren
entweder graviert oder mit Reliefs geschmückt. Sie sind typisch für die
etruskische Kunst des 7. bis 5. Jahrhunderts.

Betrachten wir den Plan. Auf der linken, d. h. der Westseite der Straße sind die Gräber ganz unregelmäßig grup-
piert; auf der rechten Seite sind sie fehlerlos ausgerichtet.
Fünf Gräber werden von derselben Fassadenwand abge-
schlossen, die nach dem Maßband gezogen zu sein scheint.
Die drei ersten Gräber sind mit Sicherheit zusammen erbaut worden; man fragt sich unwillkürlich, was wohl die
Toten verbunden hat. Auch das fünfte Grab, das kleiner
ist, richtet sich genau nach der Lage der anderen. Auf den
Steinblöcken und Türpfosten befinden sich übrigens Zeichen
des Maurers, der sie gesetzt hat. Die Treppen, die das dritte
Grab vom vierten und das vierte vom fünften trennen,
scheinen lediglich dazu gedient zu haben, die Grenzen der
Besitztümer zu markieren. Man ist, was die Modalitäten
des Begräbnisrechtes und der zugehörigen Formen der Anlage betrifft, auf Vermutungen angewiesen. Der Vergleich
mit einer anderen bekannten Nekropole, der römischen
Nekropole Isola Sacra bei Ostia, wird vielleicht manches
klären. Jedenfalls betrachtet man mit großem Interesse die
schnurgerade Mauer und die gleich angelegten Gräber, den
ersten Versuch einer regelrechten Planung. In der *Via dei
Vasi Greci* und in anderen Teilen der Banditaccia bezeugen
diese Neuerungen den Sinn für eine planmäßige Raumauf-
teilung, der sich auch in der Stadt Caere selbst ausgedrückt
haben dürfte.

III.

Die immer besser angelegten Straßen, die regelmäßigen
Plätze, die wir anhand der Nekropolen feststellen und in
die geräuschvollen, belebten Städte übertragen dürfen, müssen wir nun in unserer Phantasie mit mittelmeerischem Treiben bevölkern: mit den aus Plautus bekannten Sklaven, mit
Vieh, das unter Trompetenklang zum Markt getrieben wird,
mit den Magistraten, ihren Liktoren und Begleitern, mit

den *Culni*, die sich im *carpentum* zum griechischen Vasen-
großhändler begeben. Und dazu den ganzen rasenden Verkehr, der einen Boileau in Paris und einen Juvenal in Rom
zur Verzweiflung gebracht hat, obwohl man nach seinen
Aussagen »in Volsinii inmitten bewaldeter Hügel« nicht mit
dem Einsturz von Hochhäusern zu rechnen brauchte, wie in
der Ewigen Stadt[76].
Die Gräber haben uns nur die nackten Wände im Hausinne-
ren gezeigt mit den trapezförmigen Türen und den regelmäßigen Fenstern. Uns obliegt es nun, die Häuser, die
hauptsächlich Einzelwohnungen waren, wie wir gesehen haben, sparsam zu möblieren, damit wir uns ein Bild vom
häuslichen Leben machen können.

Die etruskischen Möbel

Die etruskischen Möbel scheinen wie die griechischen, an
denen man sich in der Regel inspiriert hat, sehr einfach gewesen zu sein[77]. Die Liegen mit den gedrechselten Beinen
haben wir bereits beschrieben; sie befanden sich auch in den
Häusern und dienten nicht nur zum Schlafen, sondern auch
als Speisesofas; vor den Liegen stellte man wie in Griechenland niedrige, dreibeinige Tische auf, die rechteckig und
zweistöckig waren[78]. Es gab außerdem Sitzmöbel, auf die
wir noch zurückkommen werden. Die Wäsche wurde in Tru-
hen aufgehoben. Vergebens sucht man Schränke, Kommoden
und Regale, die man auch in Griechenland nicht findet[79].
Auf τραπέζαι, Tischen mit vier Beinen, die Pferdebeinen
nachgebildet waren, wurde das Geschirr abgestellt[80]. Das
Luxuriöseste an der Einrichtung waren offenbar die Bron-
zegeräte, die die Etrusker auch nach Griechenland expor-
tierten. Der Tyrann Kritias, ein Elegiendichter seiner Zeit,
pries am Ende des 5. Jahrhunderts die unvergleichliche Voll-
kommenheit »aller etruskischen Bronzearbeiten, die, wel-

chem Zweck sie auch dienen, der Schmuck des Hauses sind[81]«. Es handelte sich um Leuchter, Dreifüße und Räucherpfannen. Zum Schluß seien noch die mit Rollen versehenen Kohlenbecken erwähnt, die gegen die Winterkälte eingesetzt wurden.

Als Sitze benutzte man, abgesehen vom Rand des Ruhebettes, leichte Schemel und Faltstühle, die wir von attischen Vasenbildern her kennen. Einen davon sieht man auf einem Gemälde im Grab der Auguren. Ein kleiner Sklave trägt ihn auf seiner Schulter zum Faustkampfrichter[82]. Mit Elfenbein beschlagen, diente der Schemel als Ehrensitz für Könige und Richter. Die *sella curulis* des römischen Beamten ist ihm nachgebildet.

Von etruskischer Herkunft scheint eine Art Sessel zu sein, ein niedriger Lehnstuhl, wie er sich im Grab der Sitze und Schilde (6. Jahrhundert) in Caere in zweifacher Ausfertigung in Stein gehauen befindet. Die beiden Sessel lehnen an der Rückwand des Atriums zwischen den Türen, die in die Prunkzimmer führen (Abb. 31). Der Sitz selbst besteht aus einem breiten, zylinderförmigen Stück, das von einer ausgebuchteten und abgerundeten Rückenlehne überragt wird; der Sitz ist vorn über einer kleinen Fußbank offen. Was hier aus Stein ist, bestand in Wirklichkeit vielleicht aus Weidengeflecht. Die Möbel erinnern nämlich deutlich an eine bei uns allbekannte Art von Gartenmöbeln. Ähnliche Korbstühle sind auch auf Reliefs aus der römischen Rheinprovinz zu finden[83]. Die Sessel im Grab dienen nicht dazu, daß der Tote sich auf seiner Reise ins Jenseits darauf ausruhen könnte. In Chiusi hat man ähnliche Sitze aus Terrakotta und Bronze gefunden, die als Ständer für Ossarien mit Menschengesichtern, die »Kanopen« genannt werden, dienten[84]. Auch in Caere werden sie wohl das Bild des Toten getragen haben. In Wirklichkeit waren diese Sitze nämlich Throne alten, einheimischen Stils. Sie erscheinen auch auf den *situlae*, den Bronzeeimern aus der Gegend von Bologna,

die uns über manche Details der Kleidung und lokaler Gebräuche informieren[85]. Später wurden sie durch die griechischen Throne mit gerader Lehne und gedrechselten Arm-
stützen ersetzt. Im Barberini-Grab in Praeneste hat man
einen solchen Thron gefunden, der mit Bronze beschlagen
war. Im Regolini-Galassi-Grab entdeckte man einen Thron
in klassischer Form[86], der aus der gleichen Zeit, aus der
Mitte des 7. Jahrhunderts, stammt. Ja, es gibt sogar eine
Marmorausführung aus dem 4. bis 3. Jahrhundert, den Cor-
sini-Thron in Rom. Er ist mit archaischem Dekor versehen
und beweist deutlich, daß sich diese Art von Sitzen nur als
Kultmöbel gehalten hat[87]. Durch griechische Einflüsse verdrängt, verschwanden sie früh aus der Zahl der Gebrauchs-
möbel.

Das Grab der Reliefs

Wenn wir uns die Atmosphäre des etruskischen Hauses vorstellen wollen, müssen wir uns ein Grab genau ansehen, das
die begeisterten Finder im 19. Jahrhundert *la tomba bella*
genannt haben, als handele es sich um eine Primadonna.
Heute heißt es Grab der Reliefs[88]. An den Wänden hängen
an Nägeln alle Gegenstände, die für ein bequemes, vorneh-
mes Leben bzw. Weiterleben im Jenseits notwendig sind. Es
handelt sich allerdings um Nachbildungen aus Stuck, die
mit sehr feinen Farben rosa, rot, braun, gelb und blau bemalt waren. Die Bemalung unterstreicht Einzelheiten und
deutet bisweilen auch auf das Material hin.
Das Grab ist etwas jünger als die anderen, mit denen wir
uns beschäftigt haben (3. Jahrhundert). Es besteht aus einer
einzigen Kammer, deren Decke durch zwei viereckige Pfeiler abgestützt ist. In die Wand sind längliche Nischen gehauen, in denen die Toten wie in Alkoven gelegen hatten.
Das Grab hat dreizehn Nischen, die den wichtigsten Fami-
lienmitgliedern vorbehalten waren. Eine große Zahl weni-

ger bedeutender Toter (etwa 30) war auf dem Boden bestattet worden in rechteckigen Feldern, die durch eine dünne Randleiste voneinander abgegrenzt sind (Abb. 39). Es han-

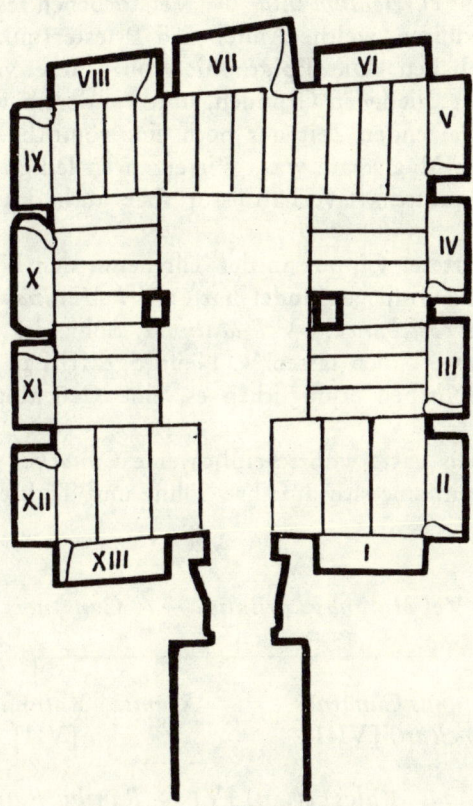

Abb. 39 Das Grab der Reliefs (Cerveteri)

delt sich um das Grab der Familie der *Matuna*. Von dem Namen existiert eine leicht latinisierte Form *Maduius (Lartia Maduia*[89]*)* und die voll latinisierte Form *Matonius, Mathonius*[90]. Zweifellos handelt es sich um eine angesehene

Familie, die noch ein weiteres Grab in Caere auf der nordwestlichen Banditaccia beim sog. Tarquinier-Grab[91] besessen
hatte. In anderen Städten, z. B. in Tarquinia, hätten Inschriften das *curriculum vitae* der Verstorbenen festgehalten,
und wir wüßten, welche Ämter und Priesterfunktionen sie
bekleidet haben. Die Epigraphie von Caere verschweigt
dies aus verschiedenen Gründen, unter anderem weil Caere
in der betreffenden Zeit nur noch eine römische Präfektur
ohne eigene Magistrate war. Wir erfahren lediglich Namen
und Verwandtschaftsverhältnisse; aber auch das ist interessant[92].

Ein beschrifteter Cippus an der Tür nennt den Namen dessen, der das Grab gegründet hatte: *Vel Matunas Larisalisa
ancn suthi cerichunce*, »*Vel Matunas*, Sohn des *Laris*, hat
dieses Grab erbauen lassen[93]«. Neun Sgraffiti in einer Anzahl von Nischen ermöglichen es, eine Genealogie aufzustellen[94].

Vel Matunas hatte wahrscheinlich eine *Canatnei* geheiratet,
deren Gentilname sich auf ihre Söhne und Töchter übertragen hat:

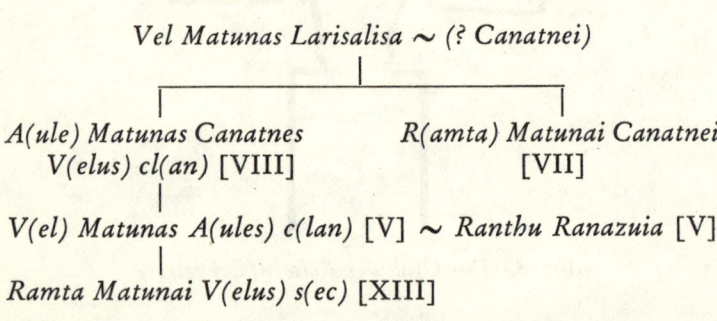

Hier hat der Stammbaum eine Lücke; eine Generation später setzt er wieder ein:

(? *Matunas* ∼ ? *Clatei*)

|

M(arce) Matunas Clate [II] ∼ *Ranthu Plavti*
                                      V(elus) s(ec) [IV]

|

M(arce) Matunas M(arces) c(lan) [XIII]

Ein *La(rth) Matunas* [II] bleibt übrig, dessen Verwandt-schaftsgrad nicht genau zu bestimmen ist.

Der Name *Ramta Matunai Canatnei* ist im mittleren Alko-ven, der sich in der Hinterwand des Zimmers befindet, ein-graviert. Die ganze Einrichtung und Dekoration des Grabes ist so gehalten, daß dieser Toten die höchste Ehre zuteil wird. Der Blick wird vom Eingang zwischen den beiden Pfeilern hindurch, die nur jeweils an der Innenseite deko-

Abb. 40 Die Hauptnische im Grab der Reliefs

riert sind, wie auf einem Prozessionsweg auf die besonders
liebevoll ausgestattete Nische gelenkt, die alles enthält, was
zum Schlafzimmer eines Mädchens gehört (Abb. 40). Das
Bett ist dargestellt als eine Liege mit vier geschnitzten Beinen, zwischen denen sich ein Relief mit Unterweltsgetier
befindet. Zwei aufeinandergelegte Kopfkissen auf der rechten Seite erwarten das Haupt der Toten. Vor dem Bett
steht ein sehr niedriger Schemel mit ihren Sandalen wie im
Traum der Hl. Ursula von Carpaccio. Links steht eine
Truhe mit einem schön gezeichneten Schloß; sie läßt sich mittels einer Klappe nach vorn öffnen; ein sorgsam gefalteter
Wäschestapel liegt darauf. An den Pfeilern, die die Nische
einrahmen, sind Vasen, ein Halsband, ein Federfächer und
ein langer Stock aufgehängt. Weiter oben befinden sich –
leider verstümmelt – zwei Büsten; die linke scheint einen
Mann, die rechte eine Frau dargestellt zu haben. Die Köpfe
sind leicht nach dem Bett hin ausgerichtet. Es handelt sich
wohl um die Eltern *Vel Matunas* und *Canatnei*, die bei ihrem toten Kind wachen.
Dies ist eine der möglichen Interpretationen. Normalerweise
nimmt man an, daß die so sorgfältig und liebevoll ausgestattete Nische für den Vater und die Mutter der Familie,
deren Büsten an den Pfeilern angebracht sind, bestimmt
war. Ein schwerwiegendes Argument unterstützt diese
These: man hat in der Nische ein männliches Skelett gefunden. Die Inschrift deutet auf eine Frau, die Knochenfunde
deuten auf einen Mann. Wir sehen uns hier einer der vielen
Widersprüchlichkeiten gegenüber, über die die Historiker so
oft stolpern. Man müßte also annehmen, daß *Vel Matunas*,
der Sohn des *Laris*, das Grab für seine Tochter *(Ramta)* und
deren Gatten hat erbauen lassen. Wir glauben nämlich immer noch, daß die beiden übereinandergelegten Kopfkissen,
das einzelne Sandalenpaar und alle die eher weiblichen Attribute bei der Nische (müssen der Stock oder das Zepter
denn unbedingt auf einen Mann hinweisen?) bezeugen, daß
dieses Totenbett für *Ramta* allein bestimmt war. Ihr Bru-

der *Aule* liegt unmittelbar neben ihr in der linken Nische
[VIII]. Die Eltern müssen in einem älteren Grab bestattet
sein. Zunächst war im Grab der Reliefs für jede Nische nur
ein Toter vorgesehen gewesen. Aber ab der zweiten Generation wurden Ehegatten Seite an Seite (z. B. in der Nische V) beigesetzt, später sogar zwei beliebige Familienmit-
glieder (zwei Männer) in der Nische II und in der Nische
XIII (eine Frau und ein Mann, vielleicht Base und Vetter,
nicht unbedingt Eheleute). Das Grab ist erwiesenermaßen
Jahrhunderte hindurch benutzt worden, es wurde enger und
unübersichtlicher; schließlich belegte man wohl bereits benutzte Nischen neu. Auch der schönste Platz wurde wieder
vergeben, nachdem man die Reste der ursprünglichen Inha-
berin beseitigt hatte; deshalb wurde an diesem Platz nur
ein männliches Skelett gefunden.

Das Grab der *Matuna* ist also anläßlich des Todes eines
Mädchens eröffnet worden. Die Schmuckstücke und der
Fächer weisen auf ihr friedliches Dasein hin. Das Grab selbst
aber gehörte einer Soldatenfamilie: die Hauptdekoration,
ein Fries über den Nischen und auf den vorspringenden
Balken, die das Dach stützen, zeigt so klar wie kein anderes
Grab in Caere, daß die Familie kriegerische Aufgaben er-
füllte. Helme, Beinschienen, Rundschilde, Schwerter in der
Scheide, Stirn- und Brustschmuck für die Pferde und große
Hörner, mit denen zum Angriff geblasen wurde, wechseln
miteinander ab.

Ganz anders ist das seltsame, pittoreske Durcheinander von.
Dingen, das auf den jeweils einander gegenüberliegenden
Seiten der Pfeiler inmitten der Grabkammer abgebildet ist
(Abb. 41, 42, 43, 44). Auf vier rechteckigen Flächen von
etwa zwei Metern Höhe und vierzig bzw. siebzig Zenti-
metern Breite ist wie in einem Panoptikum eine ganze
Sammlung von Geräten, vorwiegend Küchengeräte, zu se-
hen: alles, was man zu einem glücklichen Leben im Jenseits
braucht. Die Auswahl ist willkürlich; sie ist eher von dem
Sinn für die ausgewogene Verteilung der Dinge auf den

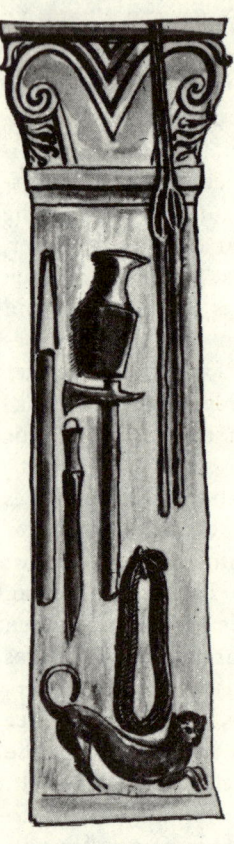 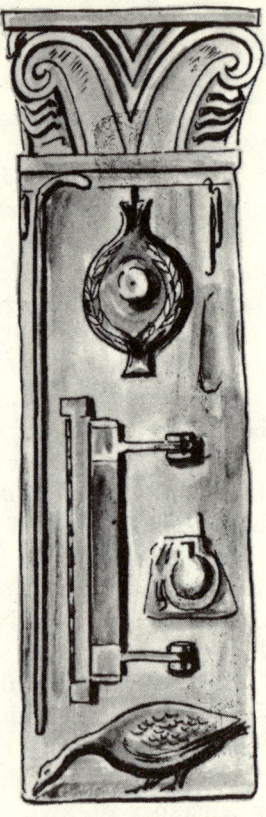

Abb. 41 Bildfläche 1   *Abb. 42 Bildfläche 2*

Flächen, von einer Abneigung gegen die Leere bestimmt als
von dem Verlangen, methodisch geordnete Studienobjekte
zu bieten. Viele Gegenstände sind noch nicht identifiziert.
Seit langem übt sich der Scharfsinn der Archäologen, die von
Fall zu Fall Tischler, Sattler oder Eisenwarenhändler sein
müssen, an den rätselhaften Darstellungen. Noch ist die Lösung aller Fragen nicht abzusehen. Am Fuß dreier Flächen

Abb. 43 Bildfläche 3

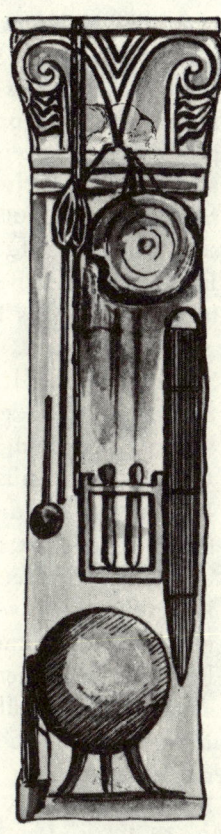

Abb. 44 Bildfläche 4

sind, wie auf den Gelageszenen der Fresken von Tarquinia, Haustiere abgebildet. Die geschwungene Rückenlinie der Tiere entspricht der orientalischen Darstellungsweise. Wir erkennen einen Marder, der einen Maulwurf fängt, eine Gans, die Körner frißt, eine Ente, die, den Kopf in den Flügeln versteckt, schläft, eine Wildkatze, die eine Eidechse in ihren Krallen hält. Aber wer könnte bestreiten, daß die

wesentlichen Stücke oberhalb der Tiere aus einer wohlein-
gerichteten Küche stammen? Wir finden da einen Krug oder
eine Oinochoe aus Bronze (1), eine Henkelschale aus Terrakotta, die mit Lorbeerblättern dekoriert ist (2), eine komplette Serie Kellen und Rührlöffel (3 und 4), nicht zu vergessen den praktischen Messerhalter (4) oberhalb der Wanne
mit ihrem Dreifuß und dem Stößel links davon; zwei Messer sind dort aufgehoben mit graugrünen Klingen (d. h. aus
Eisen) und hellen Griffen (d. h. aus Holz). Rechts daneben
hängt ein ganzes Bündel Bratspieße. Außerdem ist ein Beil
zwischen einem Küchenmesser und einer großen Rolle
Schnur dargestellt (1) nebst verschiedenen Zangen (3), mit
denen man die großköpfigen Nägel und die Haken, an
denen all die Dinge hängen, wieder ausreißen konnte. Einige
Gegenstände müssen näher erklärt werden. Die obere
Hälfte der Fläche 3 wird von einer großen, hellgelben
Platte (vielleicht aus Holz) mit einem gedrechselten Rand
und zwei Griffen eingenommen. Ein Griff sitzt an einer
Langseite, der zweite an einer kurzen; an ihm ist der Gegenstand zusammen mit einer Ledertasche aufgehängt. Elf
horizontale Linien, die auf der Abbildung nicht zu sehen
sind, ziehen sich über die Oberfläche der Platte.
Man hat dieses Ding als linierte Bronzetafel angesehen, die
auf eine Inschrift warte, oder als ein Rechenbrett mit seinen
Unterteilungen. Vor nicht allzu langer Zeit ist man auf den
Gedanken gekommen, es könnte sich auch um ein Makka-
ronibrett handeln[95]. Zur Herstellung der Makkaroni soll
die Rolle gedient haben, die an einer Schnur auf der linken
Seite von (1) hängt, und das kleine, gezahnte (?) Rad auf (3)
zwischen der Ente und der Zange, mit dem der Teig in die
gewünschte Form (*fettuccine* oder *tagliatelle*) gebracht worden sein soll. Der Beutel wäre der Mehlsack. Der Verwendungszweck des rätselhaften Gegenstandes erscheint dem
Autor der Hypothese um so sicherer, als der Herr des Grabes, der doch ganz offenbar mit Waffen und Küchengeräten

zu tun hatte, unbedingt ein Armeelieferant gewesen sein
mußte.

Wir wollen zwar nicht bestreiten, daß die Alten die Makkaroni gekannt haben (einige Humanisten leiten ihren Namen
von griechisch μάκαρ — glückselig — ab, weil sie die Feinschmecker beglücken), aber des Rätsels Lösung muß doch
anderswo gesucht werden[96]. Wir haben es mit einer *tabula
lusoria* zu tun, einer Art Damebrett mit zwölf Abteilungen,
auf denen die Spieler die Steine, die wahrscheinlich in dem
Ledersäckchen aufgehoben wurden, bewegten. Wir wissen,
daß man in der Antike mit Leidenschaft würfelte und
Tricktrack oder zumindest ähnliche Spiele spielte. Die Spiel-
regeln kennen wir nicht, das Spiel selbst erscheint auf bildlichen Darstellungen. Griechische Vasen und etruskische
Spiegel zeigen Ajax und Achill, die sich auf diese Weise
die Langeweile bei der Belagerung Trojas vertrieben: sie
sitzen einander gegenüber, auf den Knien halten sie ein
Brett, das durch sieben oder zwölf parallele Linien in Zonen
unterteilt ist, in denen sich zwei Würfel oder zwei Spiel-
steine befinden. Das Würfelspiel ist auch bei den Etruskern
bezeugt: man hat in Tuscania zwei Würfel gefunden, die
sich jetzt im Louvre befinden. Die Zahlen sind in Buchstaben auf den sechs Flächen vermerkt. Diese Würfel sind
eine wichtige Quelle für unsere Kenntnis der ersten sechs
Zahlwörter. Aber in dem Beutel bei der *tabula lusoria* befinden sich mehr als zwei Würfel. Man darf annehmen, daß
die *Matuna* einem Spiel mit mehr Steinen den Vorzug gaben, z. B. dem Kleine-Diebe-Spiel, von dem Varro berichtet[97]: in Venafro in Kampanien hat man in einem Grab
aus der Kaiserzeit eine ganze Serie Figürchen aus Knochen
entdeckt, die einem Schachspieler das Herz höher schlagen
lassen könnten. Auch dieses Spiel war einem Toten zu seinem Vergnügen mitgegeben.

Ein anderes Problem stellt der bizarre Gegenstand links
auf der Fläche (2). Auch hier läßt sich wohl eine Lösung
finden: auf den ersten Blick würde man das Ding für ein

Hecksteuerruder halten, wenn man nicht wüßte, daß die
Schiffe in der Antike ausschließlich mit den Rudern gelenkt wurden. Wir sehen zwei unterschiedlich hohe, zusam-
mengefügte Rechtecke; das eine ist gelblich-weiß und auf
einem Drittel seiner Breite mit einem roten Band versehen,
das mit einer Reihe Knöpfe oder weißer Nägel befestigt zu
sein scheint; das kürzere ist violett und an den beiden Enden mit weißen Beschlägen versehen, die sich seitlich in zwei
runden Stielen fortsetzen, die je ein Paar runder Scheiben
tragen.
Auch in diesem Fall hat man die verschiedensten Hypothesen gewagt: man hat den Gegenstand z. B. als Steuerruder gedeutet, wie oben erwähnt, ferner als Leuchter mit
zwei übereinander angeordneten Armen oder als ein der
modernsten Geometer würdiges Zielgerät. Die letztgenannte
Deutung stammt von einem Gelehrten, der aus einem durchaus gerechtfertigten Respekt vor der etruskischen Technik
bereits das Spielbrett für eine Rechentafel gehalten hatte.
Eine Reihe anderer Gelehrter meinte, daß der an der Wand
aufgehängte Gegenstand so nicht seine Normalstellung ein-
nehme; man müsse ihn sich auf dem Boden stehend vorstellen. Sobald sich die beiden Rechtecke in der Horizontale
befinden, werden die Scheiben zu Rädchen. Auf dem Relief
geht die Perspektive verloren, da der Gegenstand von vorn
gesehen wird und die beiden vorderen Räder die beiden
hinteren verdecken.
Vor kurzem hat man vorgeschlagen, den Gegenstand als
Wiege anzusehen[98]. Den roten Stoff oder das Leder, das
am oberen Rand des Rahmens festgenagelt ist, müsse man
sich nach innen gewölbt vorstellen, damit die Höhlung den
Körper des Kindes aufnehmen könne. Die dicken Räder,
deren Achsen den Boden zu berühren scheinen, wären kaum
sehr beweglich gewesen. Die Vorrichtung hätte eher zum
Wiegen als zum Rollen gedient.
Man hätte nichts gegen die scharfsinnige Analyse des Gegenstandes einzuwenden, wenn nicht das Vorhandensein

einer Wiege in einem Grab ziemlich unwahrscheinlich wäre. Gewiß, man begrub Kinder mit ihren Puppen. Aber bei einem Grab, dessen Ausstattung offensichtlich für das Wohlergehen erwachsener Personen erdacht ist, kann man sich nur schwer vorstellen, daß der Glaube an das Weiterleben auch die Möglichkeit des Kindergebärens mit eingeschlossen haben soll.

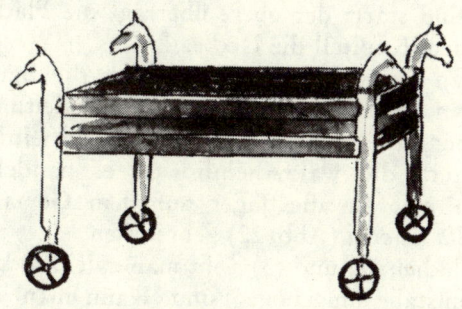

Abb. 45 Bronzewägelchen (Museum Chiusi)

Folglich sind wir gezwungen, eine weniger spektakuläre Interpretation anzunehmen, die allerdings durch den Vergleich mit wohlbekannten etruskischen Gegenständen gestützt wird. In den Museen von Orvieto und Chiusi befinden sich Bronzewägelchen aus alter Zeit. An den vier Ecken der oberen Platte sind sie mit aufgesetzten Pferdeköpfen geschmückt. Aber im großen und ganzen gleichen sie dem fraglichen Gegenstand genau[99] (Abb. 45). Man hält sie gewöhnlich für fahrbare Kohlenbecken. Ein solcher Gebrauch ist in unserem Fall ausgeschlossen, da die obere Platte mit Leder oder Stoff bezogen ist. Aber die gleiche Konstruktion kann ja auch für den Transport anderer Dinge gedient haben, für Lebensmittel z. B., was sich mit dem Gesamteindruck des Reliefs gut vereinbaren ließe.

Noch andere Elemente der Dekoration können unsere Aufmerksamkeit besonders fesseln. Auf den Flächen (1) und (4) entsprechen einander zwei Paar seltsam geformter Stöcke, die senkrecht herunterhängen. Jeder besteht aus einem zylindrischen Schaft, der sich nach etwa zwei Dritteln der Gesamthöhe dreifach verzweigt und eine Ellipse mit ihrer Achse bildet; dieser Teil des Gegenstandes scheint aus Kordel oder aus in sich gedrehtem Rohr zu bestehen. Mit der elliptischen Öse hängt der Stab an einem Haken. Die übrigen Teile sind starr; der obere überragt die Fläche und berührt vor dem Kapitell die Decke.

Man hat an Spindeln gedacht oder an die Stäbe, welche auf manchen Fresken die Diener in der Begleitung der Magistrate über der Schulter tragen. Aber die einfachste Lösung ist auch die wahrscheinlichste: es handelt sich um Schleudern, wie sie die Jäger auf dem Gemälde in der *Tomba della Caccia* (Abb. 22) gebrauchen.

Auf den Flächen (2) und (3) sieht man zwei Stöcke, die oben wie Krummstäbe umgebogen sind. Kann man sie mit den *litui* identifizieren, dem charakteristischen Attribut der Auguren, das Rom von den Etruskern übernommen hat? Die Priester zeichneten damit das heilige Feld in den Himmel, innerhalb dessen sie den Vogelflug beobachteten. Der echte *lituus* ist im allgemeinen kürzer. Wir schlagen vor, daß es sich um Hirtenstäbe handelt. Auf den Weiden der Glückseligen sollte der Verstorbene weiter seine Herde lenken können.

Der Erbauer des Grabes liebte übrigens den Käse; dies bezeugt eine gelbliche Scheibe auf dem vierten Feld, die schräg hängt, weil sie von den Schleudern neben ihr zur Seite gedrängt wird. Die konzentrischen Rillen auf der Oberfläche lassen auf einen Korbgegenstand schließen, ein Sieb, ein Körbchen, eine *fiscina*, eine Art Form aus Weidengeflecht, in die der Käse gefüllt wurde, damit er abtropfen konnte. Aber die Rundung ist nicht zufällig eingebuchtet. Wir meinen, daß es sich um einen Käse handelt, der am oberen Rande ein wenig von Mäusen angeknabbert ist.

Vergessen wir auch nicht den Tornister zwischen den Rä-

dern des Wägelchens (2). Mit verschlungenen Riemen sind
eine Schale und ein Parfümfläschchen daran befestigt. Diese
mantica enthielt den Reisebedarf für den langen Weg, die
Toilettengegenstände und das, was man für Opfer an geheimnisvollen Wegkreuzungen brauchte.

So war das Haus der toten *Matuna* ausgestattet. Die Dekoration verdeutlicht mit einer Genauigkeit, die eines flämi-
schen Meisters würdig wäre, die Lebensart einer etruskischen
Familie des 3. Jahrhunderts in einer Stadt, die bereits dem
römischen Staat einverleibt war. Die *Matuna* besaßen eine
militärische Tradition. Die Waffen, die rund um das ganze
Gemach angebracht sind, erinnern an glorreiche Kämpfe
gegen die Gallier und die Römer; sie gehören einer toten
Vergangenheit an; die Kriegstrompeten sind verstummt.
Aber vielleicht haben die *Matuna* ihre Schwerter nicht zerbrochen; vielleicht dienen sie noch in besonderen Legionen
und Kohorten unter dem Himmel Siziliens und Afrikas, wo
immer die römischen Eroberungen und die Punischen Kriege
sie hinführen mochten. Ihre Hauptbeschäftigung aber ist nun
anderer Art: unberührt von den Enteignungen, die das Gebiet von Caere betroffen haben, bewirtschaften sie einen
Landbesitz, der ihnen gute Einkünfte sichert. So genießen
sie innerhalb eines verengten Lebenshorizontes ihren materiellen Wohlstand. Die *gentlemen-farmers* lassen ihre Herden auf den Hügeln der Umgebung weiden, sie jagen mit
der Schleuder die Wildente, beschneiden ihre Obstbäume,
unterhalten eine umfangreiche Geflügelzucht und stellen
fetten Käse aus Schafsmilch her. Immer sind sie geschäftig,
man sieht sie nie ohne ein Werkzeug in der Hand. Manchmal spielen sie auch Tricktrack. Ihr Haus ist erfüllt vom
Duft geräucherten Fleisches und vom Summen dampfender
Kessel. Sie werden zusehends korpulenter.

IV. Die Kleidung der Etrusker

Die Tochter des Hauses kleidet sich an, um auszugehen;
Dienerinnen machen sich um sie herum zu schaffen: sie fä-
cheln mit einem Federfächer oder ziehen aus einer Truhe
am Fußende ihres Bettes Kleidungsstücke. Zu den Kleidern
der Etrusker gibt es manches zu sagen.

Das Gewand der *Ramta Matunai* im Caere des 3. Jahrhunderts dürfte sich kaum von dem unterscheiden, das Theokrit
in den *Syrakuserinnen*[100] beschreibt und das uns die Terrakotten von Myrrhina zeigen: lange Faltengewänder, die an
der Schulter mit einer Agraffe geschlossen werden, darüber
nach bestimmten Regeln drapierte leichte Schals. Die griechische Mode hatte sich in allen hellenisierten Städten durchgesetzt; Caere war bestimmt nicht die letzte, die sich ihrem
Diktat beugte. Auch Tarquinia hatte sich angeschlossen:
auf den Malereien im Grab der Schilde[101], das gleichzeitig
mit dem Grab der Reliefs entstanden ist, tragen *Ravnthu
Aprthnai* und *Velia Seitithi*, beide am Bett ihrer Gatten sitzend, ebenfalls ein Unterkleid, die kurzärmelige Leinen-
tunika (χιτών) und einen weißen Mantel (ἱμάτιον) mit
schwarzer oder roter Borte darüber. Die Musiker neben
Velia sind wie Römer mit einer fast klassischen Toga bekleidet. Wir kennen das Gewand von der berühmten Bronzestatue des *Arringatore,* des Redners her, die beim Trasi-
menischen See gefunden wurde, und von der Statue des
Cicero aus Chiusi oder Cortona vom Ende des 2. oder vom
Anfang des 1. Jahrhunderts[102] (Abb. 50).

Die archaischen Zeugnisse zeigen uns andere Bilder. Die
Kleidung der Männer und Frauen hat sich erst später ver-
einheitlicht. Jeder kennt die wunderbaren Tänzer aus dem
Grab der Löwinnen, aus dem Grab der Leoparden, dem
Triclinium-Grab und dem Francesca-Giustiniani-Grab. Die
Farben ihrer Mäntel sind lebhaft und klar, der Schnitt ist
sehr verschieden; ihre Kleidung sieht manchmal ganz mo-
dern aus. Man muß sich natürlich vor einigen Illusionen

hüten. Das Verschwinden der großen griechischen Malerei, von der wir nur einen gleichsam einfarbigen Abglanz in den roten und schwarzen Figuren kennen, und das Verblassen der ursprünglichen, bunten Bemalung der Plastiken macht uns besonders empfänglich für alles Farbige in der etruskischen Welt. Andererseits handelt es sich bei den Kleidern

Abb. 46 Gemälde in der Tomba Francesca Giustiniani (Tarquinia)

der Musiker und Tänzer, die mit ihrem Talent und mit ihrer Anmut die Bankette verschönern, um Theaterkostüme. Sie sind besonders dekorativ und nicht unbedingt typisch für die Alltagskleidung. Poseidonios war erstaunt über die aufwendige Pracht, »die nicht zu Sklaven paßt«. Er hat in diesem Punkt dieselbe Auffassung wie der geizige und prosaische Cato, der den Sklaven alle zwei Jahre ein Hemd und einen Mantel zugestand und die alten Kleider einsammeln ließ, damit sie als Lappen weiterverwendet würden[103]. Hier haben wir die Ballettgruppe der Lucumone vor uns. Um so mehr interessiert uns ihre Kleidung. Auch in unseren Theatermagazinen finden sich unzählige alte Ritterrüstungen und Festgewänder aus früherer Zeit. Die Etrusker haben sich bei der Herstellung der Kostüme für ihre *histriones* nicht nur von der Gegenwart, sondern oft von der fernen Vergangenheit inspirieren lassen.

Wie könnte man sich sonst das außergewöhnliche Trio im Francesca-Giustiniani-Grab[104] (Abb. 46) erklären, das aus einem jungen Mann im blauen Mantel und zwei Frauen in prächtigen Gewändern besteht, die auf den ersten Blick aus einer Hofgesellschaft der Renaissance zu stammen scheinen? Bei näherem Zusehen entdeckt man eine Verwandtschaft mit den Prinzessinnen des minoischen Kreta. Die linke Frauengestalt spielt die Doppelflöte, sie trägt kurzes Haar: eine Dienerin, möchte man meinen. Die andere Frau ist eine wirklich königliche Erscheinung; ihre linke Hand ist auf die Hüfte gestützt, der rechte Arm erhoben; sie trägt ein Diadem, ein Halsband, Armbänder, ein langes Gewand, das in der Taille zusammengehalten wird, und einen weiten Kasack darüber. Das Besondere an dieser Aufmachung sind nicht die kostbaren Stoffe und der Kontrast des dunkelroten Oberteils, das aus Samt sein könnte, mit dem orangeroten Kleid aus feinem, mit Kreuzchen und Punkten übersätem Tuch, sondern vielmehr die grundsätzliche Abweichung von der griechischen Linie, die vom vertikalen Fall des Chitons und des Himations bestimmt ist. Hier dagegen sieht man einen ausgestellten, gebauschten Glockenrock, der vielleicht von einer unsichtbaren Krinoline gestützt wird, ferner breite waagerechte Streifen unterhalb des Gürtels und am unteren Saum, die in der Farbe des Oberteils gehalten sind, und ebenfalls in waagerechte Streifen eingeteilte Stickereimotive; bezeichnend sind außerdem die Kimonoärmel, die die Schultern breiter und die Taille schmäler erscheinen lassen.

Genau das hat Gustave Glotz in seinem Buch *Civilisation égéenne* gemeint, wenn er schreibt, daß »die Minoerinnen mit ihrer abwechslungsreichen Mode niemals mit der edlen Erscheinung der Griechen und Römer, die diese durch den Faltenwurf der wehenden Gewänder und die natürlich drapierten Stoffbahnen erreichten, konkurrieren konnten[105]«. Er unterstreicht die Grundform der beiden Hauptkleidungsstücke, des Blusenoberteils und des Rockes, und die Buntheit der Stoffe, das Übermaß an Plisseefalten und bauschigen Gewandpartien, die gestärkten oder mit Fischbein versteiften Krinolinenröcke mit Rüschen (Abb. 47). Um das moderne Aussehen dieser Kleidung zu erklären, geht

Abb. 47 Die große kretische Göttin von Knossos

er sogar so weit zu schreiben, daß »die Bewohner der Ägäis in einem Zeitraum von zwei Jahrtausenden die Kleidung der Frau bereits auf einen Entwicklungsstand gebracht hatten, wie ihn die nördlichen Völker erst drei Jahrtausende später erreichten, da sie lange unter dem vorherrschenden Einfluß der griechischen und römischen Mode standen«. In demselben Sinn sprachen wir oben von dem modernen Schnitt gewisser etruskischer Gewänder, paradoxerweise modern, da sie ja von archaisierendem Konservatismus, den

wir schon oft erwähnen mußten, und von treuem Festhalten
an den Formen der mittelmeerischen Kultur zeugen. Außerdem spielt die Auffassung von der Frau, die vor dem Einbruch der Indoeuropäer herrschte, eine Rolle. So lebten bei

Abb. 48 Tänzer (Triclinium-Grab, Tarquinia)

den Spielen in Tarquinia zumindest in den Gewändern
dunkle Erinnerungen an die Königinnen in alter Zeit wieder auf. Wenn wir wollen, können wir uns vorstellen, daß
auf dem Gemälde im Francesca-Giustiniani-Grab die Be-
gegnung des Theseus mit Ariadne oder der Phädra mit
Hippolyt geschildert ist. Eunone steht daneben und spielt
die Flöte, und nichts kann den jungen Helden hindern, den
todbringenden Wagen zu besteigen.
Was wir gesagt haben, trifft lediglich auf die Kleidung der

Frauen zu. Nur Ariadne ist nach der alten Mode gekleidet.
Theseus oder Hippolyt und die anderen Tänzer, die im
Triclinium-Grab und im Grab der Leoparden abgebildet
sind, tragen einen leichten Mantel, der kaum ihren gebräun-

Abb. 49 Tänzerin (Löwinnen-Grab, Tarquinia)

ten Körper verhüllt; dieses Kleidungsstück ist viel jünger
(Abb. 48).
Meist[106] handelt es sich eher um eine breite Schärpe als um
einen Mantel. Sie ist so geschnitten, daß vorn ein runder
Ausschnitt entsteht; breite Stoffbahnen fließen frei über
den Rücken. Lebhafte Farben, orange, blaßgrün und blau,
sind die Regel. Innen und außen wird der Mantel von einem
andersfarbigen Band gesäumt: gelb oder blau, hellgelb mit
einem braunen Zackenmotiv, weiß mit roten Punkten. Der

Stoff ist dick, die Falten fallen schwer. Wir dürfen dem
Kleidungsstück ruhig den lateinischen Namen *lacerna* geben; denn der Ausdruck stammt aus dem Etruskischen und
bezeichnet den kurzen, engen Mantel *(breves laenae, an-
gusta lacerna),* von dem die Dichter sprechen[107]. Schon die
Homerischen Krieger kannten ihn unter dem Namen χλαῖνα,
der durch die Vermittlung der Etrusker als *laena* ins Lateinische kam (französisch *laine*).
Die Frauen trugen über ihrer Tunika weite Mäntel. Man
betrachte die Tänzerin auf der linken Seite der Hinterwand
im Grab der Löwinnen, wie sie »in weiter Schrittstellung
festgehalten« dasteht[108] (Abb. 49). Über ihrem blumenge-
säumten, orangefarbenen Chiton trägt sie einen großzügig
geschnittenen roten Mantel, der mit breiten blauen Auf-
schlägen versehen ist, die vorn wie die Bänder einer Pele-
rine herabhängen. Ähnliches findet man bei den Tänzerinnen, die auf Bauten in Chiusi dargestellt sind[109].
Die bunten, bestickten χλαῖναι oder *lacernae* haben die
Etrusker wohl aus Ionien entliehen. Wir haben bei anderen
Gelegenheiten bereits festgestellt, daß sich die schöngefärb-
ten Wollwaren aus Milet im Westen besonderer Beliebtheit
erfreuten. In Sybaris waren sie so geschätzt, daß die Historiker in ihnen den Hauptgrund der Freundschaft zwischen
den Sybariten und den Etruskern sahen[110]. Das Himation
des Sybariten Alkisthenes war im Altertum hoch berühmt.
Es wechselte in den Besitz des Dionys von Syrakus über und
kam dann nach Karthago. Von Anfang an war es ein Mu-
seumsstück. Es lieferte den Philosophen ein unerschöpfliches
Thema für Moralpredigten[111]. Die Mäntel der Etrusker
sind weniger anspruchsvoll, aber doch von erlesenem Geschmack. Für Tarquinia bezeugen sie noch im 5. Jahrhundert ein Beharren auf ionischem Kulturgut, das die Zerstörung von Sybaris (510) und Milet (494) überlebt hat. In der
Kleidung der Etrusker verbanden sich unvergessene mittel-
meerische Traditionen mit orientalisierenden und ionischen
Elementen, die treu gehütet wurden.

Von der Tebenna zur Toga

Ein anderer etruskischer Manteltypus, die *tebenna*[112], sollte eine längere, ehrenvollere Geschichte haben als die vergänglichen Theatergewänder. Das Wort erscheint, soviel man weiß, bei griechischen Autoren erst seit Polybios[113], der sehr stark vom Römischen beeinflußt ist; er kann den Ausdruck also aus dem Lateinischen übernommen haben. Dionys von Halikarnass[114] wunderte sich über das Wort. Woher dieses Erstaunen? Der Ausdruck erschien ihm ungriechisch. Seine Herkunft ist für uns heute kein Rätsel mehr: wenn er nicht auf ein vorindoeuropäisches Substrat zurückgeht, ist er sehr wahrscheinlich etruskisch[115]. Das Lexikon des Pollux gibt folgende Erklärung: »*tebenna*, Mantel oder Chlamys, den die Etrusker tragen[116]«. Dionys von Halikarnass wußte zu Beginn der Kaiserzeit nicht mehr, ob die *tebenna* der kurze Mantel der Ritter war, der auch *trabea* genannt wurde, oder die *toga,* in die sich die römischen Bürger hüllten[117]. Trabea und Toga haben sich beide aus dem etruskischen Mantel entwickelt. Die Trabea hat die archaische Form in etwa beibehalten, die Toga hat sich verlängert und mit der Zeit von der starren Einfachheit ihrer Anfänge befreit.

Terrakottaplaketten aus Caere (sie befinden sich im Louvre), die sogenannten Campanareliefs, zeigen das Bild eines Königs mit Zepter, der auf der *sella curulis* vor dem Bild einer Göttin sitzt[118] (Abb. 9). Über einer kurzen, weißen Tunika, die mit einer roten, bestickten Litze gesäumt ist, trägt er über der linken Schulter einen noch kürzeren roten Mantel, der mit dekorativen Motiven bestickt ist; die rechte Schulter ist unbedeckt. Die Tebenna bleibt in ihrer Originalform ein Abzeichen der Patrizier. Geringfügige Abwandlungen betreffen weder die Grundfarbe noch die Purpurstreifen und die kurze Form *(parva trabea)*; das Kleidungsstück ist Priester- und Kriegermantel zugleich. In Rom tragen die Salier und andere Priesterkollegien die Trabea; als *paludamentum* (etwas längere Form) ist es der Mantel des obersten Generals und das Paradegewand der römischen Ritter bei feierlichen Aufmärschen.

Abb. 50 Der Arringatore

Für den Alltag, abgesehen vom rituellen Gebrauch und Traditionen, die die alte Form beibehalten, nimmt die Tebenna andere Farben und Formen an. Sie verlängert sich vor allem; das Endergebnis der Entwicklung ist die römische Toga. Das älteste und klassischste Beispiel liefert uns die Bronzestatue des *Arringatore*, des Redners aus dem letzten Jahrhundert der Republik; sie stellt einen Magistrat aus Cortona oder Chiusi dar (Abb. 50). Die vorausgehende Entwicklung der Trabea zur Toga kann man auf bildlichen Darstellungen verfolgen. Im Grab der Auguren[119], das nur

Abb. 51 Die Tebenna (Grab der Auguren, Tarquinia)

einige Jahre jünger ist als die Campanareliefs, tragen vier Personen die Tebenna, die beiden *tanasar*, die mit klagender Geste auf den beiden Seiten der Tür zum Jenseits stehen (Abb. 51), und die beiden *tevarath* auf der benachbarten Wand, die als Spielleiter den Kampf der beiden Ringer überwachen. Ihre Mäntel erinnern an den des Königs, abgesehen davon, daß sie in drei Fällen schwarz gefärbt sind, vielleicht wegen der Trauerfeierlichkeiten. Die Gewänder sind auch weniger kostbar und etwas länger; deshalb können sie

von der linken Schulter herab schon ein wenig drapiert werden; ein langes rotes Band hängt an der linken Seite her-
unter ähnlich wie die Aufschläge am Mantel der Tänzerin
im Grab der Löwinnen. Zu Beginn des 5. Jahrhunderts bedeckt der dunkelgefärbte Mantel mit Bordüre, die *toga
praetexta*, bereits die Knie der adligen Zuschauer aus dem
Grab der Zweigespanne[120] (Abb. 63). Auch der legendäre
König Nestor aus dem François-Grab trägt über seiner rot-
gesäumten Tunika eine Tebenna, die bis auf seine Füße her-
abfällt. Ihm gegenüber steht der Verstorbene, in einen weiten blauen Mantel mit Stickerei gehüllt *(toga picta*[121]*)*.
Selbst die Musiker im Grab der Schilde hüllen sich schon in
eine echte weiße Toga. Bei den verschiedenen Ehrengeleiten
von Magistraten aus Tarquinia und Volterra läßt sich eine
langsame Verlängerung der etruskischen Tebenna[122] feststellen. Die Darstellungen ermöglichen es, eine Chronologie
aufzustellen. Mit der Verlängerung zeigt sich ein Faltenwurf, der seit der Statue des Redners für die römische Toga
charakteristisch ist und ständig üppiger wird.
So erklärt sich, warum Dionys von Halikarnass sowohl die
Trabea der Salier als auch die Toga seines Tarquinius Tebenna nannte. Als er den Mantel des Tarquinius beschrieb,
hatte er ohne Zweifel Bilder aus dem zeitgenössischen Rom
vor Augen: die weite purpurne, goldbestickte Toga, die
Augustus und Tiberius anlegten, und die wallenden Gewänder, in denen die Könige der Tragödie auf der Bühne erschienen[123]. Zwischen beiden Gewandformen bestand nach
Dionys nur ein Unterschied: der blumenbestickte Mantel
des Darius war aus einer rechteckigen Stoffbahn geschnitten, die Toga hatte die Form eines Kreissegmentes[124]. Wir
können nicht feststellen, ob die auf den Campanareliefs
und im Grab der Auguren dargestellten Mäntel bereits nach
diesem Muster gefertigt waren.

Das Schuhwerk

An der Tänzerin aus dem Grab der Löwinnen können wir noch mehr lernen: ihre Schnabelschuhe sind ebenfalls aus Ionien übernommen. Diese Art von Schuhen war in Etrurien sehr beliebt und weit verbreitet. Die Männer und Frauen im Grab der Auguren und im Grab des Barons[125] tragen ähnliche Modelle: langgestreckte rote, braune oder grüne Pantoffeln aus Tuch, könnte man meinen. Vorn sind sie weit ausgeschnitten, hinten an der Wade reichen sie sehr hoch hinauf und laufen in einer Spitze aus. Es handelt sich um die *calcei repandi* (*repandus* = aufwärtsgebogen), die Cicero an der alten Statue der Juno Sospita von Lanuvium bemerkt hat[126]. Aber es gab verschiedene Schnabelschuhmodelle. Besonders bemerkenswert sind die Schuhe des Königs und der Gottheiten auf den Campanareliefs[127] (Abb. 9). Sie sind geschnäbelt und vorn tief zespalten, dazu mit einer langen Zunge versehen und oberhalb des Knöchels mittels mehrfach horizontal gewickelter Riemen festgeschnürt. Der hintere Teil reicht oben bis zur Wadenmitte und ist mit einem Riemen, der durch eine große Öse läuft, gesondert geschnürt. Die Dame auf dem Sarkophag von Caere trägt dasselbe Modell; man erkennt genau die gekreuzten Schnürbänder unter den horizontal verlaufenden Riemen, welche zum Teil vom Saum der Tunika verdeckt sind[128] (Abb. 52). Die Tänzer tragen natürlich kein so festes Schuhwerk; sie haben niedere Schuhe, meist nur leichte Sandalen, die aus einer Sohle mit gekreuzten Riemen bestehen. Im Triclinium-Grab sehen wir die verschiedensten Arten. Die etruskischen Sandalen, *Tyrrhenica sandalia*[129], waren seit dem 5. Jahrhundert in Athen bekannt, denn ein Vorgänger des Aristophanes, der hitzige Kratinos, hatte sie, sicherlich in einer Diatribe gegen die Verwüstungen durch fremden Luxus, beschrieben. Die Lexikographen bemerken, daß sie Goldriemen und eine Holzsohle hatten, die oft so dick war, daß sie an den Kothurn der Tragöden erinnerten. In Bisenzio und Caere hat man die Metallteile gefunden, die die Sandalen zusammengehalten haben[130]. Einfacher sind die Sandalen, die am Fuß des Bettes der *Ramta* auf ihr Erwachen warten; sie bestehen aus einer Holzsohle mit im Halbkreis darübergespannten Bändern; ein Mittelriemen hielt die Sohle zwischen der großen Zehe und den anderen Zehen fest (Abb. 40).

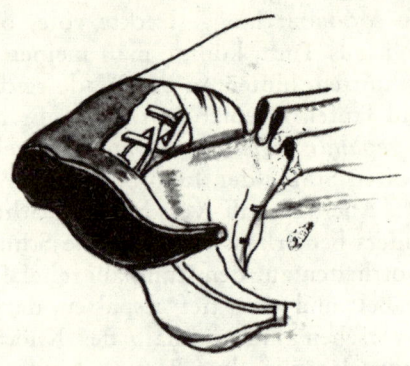

Abb. 52 Die Calcei Repandi (Sarkophag von Cerveteri)

Die Sandalen waren – wie bei den Griechen – auch bei den Etruskern die gebräuchlichsten Schuhe. Der Schnürschuh kam deshalb aber nicht außer Gebrauch; nur seine auffälligen Spitzen verschwanden, als der klassische Geschmack sich durchsetzte. Im Grab der Schilde tragen *Velia Seitithi* und die kleine kurzhaarige Sklavin, die ihr Kühlung zufächelt, hohe schwarze Schuhe mit einem roten Streifen in der Mitte, die sich wie unsere Gummischuhe zu öffnen scheinen[131]. Vor allem die Riemenschuhe auf den Campanareliefs sind berühmt geworden[132]: sie lebten weiter in der Amtskleidung der Magistrate und galten als Zeichen der Würde und des Adels; als *calcei patricii* oder *senatorii* sind sie an vielen römischen Statuen zu sehen. Mit ihrer Lasche *(lingula)*, ihren vier Riemen *(corrigiae)* und ihrem schwarzen, durch Alaun geschmeidig gemachten Leder sind sie in ihren wesentlichen Bestandteilen mit nur geringen Abweichungen den etruskischen Schuhen nachgebildet. Ein Übergangsmodell ist uns von der Statue des *Arringatore* her bekannt, der in seiner Stadt am Trasimenischen See schon echte *calcei senatorii* getragen hatte[133] (Abb. 53). Die Alten waren sich die-

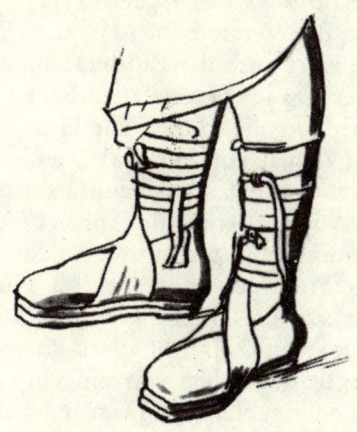

Abb. 53 Die Schnürstiefel des Arringatore

ser Entwicklung durchaus bewußt. Vergil beschreibt zum Beispiel das Erwachen Euanders und sagt: »Der Greis erhebt sich, legt seine Tunika an und umgibt seine Füße mit tyrrhenischem Riemenwerk,

... *Tyrrhena pedum circumdat vincula plantis*[134].«

Servius kommentiert: es handelt sich nach den Aussagen gewisser Autoren um *calcei senatorii*, weil diese Art von Schuhen von den Etruskern übernommen worden ist.

Die Kopfbedeckungen

Die Tänzerin aus dem Grab der Löwinnen erlaubt uns auch einige Bemerkungen zum Kapitel Kopfbedeckungen. Ihre kegelförmige Haube, die aus demselben Stoff wie die Tunika zu bestehen und eine Hochfrisur zu bedecken scheint, stammt ebenfalls aus Ionien. Sie ist mit all·den Turbanen, Mitren, Kopftüchern und Seidenhauben verwandt, mit deren Hilfe die Frauen Kleinasiens ihre Haare bändigten, außerdem mit der phrygischen Haube und selbst mit dem hohen, spitzen Kopfputz der Ägäerinnen. Wir kennen die Haube schon von der Verstorbenen auf dem Sarkophag von Caere her[135]; sie ziert auch die Zuschauerinnen auf den Logen im Grab der Zweigespanne[136] .(Abb. 62). Auf archaischen Bronzen bedeckt die Haube das Haar der Göttinnen, z. B. der *Turan* (Venus) von Perusia[137], und selbst der Götter (Herkules von Este)[138]. Man nannte sie *tutulus*; so heißen nach Varro und Festus die hohen Wollmützen der Priester und Flamines und die mit einem roten Band aufgesteckten Haarflechten der Matronen[139]. Nur in ritueller Verwendung hat sich die Haube gehalten. Die etruskischen Frauen hatten sie vom 5. Jahrhundert an mehr und mehr abgelegt. Sie gingen, abgesehen von einigem kleineren Kopfputz im blonden oder gebleichten Haar, barhaupt.

Der Schmuck

Unsere Tänzerin mit dem *tutulus* trägt große runde Ohrringe. In der Campana-Sammlung im Louvre kann man Originale sehen. Coche de la Ferté beschreibt in seinem Buch *Les Bijoux antiques*[140] die Ohrringe folgendermaßen: sie bestehen aus einer granulierten Scheibe von 5 cm Durchmesser mit einer Rosette oder mit Palmetten oder aus einer Scheibe von 2 cm Durchmesser, die mit Knöpfchen und Körnchen verziert ist.

Alle Frauen, deren Porträts uns erhalten sind, die rätselhafte Dame namens *Velia* aus der *Tomba dell'Orco*[141], die schöne Persephone aus dem Golini-Grab[142] bis hinab zu der jungen Haushofmeisterin, die die Vorbereitungen für das Bankett überwacht[143], alle Frauen, die auf Sarkophagen dargestellt sind und wie *Larthia Seianti* aus Chiusi[144] noch

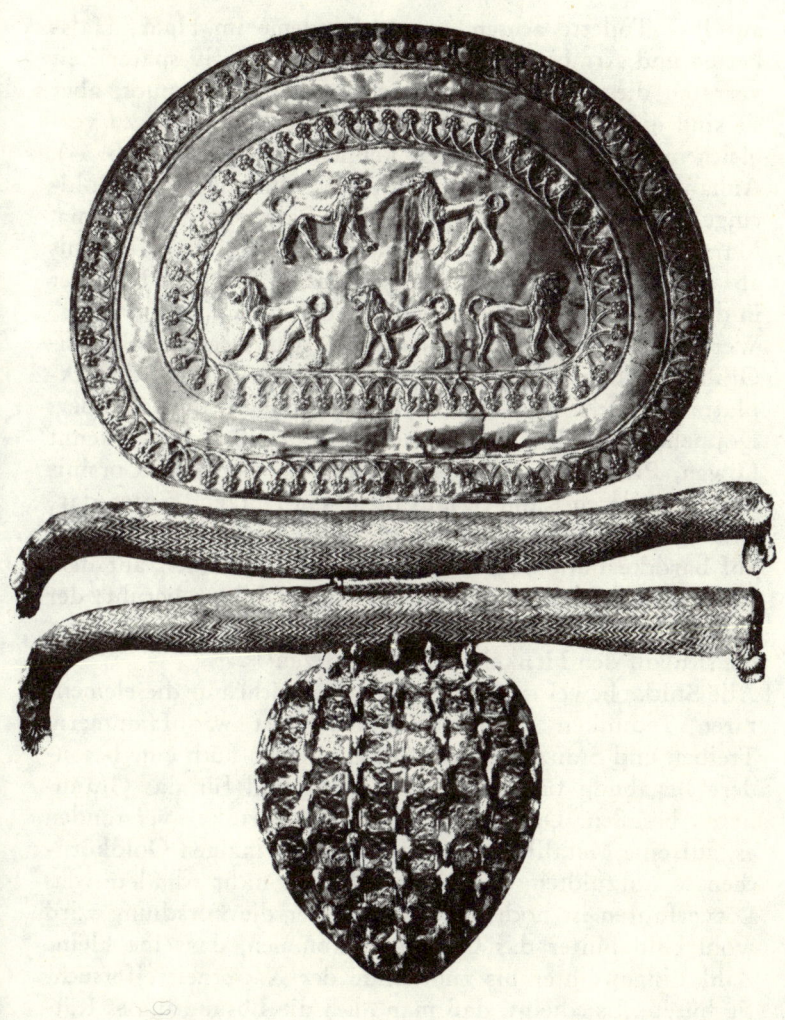

Abb. 54 Eine Scheibenfibel aus dem Regolini-Galassi-Grab (Photo Bulloz)

auf ihre Toilette achten, tragen Diademe im Haar, Hals-
ketten und Armbänder. Diese Stücke aus relativ später Zeit
verraten die unverändert große Freude am Schmuck, aber
sie sind nicht mit den Originalen aus der Glanzzeit zu vergleichen, die wir zum Glück kennen: Agraffen (Abb. 54),
Anhänger, Brustschmuck, Armreifen, Ohrringe und Gold-
ringe aus den Gräbern von Caere, Palestrina, Populonia,
Marsiliana d'Albegna, Vetulonia und Vulci legen Zeugnis
ab von dem außerordentlichen Reichtum, den die Etrusker
in dieser Epoche plötzlich erworben haben[146].
Wer könnte die großen Schließen aus dem Regolini-Galassi-
Grab und dem Barberini-Grab vergessen? Eine Schmuck-
platte verdeckt den eigentlichen Verschluß; fast hundert
Doppelköpfe reihen sich darauf dicht an dicht; man erkennt
Löwen, Pferde und Sirenen[146]. Oder die herrliche Corsini-
Fibel, auf deren Rahmen und Bügel ein Dutzend Enten dargestellt sind[147]. Oder den schlichten Barberini-Skyphos, der
auf barocke Fülle verzichtet und dessen Schönheit auf dem
Material an sich und der Eleganz seiner Linien beruht; der
einzige Schmuck sind zwei zarte Figürchen, zwei Sphinxe,
die sich auf den Henkeln gegenübersitzen[148].
Alle Stücke beweisen, daß die Etrusker nicht nur die elemen-
taren Techniken der Goldschmiedekunst wie Hämmern,
Treiben und Stanzen beherrschten, sondern auch eine besondere Begabung für die Filigranarbeit und für das Granu-
lieren besaßen. Die Griechen und die Etrusker verstanden
es, auf eine Metallfläche Tausende von winzigen Goldkörn-
chen so aufzulöten, daß es dem Metall nicht schadete; das
Lötverfahren ist noch unbekannt. Aber die Forschung wird
wohl bald hinter das Geheimnis kommen, das eine kleine
Zahl Eingeweihter bis zum Ende der Kaiserzeit eifersüchtig hütete. Es scheint, daß man auch die Lösung dieses Rätsels im Orient suchen muß, von wo die Etrusker ihre Gold-
schmiedetechniken bezogen haben, im Kaukasusgebiet, im
Land der legendären Chalyber, das berühmt war durch
seine unvorstellbar lange Erfahrung in der Metallverarbei-

tung, oder in Mesopotamien, Syrien, auf Kreta oder in
Ägypten[149]. Bis jetzt steht aber eindeutig fest, daß die etruskischen Stücke am schönsten granuliert sind: die Goldkörner
sind überaus regelmäßig aufgesetzt und manchmal nur zwei
Zehntel Millimeter groß. Die etruskischen Künstler haben
ihre außergewöhnliche Fertigkeit in verschiedenster Weise
angewendet. Zunächst granulierten sie einen glatten, einfachen Goldgrund und brachten so ein Bild zustande. Dann
verzierten sie mit derselben Technik Flächen, auf denen
bereits Figuren herausgearbeitet waren[150]. Dieses Verfahren
bedeutete eine künstlerische Revolution, die dem Wechsel
von den schwarzen Figuren zu den roten in der attischen
Vasenmalerei zu vergleichen ist. Beide Entwicklungen laufen
übrigens zeitlich parallel. Das schönste Stück in dieser Technik ist ein Anhänger mit dem Bild des Flußgottes Achelous.
Er befindet sich im Louvre. Der Bart und ein Teil des Haa-
res sind granuliert, das Gesicht getrieben[151]. Wenn man die
Photographien betrachtet, die im Umlauf sind, tut man gut
daran, sich zu erinnern, daß der Kopf nur vier Zentimeter
hoch ist. Es handelt sich um eines der letzten Meisterwerke
etruskischer Goldschmiedekunst. Mit der alten Macht ging
auch das Kunsthandwerk zugrunde.
Wir sehen uns hier einem unlösbaren Rätsel gegenüber: Die
ganze Zeit haben wir von etruskischen Goldschmieden gesprochen und so behauptet, daß die Schmuckstücke nicht aus
dem Orient importiert sind. Diese Meinung hat sich immer
mehr durchgesetzt. Coche de la Ferté schreibt: »Der etruskische Schmuck taucht mit den Anfängen der Zivilisation
auf; die Techniken sind bereits vollkommen, die dekorativen Motive ganz entwickelt. Wir stehen einer spontanen
Schöpfung gegenüber, die uns aus dem Dunkel entgegen-
tritt, in dem die Anfänge der etruskischen Kultur verborgen
sind. Sicher, wir wissen, welche Ursprünge wir annehmen
dürfen. Trotzdem ist es erstaunlich, daß um das Jahr 700
v. Chr. nach und nach in den Gräbern des nördlichen und
mittleren Italien die Bronzestücke, die in den Villanova-

Gräbern in Fülle vorhanden sind, Schmuckstücken weichen, die nichts mit ihren unmittelbaren Vorgängern gemein haben[152].«

In denselben Gräbern aus dem Beginn des 7. Jahrhunderts, in denen die etruskische Goldschmiedekunst voll entwickelt erscheint, steckt die Bildhauerkunst noch in den Anfängen, als ob sie ihre Mittel und Formen erst hätte erfinden müssen. Man kann nicht verstehen, wie sich die virtuose Technik, die im Tumulus der Pietrera in Vetulonia »einen Halsschmuck mit zwanzig Anhängern, die jeweils mit einer oder mit zwei menschlichen Masken mit Lockenhaar geschmückt waren[153]«, hervorgebracht hat, mit einer ganz unerfahrenen, rudimentären Bildhauerkunst, die sich im steinernen Grabschmuck zeigt, verbinden konnte[154]. Man weiß außerdem nicht, aus welchen etruskischen Minen das Gold stammen könnte. Folgende Hypothese läßt sich nicht von der Hand weisen: das Eisen und das Kupfer Etruriens haben griechische Kolonisten nach Italien gelockt und die Gründung von Cumae durch die Chalkidier im 8. Jahrhundert veranlaßt. »Was brachten die Griechen als Tauschmittel?« fragt man sich[155]. Warum sollte die Antwort nicht lauten: Gold und Goldschmuck?

SIEBENTES KAPITEL

Der Zeitvertreib der Etrusker:
Bankette und Spiele

I. Die Zeiteinteilung

Im allgemeinen gleicht die etruskische Zeiteinteilung der römischen, da die Römer sie zum größten Teil von den Etruskern übernommen und dann erst ausgearbeitet haben. Die meisten Autoren schweigen über diesen Punkt, weil sie im etruskischen Kalender ein System vorfanden, das dem ihren entsprach, und es deshalb nicht kommentierten. Die seltenen Hinweise bestehen aus etymologischen Kuriositäten und den wenigen Abweichungen der Etrusker von den allgemein bekannten Regeln.

So zählten sie z. B. nicht wie die Römer die Stunden von Mitternacht bis Mitternacht, auch nicht wie die Babylonier von Sonnenaufgang bis Sonnenaufgang – die Morgenröte hieß bei ihnen *thesan*[1] –, noch wie die Athener und die Germanen von Sonnenuntergang bis Sonnenuntergang, sondern von Mittag bis Mittag[2]. Daß dem Zenitstand der Sonne eine solche Bedeutung zugestanden wurde, läßt sich vielleicht dadurch rechtfertigen, daß er weder von den Jahreszeiten noch von der ungleichen Länge der Tage abhängt. Auch in Rom war Mittag immer Mittag und das Ende der sechsten Stunde, ob die Sonne nun früh wie im Juni oder spät wie im Dezember aufging. Aber Varro fand die Methode absurd: ein Kind, das zur sechsten Stunde, d. h. am Mittag der Kalenden, zur Welt kam, hätte demnach die halben Kalenden und den folgenden Tag bis zum Mittag als Geburtstag. Und doch hat sich die etruskische Tradition bei vielen Nachbarstämmen in Umbrien durchgesetzt[3].

Die Monate wurden wie im alten Rom nach dem Mond be-

rechnet, d. h. sie dauerten von Neumond bis Neumond. Der
Name des Monats, »Mond«, bestätigt dies. *Tiv* war die Göttin der Nacht. Ihr Name taucht auf Epitaphen als Appella-
tiv im Genetiv Plural auf: »*Vel Vipinanas* starb in Tuscania
avils XX tivrs sas – zwanzig Jahre und sechs (oder vier)
Monate alt[4].«
Die Etrusker feierten bei Vollmond, in der Monatsmitte
also, den Tag der Iden. Von ihnen haben die Römer die Bezeichnung *idus* übernommen, die ursprünglich mit stimm-
losem Dental *itus* geschrieben wurde. Einige Gelehrte[5] interpretieren das Wort sehr seltsam: *itis* soll bedeuten »Ver-
trauen auf Jupiter« bzw. auf das Licht (das ist das gleiche),
weil an diesem Tag das Licht nicht mit dem Untergang der
Sonne verlosch, da die Helle des Tages durch das Leuchten
des Mondes verlängert wurde. Auf jeden Fall läßt sich dieser Erklärung entnehmen, daß die Iden auch bei den Etruskern – wie bei den Römern – Jupiter geweiht waren.
Wir übergehen die Kalenden *(kalendae)*; der Name ist nicht
etruskischer Herkunft. In Etrurien gab es Nonen. Die
Woche zählte wie in Rom volle acht Tage *(nundinae)*; am
neunten Tag, dem Markttag, gewährten die etruskischen
Könige Audienzen, und jeder Untertan hatte das Recht,
ihnen seine persönlichen Anliegen vorzutragen[6].
Eine Serie von acht etruskischen Monatsnamen ist uns in
latinisierter Form von Glossatoren überliefert: *Velcitanus*
(März), *Cabreas* (April), *Ampiles* (Mai), *Aclus* (Juni), *Traneus* (Juli), *Hermius* (August), *Celius* (September) und
Xosfer (Oktober)[7]. Die Folge beginnt mit dem Monat März,
der offenbar auch hier – wie im alten Rom – das Jahr einleitete. Verschiedene dieser Namen tauchen in Inschriften
auf: *acale* (= *acle, Aclus*) und *celi* (*Celius*) im Ritual von
Zagreb[8], in dem die Daten dreier Zeremonien, wie im Lateinischen vom Monatsende her berechnet, angegeben werden.
Daraus läßt sich schließen, daß der Monat bei den Etruskern
ebenfalls dreißig Tage hatte. Andere Namen weisen auf
Gottheiten hin: *Traneus (t(u)rane)* war der Monat der

Turan (Venus), *Hermius* der Monat des Hermes; *Xosfer (chosfer, cesfer)* ist vielleicht nach dem Zahlwort *cezp-* (acht?) gebildet und bezeichnet wie lateinisch *October* den achten Monat des Jahres[9]. Wahrscheinlich variierten die Monatsnamen in den einzelnen Gegenden. Lateinisch *Aprilis* kann nach Meinung mancher Gelehrter aus dem etruskischen Namen der Aphrodite-Aphrô abgeleitet sein[10]. Anderswo hieß der Monat *Cabreas*.

Jedes Jahr *(avil)* schlugen die Etrusker in Volsinii einen Nagel in die Mauer des Heiligtums der Northia[11]. Diese Zeremonie, die die unausweichliche Erfüllung des Schicksals und der Zeit versinnbildlichte, wurde von den Römern übernommen; sie vollzogen sie am Tempel des kapitolinischen Jupiter. Hier wie dort galt die Zeremonie bei den ersten Historikern als Grundlage für die Zeitrechnung.

Außerdem gab es noch die *saecula*, die verschieden lang dauerten. Als Grundmaß nahm man die maximale Länge eines Menschenlebens an. Meist überschritt ein *saeculum* hundert Jahre, ja es erreichte manchmal 119 oder sogar 123 Jahre. Die Vollendung eines *saeculum* wurde jeweils von Prodigien angekündigt, die die Haruspices erkennen konnten: sie weissagten, daß das etruskische Volk zehn *saecula* lang bestehen werde, vom Jahre 968 v. Chr. an gerechnet[12].

II. Der Tafelluxus

Die Tageseinteilung der Etrusker ist uns leider nicht in allen Einzelheiten bekannt. Unzählige Texte helfen uns bei der Rekonstruktion des griechischen und römischen Tageslaufes; aber niemand berichtet uns, wann ein Lucumon sich erhob, ob auch er am Morgen die Huldigung seiner Klienten entgegennahm und am Nachmittag Siesta hielt und Bäder besuchte. Wir besitzen nur eine einzige genaue Angabe, die uns über den Stundenplan der Mahlzeiten belehrt: der Lucumon speiste zweimal am Tage.

Nicht ohne Entrüstung über die Verweichlichung und das
Wohlleben hat Poseidonios zu diesem Thema berichtet: »Die
Etrusker lassen sich zweimal am Tage umfangreiche Mahl-
zeiten auftischen, mit allem, was zu einem feinen Leben ge-
hört, mit blumenbestickten Decken, Silbergeschirr und einer
Unmenge Sklaven, die sie bedienen[13].«
Sie speisten zweimal am Tag. Der Hinweis erhält seine volle
Bedeutung, wenn man bedenkt, daß Griechen und Römer
meist drei Mahlzeiten zu sich nahmen: ἀκρατισμός, ἄριστον
und δεῖπνον bzw. *ientaculum, prandium* und *cena*; dies
entspricht unserem Frühstück, Mittagessen und Abendbrot.
Mit der Zeit waren die beiden ersten Mahlzeiten einfache
Imbisse geworden. Zum Frühstück gab es ein Stück Brot,
das mit Knoblauch eingerieben oder in Wein getaucht war,
zwischen elf und zwölf Uhr eine kleine Mahlzeit aus den
Resten des Vorabends. Nur das Abendessen, das allerdings
zwei bis drei Stunden dauern konnte, verdiente die Bezeichnung Mahlzeit wirklich[14]. Man mußte schon ein Fresser sein
wie Vitellius, um drei oder gar vier volle Mahlzeiten zu
verlangen[15]. Seneca und der ältere Plinius aßen mittags sehr
wenig: der Philosoph trockenes Brot, Plinius ein paar Bissen
(*gustabat*[16]). Die Zeugnisse stammen aus der Kaiserzeit, aber
es ist kaum anzunehmen, daß die Römer unter der Republik
anders lebten. Cicero sagte in der zweiten *Philippica*, der
Invektive gegen Antonius, der nach dem Bürgerkrieg die
Villa des Gelehrten Varro in Cassino konfisziert und das
Heiligtum der Wissenschaft in eine Lasterhöhle verwandelt
hatte: von der dritten Stunde an (d. h. von neun Uhr morgens an) »trank man und erbrach man sich[17]«. Schon seit
alters gab es die Bezeichnung *convivium tempestivum* und
die Redewendung *cenare de die* für Bankette, die zu früh
begannen, für Diners, die schon am Mittag gereicht wurden;
sie galten als charakteristisch für das Wohlleben in Capua
und als Exzesse von Fressern. Bereits in Griechenland hatten die Komödiendichter diejenigen mit Spott und Hohn
verfolgt, »die nicht mit einer Mahlzeit zufrieden waren und

sogar zweimal am Tag speisten[18]«. Die Etrusker machten sich nichts aus der allgemeinen Entrüstung, »sie speisten zweimal am Tag« und ließen nicht nur für die *cena*, sondern auch für das *prandium*, das Seneca aus der Hand verzehrte, die Tafel herrichten und die Speisesofas aufstellen.

Abb. 55 Das Fleisch für das Gastmahl (Golini-Grab, Orvieto)

Ein Blick in die Küche

Das Golini-Grab in Orvieto, das gegen Ende des 4. Jahrhunderts für die Familie der *Leinie (Laenii)* erbaut worden war, zeigt auf seinen Gemälden nicht nur das Totenmahl zweier Brüder in Gegenwart von Hades und Proserpina, es führt uns auch in eine Küche ein, wo sich elf Sklaven eifrig zu schaffen machen und das Mahl vorbereiten[19]. Solche

Köche haben auch auf einer Inschrift in Falerii in archaischem, dialektgefärbtem Latein die Verdienste ihres Berufes laut gepriesen:

> *quei soueis argutiais opidque Volcani*
> *condecorant saipisume comvivia loidosque.*

»Durch ihre eigene Fertigkeit und mit der Hilfe des Vulcanus gaben sie Banketten und Spielen ihren vollen Glanz[20].«
Die Sybariten flochten ihren Köchen Kränze. Die Etrusker haben sie bestimmt nicht weniger geehrt. Auf dem Gemälde ist jeder mit zwei Worten näher bezeichnet; das erste ist vielleicht der Name, das zweite nennt unter Umständen die besondere Funktion des Betreffenden. Die Bedeutung der Begriffe ist größtenteils noch ungeklärt. Sobald wir sie durchschauen, wird sich unsere Sprachkenntnis bedeutend erweitern.
Links vom Eingang sind zwei Stück Wild aufgemalt (Abb. 55); zwei Sträucher weisen darauf hin, daß sich das *carnarium* im Freien befindet. An einem runden Querbalken ist ein ganzer Ochse mit Stricken an den Hinterbeinen aufgehängt. Der abgetrennte Kopf mit den großen Augen, die einer Juno würdig wären, liegt daneben auf der Erde. Etwas weiter entfernt hängen unter einem Schuppendach ein Hase und ein Reh zwischen zwei Paar Geflügel.
Die angrenzende Wand zeigt den Metzger. Er hat einen weißen Schurz um die Hüfte gebunden und hackt Fleisch mit einem Beil; vor ihm steht eine Art Herd, auf dem er das Fleisch kochen wird (Abb. 56).
Am anderen Ende des Gemäldes beugt sich *Pazu mulu(.)ane*, nur mit einem Lendentuch bekleidet, über einen großen Tiegel, in dem er mit zwei kurzen Stößeln etwas zerstampft. Die Vorrichtung ist der braun-gelben Farbe nach zu schließen zweifellos aus Bronze: auf einem dreibeinigen Gestell ruht eine runde Wanne mit einem Rand, der an einer Stelle mit einem Schnabel versehen ist, damit man den Inhalt abgießen kann. Vielleicht knetet hier der Hausbäcker seinen

Teig. Aber die Geräte, die er in den Händen hält, lassen eher an die Handschuhe der Faustkämpfer und an den Vorgang des Zerstoßens als des Knetens denken. Wahrscheinlich entsteht in der Schüssel eines der Eintopfgerichte, die in der Antike besonders beliebt waren. Alle Arten von Zutaten wurden mit einer solchen Fülle von Gewürzen vermischt, daß die Speise einen Toten hätte erwecken können.

Abb. 56 Die Zubereitung der Speisen (Golini-Grab, Orvieto)

Im *Moretum*, das dem Vergil zugeschrieben wird, bereitet ein Bauer mit Hilfe eines Stößels in seinem Tiegel einen Kloß aus Kräutern, Knoblauch, Käse und Wein[21]. Die *satura* war, bevor sie ein poetisches Genus, wie z. B. die Satire des Horaz und des Boileau, bezeichnete, eine Art Eintopf aus Gerstenbrei, Rosinen, Piniensamen, Granatapfelkernen und Honigwein[22]. Apicius, Roms Brillat-Savarin* zur Zeit des Tiberius (wir sind dem Namen bereits in einem Grab von Caere begegnet), hat uns eine Sammlung von Rezepten hinterlassen, deren Geheimnis darin besteht, daß man richtig mit dem Stößel umgeht *(terere)*[23]. Die Würze für einen Hasenpfeffer entstand folgendermaßen: man zerstampfte Pfeffer, Liebstöckl, Fischsoße *(liquamen)*[24], Silphium und

---

* Anm. d. Übers.: Jean Anthelme Brillat-Savarin (1755–1826), französischer Schriftsteller. Von kulturgeschichtlichem Interesse ist seine Darstellung der zeitgenössischen Eßkultur: *Physiologie des Geschmacks* 1825, deutsch 1865.

Sellerie mit Wein und etwas Öl. Der Geschmack eines gekochten Huhns ließ sich mit zerriebenem Fenchel, getrockneter Minze, Silphium, Essig, Dattelhonig, einigen Tropfen
Fischsoße, etwas Senf, Öl und süßem Wein zum Mildern
verfeinern. Man servierte das Fleisch mit dieser Tunke. Das
moretum Vergils war das Produkt einer einfachen, bäuerlichen Küche, die Soßen des Apicius dagegen stellten raffinierte Erzeugnisse der Kochkunst dar. Dazwischen liegt
wohl die Küche der Lucumonen von Orvieto. Auch dort
spielte der Stößel eine große Rolle. *Pazu mulu(.)ane* beweist
dies auf unserem Gemälde. Sein Titel enthält vielleicht die
indoeuropäische Wurzel, die auch dem lateinischen *molo*
(mahlen) zugrunde liegt. Paccius war also der Verantwortliche für alles, was mit dem Stößel zubereitet wurde.

Hinter ihm spielt ein *tibicen*, um der Arbeit den richtigen
Rhythmus zu geben. Er ist mit *Tr. thun. suplu.* bezeichnet;
Tr. ist vermutlich die Abkürzung des Namens *trepu*, *Trebius*; *thun* steht in Beziehung zur Zahl eins und bedeutet
vielleicht *primus*; *suplu* ist gewiß dasselbe wie *subulo*, nach
Varro der Name des etruskischen Flötenspielers[25]. Weiter
unten werden wir sehen, daß die Etrusker beim Klang von
Musik kochten.

Auf der Wand im Hintergrund sehen wir einen gemauerten
Ofen und zwei halbnackte Sklaven (Abb. 57). Einer steht
dahinter und schwingt gebieterisch eine Kasserolle. Es handelt sich um den *tesinth tamiathuras*, d. h. nach einer fast
sicheren Interpretation der *curator* (der Lenker) der Bediensteten, der Chefkoch[26]. Unter seiner Leitung arbeitet *klumie
parliu*, der die *parla*, lateinisch *patella*[27], unter sich hat; vorsichtig schiebt er eine Pfanne in das Ofenloch.

Besonders appetitanregend sind die vier Tische zwischen dem
Metzger und dem Mann mit den Stößeln auf der Seitenwand. Von links läuft eine Sklavin, *thrama mlithuns*, auf
die Tische zu, angetan mit einer gelben Bluse und einem
nach der antiken Mode bestickten Rock; sie bringt zwei
Gefäße. Hinter den Tischen stehen ein Sklave und eine

weitere Sklavin; ihre Namen sind unleserlich. Die zweite
Sklavin ist elegant gekleidet: sie trägt ein Haarband, Ohr-
gehänge, einen purpurgesäumten, weißen Mantel. Mit einer
Handbewegung befiehlt sie dem *thresu f(.)sithrals*, den Tisch,
den er bereits aufgehoben hat, zu den Gästen zu tragen.

Abb. 57 Der Ofen (links) und das Speisesofa (rechts) im Golini-
Grab

Die Tische sind rechteckig und mit drei Beinen versehen, die
hier wie Pferdebeine gestaltet sind. Diese Art war von
Griechenland nach Etrurien gekommen. Die Tische sind mit
einer dreifachen Schicht Fladenbrot belegt, welches die Un-
terlage der zwei Portionen für die beiden Gäste bildet, die
sich ein Speisesofa teilen. Jeder bekam sein Fladenbrot, das
wahrscheinlich rund war wie die Brote in Rom und Pompeji
und darauf gehäuft verschiedene Speisen; man glaubt, unter
anderem Eier erkennen zu können. Die Krönung des Ganzen war ein Bündel blauer Trauben für jeden. Zwischen den
Broten bemerkt man außerdem einen Granatapfel mit zwei
kleinen Pyramiden rechts und links; wahrscheinlich handelt
es sich um Süßigkeiten.
Die Trennwand, die von der rückwärtigen Wand ausgehend
das Grab in zwei Kammern teilt, trägt ein stark beschädig-
tes Gemälde, das wohl zu der Darstellung des Ofens gehört

und eine andere Ecke der Küche vorstellt: drei Sklaven bewegen sich hinter einem Tisch mit verschiedenem Geschirr: alle Arten von violetten Gefäßen (vielleicht wollte der Maler so den metallischen Glanz des schwarzen Lacks verdeutlichen), Schalen mit Füßen, Becher und Tassen mit rötlichem und gelbem Inhalt. Von den beiden äußeren Gestalten, *aklchis muifu* und *thresu penznas*, sind nur die beiden schönen, nach links gewandten Profile erhalten. *Runchlvis papnas* in der Mitte, mit Kinnbart und nacktem Oberkörper, hat nicht so viel gelitten; in der Linken trägt er eine schwere Bronzekaraffe von seltener Form; der rechte Arm ist als Gegengewicht erhoben. Man könnte das Gefäß als κύλιξ mit breiten Henkeln und einem mit einer Öffnung versehenen Deckel ansehen. Es erinnert an gewisse Vasen apulischen Stils, die man vielleicht als λεπάστη bezeichnen darf[28]. Der Sklave ist zweifellos unterwegs, um den Inhalt des Gefäßes in die Schalen der Trinker zu gießen.

Die Bankette

Die Küchenbilder aus dem Golini-Grab sind ganz ungewöhnlich; Darstellungen von Gelagen sind viel häufiger: als Fresken in den Gräbern von Tarquinia, als Reliefs auf den architektonisch verwendeten Terrakotten von Velletri, als Skulpturen auf Urnen und Cippi in Chiusi haben wir sie schon oft angetroffen. Sie inspirieren sich an der griechischen Tradition. Prototypen sind die Friese von Larisa in Äolien[29] und attische Schalen[30]: bei den Griechen finden sich bereits das Speisesofa, auf dem je zwei Gäste Platz nehmen können, die niedrigen Tische vor den Liegen, der Hahn oder der Hund unter dem Tisch, der Musiker, der die Doppelflöte spielt, der Mundschenk, der die Trinkschalen füllt. Das Thema ist so konventionell, daß sich die etruskische Originalität nur mit Mühe durchsetzen kann.

Über Ort und Zeit der Gelage läßt sich nichts sagen. Sie spielen sich in einem Phantasiedekor ab; oft suggerieren reich belaubtes Buschwerk und leuchtende Helligkeit die Vorstellung eines Parkes bei strahlendem Sonnenschein. Anderswo deuten Kränze, Bänder, Fächer und Waffen, die vor einem unsichtbaren Hintergrund aufgehängt sind, auf ein Interieur, ein Idealtriclinium hin. Im Golini-Grab spielt sich das Gastmahl der beiden Brüder *Arnth Lecates* und *Vel*

Abb. 58 Das Gastmahl (Grab der Leoparden, Tarquinia)

Leinies, bei dessen Vorbereitungen wir gerade zugesehen haben, im Schein von sechs Kerzen ab, die auf zwei hohen Leuchtern stehen.

Meistens liegen auf einem Sofa ein Mann und eine Frau, zweifellos Ehegatten. Wir haben bereits gesehen, daß die Frau bei den Etruskern ohne weiteres am Gastmahl teilnehmen konnte, eine Freiheit, die den Griechinnen verwehrt war. In Athen lagen nur die Kurtisanen an der Seite junger Männer zu Tisch. Selbst zu Hause saß die Gattin aufrecht neben dem Sofa, auf dem sich ihr Gebieter zum Speisen ausgestreckt hatte. Diese Haltung setzte sich schließlich auch bei den Etruskern durch, als sie unter stärkeren griechischen Einfluß gerieten. Im Grab der Schilde in Tarquinia, das aus dem 3. oder 2. Jahrhundert stammt, sitzt *Velia Seitithi* bescheiden zu Füßen des Sofas, auf dem sich *Larth Velcha* ausgestreckt hat[31]. Nichtsdestoweniger berührt sie liebevoll die Schulter des Gatten und reicht ihm mit der anderen Hand eine Frucht, die sie dem Körbchen auf dem Tisch entnommen hat. Dieselbe melancholische Zärtlichkeit spricht bereits drei Jahrhunderte früher aus der leicht pathetischen Geste des Mannes im Grab der bemalten Vasen; er faßt das Kinn seiner Gefährtin mit den Fingerspitzen und wendet ihr Gesicht zu sich hin, um sie ein letztes Mal Auge in Auge zu betrachten[32]. Man muß allerdings zugeben, daß sich die myrtenbekränzte Tischgesellschaft in anderen Fällen, z. B. im Grab der Löwinnen, unbedenklich den Freuden des Weines und der Galanterie hingibt; die Männer haben schwarzes Haar, die Frauen sind blond; sie tragen herrliche, bunte Mäntel. Einer der Zecher läßt zwischen Daumen und Zeigefinger vor den Augen einer faszinierten Frau einen Ring glänzen; das Paar daneben dreht sich um und betrachtet einen nackten Ganymed, der mit einem Weinkrug vorbeigeht. Überall Neckereien, Geplapper und aufflammendes Verlangen[33] (Abb. 58).

Poseidonios bewunderte bei allem Tafelluxus am meisten die bunt bestickten Decken der Speisesofas[34]. Es handelt sich zweifellos um dasselbe Wollgewebe aus Milet, das wir weiter oben über den Schultern der Tänzer gesehen haben. Noch Cicero macht Verres, dem betrügerischen Wucherer, dessen Namen übrigens eine etruskische Wurzel hat, den Vorwurf, er habe den Milesiern Wolle gestohlen[35] und die Paläste edler Sizilianer in Werkstätten verwandelt, aus denen Purpurteppiche kämen, »als ob er in all seinen Speisezimmern in Rom und in seinen Villen nicht drei, sondern je dreihundert Sofas beziehen wolle mit herrlichen Decken *(stragula vestis)* und allen Stoffen, die zum Glanz der Gelage beitragen[36]«. Poseidonios spricht von στρωμναὶ ἀνθειναί. Wir fassen das Adjektiv nicht in seiner etymologischen Bedeutung (ἄνθος) auf und übersetzen nicht »mit Blumen bedeckt«. Die etruskische Malerei zeigt oft blütenbestickte Stoffe; doch ἀνθεινός bedeutet wie sein Synonym ποικίλος ganz allgemein »bunt bestickt«. So erscheinen uns auch tatsächlich die Decken im Grab der Leoparden mit ihrem zarten, roten Karo, durch das sich ein blauer Faden zieht[37]. Dies war am Anfang des 5. Jahrhunderts Mode. Später, im Grab der Schilde, dominiert der Purpur mit stets geometrischen Ornamenten[38].

Das Silbergeschirr

Poseidonios berichtet, daß den Gästen eine Fülle verschiedenartigsten Silbergeschirrs zur Verfügung stand. Wir haben bereits die Verse von Kritias, dem Tyrannen, zitiert, in denen er neben den Bronzegeräten auch »die goldverzierten Phialen der Tyrrhenier«[39] preist. Phialen sind kleine, flache Schalen, in deren Mitte sich ein Knauf befindet. Sie dienten zu Libationen. Wir haben schon verschiedene Male all die Eimer, Schüssel, Amphoren, Kannen, Schalen und Tassen aus vergoldetem oder gehämmertem und ziseliertem Silber aufgezählt: sie fanden sich in den Fürstengräbern des 7. Jahrhunderts in Vetulonia, Caere und Praeneste. Außerdem ist uns das Silberzeug aus dem Regolini-Galassi-Grab bekannt: die Becher und Schalen sind mit dem Namen der Besitzerin gezeichnet, die einen besonderen Wert auf dieses Geschirr gelegt zu haben scheint.

Die Bemerkungen des Poseidonios beziehen sich aber auf eine sehr viel spätere Zeit und werden durch archäologische Funde nicht bestätigt. Weder Gemälde noch Grabbeigaben lassen nach dem 7. Jahrhundert die erwähnte »Masse von Silbergeschirren aller Art«, die der Philosoph auf den Tischen der Etrusker gesehen haben will, erkennen. Höchstens auf einem Fresko im Grab der bemalten Vasen in Tarquinia (Ende des 6. Jahrhunderts) könnte die weißbemalte κύλιξ in der Hand des Speisenden darauf hindeuten, daß das Ge-

fäß aus Silber sein soll[40]. Ansonsten sind nur Geräte aus Bronze und Keramik dargestellt. Betrachtet man die Gegenstände in den Gräbern von Caere, kommt man zu demselben Ergebnis: eine unvergleichliche Fülle attischer Keramiken und äußerst wenige Metallgefäße. Silberzeug scheint aus dem etruskischen Geschirrbestand ganz verschwunden zu sein. Muß man den Grund hierfür in der Verarmung des Volkes suchen, das in der Zeit seiner Dekadenz von den Silberproduktionszentren, vor allem von Spanien, abgeschnitten war? Muß man annehmen, daß die Etrusker aus Geiz den Toten wertvolle Gaben vorenthielten? Oder daß die Vorliebe für Keramik, die zunächst durch griechische Importe geweckt wurde und dann in eigenen Werkstätten eine ununterbrochene Herstellung von Terrakottawaren – vom archaischen schwarzgefärbten Bucchero bis zur späten rotlackierten Töpferware von Arezzo – in Gang brachte, alles andere verdrängte? Alle diese Gründe wirken wohl zusammen und erklären gemeinsam die Entwicklung. Der Geschmack an Silberwaren war übrigens nicht so vollkommen erloschen, daß die Etrusker im 4. bis 3. Jahrhundert nicht im Zentrum Südetruriens, vor allem in Bolsena und Orvieto, silbrig schimmernde Keramiken hergestellt hätten, deren glänzende Bemalung Silberbeschlag vortäuschte[41].
Erst ab dem 3. Jahrhundert, als das Land bereits in das römische Reich eingegliedert war und an den Wohltaten der Eroberung teilzuhaben begann, behielten die Etrusker ein wenig von dem Luxusgeschirr, das in Hülle und Fülle nach Italien kam, für ihren eigenen Gebrauch zurück. Die Komödien des Plautus aus der Zeit unmittelbar nach dem Zweiten Punischen Krieg zeigen uns prachtvolle Silbergeschirre auf den Tischen der Reichen. »Diejenigen, die ihr Haus voller Reichtümer haben, trinken aus *scaphia*, *canthari* und *batiocae*, wir aus armseligen Schalen aus Lehm von Samos; aber wir trinken auch«, sagt der Sklave Stichus[42]. Die etruskischen Lucumone tranken in dieser Zeit wieder aus silbernen

scaphia, canthari und *batiocae** aus alexandrinischen Werkstätten. Auch die eigene Fabrikation erholte sich wieder aus
ihrer Erstarrung, angeregt durch neuen Ehrgeiz. Im Jahre
206 brachte P. Scipio Africanus aus Spanien 14 000 Pfund
Silber mit, ganz abgesehen von dem gemünzten Silber[43]. Im
Jahre 189 zeigte sein Bruder Lucius bei seinem Triumph
über Antiochus 1023 Pfund Goldgeschirr und 1423 Pfund
Silbergeschirr[44]. Im Jahre 161 verbot ein Gesetz gegen den
Aufwand, daß die Vornehmen, die an dem Festmahl anläßlich der Megalensien teilnahmen, mehr als 100 Pfund Silberzeug mitbrachten[45]. Wundert man sich angesichts dieser
Tatsachen noch, daß eines der seltenen etruskischen Gräber,
in denen man einen matten Abglanz des Silbergeschirrs aus
früherer Zeit gefunden hat, das Grab der *Larthia Seianti*,
sich mit Hilfe eines römischen Unzial-As mit dem Januskopf
datieren läßt? Das Geldstück kann frühestens aus der ersten
Hälfte des 2. Jahrhunderts stammen. Man fand unter verschiedenen Toilettenartikeln, Haarnadeln, Kämmen und
Pinzetten einige *vasa argentea*, einen kleinen Krater, eine
Kasserolle und Platten[46]. Das Geschirr, das Poseidonios bei
den Etruskern gesehen hat, war bestimmt viel prächtiger:
erst Rom hat den Gelagen der Etrusker wieder den Glanz
alter Zeiten gegeben.

III. Die Spiele

Durch die Spiele wissen wir manches über die Bräuche der
Etrusker, denn in der besonderen Form der Leichenspiele
sind sie uns in Malereien auf den Wänden der Gräber, in
Skulpturen auf Cippi und Sarkophagen erhalten. Daß der
Brauch der Leichenspiele sehr alt ist, muß nicht erst bewiesen

---

* Plautus häuft bewußt die Namen exotischer Gefäße, die auf orientalischen Luxus hinweisen: *scaphia* sind schiffchenförmige Schalen, *canthari* Becher mit zwei hoch aufragenden Henkeln und *batiocae* Schalen
persischer Herkunft ohne Fuß und Henkel.

werden. Er ist seit der Schlacht von Alalia (Aleria, um 535)
bezeugt: die Bewohner von Caere hatten viele Phokäer gefangengenommen, sie vor die Stadt geführt und gesteinigt.
Das Orakel von Delphi gebot auf Anfrage, »sie sollten das
tun, was auch zu unserer Zeit noch getan wird (Herodot
spricht so Mitte des 5. Jahrhunderts): den Manen der Phokäer reiche Opfer darbringen und ihnen zu Ehren Spiele mit
Gymnastik und Pferderennen ausrichten[47]«.
Sicherlich unterschieden sich die Manifestationen der etruskischen Kraft und Vitalität anläßlich von Begräbnissen wie bei
allen antiken Völkern nicht sehr von den ländlichen Festen
zu Zeiten der Aussaat und der Ernte. In dem einen Fall
wollte man die Allmacht des Todes beschwören, in dem
anderen die Kräfte der Natur mit magischen Praktiken zur
Entfaltung bringen. Ähnlich sahen wohl auch die feierlichen
Zeremonien aus, die die Städte begingen, um den Schutz
der Götter herabzuflehen. Ob die Spiele den Manen oder
den Göttern geweiht waren, änderte nichts an ihrem Programm. So führte man in Rom, das dem Beispiel der Etrusker folgte, die Komödien des Terenz ohne Unterschied bei
den Ludi Romani, bei den Megalensien und den Leichenspielen des Aemilius Paulus auf. Wir dürfen also sicher sein,
daß die Tänze und Wettkämpfe, die in den Gräbern von
Tarquinia – vielleicht stilisiert und verschönert – dargestellt
sind, nicht nur in den Nekropolen, sondern in allen Heilig-
tümern abgehalten wurden, unter anderem auch im Tempel
des Vertumnus, *fanum Voltumnae*, wenn dort alljährlich im
Frühling die Versammlung aller Stämme stattfand[48]. Man
feierte dann festliche Spiele, an denen die Lucumone der
zwölf Völker mit ihren persönlichen Künstlertruppen teilnahmen. Wir haben die Anekdote über den König von Veji[49]
noch nicht vergessen, der, in der Wahl geschlagen, mit seinen
Schauspielern und Faustkämpfern sofort den Ort verließ.
Wie diese Künstler ausgesehen haben, wissen wir aus dem
Grab der Auguren und aus dem Grab der Leoparden.
Mehr noch: die Gemälde zeigen uns nicht nur die großen

öffentlichen Feste mit dem Lärm der bunten Menge auf dem danebenliegenden Markt und den politischen Intrigen, die sich im Schatten des Heiligen Hains anspannen; diese Feste bedeuteten die stets wiederkehrende Gelegenheit, die Gesten des alltäglichen Lebens bewußter auszuführen. Die Spiele geben wie in einem Spiegel, der vergrößert, ohne zu verzerren, die verschiedenen Formen der realen Tätigkeiten und Lebensweisen wieder. Wie uns die Totenmähler in die täglichen Mahlzeiten eingeführt haben, so zeigen uns die Leichenspiele, was für die Etrusker Musik, Tanz, Sport und natürlich auch das Theater bedeuteten.

Die Musik

Es ist ein besonderer Zug der etruskischen Kultur, daß der Musik im täglichen Leben große Bedeutung beigemessen wurde. Mit dieser Feststellung soll nicht die Überlegenheit der Griechen bestritten werden: sie haben die Musik nicht nur im Sinn des Musendienstes oder der intellektuellen Bildung, sondern die Vokal- und Instrumentalmusik im strengen Sinne zur Grundlage der Städte und Formung der Seelen gemacht[50]. Auf die Griechen geht der Mythos von Orpheus zurück, der mit dem Klang seiner Leier Felsen, Tiere und Götter bewegte. Die Fabeln sind voll von Namen legendärer Kitharöden und Auleten, Schülern und Rivalen des Apollo, Orpheus, Linus, Amphion, Marsyas, die durch die Gewalt der Musik Steine zu Mauern zusammenzwangen und Untiere unschädlich machten. In der Praxis standen »das Leierspiel, der leichte Tanz und der Gesang«[51] ganz oben in den athenischen und sogar in den spartanischen Erziehungsprogrammen. Konzerte sind ein Lieblingsthema der Vasenmaler des 5. Jahrhunderts. »Keine einigermaßen bedeutungsvolle Handlung im Stadt- und Landleben, keine Hochzeit, kein Begräbnis, keine Ernte, keine Weinlese, kein Gastmahl blieb ohne musikalische Umrahmung im engeren oder weiteren Sinn[52].«

Auch in diesem Punkt waren die Etrusker Schüler der Griechen. Aber sie fanden Mittel und Wege, die Musik auch dort einzuführen, wo sie noch nicht heimisch war. Daß sie die Bewegungen der Tänzer bei den Spielen begleitet, war unerläßlich, daß sie zur Trunkenheit der Geladenen eines Gastmahls beitrug, war natürlich; daß sie zur Liturgie religiöser Zeremonien gehörte, nichts normaler als das; daß sie den Eifer der Soldaten in der Schlacht entfachte, auch das war bekannt. Aber man ist ebenso erstaunt wie Aristoteles, der es als Anzeichen für Verweichlichung wertete, daß die Etrusker unter Flötenklängen ihre Sklaven auspeitschten, ihre Faustkämpfe durchführten und kochten[53]. So waren alle Tätigkeiten des täglichen Lebens, auch die banalsten, von Musik begleitet. Stille gab es in einer etruskischen Stadt wohl nie. Man muß sich das geschäftige Treiben immer vor einem Hintergrund von Klang vorstellen, und zwar nicht von Leopardis *il lieto rumore*, dem »fröhlichen Lärm«, der an den Samstagabenden die italienischen Dörfer erfüllt, sondern eher wie wenn man in einer Vorstadt von Florenz nach dem Abendessen nach Hause kommt und ein Radio beharrlich durch die weitgeöffneten Fenster von *villino* zu *villino* die ganze *Norma* von Bellini ausstrahlt.

Schon unter den Etruskern triumphierte die Musik in Italien. Was immer Aristoteles auch sagen mag, es handelt sich hier keineswegs um den Ausdruck schlaffer Weichlichkeit. Wenn der Philosoph drei Verwendungsweisen von Musik aufzählt, die ihm unverständlich und geschmacklos erscheinen, so übersieht er, daß in allen Fällen heftige Bewegungen in einen Takt gebracht werden. In Griechenland rhythmisierte der Flötenspieler die Anstrengung der Ruderer. Dasselbe tut in unseren Rudermannschaften der Steuermann mit Hilfe eines Megaphons. Die Faustschläge der etruskischen Kämpfer wurden ebenfalls skandiert. Dieser Brauch verwandelte das Boxen in eine Art Tanz, ohne ihm deshalb die Brutalität zu nehmen. Die Rutenschläge, mit denen die Sklaven bestraft wurden, fielen im Takt, aber die Musik besänftigte in diesem

Fall weder die Gefühle der Sklaven noch die des Herrn, obwohl Plutarch sich in seinem Werk *De cohibenda ira*[54] dahingehend geäußert hat. Was die Küchenarbeit betrifft, so wissen wir genauer, was Aristoteles sagen wollte, durch die Angaben des sizilischen Historikers Alkimos[55]: er berichtet vom Kneten des Brotteiges, einer Arbeit, die tatsächlich rhythmisch ausgeführt werden muß. Wir haben auf dem Gemälde im Golini-Grab den Flötisten, *suplu* oder *subulo*, gesehen, der durch sein Spiel *Pazu mulu(.)ane* unterstützt, der mit nacktem Oberkörper die Speisezutaten zerstampft und knetet. Die Musik ist keineswegs dazu da, seine Bewegungen zu verlangsamen und die Soße zu verderben.

Auch bei der Jagd spielte sie eine große Rolle, nicht allein deswegen, weil der Hörner- und Trompetenklang die Hundemeute versammelte. In seinem Buch *De natura animalium* aus dem 2. Jahrhundert n. Chr. erwähnt A. Claudius Aelianus einen etruskischen Brauch, nach dem die Musik das Wild in die Netze getrieben haben soll[56]:

»Es gibt eine Sage bei den Etruskern, nach der bei ihnen Wildschweine und Hirsche nicht nur mit Netzen und Hunden gefangen werden, wie es allgemein üblich ist, sondern auch mit Hilfe der Musik, die sogar die größere Rolle spielt. Wie das vor sich geht, will ich jetzt erzählen: sie stellen ihre Netze und alle übrigen Jagdgeräte, die für die Tiere einen Hinterhalt bilden, auf. Außerdem steht ein Flötenspieler dabei, der versucht, eine möglichst sanfte Weise zu spielen; was an der Musik schrill ist, das meidet er, was aber das Lieblichste ist am Flötenspiel, das bläst er. In der Stille und in der Einsamkeit dringt der Klang leicht bis auf die höchsten Gipfel und bis in die tiefsten Täler und Dickichte; mit einem Wort, er dringt in alle Höhlen und Schlupfwinkel der Tiere. Wenn der Klang sie erreicht, erschrecken sie zuerst und haben Angst. Dann ergreift sie der reine, unwiderstehliche Genuß der Musik, so daß sie verzaubert ihre Jungen und ihre Schlupfwinkel vergessen, obwohl doch die Tiere den Platz, an dem sie geboren sind, gar nicht gern verlassen.

Allmählich werden nun die Tiere in Etrurien angelockt, als
wären sie das Opfer eines Zaubers, und kommen näher, da
die Musik sie verhext, und geraten in die Netze, überwältigt
von der Melodie.«

Es läßt sich kaum feststellen, woher Aelianus, der aus Praeneste stammte und die Verhältnisse in Italien gut kannte,
das Material zu der zitierten Aussage genommen hat. Seine
Zeilen sind belebt von dem Gefühl für das Geheimnis, das
das »Leben der sogenannten wilden Tiere« umgibt, und für
die magische Gewalt, die die Musik über sie hat. Aristoteles
kannte ebenfalls diese seltsame Art des Anlockens; aber er
erwähnt sie nur im Zusammenhang mit der Jagd auf den
Hirsch, dessen Reagieren auf die Musik die Alten von jeher
erstaunt hat. Das Wildschwein ist wohl ein unbedachter Zusatz im etruskischen Quellentext[57]. Eine solche Jagdmethode
ist keine Ausgeburt der Phantasie. Man weiß, daß die Jäger
an der Elfenbeinküste »die Antilopen durch den Klang einer
langen Flöte anlocken und daß die neugierigen Tiere sich,
von der Musik fasziniert, ohne Mißtrauen nähern und dann
von der Lanze oder dem Pfeil getroffen werden[58]«. Vielleicht steht am Ursprung der Überlieferung, die wir bei
Aelianus finden, eine Dichtung, in der ein unbekannter Gil-
gamesch oder Cyrus aus der epischen Tradition von Vulci
oder Chiusi in der Gesellschaft eines etruskischen Orpheus
den Hirsch und das Wildschwein jagte, nur daß dieser Musiker seine Kunst für grausame, utilitaristische Zwecke ein-
setzte. Im Unterschied zum Leierspiel des Orpheus hätte es
sich hier um unwiderstehliche Flötenklänge gehandelt.

Die Flöte blieb stets das Lieblingsinstrument der Etrusker.
Die Malereien und Cippi aus dem 6. und 5. Jahrhundert
zeigen in den Händen der Musiker auch die Leier und die
sieben- und mehrsaitige Kithara. Griechische Musiker brachten die perfektionierten Instrumente zu dieser Zeit nach
Etrurien. Kitharöde und Aulet sind zunächst unzertrennlich.
Das Duo der apollinischen Lyra und der dionysischen Flöte
ist schließlich doch zerbrochen, allerdings bei Griechen und

Etruskern in verschiedener Weise. In Griechenland wurde die Flöte, die ein Perikles virtuos gespielt hat, von Platon und Aristoteles verdammt und verbannt[59]. In Etrurien hörte

Abb. 59 Trompeter und Liktoren (Urne von Volterra)

man bei öffentlichen und privaten Konzerten nur noch die Flöte. Autoren und Gemälde stellen uns die verschiedensten Arten von Flöten vor, die die moderne Instrumentenkunde eher als Klarinetten oder Oboen bezeichnen würde. Die Flöten, die bei Opferhandlungen erklangen, waren nach Vergil

aus Elfenbein, nach Plinius aus Buchs[60]. In archaischer Zeit
spielte man auf kleinen, kurzen Instrumenten[61]. Auf einer
Urne aus dem spät zu datierenden Grab der Volumnii in
Perusia ist eine Querflöte dargestellt[62]. Doch im großen und
ganzen ist Etrurien stets der Doppelflöte treugeblieben, deren beide Rohre sich im Mund des Bläsers vereinigen. Auch
Rom verwendete später hauptsächlich die *tibiae* (im Plural).

Flötenklänge bildeten also die Geräuschkulisse des städtischen
Lebens. Wir wüßten gern mehr davon, aber über die Musik
der Griechen ist wenig bekannt und über die der Etrusker
noch weniger. Vielleicht war sie noch chromatischer. Man
nimmt an, daß die Etrusker auch hier ihrem Hang zum
Althergebrachten nachgegeben haben und sich der Tradition
der Blasinstrumentenmusik verbunden fühlten, die die Entwicklung der Enharmonie und nuancierter Zwischentöne begünstigte. Sie pflegten wahrscheinlich die Weisen Kleinasiens,
die ein dunkles Echo aus alter Zeit in ihnen wachrief, die
phrygische Musik zum Beispiel oder die hypolydische, die
nach den Aussagen der antiken Musikwissenschaftler »aus-
schweifend, schlaff und wollüstig« war. Und doch mußte
der Rhythmus bisweilen ziemlich männlich gewesen sein,
wenn er die Tätigkeit der Bäcker an der Teigmulde unterstützt hat.

Jedenfalls ist es sicher, daß die etruskischen Flötenspieler
Weltruf erlangten. Ein athenischer Philosoph erhielt zu Beginn des 3. Jahrhunderts den spöttischen Beinamen »Tyrrhenos«[63], weil er die Flöte zu sehr liebte. In Rom wurde es
bald Sitte, *subulones* aus Etrurien hinzuzuziehen, weil man
rituelle Opferfeiern nicht ohne einleitende Flötenmusik begehen konnte. Die Flötenspieler bildeten in der Hauptstadt
ein Kollegium, das eifersüchtig auf seine Rechte bedacht war
und das Monopol in dieser Kunst innehatte. Eines Tages,
Ende des 4. Jahrhunderts, traten sie in Streik, weil man
ihnen ein traditionelles Gastmahl auf dem Kapitol versagt
hatte, und zogen sich nach *Tibur* (Tivoli) zurück. Der Senat

mußte nachgeben und zu einer List greifen, um das Zerwürfnis beizulegen: verschiedene Familien in *Tibur* gaben vor, ein Fest zu feiern, luden sie ein, bei ihnen Musik zu machen (man könnte sich die Anekdote durch ein Fresko von Tarquinia illustriert vorstellen), und machten sie betrunken, »denn diese Art von Menschen ist zum Trinken geneigt« (diese Begründung stammt natürlich von einem Römer, hier von Livius). Auf Karren wurden sie zum Forum transportiert; als sie erwachten, sahen sie, daß sie wieder in Rom waren. Ihre Privilegien wurden erneuert[64]. Weiter unten werden wir sehen, daß sich im Laufe der Zeit die etruskischen Tänzer den Flötenspielern in Rom zugesellten und zusammen mit ihnen das lateinische Theater schufen.

Rom entlieh aus Etrurien nicht nur seine sakrale, sondern auch seine militärische Musik. Die Alten priesen seit Aischylos den Klang der etruskischen Trompete (ϑυρσηνικὴ σάλπιγξ, *Tyrrhenica tuba*[65]), einer geraden Trompete, deren Schalltrichter sich glockenartig erweitert. Eine andere Trompetenart, die wie der *lituus* der Auguren gebogen ist, ist in den Händen der Begleiter von Magistraten dargestellt. Daneben gibt es auch kreisrund gebogene Instrumente, die unserem Jagdhorn gleichen (Abb. 59). Ob gerade, gebogen oder rund, *tubae*, *litui* und *cornua* haben bei offiziellen Aufmärschen geklungen, haben bei Sentinum und Philippi zum Angriff geblasen, ja bisweilen haben die Auguren sogar geglaubt, sie am Himmel tönen zu hören zum Zeichen, daß ein *saeculum* zu Ende ging oder daß die Götter durch Prodigien ihren Willen kundgaben:

Tyrrhenusque tubae mugire per aethera clangor[66].

Der Tanz

Durch die Ausstellung von 1955, die durch alle Hauptstädte gewandert ist, sind die von den Wänden des Triclinium-Grabes abgelösten Fresken populär geworden: sie zeigen etrus-

kische Tänzer in schwingenden, bunten Mänteln aus milesi-
schem Wollstoff mit leichtem Schritt und lebhafter Gebärde.
Es gab in Etrurien sakralen und profanen Tanz. Die Grenze
zwischen beiden ist fließend. Wollte man alle Formen aufzählen, dürfte man auch die Kriegstänze nicht vergessen.
Man hat sie sich ähnlich vorzustellen wie die Tänze der
Salier – ihr Name bedeutet »Tänzer« – in Rom, die die vom
Himmel gefallenen Schilde, *ancilia* genannt, im Takt anein-
anderstießen. »Sie sangen Hymnen und begleiteten sie mit
rhythmischen Sprüngen und rituellen Tänzen[67].«
Der Waffentanz war in ganz Mittelitalien verbreitet. Ein
kleiner Votivschild, zweilappig wie die Salierschilde, den
R. Bloch in einem Villanova-Grab in Bolsena[68] gefunden
hat, beweist, daß es den Tanz bereits vor der Hochblüte der
etruskischen Kultur gegeben hat und daß er als alte Tradition beibehalten wurde. Eine Gemme aus dem 4. bis 3. Jahrhundert im Archäologischen Museum von Florenz stellt zwei
Salier mit ihren Schilden dar. Auch in Griechenland spielten
die getanzten Scheinkämpfe bei vielen religiösen Festen eine
Rolle; sie wurden von Flötenmusik begleitet und pyrrhische
Tänze genannt. Darstellungen im Grab der Zweigespanne
und auf Grabsteinen in Chiusi erinnern daran.
Bei den Festen der Salier gab es einen Vortänzer, der die
Gruppe anführte, den *praesul,* d. h. denjenigen, »der vor-
austanzt«. Er tanzte die Figuren vor, die die anderen dann
nachahmten. Zwei lateinische Verben, deren Sinn sich bald
verdunkelt hat, charakterisieren die beiden Phasen des Tanzes: *amptruare* und *redamptruare*[69]. Das Präfix *amp-* bezeichnet eine Kreisbewegung: der Vortänzer führt zunächst
einen Sprung aus, indem er sich dreht *(amptruabat),* und
die Gruppe ahmt die Bewegung nach *(redamptruabat).* Die
Wurzel *-truare* ist unbekannt; sie scheint aus dem Etruskischen zu stammen.
Zur Zeit des Augustus kam in Rom eine alte Parade, an der
auf dem Marsfeld drei Schwadrone junger adliger Ritter
teilnahmen, wieder zu Ehren. Man nannte den Aufmarsch

roia; es gab die Ausdrücke *troiam ludere*, die *troia* feiern, nd *lusus troiae*, das *troia*-Spiel. Man zweifelte nicht daran, daß dieser Brauch auf die legendären trojanischen Ursprünge Roms zurückging. Man stützte sich dabei auf die Etymologie des Namens »Troja-Spiel«. Vergil hatte diese Illusion noch verstärkt, indem er der Parade einen Platz bei den Leichenspielen zu Ehren des Anchises (5. Buch der *Aeneis*) einräumte. In den berühmten Versen beschreibt er zunächst den Aufmarsch der *Troiae iuventus*, »der Jugend von Troja«, dann die Bewegungen der Reiterei, deren Bogen und Schlingen ihn an das Labyrinth auf Kreta erinnerten[70].

»Die drei Schwadrone teilen sich und bilden zwei getrennte Trupps; auf ein Kommando hin wenden sie und reiten mit eingelegter Lanze aufeinander zu. Dann folgen andere Bewegungen nach vorwärts und rückwärts. Aber sie bleiben einander stets gegenüber. Verschlungene Kreisbewegungen und die Bewaffnung erzeugen die Vorstellung einer Schlacht.«

Eine etruskische Oinochoe von Tragliatella bei Bracciano etwa 10 km von Caere entfernt, die dem frühkorinthischen Stil nach noch aus dem 7. Jahrhundert stammt, zeigt in grober Ritztechnik ein Labyrinth, aus dem zwei bewaffnete Reiter hervorkommen, die in Begleitung von je sieben Infanteristen einen Kriegstanz ausführen[71]. In den Gängen des Labyrinths liest man deutlich in etruskischen Buchstaben das Wort *truia*. Man glaubt allgemein, daß das Wort entweder eine besondere Art von Waffentanz oder den Platz, die Arena, oder vielleicht das verschanzte Lager bezeichnet, wo er getanzt wurde, und daß der Ausdruck in das rituelle Vokabular der römischen Salier eingegangen ist *(amptruare)* und im *lusus troiae* weiterlebte[72]. Vom 7. bis zum 1. Jahrhundert hat sich die *troia* irgendwie in der etruskischen Tanzkunst erhalten, ist dann ins römische Brauchtum aufgenommen worden und hat die Mythographen zu den phantasievollsten etymologischen Erklärungen veranlaßt.

Abb. 60 Tanz der Silenen und Mänaden (Antefixe von Satricum)

Die bacchantischen Tänze

Doch hat wohl eher Dionysos als Mars den etruskischen
Tanz zu sich selbst gebracht und den ihm eigenen Stil geprägt. Im ganzen griechisch-etruskischen Italien tanzen Silenen und Mänaden ihren wilden Reigen, sei es auf Tempel-
giebeln und auf den Deckeln von Becken und Kesseln, die
man in Gräbern gefunden hat, sei es als Schmuck auf
Leuchtern und Dreifüßen, Vasen und Schalen. Mit Hilfe von
mehreren nicht zusammenhängenden Darstellungen als Beispielen hat man die aufeinanderfolgenden Figuren einer
ganzen Choreographie wiederherstellen können[73]. Die erste
Figur, die Aufforderung zum Tanz, ist auf einem Griff

abgebildet: der Silen springt fröhlich auf die Mänade zu, die sich, überrascht, zur Flucht wendet. Dann folgen die köstlichen Antefixe von Falerii, Lanuvium und Satricum (Abb. 60), wo Silenen und Mänaden Arm in Arm »im Parallelschritt« tanzen. In einer letzten Phase des Tanzes, dargestellt auf einer Bronze im Metropolitan Museum in New York, wird die Mänade auf die Schultern des triumphierenden Silen gehoben »wie auf einen lebenden Sockel«. Der Tanz scheint also auch einen mimischen Inhalt gehabt zu haben. Das dramatische Thema war die getanzte Entführung[74].

Der bacchantische Charakter des etruskischen Tanzes hat sich mit seinen Masken und Verkleidungen in der Prozession anläßlich der Zirkusspiele in Rom erhalten. Auf die ernsten Tänze folgten die Burlesken der Silenen und Satyrn; die Silenen trugen Fellkleider und geblümte Mäntel, die Satyrn Bockshäute und eine hohe Mähne auf dem Kopf. Dionys von Halikarnass berichtet, daß er sogar in Leichenzügen bedeutender Persönlichkeiten als Satyrn verkleidete Tänzer dem Sarg hat vorausziehen sehen[75]. All diese Bräuche sind zweifellos sehr früh von den Etruskern übernommen worden.

Die Grabmalereien zeigen nicht den Thyrsus-Stab als Attribut dieser Tänzer. Aber die Tänze selbst sind unter anderen Kostümen von derselben Ausgelassenheit wie die Bacchantentänze. Wir haben entsprechende Darstellungen im Grab der Löwinnen, im sog. Bacchanten-Grab (um 520) und im Triclinium-Grab (um 470). Sie erlauben uns, die Entwicklung im Verlauf von fünfzig Jahren zu verfolgen.

Im Grab der Löwinnen stehen sich auf der Rückwand rechts und links von einem Krater ein Flötenspieler und ein Kitharaspieler, beide mit dem Efeu des Dionysos bekränzt, gegenüber. Rechts und links von ihnen befinden sich die Tänzer[76] (Abb. 61 und 49).

Auf der rechten Seite tanzt ein Paar[77]. Der Tänzer ist nackt, sein Körper ziegelrot; die Tänzerin trägt eine durchscheinende Tunika, in der erhobenen Rechten hält sie Kastagnetten. Beide tanzen, wie Pallottino richtig bemerkt, »im stampfenden Rhythmus des *tripudium*«. *Tripudium*, ein altes lateinisches Wort, bezeichnet zunächst einen dreitaktigen Tanz, bei dem man den Boden je dreimal mit dem Fuß stampfte, dann allgemein einen hüpfenden Tanz unabhängig vom Takt. Hier machen die Tänzer beide dieselbe Bewegung: ein Fuß stampft auf, der andere ist erhoben. Handelt es sich wirklich um einen Dreitakt? Wir wissen es nicht. Wichtig sind nur das Aufspringen und das Spiel der Arme, das den Schwung unterstützt: ein Arm ist erhoben, der andere gesenkt. Erstaunlich ist, daß der Tänzer gleichzeitig den rechten Arm und das rechte Bein hebt, die Tänzerin das linke Bein und den linken Arm ohne Rücksicht auf das Gesetz der Opposition, das die nicht bacchantischen Tänze regelt und ihnen eine gewisse Ausgewogenheit verleiht.

Auf der anderen Seite bewegt sich eine Einzeltänzerin mit Haube, Schuhen und schwerer Kleidung, während die beiden

Abb. 61 Tripudium (Löwinnen-Grab, Tarquinia)

anderen fast unbekleidet tanzen. Sie vollführt einen Gleitschritt nach links, aber mit einer Drehung, wie sich dem Schwung der Falten des Mantels entnehmen läßt. Ein Arm ist erhoben, der andere vom Ellbogen an gesenkt, die Hände sind in entgegengesetzte Richtung abgewinkelt. Die »Chironomie« spielt beim etruskischen Tanz, der mehr ein Spiel der Hände als der Beine ist, eine große Rolle. Der berühmte Keramikspezialist Sir John Beazley studiert diese Handbewegungen, die er auf den Schalen und στάμνοι von Chiusi wiederfindet, in seinem Buch *Etruscan Vase-Painting*. »Ich kenne eine italienische Familie«, erklärt er, »in der die Mutter und die beiden Töchter die Handbewegungen der etruskischen Tänzer ausführen können. Diese Fähigkeit dürfte selbst in Italien selten sein[78].«

Von Grab zu Grab werden Sprünge und Gesten freier. Die schönsten Figuren sind im Triclinium-Grab festgehalten, wo auch der Flötist und der Kitharöde in den Tanz zwischen den Bäumen eines Zaubergartens einbezogen sind. Die Sprünge sind zurückhaltender, die Gesten schlichter, die Köpfe neigen sich sachter als früher. Aber die Klassik liegt in der Darstellungsweise des Malers: immer noch treibt die dionysische Trunkenheit den Tänzer (Abb. 48).

Rom, das bereits die etruskischen Flötenspieler geholt hatte, rief auch die Tänzer herbei, gemäß der Tradition im Jahre 364. Livius sagt in einer hübschen Litotes, daß man sie schätzte, weil »ihre Bewegungen nicht ohne Anmut« waren, *motus haud indecoros*[79]. Bei derselben Gelegenheit nennt er uns auch ihren etruskischen Namen, *ister*, latinisiert *histrio* (französisch *histrion*). Lateinisch hießen sie auch *ludii*. Ihre Hauptfähigkeit bestand noch in der Ausführung der Sprünge des *tripudium*. Ovid beschreibt in seiner *Ars amatoria*[80] die Spiele zur Zeit des Romulus, bei denen die Sabinerinnen geraubt worden waren. Von dem Schauspiel gefesselt, erkannten sie die Gefahr nicht, »als beim noch primitiven Rhythmus der etruskischen Flötenspieler der Tänzer den flachen Boden im Dreitakt stampfte«. Natürlich handelt es sich hier um einen Anachronismus, aber um einen sehr bezeichnenden. Im *Curculio* des Plautus singt ein Verliebter vor dem Haus seiner Schönen eine Serenade. Er wendet sich an die Türangel, daß sie aufspringen und ihn einlassen möge:

> Ihr Riegel für mein Herz,
> verwandelt euch für mich in italische Tänzer,
> hüpft, springt, ich bitte euch[81] . . .

Als die etruskischen Tänzer nach Rom kamen, dürften sie etwa denselben Eindruck gemacht haben wie das russische Ballett im Jahre 1911 bei uns; ihre Sprünge erschienen bestimmt nicht weniger schwindelerregend als die des Tänzers Nijinsky.

Der Sport

Auch der Sport erhielt seine Weihe bei den Spielen, die zu Ehren der Götter und der Verstorbenen veranstaltet wurden. In diesem Punkt waren die Etrusker wieder Schüler der Griechen und Lehrer der Römer. Die Tradition wurde folgendermaßen begründet: Tarquinius der Ältere gab kurz nach seiner Thronbesteigung anläßlich seines ersten Sieges prächtigere und besser organisierte Spiele als seine Vorgänger. »Er wählte den Platz für den *Circus Maximus* aus, ließ für die Senatoren und Ritter eine zwölf Fuß hohe Tribüne bauen und richtete die *ludi Romani* ein; dabei stellte er Rennpferde und Faustkämpfer vor, die er hauptsächlich aus Etrurien hatte kommen lassen[82].« Dieses Ereignis soll auf das Ende des 7. Jahrhunderts zurückgehen. Zur Zeit Ciceros hatten die etruskischen Adligen noch eigene Rennställe. Aulus Caecina, Erbe einer der bekanntesten Ritterfamilien von Volterra, ließ im Circus Maximus Quadrigen laufen. Er nahm Schwalben nach Rom mit, die er dann fliegen ließ, damit sie seinen Freunden daheim den Ausgang verkündeten: mit den Farben der Gewinner bestrichen, kehrten sie in ihre Nester zurück[83].

Die Rennen

Bildliche Darstellungen in Fülle zeigen, welchen Platz Gymnasion, Stadion und Hippodrom im Leben der Etrusker einnahmen. Man hat am 26. März 1958 in Tarquinia ein neues Freskengrab freigelegt und ihm sofort den Namen »Grab der Olympischen Spiele« gegeben, weil gerade zu dieser Zeit die Olympischen Spiele in Rom vorbereitet wurden und das mittels der photographischen Sondierungen des Ingenieurs Lerici entdeckte Grab sie vorausgenommen zu haben schien[84]. In den Jahren zwischen 525 und 520 waren auf den Wänden die Hauptwettbewerbe, aus denen das Programm der antiken Spiele bestanden hatte, aufgezeichnet worden: Diskuswerfen, Weitsprung, Faustkampf und vor allem Wettrennen. Auf der rechten Seitenwand sind drei Läufer fast am Ziel; alle drei sind bis auf einen kleinen Lendenschurz nackt, alle drei bewegen ihre Arme im Rhythmus ihrer Laufschritte. Sie unterscheiden sich aber doch durch den seltsamen Spitzbart, den nur der erste und der dritte tragen, und den jeweiligen Gesichtsausdruck, der in der Reihenfolge des Eintreffens am Ziel hoffnungsvoll, verbissen und resigniert ist.

Noch eindrucksvoller ist die Darstellung des Rennens von vier Zweigespannen auf der linken Wand. Die Wagen befinden sich ebenfalls in der Nähe des Zielpfostens, und zwar auf freiem Feld, nicht in der ebenen Arena. Die Wagenlenker tragen blaue und rote Kittel, aber auch die Pferdedecken und Wagen haben abwechselnd dieselben Farben. Es handelt sich also wohl um eine rein dekorative Farbgebung ohne Hinweis auf die Parteizugehörigkeit der Gespanne, wie es im römischen Kaiserreich, ja schon zur Zeit des Caecina üblich war. Der Darstellung läßt sich ein Detail entnehmen, das bislang unbekannt war: die beiden Zügel sind hinter dem Rücken des Lenkers mit einem großen Knoten befestigt. Jeder peitscht seine Tiere mit schnellen Schlägen. Der erste, fast schon Sieger, dreht sich um, um seinen Vorsprung abzuschätzen, der dritte setzt links vom zweiten zum Überholen an, der vierte Wagen kippt gerade um: eines der Pferde hat alle viere in der Luft, das andere bäumt sich auf, und der Lenker wird nach hinten geschleudert. Drei Frauen, die den Unfall beobachten, fassen sich mit den Händen an den Kopf und schreien vor Entsetzen auf. Andere Gemälde von Tarquinia sind mit mehr Talent und Eleganz ausgeführt; dies hier ist wertvoll, weil die Darstellung voller Dynamik, voller Schwung und Humor ist und von großem Einfallsreichtum zeugt. Wir sehen, wie die Etrusker ein Geschehen ins Bild übersetzen, wie sie griechische Traditionen interpretieren.

Wenn dieser unglückliche Lenker anstelle eines Zweigespanns eine Quadriga fahren würde, könnte man ihn wohl Ratumenna nennen. Ratumenna war ein etruskischer Wagenlenker, dessen wunderbare Geschichte, die sich etwa zur gleichen Zeit zugetragen hat, zu der das Grab erbaut wurde, Plutarch und Festus[85] erzählen. Er war adliger Herkunft, ein Beweis dafür, daß der Sport oder wenigstens seine vornehmsten Disziplinen wie im archaischen und klassischen Griechenland nicht von Berufssportlern betrieben wurden, auch nicht von Sklaven, sondern von Adligen.

Zur Zeit Ratumennas gab es zwischen Rom und Veji eine Kontroverse wegen einer Terrakotta-Quadriga, die Tarquinius Superbus in einer etruskischen Werkstatt bestellt hatte, um den Tempel des Jupiter Capitolinus damit zu krönen. Die Autoritäten von Veji weigerten sich, den Wagen zu liefern, denn ein Prodigium hatte verkündet, daß diese Quadriga Rom die Oberherrschaft sichern würde.

Ratumenna hatte gerade ein Rennen gewonnen und den Siegeskranz erhalten. Er lenkte seinen Wagen aus der Arena. Da scheuten die Pferde plötzlich und gingen durch. Er konnte sie nicht aufhalten; im Galopp rannten sie nach Rom auf das Kapitol. Unterwegs entledigten sie sich des Wagenlenkers, der der Porta Ratumenna ihren Namen gegeben hat.

Die athletischen Disziplinen

Wir haben aus den verschiedenen Darstellungen von sportlichen Spielen in den Gräbern von Tarquinia und auf den Cippi von Chiusi die neuentdeckten im Grab der Olympischen Spiele ausgewählt; andere mögen das Bild vervollstän-

digen. Das Grab der Auguren (um 530) zeigt nach einem aus
Kleinasien stammenden Motiv zwei Ringer, die sich nackt
gegenüberstehen[86]. Sie sind nicht nur besonders muskulös,
sondern ganz deutlich als Orientalen gekennzeichnet mit
schwarzem Haar und schwarzem Bart, sehr langen Wimpern,
dicken Lippen und fliehender Stirn. Man könnte meinen, sie
seien auf einem Sklavenmarkt des Ostens gekauft worden.

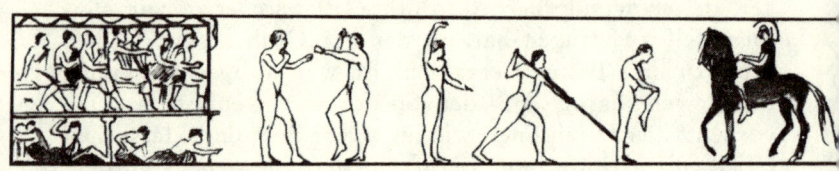

Abb. 62 Fries im Grab der Zweigespanne (Tarquinia)

Aber der Maler hatte bestimmt ein ionisches Modell mit
bereits karikierenden Tendenzen vor Augen. Jedenfalls hat
er den beiden etruskische Namen gegeben, *Teitu* und *Latithe*.
Der Name *Teitu* ist unbekannt; der Name *Latithe* findet sich
in den besten Familien von Cortona und Chiusi. Zwei wichtige Persönlichkeiten stehen in Mäntel gehüllt neben den
Ringern. Einer erhebt in der Rechten einen gekrümmten
Stab *(lituus)* und wacht aufmerksam, daß keine regelwid-
rigen Griffe angewendet werden. Beide sind nach der zwei-
fachen Inschrift über ihren Köpfen *tevarath*, d. h. Agonotheten, Kampfrichter. Zwischen den Kämpfern stehen drei
große Bronzegefäße, die als Preise auf den Sieger warten.
Das Grab der Zweigespanne (Anfang des 5. Jahrhunderts)
zeigt auf einem Fries im oberen Teil seiner Mauern alle
sportlichen Disziplinen, die bei Spielen ausgetragen wurden[87] (Abb. 62). Die großen, fein gezeichneten Gestalten
bestätigen, daß es sich um eine neue Entwicklungsstufe in
der etruskischen Malerei handelt, die den Fortschritt der

griechischen Vorbilder, wie er sich in der attischen Vasenmalerei dieser Zeit zeigte, mitgemacht hat. Wir sehen die
Reihe der Zweigespanne kurz vor dem Start und daneben
die Vorbereitungen für ein Pferderennen, bei dem die Reiter
auf dem Pferd sitzen. Ringer und Faustkämpfer kämpfen
mit bloßen Händen oder mit Boxhandschuhen. Diskuswerfen, Speerwerfen, Hochsprung und Waffentanz stehen eben-

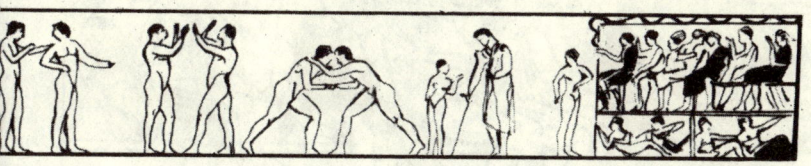

falls auf dem Programm. Ausruhende Athleten unterhalten
sich miteinander, bevor sie wieder auf die Bahn gehen. Mit
dem *lituus* gekennzeichnete Agonotheten bewegen sich zwischen den Gruppen.

Die Tribünen, das Publikum

Wir wollen nun die Zuschauertribünen näher betrachten[88].
Sie befinden sich jeweils an den Enden der Friese einander
gegenüber. Man fragt sich, ob hier nicht Querschnitte durch
ein Amphitheater dargestellt sind, die nur Teile der Tribüne
wiedergeben, die sich in Wirklichkeit in einer Ellipse oder
im Kreis um die Bahn zieht. Doch das wenige, was uns über
antike Darstellungsweisen bekannt ist, erlaubt nicht, diese
Hypothese ernstlich zu verteidigen. Wie dem auch sei, wir
erinnern uns an die Tribünen, die Tarquinius Priscus im Circus Maximus für die Senatoren und Ritter hatte aufstellen
lassen[89]. Sie bestehen aus einer Holzplattform, die sich min-

destens einen Meter über dem Boden befindet; ein *velum* ist
darübergespannt, das die Zuschauer vor der Sonne schützt
(Abb. 63). Zu zehnt oder zwölft drängen sie sich hintereinander auf der einen Bank. Man weiß nicht, ob die Bank aus

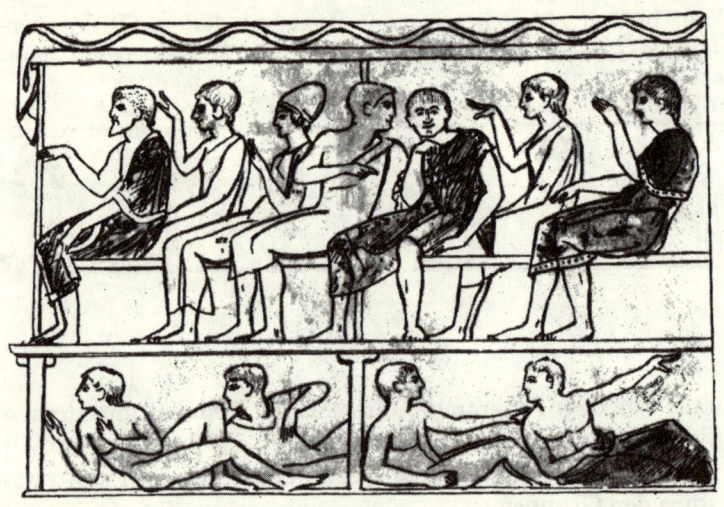

*Abb. 63 Die Tribüne für das Publikum (Grab der Zweigespanne,
Tarquinia)*

Unkenntnis der perspektivischen Darstellung von der Seite
oder von vorn gesehen ist. Wie wir bereits gesehen haben,
finden sich hier alte und junge Leute und mit dem *tutulus*
geschmückte Frauen ohne Unterschied nebeneinander, die
ganze bessere Gesellschaft von Tarquinia. Im »Parterre«,
wenn man den engen Raum zwischen Boden und Plattform
überhaupt so nennen will, drängt sich zusammengekauert
das lärmende Sklavenvolk. Diejenigen, die etwas sehen können, schauen zu und applaudieren. Die anderen dahinter ver-
treiben sich die Zeit mit nicht immer ganz unschuldigen
Dingen.

Eine ähnliche Tribüne erscheint auch auf einem Cippus von Chiusi[90], hier allerdings als Sitz der Jury, die die Preise verteilt. Zwei Magistrate, die sich offenbar für Götter halten und die Attitüde der Olympier auf dem Fries des Siphnier-Schatzhauses nachahmen, kehren sich zueinander um, den *lituus* oder ein Zepter in der Hand, und beraten. Hinter ihnen steht ein Ordner, der offensichtlich Polizeifunktionen

Abb. 64 Szene aus einem Volksfest (Grab des Affen, Chiusi)

ausübt, denn er trägt in der Linken das Rutenbündel und deutet mit seinem Stab auf die unter der Tribüne als Preise aufgestellten Vasen. Auf dem Rand der Tribüne sitzt ein Schreiber, das Diptychon auf den Knien, und notiert die Namen der Sieger. Der erste, der vortritt, trägt einen Helm mit Busch, eine Lanze und einen Schild: er hat den Kriegstanz getanzt. Hinter ihm sehen wir eine wirbelnde Tänzerin, angetan mit einer Bluse und einem Rock, die an die Kleidung der Frauen des Francesca-Giustiniani-Grabes erinnern. Ein Flötenspieler begleitet sie. Außerdem sind noch ein Diskuswerfer und dessen Gymnastiklehrer dargestellt.

Die Szene als Ganzes könnte trotz des *lituus* des Preisrichters und der Toilette der Tänzerin griechisch sein. Sie könnte z. B. in der Nähe von Palermo auf Sizilien gespielt haben, wo der Cippus aus Chiusi gefunden wurde, den der Zufall, der bei archäologischen Funden und Sammlungen so oft eine Rolle spielt, dorthin verschlagen hatte. Aber zur selben Zeit, am Anfang des 5. Jahrhunderts, zeigen sich in Chiusi im Grab des Affen neben den Themen, die Etrurien mit der hellenistischen Welt gemeinsam hat – Darstellungen von Ring- und Faustkämpfen, Waffentänzen und vom Pferdesport –, andere speziellere Motive, die einen mehr populären und lokalen Anstrich haben[91] (Abb. 64). Man hat gesagt: »Die Begeisterung für die griechische Palästra und das Stadion scheint hier der Freude am ländlichen Fest gewichen zu sein.« Nicht nur die Anwesenheit des Äffchens und des Zwerges deutet darauf hin. Eine Dame in tiefer Trauer sitzt in einen schwarzen Mantel gehüllt, der Hals und Haare so bedeckt, daß es aussieht, als trage sie eine Kapuze, auf dem Rand eines Hockers oder eines Bettes. Mit beiden Händen hält sie den Stock des Sonnenschirmes fest. Es handelt sich sicher um die Verstorbene, die den Spielen beiwohnt, die man zu ihren Ehren veranstaltet. Zwei seltsame Gaukler sind aufgetreten: eine Tänzerin und ein Flötenspieler. Die Tänzerin jongliert auch: sie tanzt mit einer Art Leuchter auf dem Kopf, dessen Kerzen wohl brennen. Die Hände mit den Kastagnetten hält sie vor der Brust. Sie ist sehr modern bzw. sehr archaisch gekleidet: sie trägt ein Brusttuch oder ein vorn gekreuztes Leibchen, einen richtigen Rock aus schwarzem Tuch und einen gestickten Gürtel. Die Kleidung des Musikers ist noch seltsamer: ein eng anliegendes Trikot bis zum Hals, dessen helle Farbe mit dem Ziegelrot seiner zu drei Vierteln unbedeckten Arme und seines Gesichtes in lebhaftem Kontrast steht, ein breiter, um die Taille geknüpfter Gürtel, der in drei Zipfeln vorn über die Oberschenkel fällt. Auf dem Kopf trägt er einen breitrandigen Hut à la

Jean Bart*, der in der ganzen Antike nicht seinesgleichen hat, es sei denn, man vergleicht ihn mit den sog. Basil-Hüten von der Situla der Certosa oder von den Bologneser Bronzen[92] (Abb. 65) oder auch mit der Kopfbedeckung des Krie-

Abb. 65 Ausschnitt aus der Situla der Certosa
(Museum Bologna).

gers von Capestrano[93]. Das Kostüm könnte aus den Magazinen der italienischen *Commedia* stammen. Wir werden noch sehen, daß tatsächlich einige etruskische Kostüme Policinello und Harlekin ankündigen.

Wenn man aber näher zusieht, handelt es sich bei den Kostümen der Gaukler nicht um die Vorwegnahme von Zukünftigem, sondern um den Rückgriff auf alte Traditionen. Das Begräbnis der Dame aus Chiusi brachte es mit sich, daß trotz des überwiegend griechischen Stils dunkle, einheimische Überlieferungen in die damaligen Wettkämpfe mit einflossen, so daß ein Zwischenspiel nach Art des Landes zustande kommen konnte.

---

* Anm. d. Übers.: Jean Bart (1650–1702), französischer Seemann und Korsar, wurde von Ludwig XIV. wegen seiner militärischen Erfolge zur See zum Kapitän befördert und in den Adelsstand erhoben.

Die Gladiatorenkämpfe

Bei den Spielen floß bisweilen Blut. Die Etrusker scheinen
lange Zeit dem barbarischen Brauch treu geblieben zu sein,
die Gefangenen den Manen ihrer gefallenen Krieger zu
opfern. Auf dem Scheiterhaufen des Patroklos hatte Achill
noch vor der Eröffnung der eigentlichen Leichenspiele zu
Ehren seines Freundes »vier stolze Rosse, zwei seiner Hunde
und zwölf edle Söhne des erhabenen Troja[94]« geopfert. Die
Vision der Totenfeier für Patroklos hat die Phantasie der
Etrusker stets beflügelt. Überall haben sie sie nachgebildet.
Vasen von Falerii, ein Cistus aus Praeneste, ein Sarkophag
aus Orvieto, eine Urne von Volterra, Malereien von Tarquinia und aus dem François-Grab in Vulci zeugen davon.
Sir John Beazley hat sieben Monumente aus der Zeit zwischen dem 4. und dem 1. Jahrhundert aufgezählt, die alle
von einem verlorenen Original abzuleiten sind[95]. Zweifellos
entsprachen den Darstellungen des Massakers keine echten
Massaker mehr, ja die Darstellung entband sozusagen von
der Ausführung. Wenn man in Rom am Fest der Argeer
statt lebender Opfer vierundzwanzig Puppen aus Weidengeflecht in den Tiber warf, so geschah dies aus einer ähnlichen Haltung heraus. Die Bilder erlaubten der Familie des
Verstorbenen, ihre Trauer zu veredeln, indem sie sie auf das
Niveau der griechischen Sage hoben und sich durch die
Poesie über das menschliche Schicksal hinwegtrösteten. Doch
zeigt sich in der etruskischen Geschichte öfter der Hang zum
Töten und setzt sich dann auch in die Tat um. Mitte des
6. Jahrhunderts hatten die Bewohner von Caere die Gefangenen aus der Schlacht von Alalia gesteinigt[96]. Im Jahre 358
wurden bei einem Krieg zwischen Rom und Tarquinia
307 römische Soldaten auf dem Marktplatz der Stadt Tarquinia hingerichtet[97]. Während des Bürgerkrieges opferte
Oktavian 300 Bürger der Stadt Perusia, die sich ihm wider-
setzt hatte, den Manen des Cäsar. Zynisch bemerkte er
dazu, er wende auf die Feinde nur deren eigene Riten an.

Vielleicht hatten ihn die Etrusker, die zu ihm hielten, auf den Gedanken gebracht[98].

Gewisse Zeugnisse und Tatsachen weisen also darauf hin, daß die Etrusker die Gladiatorenkämpfe erfunden haben, die die Alten bereits als Fortschritt werteten. Anstatt den Besiegten auf dem Grab zu töten, erlaubte man ihm, vor dem Grab um sein Leben zu kämpfen. Nikolaus von Damaskus, der unter Augustus schrieb, bestätigt, daß Rom diesen Brauch von den Etruskern übernommen hat, wahrscheinlich in der ersten Hälfte des 3. Jahrhunderts[99]. Das Wort *lanista*, d. h. Chef der Gladiatoren, ist nach den antiken Grammatikern etruskischen Ursprungs[100]. Die Kirchenväter, die entrüstet die Blutbäder in den Amphitheatern verurteilten, haben es noch miterlebt, daß zwischen den einzelnen Kämpfen ein Gaukler auftrat, der die Leichen wegräumte; er trug einen Trikotanzug, d. h. das Kostüm und die Kennzeichen des etruskischen Charon mit seinem Hammer – eine bezeichnende Fortsetzung alter Tradition[101].

Und doch haben sich die Gladiatorenkämpfe nicht in Etrurien, sondern in Kampanien und Lukanien zu ihrer klassischen Form weiterentwickelt. Seit dem 4. Jahrhundert sieht man auf Malereien von Capua und Paestum, wie sich Männer mit Helm und Federbusch, bewaffnet mit Schild und Lanze, blutüberströmt und von Wunden übersät, gegenseitig umbringen[102]. In Süditalien stellten die Samniten für diese Spiele immer neue Kämpfer. Die »Samniten« sind die älteste Kämpferzunft und die einzige bis zur Zeit Sullas, der die »Thraker« hinzufügte; Cäsar brachte die »Gallier« in Mode. *Samnis* war lange Zeit ein Gattungsname; Kampanien blieb stets das Stammland der Gladiatoren, das Zentrum ihrer Schulen und der Schauplatz ihrer Revolten[103].

Davon gibt es in Etrurien keine Spur. Vergeblich sucht man auf Reliefs und Malereien zwei Krieger, die einander mit dem blanken Schwert gegenüberstehen[104]. Aber man findet etwas anderes, das älter, geheimnisvoller und bedeutungsreicher ist: wenn sich die Gladiatorenspiele auch anderswo entwickelt haben, dann doch aus einem Grundprinzip heraus, das· sich seit dem 6. Jahrhundert auf den Fresken von Tarquinia manifestiert.

Das Phersu-Spiel

Zwei Gräber aus der zweiten Hälfte des 6. Jahrhunderts zeigen neben anderen Szenen aus Leichenspielen, die die Wände schmücken, einen seltsamen Zweikampf, der gleichzeitig Hinrichtung ist: eine Vordeutung auf den Tod der Märtyrer, die im römischen Amphitheater den Tieren vorgeworfen wurden. Auf einem Gemälde im Grab der Auguren[105] ist ein zum Tode Verurteilter einer wilden Dogge ausgeliefert, die ihre Zähne in sein linkes Bein geschlagen hat. Sein bis auf einen Lendenschurz nackter Körper blutet bereits aus zahlreichen Wunden. Vergebens versucht er, sich mit einer Keule, die er in der rechten Hand hält, zu verteidigen; sein Kopf ist mit einem Sack verhüllt, er kann nichts sehen, muß also blind kämpfen. Dieser lächerliche Herkules hat kaum eine Chance, mit dem Leben davonzukommen (Abb. 66). Vor einiger Zeit wurde ein weiteres Gemälde dieser Art entdeckt; wir haben es also nicht mit dem grausamen Phantasiegebilde eines einzelnen Malers zu tun, sondern mit einem Ritus. Im Grab der Olympischen Spiele findet sich inmitten der Wettkämpfe, die wir beschrieben haben, dasselbe hoffnungslose Duell zwischen einem blinden Mann und einem wilden Tier, das ihn zerreißen wird[106]. In den Amphitheatern der Kaiserzeit hat es auch Kämpfe gegen Löwen und Bären gegeben. »Das Fest war nicht vollkommen, wenn nicht Menschen von wilden Tieren zerrissen wurden«, berichtet Tertullian[107]. Aber die Kämpfer waren wenigstens bewaffnet. Wenn man sie oft nackt oder nur leicht bekleidet sieht, so konnten sie doch die Annäherung ihres Gegners beobachten und dem Angriff ausweichen. Sie konnten sich außerdem frei bewegen. Hinter dem Kämpfer auf dem etruskischen Bild steht der

Leiter des grausamen Spiels in der Haltung eines Schieds-
richters. Er erwartet nicht nur aufmerksam und unnahbar
den bevorstehenden Ausgang des Kampfes, er hält auch mit
der Linken eine Leine fest, die vielleicht zum Halsband des
Hundes führt, die sich aber um den Hals, den Arm und das

Abb. 66 Das Phersu-Spiel (Grab der Auguren, Tarquinia)

Bein des Mannes gewickelt hat und seine Bewegungen be-
hindert.
Er ist seltsam kostümiert. Fast ebenso gekleidet findet er
sich auch anderswo und in anderen Situationen, z. B. auf
der gegenüberliegenden Wand im Grab der Auguren. Dort
flieht er mit aller Kraft vor einem für uns heute nicht mehr
sichtbaren Gegner[108]. Im Grab der Olympischen Spiele erscheint er halb aufgerichtet am Ende der Rennbahn, auf der
die Wagen laufen. Seiner übermenschlichen Größe wegen
könnte man ihn für einen Gott halten. In einem dritten zeitgenössischen Grab, dem sog. Pulcinella-Grab – wir werden
noch erfahren, warum es so heißt –, tritt er noch einmal auf
in leicht veränderter Kleidung; beschwingten Schrittes geht
er dahin mit bewegten Armen[109].

Jedenfalls ist der Mann maskiert. Sein Kopf verschwindet fast unter einem falschen Hut, der aussieht wie ein Helm aus Karton, wie ein phrygischer Helm mit hochgeklapptem Visier, seitlichen Flügeln und Ohrenschützern. Über dem Gesicht liegt eine dunkle Maske mit einem langen schwarzen Bart. Im Pulcinella-Grab sieht die Kopfbedeckung eher wie der spitze Hut eines Zauberers aus mit einer Troddel an der Spitze.

Die Kleider sind nicht weniger eigenartig: ein Kittel und meist eine Hose; im Grab der Auguren eine rote Jacke, die mit kleinen hellen Stoffetzen besetzt ist; im Pulcinella-Grab eine Jacke aus schwarzen und weißen Karos. Nun versteht man, warum die Archäologen bei diesem Anblick an den neapolitanischen *Pulcinella* dachten. Man hätte die Gestalt ebensogut Harlekin nennen können.

Wir kennen sogar den Namen der Figur: *Phersu* ist zweimal im Grab der Auguren vermerkt. Streicht man die der toskanischen Aussprache eigene Aspiration weg und setzt ein Diminutivsuffix zu, erhält man das Wort, das im lateinischen *persona* weiterlebt und zunächst »Maske«, »Theaterrolle« und dann »Person« bedeutet. Wir haben hier den Ursprung einer außergewöhnlichen semantischen Entwicklung, aus deren einzelnen Stufen sich eine ganze Kulturgeschichte ablesen läßt[110].

Am Anfang stand der Maskierte, ein Höllendämon, dessen Name mit dem der Persephone *(Phersipnai)* verwandt ist, die an der Seite des Hades *(Eita)* das Totenreich beherrscht. Er ist der älteste Vorläufer der etruskischen Dämonen, die Hieronymus Bosch später mit Hakennase, Schlangenhaaren, Hammer und schicksalkündender Rolle versehen hat. Sie heißen Tuchulcha, Charun oder Orcus und bevölkern die auf Fresken und Urnen dargestellte Unterwelt. Man mag sich vielleicht wundern, wenn man sieht, daß *Phersu* seit dem 6. Jahrhundert als ungenierter Organisator von Foltern auftritt, manchmal aber eilends aus dem Getümmel flieht. Bei den Leichenspielen mischt sich so das Entsetzliche mit dem Komischen. Das ist nicht so erstaunlich, wie es zunächst scheinen mag. Seit jeher gibt es eine Verbindung zwischen der nervösen Entladung des Lachens und der Todesangst, vor der das Lachen schützen will. Steht nicht auch die *Hekyra* des Terenz auf dem Programm der Leichenspiele des Aemilius Paulus? Schon die populären Schaustellereien im primitiven Rom, die unter etruskischem Einfluß standen, kannten die Halluzination, die von grotesken Schreckgestalten, *formidines*, ausgeht; Menschenfresser und Kinderschrecke traten auf, würdige Gesellen des Satans oder besser des *Phersu*, zum Grausen und zur Freude der kleinen und der großen Kinder. Am Ende des Umzuges, der alljährlich anläßlich der *Ludi Maximi* durch den Circus Maximus zog, erwartete die Menge in Angst und Lust lächerliche und schreckenerregende *(ridiculae formidolosaeque)* Gestalten, unter anderen eine trunkene Alte, die mit schrillen Schreien einhertorkelte, und den *Manducus* (von *mandere* = kauen), der seine gewaltigen Kiefer weit öffnete und dann laut mit den Zähnen knirschte. Er erhielt stets den meisten Beifall[111].

Alle Gestalten der italienischen Komödie stehen in irgendeinem Zusammenhang mit *Phersu*; mag das Band auch dünn sein, es ist doch solide. Apuleius nennt bei der Aufzählung der Theatergewänder seiner Zeit die Tunika des Mimenspielers: sie heißt *centunculus*, ein Kleidungsstück, das aus verschiedenen Stoffen zusammengesetzt ist[112]. Viel früher schon hatte eine Atellane des Pomponius den Titel *Pannuceati*[113], von *pannus*, Stoffetzen. Man erinnert sich dabei an den Kittel des *Phersu*. Die *Pannuceati* waren weniger »Zerlumpte« – wie man meist übersetzt – als vielmehr »Harlekine«.

Wir haben die Atellane erwähnt; es handelt sich dabei um eine Art volkstümliche Farce, die in dem kleinen Ort Atella bei Neapel, im etruskisch beeinflußten Kampanien, ihre ersten Erfolge erlebte, bevor sie nach Rom kam. Einer der Grundzüge der Atellane war, daß die Schauspieler maskiert

auftraten. Naevius aus Capua führte als erster Ende des
3. Jahrhunderts eine lateinische Atellane auf, eine *fabula
personata*, ein Maskenstück. Sie wurde von Schauspielern
ausgeführt, die *Atellani* genannt wurden, *qui proprie vocan-
tur personati*, »die eigentlich die Maskierten heißen[114]«.
Wir kennen die einzelnen Masken recht gut[115]. Da gab es zunächst den Maccus, den Mann mit dem großen Maul; dann
den Bucco, den Fresser, Schwätzer und Dummkopf, Pappus,
den Großvater, und Dossennus, den Buckligen. Der Name
des letzteren ist anerkanntermaßen etruskischen Ursprungs;
die Stücke, die sie mit viel Temperament und mit oft scham-
loser Munterkeit bevölkerten, hießen zum Beispiel »Maccus
als Kneipenwirt«, »Maccus im Exil«, »Maccus als Soldat«
oder »Maccus virgo«. Es gab zuweilen Zwillings-Macci nach
dem klassischen Typus der Menaechmi, auch zwei Dossenni.
Bucco war Gladiator und Adoptivsohn, Pappus Bauer und
unglücklicher Liebhaber. Die Zeugnisse fallen recht mager
aus; aber jeder erkennt hier die Vorfahren des Harlekin,
Scapin, Brighella, des Capitan Spavento und des Capitan
Matamore, die später in der Renaissance von Neapel aus
London und Paris erobern sollten. Die *Commedia dell'arte*
war sich ihrer Ursprünge bewußt, als sie Policinello in der
kampanischen Stadt Acerra geboren sein ließ.
Wir gehen nicht so weit, die *Commedia dell'arte* mit den
Etruskern in direkte Verbindung zu bringen. Auch ohne
Phersu hätte die italienische *vis comica* ihren Policinello ge-
schaffen; aber es ist nicht ohne Nutzen, wenn man einmal
den Faden der Entwicklung bis zu seinem Anfang verfolgt.
Die Witze des Maccus und die Schläge des Harlekin stammen aus einer Tradition, an deren Ursprung es den *Phersu*
gibt, eine Gestalt, die mit der religiösen Sphäre zu tun hat.
Phersu hat bereits Maske, Kostüm und zum großen Teil
auch die Form der Farce festgelegt. Nichts hindert uns daran, in Etrurien selbst komische Spiele anzunehmen, die den
Spielen Oskiens[116], einer seiner Provinzen, gleichen. Die Atellane hat uns einen Abglanz dieser Komik übermittelt. Viel-

leicht ist es kein Zufall, daß das größte komische Genie der Römer, der Umbrer Plautus, in Sarsina an der etruskischen Grenze geboren wurde und wie Molière als Schauspieler und Leiter einer Truppe begonnen hat. Auf den Märkten kleiner, unbekannter Städte spielte er den Maccus, den großmäuligen Hanswurst.

ACHTES KAPITEL

Das Schrifttum der Etrusker

I. Alphabet und Abc-Bücher

Wir wüßten gern, welchem ihrer Nationalhelden die Etrusker die Erfindung der Schrift zugeschrieben haben. Bei den
Griechen waren es der Überlieferung nach Kadmos oder
Palamedes, bei den Römern der alte König Euander, die das
Volk schreiben lehrten. Jedenfalls ist die Rolle, die die
Etrusker bei der Verbreitung des aus dem Griechischen ab-
geleiteten Alphabets im nördlichen und im zentralen Italien,
von Kampanien bis zu den Alpen, spielten, eine ihrer be-
deutendsten kulturellen Leistungen. In etruskischen Buchstaben, die mehr oder minder den heimischen Sprachverhält-
nissen angepaßt und entsprechend umgeordnet waren, schrieben die Umbrer von Gubbio, die Veneter von Este, die Osker
von Capua, die Latiner von Praeneste und selbst die Römer
ihre ersten Texte nieder[1]. An Hand von eindeutigen Zeugnissen können wir die Entwicklung bis in die früheste Zeit
hinein verfolgen und uns vorstellen, wie die kleinen Etrusker
ihr Abc buchstabierten und stotternd die ersten Wörter
lasen.

Marsiliana d'Albegna, eine kleine etruskische Stadt am Meer
hinter der Lagune von Orbetello, hatte im 7. Jahrhundert
eine Blütezeit erlebt wie Vetulonia und Caere. Um 600 war
sie unter dem Druck Saturnias, ihrer flußaufwärts gelegenen
Rivalin, zusammengebrochen. Aus den Gräbern sind unter
anderem eine berühmte Goldfibel mit wunderschönen Enten-
darstellungen und zahlreiche orientalisierende Elfenbein-
gegenstände zutage gekommen. Aus Elfenbein ist auch ein
9 mal 5 cm großes Schreibtäfelchen mit Wachsresten, auf
dem der Schüler mit einem Griffel seine Zeichen eingeritzt

hatte (Abb. 67). Auf der einen Längsseite des Rahmens war als Modell ein Alphabet mit sechsundzwanzig Buchstaben eingegraben[2].

Dasselbe Alphabet findet sich etwas später auf dem Fuß

Abb. 67 Schreibtäfelchen (Marsiliana d'Albegna)

einer Bucchero-Flasche *(laguncula)* im Regolini-Galassi-Grab in Caere[3]; auf dem Bauch des Gefäßes ist überdies ein Syllabarium eingeritzt: *ci ca cu ce vi va vu ve zi za zu ze* usw. Die ganze Halbinsel ahmte die Etrusker, die ihrerseits von den Griechen gelernt hatten, nach und lernte ihre Buchsta-

ben. Wir kennen mehrere solcher Alphabete auf Schalen aus
Nola in Kampanien[4]. In Este an der Pomündung sind
Bronzetafeln gefunden worden, die in einem senkrechten
und waagerechten Liniensystem Listen von Buchstaben trugen; sie waren offenbar zum Schreibenlernen bestimmt; ja,
sie enthalten sogar spezielle Zeichensetzungsregeln, die bei
den Venetern galten[5].

Doch wäre es nicht richtig, wollte man annehmen, diese
Modellalphabete seien nur zu pädagogischen Zwecken gebraucht worden, weil sie in ihrer Schlichtheit an die Grund-
schulen aller Zeiten und Orte erinnern. Michel Lejeune hat
zu Recht in einer seiner schönen Studien über venetische
Philologie bemerkt, daß die Alphabet-Täfelchen zu einer
Sammlung von Votivgegenständen gehörten, die der örtlichen Gottheit Reitia geweiht waren; daß sie also neben
ihrer didaktischen Funktion auch eine heilige, magische Bedeutung hatten. »Die Vermittlung von Wissen ging vom
Heiligtum aus und behielt lange Zeit sakralen Charakter[6].«
Die Priester, die sich eines Tages im Besitz der Geheimnisse
der Schrift befanden und so die Worte in ihrem Flug festhalten konnten, besaßen damit eine furchtbare Waffe, ein
bewundernswertes und zugleich beunruhigendes Machtmit-
tel, mit dem sie die Phantasie der Ungebildeten beherrschen
konnten. Selbst die Griechen empfanden eine Art »religiöse
Scheu« vor den Buchstaben des Alphabets, στοιχεῖα oder
elementa, die bei einigen ihrer Philosophen als die Grundlage der Dinge galten[7]. Wie sollte es da bei den Venetern
anders gewesen sein? Die Etrusker waren stets mit dem
Übernatürlichen beschäftigt, auch bei ihnen konnten Alphabete und Syllabarien nicht nur unter dem Gesichtspunkt
didaktischer Verwendbarkeit betrachtet werden. Das Täfelchen von Marsiliana d'Albegna unterscheidet sich von den
übrigen *tabulae ceratae*, die uns aus der Antike überliefert
sind, nicht so sehr, weil es statt aus Holz aus Elfenbein besteht, sondern weil der Luxusgegenstand in einem Grab gefunden worden ist[8]. Dasselbe gilt für die Vase von Caere

und für andere Alphabete. Wir kennen einige, die bestimmt nie Lebenden zum Schreibenlernen gedient haben, bevor sie den Toten mitgegeben wurden. Ein Kammergrab in Colle bei Siena zeigt ein schönes Alphabet, das auf einer seiner Wände aufgemalt ist. Auch Silben sind verzeichnet[9]. Die Schrift, die den Menschen von der Vergänglichkeit des Augenblicks und dem Schicksal des Vergessenwerdens erlöste, war fest mit der Idee der Dauer, wenn nicht gar der Ewigkeit verbunden.

Wir kennen das etruskische Wort für »schreiben«. Nach einem zweisprachigen Epitaph aus Chiusi nannte sich *Vel Zicu* in Latein *Q. Scribonius C. f.*[10]. Daraus läßt sich schließen, daß die Wurzel *zic-* oder *zich-* der lateinischen Wurzel *scrib-* entspricht. Mit dieser Erkenntnis hat man weitere Wörter entschlüsselt. Eine Verbform in der Vergangenheit *zichuche, zichunce* am Ende des Rituals von Capua und dem Abkommen über die Feldmark von Perusia schließt die Unterschrift ab mit den Worten »Der und der hat dies geschrieben[11]«. Es ist sogar möglich, daß das ebenfalls auf Vasen eingravierte Wort dem griechischen ἔγραψεν entspricht und die Signatur des Malers einleitete[12]. Die Inschrift *Larth Vetes zichu* auf einer Urne[13] bedeutet wahrscheinlich *Lars Vettius scriba*; er war Sekretär oder Kanzleischreiber. Das *volumen*, das der angebliche Magistrat im Grab von Tarquinia vor sich entrollt und in dem seine Karriere aufgezeichnet ist, beginnt mit den Worten *ancn zich*, »dieses Schriftstück«. Wir haben hier das etruskische Wort für »Buch« vor uns[14].

Schrifttafeln und Rollen

Das Schreibmaterial der Etrusker unterschied sich nicht von dem der anderen Mittelmeervölker: man kennt es fast nur aus Gräberfunden, welche bestätigen, daß alles Geschriebene magischen und sakralen Charakter hatte. Die »Totenbücher« erscheinen in der Form von Diptychen oder Rollen in der Hand der Verstorbenen. Sie enthalten die unwiderruflichen

Urteilssprüche des *fatum*, die angesichts der Unterweltgötter offenbar werden.

Ein Diptychon, d. h. zwei Täfelchen, die an der Längsseite miteinander verbunden sind, ist deutlich auf einem Gemälde im Grab der Schilde zu sehen[15]. Ein jünglingshafter Dämon sitzt mit nacktem Oberkörper, die breiten roten Flügel entfaltet, im Schneidersitz vor einem großen Diptychon, dessen eine Tafel auf seinen Knien ruht, während die andere nach vorn heruntergeklappt ist. Zwei schwarze Striche zwischen den beiden Tafeln deuten die Verbindungsscharniere an. Auf dem heruntergeklappten Teil sind bereits drei Linien geschrieben, und zwar in der Längsrichtung des Rechtecks vom inneren Rand aus angefangen. So benutzte auch der Bankier Caecilius Jucundus in Pompeji seine Schreibtafeln. Auf die zweite Tafel schreibt der Dämon mit einem unsichtbaren Griffel die Fortsetzung des Textes. Er ist am Ende der zweiten Linie angelangt. Man kann folgendes lesen: *zilci Velus Hulchniesi Larth Velchas Velthurs Aprthnalc clan sacnisa thui eith suthith acazr*, d. h. »unter der Magistratur des Vel Hulchnie (= Fulcinius) – in Rom wären die Konsuln an dieser Stelle angegeben – hat Larth Velcha (Lars Volcius), der Sohn des Velthur und der Aprthni (Aburtennia), in diesem Grab die Totenehrungen erhalten«. Nur die Wörter *sacnisa acazr* lassen sich nicht voll erklären, doch sinngemäß dürfte die Übersetzung richtig sein.

Ein anderes Diptychon erscheint auf einem Spiegel aus Bolsena[16], über den wir bereits gesprochen haben. Man erkennt darauf, wie Aulus und Caelius Vibenna in einem heiligen Hain den Seher Cacus angreifen, der zur Lyra singt. Zu seinen Füßen kauert ein junger Zuhörer, *Artile (Ar(n)tile)*, der kleine Arruns aus Clusium; er singt, ein offenes Diptychon auf den Knien. Ein klein wenig erinnert er an die musizierenden Engel eines Piero della Francesca und eines Luca della Robbia. Da wir keine profane Darstellung von Büchern als Lehrmaterial haben, bekommt das Bild noch eine

*Abb. 68 Porträt eines Greises mit einem Volumen
(Museum Chiusi)*

andere Bedeutung für uns: wir können uns, wenn wir vom legendären Rahmen absehen, so einen etruskischen Schüler vorstellen, der seine Lektion vorliest.

Viel öfter ist die Rolle *(volumen)* auf Urnen und auf Grab-malereien dargestellt. Sie ist das Symbol des unerbittlichen Schicksals, ganz gleich, ob der Name einer Furie oder das Epitaph des Verstorbenen darin aufgeschrieben ist. Deshalb sieht man sie auch oft in der Hand des Charon als eine ebenso furchtbare Waffe wie die Keule, die der Wächter der Unterwelt in der anderen Hand schwingt. Die Toten auf den Sarkophagdeckeln halten ebenfalls oft eine Rolle in der Hand[17] (Abb. 68).

Aus welchem Material bestanden die Rollen? Es ist unwahr-scheinlich, daß sie aus Papyrus hergestellt waren, obwohl Strabon den Papyrus unter den Wasserpflanzen am Trasi-menischen See und am See von Bolsena nennt und hinzufügt, daß ganze Schiffsladungen davon über den Tiber nach Rom gebracht wurden. Es scheint so, als habe man mit dem Gattungsnamen in Italien die verschiedensten Arten von Schilf und Binsen, die nicht zur Papierfabrikation taugten, bezeichnet[18]. Vielleicht hat es schon vor der Verbreitung des Pergaments im Okzident »Bücher aus Häuten« gegeben, wenn dies wirklich die Bedeutung von *zich nethsrac* des *Laris Pulenas* in einer Inschrift von Tarquinia ist[19]. Die Mehrzahl der Rollen bestand wohl aus Tuch wie die *libri lintei*, die nach den Angaben der Historiker in Rom im Tempel der Juno Moneta aufbewahrt wurden und die Liste der Magistrate vom 5. Jahrhundert an enthielten[20].

Das Leinenbuch der Mumie von Zagreb

Ein außergewöhnlicher Zufall hat uns eines dieser Bücher nicht als Gemälde oder plastische Darstellung, sondern realiter in die Hand gespielt[21]. Im 19. Jahrhundert brachte ein kroatischer Tourist eine weibliche Mumie aus Ägypten nach Wien. Aus seiner privaten Sammlung gelangte sie nach seinem Tod in das Museum von Zagreb. Man rollte einen Teil der Mumienbinden ab, untersuchte sie und stellte fest, daß sie beschrieben waren. Zuerst hielt man die Zeichen für Arabisch oder Äthiopisch. Dann erkannte J. Krall, daß es sich um Etruskisch handelte (Abb. 69).

Viele unwahrscheinliche Umstände mußten zusammentreffen, daß uns etwas Wichtiges aus der Sakralliteratur eines Volkes, über das wir so wenige Dokumente besitzen, erhalten geblieben ist. Nicht einmal aus Rom und Griechenland ist etwas Derartiges überliefert. Der *Roman de la Momie* von Théophile Gautier* erscheint fade neben der wunderbaren Geschichte dieses *volumen*. Den Schriftzeichen nach stammt es aus Nordetrurien, aus Chiusi oder Perusia. Es wurde als Mumienbinde für eine weibliche Leiche verwendet. Man weiß nicht genau, wo sie gefunden wurde, im Delta

---

* Anm. d. Übers.: Théophile Gautier (1811–72), französischer Schriftsteller; mit seinem *Roman de la Momie* (1858) versucht Gautier, den historischen Roman zu erneuern.

oder in Faijum, wo sich dank des trockenen Klimas die Schriftzeichen erhalten haben. Eine letzte Wanderung führte das Dokument wieder nach Europa, nach Jugoslawien. Es gibt die verschiedensten Theorien darüber, wie das Schriftwerk nach Ägypten gelangt sein könnte. Wahrscheinlich ist es erst spät, zwischen 150 und 30 v. Chr., dorthin gekommen. Das Äußere der Mumie läßt nicht auf eine bestimmte Rasse

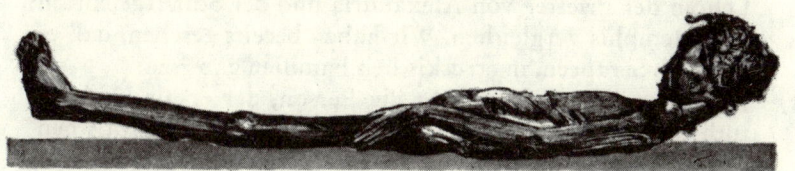

Abb. 69 Die Mumie von Zagreb

schließen. Sie ist 1,62 m groß. Die Haare scheinen rötlich, können aber durch die Zeit und durch die chemischen Einwirkungen der Balsamierung gebleicht sein. Jedenfalls handelt es sich um die Frau oder die Tochter eines in Ägypten etablierten Etruskers, die entweder aus Etrurien stammt oder in Ägypten geboren wurde. Die Tote wurde ägyptischen Bräuchen gemäß bestattet, aber man gab ihr etwas aus der Heimat mit ins Grab, das an die Religion der Väter erinnerte. Vielleicht handelt es sich um das Familienmitglied eines Söldners im Dienst der Ptolemäer. Seit dem 3. Jahrhundert dienten in Ägypten auch Soldaten etruskischen Ursprungs. Als Kleruchen oder Soldatenbauern lebten sie in einem Nomos Mittelägyptens. Diese Theorie ist nicht unwahrscheinlich. Nicht so leicht verständlich ist, wie unser *Miles Gloriosus* in seinem Gepäck eine so kostbare und zerbrechliche Bibliothek herumtragen konnte, selbst wenn das religiöse Leben in den hellenistischen Armeen recht rege war. Aber im Gefolge der römischen Generäle Gabinius, Cäsar, Antonius und Cornelius Gallus, die sich in Ägypten aufgehalten haben, gab es Haruspices. Die hellenistische Welt pflegte ständigen Umgang mit ihren Priestern, Magiern und Sehern. Ägypten war das klassische Land der Mysterien und in der hellenistischen Epoche Schauplatz des Synkretismus aller Religionen. So bildete es einen Anziehungspunkt für alle, die sich mit religiösen Dingen befaßten. Man kann sich gut vorstellen, was einen Vertreter der *Etrusca disciplina* nach Ägypten lockte: er wollte seine Wahrheiten mit den Lehren der Priester von Alexandria und der Schriftgelehrten von Memphis vergleichen. Wir haben bereits gesehen, daß es *zarapiu*, Serapeen, in etruskischen Familien gab[22].

Der Text selbst betraf nicht die Person, der er als Leichentuch diente; er enthielt nicht einmal – wie die ägyptischen Totenbücher – Vorschriften, die die Glückseligkeit der Toten im Jenseits sichern sollten. Es scheint, daß alle sakralen Bücher, gleich welchen Inhalts, die Allmacht des Schicksals ausdrücken konnten. Nach den Arbeiten von Krall und Torp, Herbig, Runes und Cortsen, Pallottino, Vetter und Olzscha können wir sagen, daß es sich um ein Ritual in Kalenderform handelt. Zu jedem Datum (z. B. 18. Juni, 26. September usw.) waren die entsprechenden Zeremonien zu Ehren des Jupiter, des Neptun und anderer Götter beschrieben[23]. Auch auf diesem Gebiet wissen die Etruskologen mehr, als man gemeinhin annimmt, aber viel weniger, als sie selber zu wissen wünschen.

Jedenfalls sind die Mumienbinden von Zagreb ein gutes Beispiel für ein antikes *volumen*. Ein »Leinenbuch« in Ägypten, das ausschließlich den Papyrus benutzte, beweist, daß es aus der Fremde stammen mußte. Etwa die Hälfte des *volumen* ist erhalten; sie besteht aus zwölf Lappen unterschiedlicher Länge (17 cm bis 3,24 m) und einer fast gleichbleibenden Breite von 6 bis 7 cm. Verschiedene Stücke konnten wieder aneinandergefügt werden; so erhält man in etwa eine Vorstellung vom Ganzen: es handelte sich um eine Rolle von 13,75 m (die Papyrusrollen waren meist wesentlich kürzer; zwanzig Blätter aneinandergereiht ergaben rund 5 m[24]). Die Breite läßt sich nicht mehr genau feststellen; sie überschritt 33 cm. Das Band war in Längsrichtung in zwölf Spalten aufgeteilt, die durch senkrechte Striche voneinander getrennt waren; jede Spalte hatte eine Breite von 25 cm; die am besten erhaltene Stelle (vier zusammengehörige Fragmente) zählt 23 oder 24 Zeilen. Wahrscheinlich bestand eine Kolumne aus etwa 30 Zeilen. Der Text las' sich – wie stets im Etruskischen – von rechts nach links; entsprechend waren die Spalten XII, XI, X, IX ... III, II, I angeordnet. Buchstaben und Striche waren sehr sorgfältig in roter Tinte aufgemalt. Der Haruspex, der die Arbeit ausgeführt hatte, mußte dem Buch großen Wert beigemessen haben.

Zweifellos handelt es sich bei dem *volumen* von Zagreb wirklich um einen der berühmten *Etrusci libri*, von denen die lateinischen Autoren besonders am Ende der Republik so oft sprechen. Damals konnten sie nämlich auf das Wissen romanisierter Etrusker, wie z. B. Aulus Caecina aus Volterra, der mit Cicero, und Lucius Tarquinius Priscus, der mit Varro befreundet war, zurückgreifen; denn diese Etrusker waren stolz auf ihre nationale Tradition. Die Bücher verbreiteten sich in der Öffentlichkeit. Die Schicksalsschläge, die die unruhigen Zeiten mit sich brachten, und die persönliche Unsicherheit trieben die Menschen dazu, in esoterischen Schriften, hauptsächlich in Zauberbüchern, Sicherheiten zu suchen, die ihnen die offizielle Religion und die Schulphilosophie nicht mehr geben konnten. Vergebens interpretierte Lukrez die Phänomene der Natur auf rationalistische Weise; mehr und mehr wurden »die etruskischen Bücher« zur Erklärung der Natur herangezogen.

»Dies ist die wahre Erklärung des Blitzes und der Kraft, mit der er alle seine Wirkungen erzielt. Unsere Wissenschaft verliert nicht ihre Zeit damit, die tyrrhenischen Zaubersprüche von rückwärts aufzurollen, um darin Angaben über Geheimnisse des göttlichen Willens zu suchen.«

non Tyrrhena retro volventem carmina frustra
indicia occultae.divum perquirere mentis[25]

Meist übersetzt man *retro volventem* mit »lesen und wieder
lesen«, als ob *retro* nichts anderes als »von neuem« bedeuten
könnte. Der Historiker Niebuhr hat am Anfang des
19. Jahrhunderts den Ausdruck mit Recht als eine Anspielung auf die rückläufige Schreibweise der Etrusker angesehen, genauer gesagt, auf die umgekehrte, von rechts nach
links laufende Spaltenfolge, die zur Folge hatte, daß man
die Rolle (wie wir am Beispiel der Mumienbinde von Zagreb
gesehen haben) von links nach rechts aufwickeln mußte. Die
Römer machten es umgekehrt. »Die tyrrhenischen Schriften
umgekehrt aufrollen« zu müssen dürfte Lukrez ebenso
seltsam vorgekommen sein wie einem Christen, im Koran zu
blättern. Er hat also etruskische Bücher gekannt und benutzt.
(Hat man nicht schon angenommen, daß er etruskischer Abstammung war und daß sein Protest gegen den Glauben an
die Strafen in der Unterwelt ihm gerade durch die Angst
seines Volkes vor dem Tod eingeimpft worden ist?) Offenbar beeinflußte diese fremde Literatur die Zeitgenossen
Ciceros, der in seiner Schrift *De divinatione* Verse zitiert,
die er selbst zu seinem Konsulat im Jahre 63 geschrieben hat
und die sich mit den Prodigien befassen, die zwei Jahre
früher, als Catilina die Fäden seiner Verschwörung spann,
den Aberglauben der Römer bewegt hatten: die kapitolinische Wölfin war vom Blitz getroffen und die Zwillinge,
die sie säugte, waren zerstört worden. »Wer hätte damals
aus den etruskischen Büchern *(chartae Etruscae)* nicht finstere
Weissagungen entnommen, sobald er sich mit den Schriften
und Angaben der Experten befaßte[26]?«

II. Die Schicksalsbücher

Auf die Schicksalsbücher spielen die Autoren oft an, ja sie
geben sogar einige Zitate daraus, denen wir wesentliche
Dinge über den Inhalt entnehmen können. Man teilte sie
meist in drei Gruppen ein[27]: erstens, die *libri haruspicini*, in

denen die jahrhundertelange Erfahrung des etruskischen
Volkes bei der Beobachtung der Eingeweide von Opfertieren
(exta) festgehalten war; dies war die eigentliche Domäne
der Haruspices; zweitens, die *libri fulgurales*, die die Aus-
legung des Blitzes behandelten; ein Teil ist uns bekannt
durch die *Quaestiones naturales* des Seneca; drittens, die
libri rituales, deren Material besonders umfassend war; sie
enthielten »die Vorschriften für die Städtegründungen, für
die Altar- und Tempelweihen, Angaben darüber, wie man
die Festungsanlagen unverletzlich machte und die Stadttore
vorschriftsmäßig anlegte, wie die Einteilung in Tribus, Cu-
rien und Centurien vor sich zu gehen hatte, wie das Heer
aufzustellen und zu organisieren war, kurz, sie befaßten sich
mit allem derartigen, das Krieg und Frieden betraf[28]«.
Nichts gab es im öffentlichen und privaten Leben, das die
Ritualbücher nicht vorgesehen und geregelt hätten. Unter
diese Gruppe ist auch das Kalenderrituale der Mumie von
Zagreb einzureihen. Sie umfaßte außerdem die sog. »ache-
rontischen Bücher«, die die Toten in der Unterwelt leiten
wollten, und die *libri fatales*, die das Schicksal offenbarten.
Hier fand man alle erdenklichen Arten von Prodigien *(osten-
ta)*, durch die sich den Kundigen der verborgene Wille der
Götter entdeckte.
So konnte der Rahmen des etruskischen Alltags plötzlich in
unschuldigen Pflanzen und Tieren unerwartete Drohungen
und Versprechungen enthüllen[29]. Man mußte sich in einem
Obstgarten vor verschiedenen Baumsorten hüten, die als
schädlich angesehen wurden, man mußte die Heckenrose,
das Farnkraut, die wilde Birne, die Blutkornelkirsche, deren
Zweige rot gefärbt sind, die schwarze Feige und alles, was
schwarze Beeren und Früchte hervorbringt, sofort verbrennen, sobald es sich zeigte, denn diese Pflanzen waren Ge-
schöpfe der Unterweltsmächte. Der Lorbeer dagegen konnte
den Ehrgeizigen Glück bringen; wenn zufällig ein solches
Bäumchen auf dem Heck eines Dreiruderers wuchs, bedeutete
dies einen Sieg zur See. Als ein Lorbeerbaum in einem Gar-

ten neben einem Pfirsichbaum *(persicum)* aufwuchs und ihn binnen eines Jahres überragte, zweifelte man nicht, daß dieses Prodigium den Sieg über die Perser ankündigte ... Das Verhalten der Bienen verdiente besondere Aufmerksamkeit. Vergebens war die Fabel ihnen freundlich gesinnt; es bedeutet nichts, daß sie sich z. B. auf dem Munde eines Platon, der noch in der Wiege lag, niederließen und so »seine süße Beredsamkeit voraussagten«; die Etrusker hielten die Bienenprodigien für unheilbringend. Einmal ließ sich ein Schwarm mitten auf dem Forum von Cassino nieder; zur selben Zeit zernagten die Mäuse das Gold im Tempel des Jupiter zu Cumae. Als ein gewaltiger Löwe eine marschierende Truppe angriff und unter den Pfeilen der Soldaten verendete, schlossen die Haruspices, die noch im 4. Jahrhundert n. Chr. Kaiser Julian begleiteten, daß ein König sterben werde. Aber welcher? Sapar, sein Gegner, oder er selbst? Darüber äußerten sich die Experten nicht näher. Schlangen galten bei den Etruskern als Träger von zweideutigen Prodigien, ebenso die Vögel. Auf dem Kopf des Prätors Aelius Tubero ließ sich eines Tages, als er im Tribunal auf dem Forum Recht sprach, ein Specht so zutraulich nieder, daß man ihn einfangen konnte. Die Seher sagten aus, daß das Reich in Gefahr sei, wenn man ihn fliegen lasse, daß aber der Prätor von einer Katastrophe bedroht sei, wenn man ihn töte. Sofort zerriß Aelius den Vogel. Die Stadt Rom erholte sich von der Niederlage, die sie bei Cannae erlitt, aber siebzehn Glieder der *gens Aelia* ließen dabei ihr Leben. Wir haben bereits berichtet, wie ein Adler dem Tarquinius Priscus bei seiner Ankunft in Rom die Kopfbedeckung raubte, sie wegtrug und ihm dann wieder aufsetzte und daß Tanaquil ihm erklärte, er sei zu den schönsten Hoffnungen berechtigt. Ebenso erzählte man, daß der spätere Augustus als Kind einmal im Wald abseits der Straße gesessen habe und ein Adler ihm plötzlich sein Stück Brot entrissen, es ihm aber ein paar Augenblicke später ganz sanft zurückgebracht habe. Besonders beachtenswert ist folgender Text, der, wie es scheint, wörtlich aus dem Etruskischen ins Lateinische übersetzt worden ist und von Vergil in der vierten Ekloge erwähnt wird: »Wenn das Vlies eines Schafes oder Widders mit Rot oder Gold gesprenkelt ist, dann bedeutet das ein großes Glück für den Herrscher, Wohlstand für sein Reich und für sein Volk, Mehrung seiner Ehre und Blüte seiner Familie und Nachkommenschaft.« Von der durch die Geburt eines geheimnisvollen Kindes erneuerten Welt singt der Dichter: »Von selbst wird der Widder auf der Weide die herrliche Farbe der Purpurschnecke oder das Gold des Safran annehmen; von selbst werden sich die Lämmer auf der Wiese in Scharlach kleiden.«

Man kann sich vorstellen, mit welcher Aufmerksamkeit die Etrusker die Alpträume schwangerer Frauen deuteten, ganz zu schweigen von der Bedeutung, die sie Frühgeburten, Zwittern, Mädchen mit zwei Köpfen, Knaben mit Elefantenrüsseln und dem Kalb, das unter der Herrschaft Neros am Rande der Straße nach Piacenza zur Welt kam, unterlegten; des Tieres Kopf war an seinem Hinterteil festgewachsen. Die Haruspices schlossen sofort, daß das Reich ein anderes Oberhaupt bekommen werde, daß aber die neue Herrschaft nicht von Bestand sein könne und die Verschwörung offenbar werde, weil der Kopf des Tieres bereits im Mutterleib verdrängt worden sei und es am Straßenrand geboren werden mußte.

Vor allem die Himmelsphänomene erregten den Scharfsinn der Exegeten. Nicht allein der Vogelflug, sondern auch der Lauf der Gestirne und besonders das Erscheinen von Kometen, die allgemein als Unheilsboten galten, Gewitter, Regengüsse, Milchregen, Blutregen, Eisenregen, Wollregen, Backsteinregen deuteten öffentliches Unheil an. Ein Regen von weißer Kreide im Jahre 98 wurde als Unterpfand für eine gute Ernte und für schönes Wetter gewertet. Die großen Unruhen am Ende der Republik wurden durch plötzliche Erdbeben, geheimnisvolle Trompetenklänge und unerklärliches Waffengeklirr am Himmel vorausgesagt.

Wir haben eine Rede Ciceros aus dem Jahre 56, welche die Autorität der etruskischen Kultur im Bewußtsein der Römer beweist[30]. Heftiges, dumpfes Grollen hatte eines Tages ein ganzes Stadtviertel an den Toren Roms in Schrecken versetzt. Man rief die Haruspices, die ihre Bücher befragten und verkündeten, daß heilige Stätten verletzt worden seien. Publius Clodius, der erbitterte Feind Ciceros, erklärte sofort, es handele sich um das Gelände, auf dem Cicero sein Haus wiederaufbaute, das während seines Exils zerstört worden war. Das Gelände war damals eingezogen und der Göttin Libertas geweiht worden. Cicero antwortete umgehend, es könne sich nur um das Haus daneben, um das Haus des Clodius, handeln, das das Mißfallen der Götter erregt habe. Trotz der Heiligtümer und Altäre, die es beherberge, sei es ein Ort der Ausschweifung. Im Verlauf des Gegenangriffs bewies Cicero, daß die *libri fulgurales* weitere Untaten, für die Clodius verantwortlich sei, geoffenbart hätten: vernachlässigte oder entweihte öffentliche Spiele, gegen Recht und Sitte getötete Gesandte, gebrochene Eide, nicht gefeierte alte Mysterien, Todesgefahr für den Senat und die Lenker des Staates durch die Zwietracht der Beamten. Durch die Interpretation all dieser Zeichen offenbarten und beschrieben die Haruspices weniger die römische Gesellschaft, die in den Büchern der Fremden das Heilmittel für ihre Leiden suchte, als vielmehr die etruskische Welt, die in diesen Schriften ihre religiösen Vorstellungen und ihr aristokratisches Gesellschaftssystem niedergelegt und festgehalten hatte.

Dasselbe ergibt sich aus Forschungen, die Piganiol über einen anderen *liber fulguralis*, der in der griechischen Übersetzung eines byzantinischen Autors gefunden wurde, angestellt hat[31]. Der Text war etwa sechs Jahrhunderte früher von Nigidius Figulus, einem Zeitgenossen Ciceros, aus dem Etruskischen ins Lateinische übertragen worden. Es handelt sich um einen »brontoskopischen« Kalender, der die Bedeutung des Donners für alle Tage des Jahres erklärt. Wenn es am 11. September donnert, bereiten die Klienten der Adligen einen Umsturz vor. Wenn es am 24. Oktober donnert, siegt das Volk über seine Herrscher, weil diese uneinig sind. Wenn es am 3. Dezember donnert, werden die Menschen aus Mangel an Fischen das Fleisch ihrer Herden essen. Wenn es am 26. März donnert, steht die Ankunft von Sklaven im Hafen bevor. Wenn es am 14. Juli donnert, fällt die Macht in die Hand eines einzelnen, der sie ungerecht ausübt. Wenn es am 19. August donnert, werden Frauen und Sklaven Morde begehen.

Die etruskische Religion und ihre Propheten

Die Religion der Etrusker war im Unterschied zur griechischen und römischen eine Offenbarungsreligion. Darin gleicht sie dem Judentum und dem Christentum[32]. Alle Bücher, von denen wir gesprochen haben, galten als Lehre inspirierter Personen oder Halbgötter, die den Menschen die Geheimnisse des Alls mitgeteilt hatten. Der berühmteste Prophet war Tages[33]. Er wurde vor allem im Kult von Tarquinia verehrt. Man erzählte, daß ein Bauer eines Tages die Pflugschar sehr tief in die Erde gedrückt habe und daß ein kleiner Mann aus dieser Furche entsprungen sei. Er hatte die Gestalt eines Kindes, besaß aber die Weisheit eines Greises. Ganz Etrurien versammelte sich, um ihn zu hören und seine Worte schriftlich festzuhalten. Ein Spiegel von Tuscania zeigt die Szene, wie Tages den Tarchon lehrt, aus den Eingeweiden der Opfertiere die Zukunft zu lesen. Zahlreiche heilige Bücher waren in seinem Namen entstanden, z. B. der brontoskopische Kalender, den Nigidius Figulus übersetzte. Die sog. *libri Tagetici* standen auch in Rom lange Zeit in hohen Ehren. Vor allem ab dem 2. Jahrhundert n. Chr. wurden sie von den Philosophen immer wieder gelesen und kommentiert. Man schöpfte aus ihnen eine esoterische Lehre, die dem sich entfaltenden Christentum entgegengesetzt

wurde. Apuleius, der Autor der *Metamorphosen*, hat den
»Sprüchen« des Tages ein Buch gewidmet.

Anderswo nahm der Prophet den Namen einer alten italienischen Gottheit, Cacus, an, die in Latium unter ganz anderen
Aspekten bekannt war, nämlich als der abscheuliche Räuber
der Rinder des Herkules[34]. Auf verschiedenen Spiegeln und
Urnen Inneretruriens tritt Cacus aber als eine Art Apoll auf,
der zum Klang seiner Leier weissagt, während zu seinen
Füßen *Artile* oder *Ar(n)tile*, der kleine *Arnth* oder Arruns
aus Clusium, die Responsorien anstimmt[35]. Caelius und
Aulus Vibenna dringen in den heiligen Hain ein und versuchen, sich seiner zu bemächtigen. Das Motiv der Gefangen-
nahme des Sehers, dem profane Menschen mit Gewalt die
Geheimnisse entreißen müssen, die er Eingeweihten vorbehalten möchte, ist noch mit weiteren Beispielen aus der etruskischen Religion zu belegen: es ist außerdem in der ganzen
mittelmeerischen Folklore weit verbreitet. Wir kennen Pro-
teus, den alten Meergott, den der Menelaos des Homer und
der Aristaeus Vergils überwältigen können, obwohl er sich
unter ihren Händen in einen Löwen, eine Schlange und in
Wasser verwandelt, um zu entkommen. Schließlich gibt er
doch seine Geheimnisse preis[36]. Ebenso singt der Silen in der
sechsten Ekloge nicht freiwillig von der Erschaffung der
Welt, der Liebe des Gallus und den Werken Apolls, sondern
weil ihn zwei Hirten im trunkenen Schlaf überrascht haben.

Manchmal ist auch eine Nymphe mit der göttlichen Botschaft
betraut. Wie sich in Rom der fromme König Numa nachts
mit der Nymphe Egeria unterredete, die ihm die religiösen
Einrichtungen beschrieb, so hat auch Arruns in Clusium gemäß gewisser Fassungen der Legende von der Nymphe
Vegoia »die Beschlüsse Jupiters und der Justitia« erfahren[37]. Tarquitius Priscus übertrug zur Zeit Ciceros die *libri
Vegoici* ins Lateinische. Sie wurden im Tempel des kapitolinischen Apolls aufbewahrt. Durch glücklichen Zufall ist
uns ein Fragment unter dem Titel *Auszug aus den Büchern*

der Vegoia an Arruns Velthumnus erhalten. Den Anfang haben wir bereits zitiert. Es folgt die vollständige Übersetzung:

»Wisse, daß das Meer vom Himmel geschieden wurde. Als Jupiter das Gebiet von Etrurien für sich beansprucht hatte, befahl und gebot er, daß die Ebenen vermessen und die Felder begrenzt würden. Da er die Habgier der Menschen und ihr Verlangen nach Grundbesitz kannte, wollte er, daß alles durch Grenzsteine gesichert sei. Diese Grenzsteine werden eines Tages im ausgehenden 8. Jahrhundert durch die Habgier eines Menschen, der seinen ihm zugedachten Besitz verachtet und den eines anderen erstrebt, verletzt werden. Andere werden es ihm gleichtun und betrügerisch Grenzen antasten und verschieben. Aber wer an ihnen rührt und sie verändert, um seinen Besitz zu erweitern und den der anderen zu schmälern, wird wegen seines Vergehens von den Göttern bestraft werden; wenn Sklaven es tun, werden sie in noch härtere Sklaverei fallen; wenn der Herr dieses Vergehen gutheißt, wird seine Familie erlöschen und sein ganzes Haus untergehen. Diejenigen, die Grenzsteine versetzt haben, werden von schlimmen Krankheiten und Wunden heimgesucht werden und die Körperkraft verlieren; die Erde wird von häufigen Unwettern und Stürmen, die sie erschüttern, verwüstet werden. Die Ernten werden oft verderben und von Regen und Hagel zerstört werden, unter starker Hitze verbrennen oder vom Rost verzehrt werden. Viel Zwietracht wird es im Volke geben. Wisse, daß solche Strafen kommen werden, wenn du diese Verbrechen begehst. Sei deshalb nicht ungläubig und lügnerisch. Senke unsere Lehren in dein Herz.«

Wir wollen hier nicht die Weissagung in ihren Details kommentieren. Sie ist Teil einer Schöpfungsgeschichte, die an gewisse Verse der Genesis erinnert, eine Racheandrohung an alle, die die Gesetze des Landbesitzes, die Jupiter selbst aufgestellt hat, übertreten. Der etruskische Jupiter – wir haben es bereits gezeigt – ist ein Jupiter der Grenzsteine,

deren Unverletzlichkeit er garantiert. Die etruskische Kultur
zeigt sich unter den Kulturen Italiens als die bäuerliche, die
vor allem am *ius terrae Etruriae* festhält. Über die Unan-
tastbarkeit der Grenzen, die auf die ersten Ursprünge zurückgehen, da Jupiter sein Reich begründete, wird streng
gewacht. Ohne Zweifel ist die Idee des Textes, aus dem
unser Fragment stammt, sehr alt. In der vorliegenden Form
wurde er allerdings erst zu einem Zeitpunkt niedergeschrieben, als die Besitzrechte in Etrurien stark erschüttert waren,
nämlich zur Zeit der Agrarreformen der Gracchen und ihrer
Nachfolger. Durch die Errichtung von Kolonien war die
jahrhundertealte Grenzziehung bedroht. Ein Haruspex
nahm damals im 8. Jahrhundert etruskischer Zeitrechnung,
d. h. in den Jahren vor 88 v. Chr., den legendären Namen
Vegoia und Stil und Formeln der traditionellen Weissagungen wieder auf und erneuerte die Verwünschungen der heiligen Bücher gegen die Grenzverletzer. Wir haben vor einiger
Zeit bewiesen, daß ein genaues Datum angegeben werden
kann: die Weissagung der Vegoia muß im Jahre 91 aufgezeichnet worden sein, und zwar als populäres Propaganda-
pamphlet und als Zeichen der etruskischen Revolte gegen das
Programm des Tribunen Livius Drusus. Sein Name taucht
im Text nicht auf; der Orakelsprache gemäß steht im Text
das Pronomen »irgendeiner«; aber wir wissen, daß ein
Marsch der Etrusker auf Rom, zu dem der Konsul Philippus
aufgerufen hatte, gegen Drusus gerichtet war und daß er bei
dem Aufruhr umkam. Die vergiftete Atmosphäre des Jahres 91 gab dem Fragment seinen gewaltsamen Ton; das
Kolorit ist echt etruskisch, eine letzte Welle aus dem Ozean
der Zeit, die am Ufer der klassischen Epoche erstirbt. Ebenfalls ins Jahr 91 verlegt Cicero die heiteren, weisen Ge-
spräche seines Buches *De oratore* in einer Villa von Tusculum. Welch ein Unterschied zwischen dem gewittrigen,
blitzedurchzuckten Abend und den reinen Sommervormitta-
gen!

Die von Tages, Vegoia und Cacus geoffenbarten und in heiligen Büchern niedergeschriebenen Wahrheiten bildeten eine Doktrin, eine Tradition und eine Lehre; die Etrusker haben dies alles mit einem Namen belegt, den wir noch nicht kennen. Nach einer Hypothese von Santo Mazzarino verbirgt er sich vielleicht in der Inschrift eines Cippus von Perusia: *tesns rasnes*[38]. Jedenfalls haben die Römer den ganzen Komplex *Etrusca disciplina* genannt. Der Ausdruck taucht oft in unseren Texten auf. Die Latinisten werden bemerken, daß in der stereotypen Formel das Adjektiv dem Substantiv stets vorausgeht: die betonte Stellung konfrontierte implizite die fremde Tradition mit der national-römischen[39].

Die *Etrusca disciplina,* die auf die berühmtesten Lucumone der Legende, auf Tarchon von Tarquinia und Arruns von Clusium, zurückgeht, blieb lange Zeit das gemeinsame Erbe der adligen Familien. Aber wir erfahren von der vormals treuen Verwaltung des Erbes erst in einer Zeit, in der sie nachläßt und in der das Erbe der Allgemeinheit anheimzufallen droht. Cicero erwähnt in *De divinatione*[40] einen Senatsbeschluß aus dem 2. Jahrhundert, der vorschrieb, daß alle zwölf Stämme Etruriens aus ihren adligen Familien dem Staat je sechs Söhne zur Verfügung zu stellen hätten, damit sie die religiösen Lehren verbreiteten. Durch diese bemerkenswerte Initiative wurde die Lehre der etruskischen Religion von seiten des Staates organisiert und unter den Schutz des Senates gestellt, der schon oft auf dieses Wissen zurückgegriffen hatte und es auch noch oft in der Folgezeit tat. Cicero hat das Dekret unter die Gesetze seines Idealstaates aufgenommen. Etrurien soll die Herrscher seine *disciplina* lehren: *Etruria principes disciplinam doceto*[41]. Die Formel war nicht sehr klar, und der Ciceronische Text ist so früh verdorben, daß ein Wirrkopf wie Valerius Maximus am Anfang der Kaiserzeit glauben konnte, daß je *zehn* junge *römische* Adlige zu jedem etruskischen Stamm geschickt werden sollten, um dort die *disciplina* zu lernen. Unsere Inter-

pretation entspricht der Meinung der meisten Historiker und
wird durch eine Anspielung gestützt, die später der Kaiser
Claudius bei einer Rede über das Kollegium der Haruspices
machte: er betonte im Jahre 47 n. Chr., daß er dafür kämpfen wolle, daß »die älteste *disciplina* Italiens« nicht im Ansturm fremden Aberglaubens untergehe, und er gründete
seine Politik auf die Beispiele einer vergangenen Zeit, »als
die Adligen Etruriens aus eigenem Antrieb oder auf Wunsch
des Senats das Wissen ihrer Familien festgehalten und verbreitet hatten[42]«.

Die Haruspices

Der Senatsbeschluß aus dem 2. Jahrhundert hatte ausdrücklich zum Ziel, der Indifferenz der dekadenten Lucumone
ihren nationalen Traditionen gegenüber entgegenzuarbeiten,
»damit eine große Kunst infolge der ärmlichen Lebensumstände derer, die sie ausübten, nicht von der Würde der
Religion zu einem Handwerk und Broterwerb herabsinke«.
Daß der Stand der Haruspices, die den oberen Schichten an-
gehörten, in eine Krise geraten war, läßt sich daran erkennen,
daß sie verrufen waren. Aus einem ursprünglichen Priester-
tum war ein schmutziges Handwerk geworden. In dem Maß,
in dem die Zahl der echten Haruspices abnahm, wuchs die
Schar der Dorfhellseher, der *haruspices vicani*, die die
Leichtgläubigkeit naiver Menschen ausbeuteten[43]. Plautus
und Pomponius verfolgten die Scharlatane mit ihrem Sar-
kasmus. Cato, der um die Ordnung auf seinem Landgut
bangte, untersagte den »Haruspices, Auguren, Weissagern
und Astrologen«, seinen Besitz zu betreten. Derselbe Cato
wunderte sich darüber, daß ein Haruspex einen anderen an-
schauen konnte, ohne zu lachen[44]. Später nannte sich L. Ve-
turius Rufio in Gubbio *avispex, extispicus*, Vogelschauer
und Eingeweideschauer, und erklärte sich zum *sacerdos pu-*
blicus et privatus, zum öffentlichen und privaten Priester.
Abgesehen von seinen offiziellen Funktionen erteilte er auch

Privatleuten Ratschläge, die er sich natürlich bezahlen ließ[45].
Eine große Gefahr drohte: Augustus verbot durch ein Gesetz
den Haruspices, hinter verschlossenen Türen zu arbeiten und
den Tod von Personen vorausbestimmen zu wollen[46].
Die Anstrengungen des römischen Senates, aus den etruskischen Adelsfamilien Priester zu holen, scheinen nicht frucht-
los gewesen zu sein. Aber es gab immer ebenso viele oder
mehr inoffizielle Haruspices, denn der Aberglaube der Bevölkerung war groß. Im Kaiserreich arbeiteten überall Haruspices, in den Munizipien, den Legionen, bei den Gouver-
neuren und am kaiserlichen Hof[47]. Es ist bekannt, daß sich
noch im Jahre 408, als die Goten unter Alarich eine tödliche
Gefahr für Rom geworden waren, etruskische Haruspices,
die aus der Toskana geflohen waren, in der Stadt aufhielten
und daß der Stadtpräfekt und Papst Innozenz I. sich an sie
wandten[48]. Neben diesen mehr oder minder fest angestellten
Beamten gab es offiziell seit der Regierung des Claudius
einen »Orden der vierzig Haruspices«. Sie bildeten ein Kollegium; ihr Sitz war zunächst Tarquinia, dann Rom. Jähr-
lich wählten sie einen Präsidenten. Ihre Kasse wurde von
einem Schatzmeister verwaltet. Dieser *ordo* galt als der offizielle Hüter der *Etrusca disciplina*; er bestand bis zum Ende
der Antike, ja bis zur byzantinischen Epoche[49].
Vom Ende der Republik an bewiesen die Lucumone neues
Interesse für ihre Traditionen. Dies zeigt sich unter anderem
an folgender Tatsache: die großen Staatsmänner hatten wieder ausgebildete Haruspices um sich, und zwar nicht nur als
Beamte und Wissenschaftler, sondern als Freunde. Herennius
Siculus wurde in den Sturz des C. Gracchus im Jahre 121
hineingezogen und tötete sich voll Stolz, als er gefangengenommen wurde. Postumius ermöglichte es Sulla durch
scharfsinnige Deutung eines Prodigiums im Jahre 89, sich
des Lagers der Samniten bei Nola zu bemächtigen. Spurinna weissagte Cäsar, der ihm bis zum letzten Augenblick
nicht glauben wollte, das Unheil an den Iden des März. Alle
drei stammten aus etruskischem Adel. Herennius ist ein

Tuscus, wenn auch sein Beiname auf Besitzungen seiner Familie oder auf eigene Interessen in Sizilien deutet. Der zweite stammt vielleicht aus Perusia, der dritte wahrscheinlich aus Tarquinia[50].

Vor allem in der Umgebung Ciceros und seiner Freunde finden wir Etrusker, in deren Familien sich die Lehre vom Vater auf den Sohn in direkter Linie vererbte. Wir haben bereits Tarquitius Priscus[51] erwähnt, welchen ein Epigramm, das man Vergil zuschreibt, respektlos mit Varro und anderen schwülstigen Rhetoren zusammenbringt[52]. Er ist bis zum Ende der Antike berühmt gewesen als einer der Meister der Seherkunst. Er hatte Prodigiensammlungen ins Lateinische übersetzt *(Ostentaria Tusca)*, Plinius zitiert ihn als Quelle zu diesem Thema; die *libri Tarquitiani* wurden noch im 4. Jahrhundert befragt. Zwei Inschriften aus Tarquinia[53], die aus der Zeit des Kaisers Claudius stammen und vielleicht im Amtssitz des *ordo XL haruspicum* aufgehängt waren, unterrichten uns, obwohl sie verstümmelt sind, über die Person des Tarquitius und über seinen Sohn. Der Vater hatte lateinische Übersetzungen verschiedener etruskischer Bücher publiziert, eines, das die Riten öffentlicher Versammlungen *(ritus comitialis)* beschreibt, und andere, wichtigere über die legendären Lehren des Arruns von Clusium, der durch die Prophetin Vegoia Offenbarungen über den Willen Jupiters und der Justitia erhalten hatte: *sacra quibus placare numina Arruns a magistra edoctus erat ex Iovis et Iustitiae effatis.* Mehr als dreißig Jahre lang hatte er seine Kunst in Rom gelehrt. Sein Sohn hatte von ihm die Deutung der Blitze gelernt und war nach des Vaters Tod selbst Lehrer geworden, allerdings ohne den gleichen Ruhm erlangen zu können. Die beiden Elogien des Tarquitius Priscus, der am Ende der Republik lebte, sind am Anfang der Kaiserzeit aufgeschrieben worden, und zwar auf Wunsch eines dritten Tarquitius Etruscus von einem vierten M. Tarquitius Priscus, der in der Mitte des 1. Jahrhunderts n. Chr. der Berater des Claudius in seiner Politik der religiösen Erneuerung war. Dem »fremden Aberglauben« abhold, war er bereit, für »die älteste italische Lehre«, für die *Etrusca disciplina*, zu kämpfen. So können wir die Anhänglichkeit einer etruskischen Familie aus Tarquinia an die alte Lehre durch vier Generationen hindurch verfolgen. Die Vertreter der *disciplina* gehörten dem Ritterstand an, mußten also aus vornehmen Kreisen stammen.

Noch bekannter war die *gens* Caecina aus Volterra[54]. Selbst als sie schon leidenschaftlich an der römischen Politik teilnahm, bewahrte sie stolz die Erinnerungen an die Größe und die Vorzüge des eigenen Volkes. Das Theater ihrer Heimatstadt, das vor einigen Jahren freigelegt worden ist, ist voller Inschriften, die ihren Namen nennen. Die Ehrenplätze im Zuschauerraum gehörten der *gens* Caecina[55]. Bevor mit C. Caecina Largus ein Glied der Familie unter Claudius zum Konsulat kam, gehörten bereits viele aus diesem Haus zu den Klienten und den Vertrauten Ciceros[56]. Aulus Caecina wurde von ihm 69 oder 68 v. Chr. in einem Erbschaftsprozeß verteidigt. Es ging um einen Landbesitz seiner Frau Caesennia, einer reichen Erbin aus Tarquinia. Der etruskische Adel scheute Mesalliancen mit Fremden. Im Bürgerkrieg zwischen Cäsar und Pompejus ergriff A. Caecina Partei gegen Cäsar und wurde verbannt. Aus dem Jahre 46 stammt ein Briefwechsel zwischen ihm und Cicero – drei Briefe Ciceros und eine Antwort Caecinas –, der ihre gegenseitige Achtung und ihre geistige Verwandtschaft bestätigt. Caecina war ein ausgezeichneter Schriftsteller; er besaß die Gabe der Beredsamkeit. Abgesehen von dem heftigen Pamphlet gegen Cäsar und dem klagenden Widerruf *(querelae)*, der ihm eine Erleichterung des Exils einbrachte – er durfte sich in Sizilien aufhalten –, hat er eine Schrift über die *Etrusca disciplina* hinterlassen. Seine Darstellungen über die Blitze haben Seneca in seinen *Quaestiones naturales* und Plinius im zweiten Buch verwertet. Er war ein Experte auf dem Gebiet der Weissagung. In einem Brief stellt Cicero im Scherz Voraussagen, die auf seinen eigenen Erfahrungen als

Augur beruhten, denen des Caecina gegenüber, die sich auf die *Etrusca disciplina* stützten. Was er darüber sagt, muß hier zitiert·werden: »*Ratio quaedam mira Tuscae disciplinae, quam a patre, nobilissimo atque optimo viro, acceperas:* das wahrhaft wunderbare Wissen um die etruskische Lehre, das du von deinem Vater empfangen hast, dessen edler Charakter seinem adligen Stande gleichkommt[57].«

In Tarquitius Priscus und Caecina erleben wir ein Etrurien, das im 2. Jahrhundert durch den Senat, am Ende der Republik durch Cicero und am Anfang der Kaiserzeit durch Claudius ermutigt mit Beharrlichkeit zu überleben versucht. Wir gehen jetzt in eine frühere Zeit zurück, um an einem weiteren Beispiel zu betrachten, mit welcher Pietät die Adligen Etruriens *sponte*, aus eigenem Antrieb, die *disciplina* in ihren Familien gepflegt haben. Darüber belehrt uns die beachtenswerte Grabinschrift auf einem Sarkophag von Tarquinia, der gewöhnlich »Sarkophag des Magistraten« genannt wird. Wir haben ihn bereits erwähnt. Der Name »Sarkophag des Priesters« wäre wohl angebrachter[58] (Abb. 70). Der Tote liegt halb ausgestreckt auf dem Sargdeckel, ein kleiner Greis mit großem Kopf und weichen Zügen, dem die heroische Pose schlecht steht. Der Oberkörper ist unbekleidet. Er trägt einen Kranz auf dem Kopf und einen zweiten um den Hals. Auf den ersten Blick könnte man den Kranz auf dem Kopf für eine Mütze halten. Der strenge Blick und die gerunzelten Brauen erinnern leise an Napoleons Feldherrenmiene.

Es handelt sich um eine bekannte Persönlichkeit des religiösen Lebens von Tarquinia. Vor sich hat er ein *volumen* entrollt. Wir wissen, daß ein solches Buch gewöhnlich auf das unerbittliche *fatum* hinweist. Die dargestellte Rolle ist zu Beginn der Inschrift ausdrücklich mit drei Worten erwähnt: *ancn zich nethsrac*. Obwohl Pallottino vorgeschlagen hat, mit »diese Buchrolle aus Tierhaut« zu übersetzen[59], halten wir uns lieber an die Meinung der Mehrzahl der

Abb. 70 Laris Pulenas (Tarquinia)

Gelehrten, die »dieses Buch über die Kunst des Haruspex«
lesen. Es handelt sich also um eines der *libri fatales*, in denen
die Vorschriften der *Etrusca disciplina* niedergelegt waren.
Die Verwandten hatten die Gelegenheit wahrgenommen, auf
der Rolle das *curriculum vitae* des Verstorbenen aufzu-
zeichnen. Von den neun Zeilen ist nur ein Teil klar und
unmißverständlich zu übersetzen. Aber wir erfassen den
Gesamtsinn, der besagt, daß *Laris Pulenas* – dies ist der
Name des Toten – in Tarquinia eine Reihe von priesterlichen
Ämtern versehen hat, daß er eine Rolle gespielt hat, die der
des römischen *rex sacrorum* entsprach, daß er verschiedene
Kulte gestiftet oder gepflegt hat. Er ist besonders bei der
Feier der dionysischen Mysterien beteiligt gewesen. Dieser
Kult war aus Griechenland gekommen und hatte in Etrurien
großen Anklang gefunden. Von da aus hatte er sich in Rom
ausgebreitet wie eine »ansteckende Krankheit« (sagt Livius).
Im Jahre 186 kam es dort zu der berüchtigten Bacchanalien-
Affäre. Unser Epitaph stammt etwa aus der Zeit um 200.
Die onomastische Einleitung des Epitaphs ist nicht weniger
aufschlußreich: *Laris Pulenas, Larces clan, Larthal papacs,*

Velthurus nefts, prumts Pules Larisal Creices. Voller Stolz
werden die Ahnen des *Laris Pulenas* bis ins vierte Glied aufgezählt: sein Vater *Larce Pulenas*, sein Onkel väterlicherseits *Larth Pulenas*, sein Großvater *Velthur Pulenas* und sein
Urgroßvater *Laris Pule Creice*. In den Angaben zur Person
des Urgroßvaters wird die normale Wortfolge umgekehrt:
mit Nachdruck steht der wirklich außergewöhnliche Beiname
am Schluß. Wir übersetzen: *Laris Pulenas*, Sohn des *Larce*,
Neffe des *Larth*, Enkel des *Velthur*, Urenkel des *Laris Pule*,
des *Griechen*.

Der Gründer der Familie *Pulena*, deren Name in der römischen Kaiserzeit in der *gens* der Pollenii überlebte, war also
ein *Laris Pule* oder *Pules*, von dem die Nachkommen gern
annahmen, er sei im 4. Jahrhundert aus Griechenland eingewandert. Ob wahr oder falsch, diese Vorstellung hat nichts
Außergewöhnliches an sich. Auch die Römer führten die
Anfänge ihrer Kultur auf Griechenland zurück. Viele große
Familien beanspruchten Äneas oder Odysseus als Ahnherren.
Doch die Etrusker waren ihnen im Philhellenismus zeitlich
voraus und betonten ihn auch mehr als die Römer. Eine
Priesterfamilie von Tarquinia durfte für ihren Ruf nicht
weniger tun als die Ämilier in Rom, die sich rühmten, von
Pythagoras abzustammen[60].

Pule (griechisch Πόλλης) war der Name eines alten griechischen Sehers, dem nur der berühmte Melampus (»Schwarz-
fuß«), den Homer besingt, gleichkam. Ein Sprichwort be-
sagte, daß gewisse schwierige Orakel einen Melampus oder
Polles als Interpreten brauchten[61].

> *... Polles, cui penna loquax dat nosse futura*[62],

»Polles, dem das sprechende Gefieder (der Vögel) erlaubt,
das Zukünftige zu erkennen«. Wir müssen aber nicht glauben, daß der geheimnisvolle Polles von den Gestaden
Lykiens, wo der Name häufig bezeugt ist, nach Tarquinia
gekommen ist, um dort 350 v. Chr. die Wohltaten der

Etrusca disciplina zu verbreiten. Nur eine mehr oder minder gezwungene Homonymie hat den *Pulena* erlaubt, sich als Erbe seiner Kunst anzusehen. Die vier Generationen alte Tradition hat sich über Jahrhunderte hinweg erhalten. Unter Mark Aurel kam ein Ururenkel zum Konsulat, Pollenius Auspex. Sein *cognomen* verrät, daß auch er noch für die Deutung des Vogelfluges zuständig war.

III. Hatten die Etrusker profane Literatur?

Wir haben im Vorausgehenden einen Teil der etruskischen Literatur kennengelernt. Die *Etrusca disciplina* ist eine Sammlung heiliger Schriften, wie jede orientalische Literatur sie kannte. Griechenland hat solches Schrifttum nicht besessen. In Rom sind die Sibyllinischen Bücher sicherlich nur unter etruskischem Einfluß entstanden. Gab es neben der sakralen Literatur auch profane zur Unterhaltung, Belehrung und Verschönerung der Existenz? Gab es Dichtungen wie die Homers, Komödien wie die des Plautus, Historien wie die des Tacitus? Ein Satz des Poseidonios bei Diodor legt die Annahme nahe: »Sie haben Literatur, Naturwissenschaften und Theologie gepflegt[63].« Das weltliche Schrifttum ist säuberlich von der eigentlichen *Etrusca disciplina* geschieden.

Die schwierige Frage ist lange Zeit negativ beantwortet worden. Vor vierzig Jahren vertrat Pericle Ducati noch die Ansicht, daß »das etruskische Volk keine literarische Begabung besaß. Dem Handel, der Industrie und dem Ackerbau ergeben, war es reich an Ingenieuren, vor allem auf dem Gebiet der Hydraulik, und an Ärzten, die auf einer Grundlage aus Magie und Aberglauben praktizierten. Poetische Schöpfungen, die Phantasie, Gefühlsstärke und den Aufschwung des von alltäglichen Sorgen um die Existenz gelösten Geistes voraussetzten, haben die Etrusker nicht hervorgebracht[64].« So etwas ist schnell gesagt. Aber

hier werden Feststellungen von Tatsachen, Werturteile und
Erklärungsversuche durcheinandergemischt. Der große Gelehrte Bartolomeo Nogara hat bereits versucht, die summarischen Negationen zu nuancieren[65]. Neue Erkenntnisse haben
ihm recht gegeben.
Drei Punkte sind zu beachten. Erstens ist sicher, daß der
Begabung des etruskischen Volkes, die sich nicht nur in der
Fertigkeit der Techniker, sondern auch der Künstler offenbart, nicht *a priori* der literarische Ausdruck verwehrt war.
Wenn zweitens die Werke fast ganz verschwunden sind, so
bleiben doch Spuren und vor allem Erinnerungen und beachtliche Einflüsse in anderen Literaturen. Drittens ist es
unmöglich zu entscheiden, ob diese Literatur gut oder
schlecht, originell oder epigonenhaft, von hoher stilistischer
Qualität oder roh gewesen ist. Wir können uns zu dieser
Frage aber doch einige Vorstellungen machen.
Livius verdanken wir eine auf den ersten Blick überra-
schende Feststellung, die nähere Betrachtung verdient[66]. Wir
stehen am Ende des 4. Jahrhunderts, als Rom Inneretrurien
zu erobern beginnt. Die Tradition verlegt in diese Zeit eine
militärische Großtat, die Überwindung des Ciminischen Wal-
des in der Gegend des heutigen Viterbo östlich vom Bolsena-
See, der den römischen Legionen als unüberwindliches Hin-
dernis entgegenzustehen schien. Ähnlich abschreckend müssen
zu der Zeit, als Livius schrieb, die Bergwälder an der
Schwelle Germaniens gewirkt haben. Im Jahre 310 gelang es
einem Glied der *gens* Fabia, einen Weg durch das Dickicht
zu finden. Die Claudier stritten, nach den Texten zu schließen, mit den Fabiern um die Ehre dieser Tat. Nach den
einen fand Caeso Fabius, nach den anderen C. Claudius,
der Bruder des Konsuls Q. Fabius Rullianus (man weiß
nicht, ob sie denselben Vater oder nur dieselbe Mutter hatten), als Bauer verkleidet, in Begleitung eines einzigen Sklaven den Weg ins Feindesland und konnte unerkannt bis
nach Chiusi im Val di Chiana vordringen. Bei diesem gewag-
ten Unternehmen schützte ihn allein seine perfekte Kenntnis

der etruskischen Sprache. Kein Zögern verriet ihn seinen Gesprächspartnern und Führern.

Wie hatte er das Etruskische so vollkommen gelernt? Er war in Caere bei einer Familie, die der seinen durch die Bande der Gastfreundschaft verbunden war, erzogen worden; dort hatte er auch etruskisch sprechen gelernt. Livius fügt mit wohlerwogenen Worten hinzu: »Ich kenne Texte, die beweisen, daß es in jener Zeit Sitte war, die jungen Römer in der etruskischen Sprache zu unterrichten, wie man sie heute in der griechischen Sprache unterrichtet: *habeo auctores vulgo tum Romanos pueros, sicut nunc Graecis, ita Etruscis litteris erudiri solitos.*«

Was bedeutet *Etruscae litterae*? Es handelte sich offenbar nicht nur darum, nach den Abc-Büchern und Syllabarien, wie wir sie aus Marsiliana und Caere kennen, lesen und schreiben zu lernen. Das Wort *litterae* ist doppeldeutig; es heißt sowohl »Buchstaben« als auch »Grammatik« und »Literatur«. Um welche Art von Literatur handelte es sich hier?

Livius denkt nicht an die eigentliche *Etrusca disciplina*. Der Vergleich mit dem Griechischunterricht für die jungen Römer seiner Zeit deutet in eine ganz andere Richtung. Er meint offensichtlich Knaben unter siebzehn Jahren *(pueri)*, die in der Schule eines *grammaticus* (der lateinische Name ist griechischen Ursprungs) Homer, die Tragiker und Menander lesen lernen. Um seinen Söhnen die *Odyssee* erklären zu lassen, hatte Livius Salinator im 3. Jahrhundert den griechischen Dichter Andronicus aus Tarent nach Rom mitgebracht. Um dem jungen Scipio Aemilianus die beste griechische Bildung zu ermöglichen, umgab ihn Aemilius Paulus im 2. Jahrhundert in der Bibliothek des Perseus, die er aus Mazedonien mitgebracht hatte, mit einer ganzen Schar griechischer Professoren, Grammatiker, Rhetoren, Philosophen, Maler und Bildhauer. Noch zur Zeit des Livius hatten die römischen Autoren neben den griechischen Schriftstellern kaum Heimatrecht in der höheren römischen Schulbildung. Cicero las

und sprach Griechisch wie seine Muttersprache. Viele Jahrhunderte lang blieb die römische Kultur zweisprachig[67].
Dies hatte Livius also in den Quellen gefunden. Er staunte
darüber ebenso wie wir heute. Aber er besteht darauf, daß
er schriftliche Zeugnisse besitzt, die auch einen Skeptiker
belehren können, Texte, in denen mehrere Annalisten bezeugen, daß Rom, bevor es sich nach Griechenland wandte,
bei den Etruskern eine erste Einführung in die Bildung gesucht hatte, die es bei sich selbst noch nicht hatte finden
können.
Was ist daran so verwunderlich? Warum sollte es unwahrscheinlich sein, daß vor allem Caere am Ende des 4. Jahrhunderts auf die jungen Fabier und Claudier die Anziehung
einer Intellektuellen-Hochburg ausübte? Die Monumente
und Kunstwerke beweisen, daß die Stadt diese Rolle sehr
wohl hatte spielen können, daß sie sich, was Pericle Ducati
auch sagen mag, über »die alltäglichen Sorgen um die materielle Existenz« schon längst erhoben hatte. Nach dem Untergang Vejis im Jahre 390 war Caere nicht nur die größte
etruskische Stadt, die Rom am nächsten lag (50 km auf der
späteren Via Aurelia), sondern auch das blühendste Zentrum
des Hellenismus in Mittelitalien. Über Etrurien kam Rom
zum Griechentum. Hatte Caere in Delphi nicht ein Schatzhaus wie eine echte griechische Kolonie? Die Gräber haben
uns gezeigt, daß die Bewohner begeisterte Sammler der
schönsten schwarz- und rotfigurigen attischen Vasen waren.
Griechische Künstler waren sogar nach Etrurien gekommen,
um die unersättlichen Käufer an Ort und Stelle zu bedienen. Auf den Vasen, ganz zu schweigen von anderen im-
portierten Gegenständen, hatten die Caeriten schon früh die
Heroen der griechischen Sage kennengelernt. Der trojanische
Krieg, die Fahrten des Odysseus, die Arbeiten des Herkules
und die Verbrechen der Atriden waren ihnen geläufig.
Im Grunde genommen ist es keine Frage, ob die Etrusker
Sinn für Literatur hatten. Wären sie unempfänglich gewesen,
so hätten sich in Caere kaum Hydrien und in Tarquinia

kaum Fresken gefunden. Es ist eher zu befürchten, daß das
Ansehen des Griechentums so groß war, daß die Etrusker es
nicht wagten, ihre eigenen Vorstellungen vom Tragischen
und Komischen im menschlichen Leben in ihrer noch unge-
formten Muttersprache auszudrücken. Man kann sich gut
vorstellen, daß die etruskische Aristokratie – wie später die
römische – zweisprachig war und ihre Nationalsprache lite-
rarisch nur für die dunklen Sakralbücher gebrauchte. Im
großen und ganzen wird es so gewesen sein. Einige Tatsachen
deuten aber darauf hin, daß die Etrusker nicht immer dabei
verblieben sind.

Hymnen und Fescenninen

Das Andenken einer mündlich überlieferten etruskischen
Poesie war zur Zeit der Klassik noch nicht verschwunden.
Dionys von Halikarnass wußte, daß in Falerii beim jähr-
lichen Fest der Juno Curitis ein Mädchenchor zu Ehren der
Göttin »Hymnen sang, die die Vorfahren gedichtet hat-
ten[68]«. Obwohl Falerii zum etruskischen Bund gehörte, hatte
die Stadt ethnisch und sprachlich ein doppeltes Gesicht:
hier mischten sich etruskische und italische Elemente. Die
Mädchen sangen vielleicht in faliskischer Sprache, einem
Dialekt, der dem Latinischen und Sabinischen nahesteht. Im
Zusammenhang mit den Versen, in denen Vergil im dritten
Buch der *Aeneis* die Gesänge und Tänze der Salier beschreibt, die »einen Lobgesang auf Herkules und seine Taten
anstimmen«, hat man daran erinnert, daß manche die Stif-
tung des Salierkollegiums auf den König Morrius oder Ma-
marrius von Veji zurückführen. Die Salier feierten in ihren
Gesängen den Urahn des Königs, Halesus, den Sohn des
Neptun[69]. Abgesehen von der Erwähnung Vejis gibt es hierbei nichts spezifisch Etruskisches. Halesus war ebensogut
Stammheros von Falerii. Außerdem haben wir im Zusammenhang mit dem zweiteiligen Schild, den Raymond Bloch
in einem Villanova-Grab in Bolsena gefunden hat und des-

sen Form dem *ancile* der Salier entspricht[70], gezeigt, daß
Kriegstänze seit der frühen Eisenzeit in ganz Mittelitalien
verbreitet waren. Schließlich wird man sich auch an die
Fescenninen erinnern, eine Art ländlicher Poesie aus spöttisch-
sarkastischen Quodlibets mit leicht obszönem Einschlag, die
die Bauern in alter Zeit »in einem rauhen, unartikulierten
Metrum« abwechselnd einander zusangen. Sie erhielten ihren
Namen von dem Marktflecken Fescennium, von wo aus sie
nach Rom gelangten. Auch Fescennium war eine etruskische
Siedlung auf faliskischem Gebiet. Alles, was man über die
Fescenninen weiß, ist, daß sich in ihnen spontan die komische
Ader des Volkes zeigte. Die dahinterstehende Lebenshaltung
war in ganz Mittelitalien verbreitet. Unter dem Einfluß der
Etrusker nahm sie erste künstlerische Formen an. Der Name
dieser Lieder hat sich schließlich für alle ähnlichen Äußerun-
gen bäuerlicher Lebensfreude durchgesetzt[71].
Die drei Zeugnisse, die bezeichnenderweise aus derselben
Gegend stammen, aus dem Gebiet des südlichen Tiberbogens,
wo sich Etruskisches und Latinisches sehr früh vermischt hat,
führen uns nicht, wie wir erwartet haben, in den Bereich der
Literatur, und sei es nur in den der mündlich überlieferten.
Das letzte Beispiel erinnert uns allerdings an eine besser
bezeugte und charakteristischere Tatsache, an die Rolle der
Etrusker bei der Entwicklung der italischen Farce. Wir haben die Masken bereits bei den Leichenspielen kennengelernt;
sie erinnern an die Typen der *Commedia dell'arte*[72].

Schauspiele

Mit der Gestalt des Phersu, so bestimmend ihr Einfluß auf
die Atellane auch gewesen sein mag, bleiben wir im Bereich
des stummen Theaters. Wir wissen nichts vom mündlichen
Ausdruck, der eventuell dazugehörte, noch weniger vom
schriftlichen. Varro erwähnt allerdings einen Volnius, der
»etruskische Tragödien« geschrieben haben soll[73]. Damit wir

die Bedeutung dieses Zeugnisses würdigen können, müssen
wir auf das bereits erwähnte berühmte Livius-Kapitel zurückgreifen, in dem die Ankunft der etruskischen Tänzer in
Rom und die Anfänge des lateinischen Theaters beschrieben
werden[74]. In dem betreffenden Jahr, nämlich 364 v. Chr.,
wütete eine Pest in Rom. Da man keine Gegenmittel fand,
wendete man sich der Religion zu. Um den Zorn der Himmlischen zu besänftigen, stiftete man szenische Spiele, eine
große Neuheit für ein Volk, das bislang nur Zirkusspiele
gekannt hatte. »*Ludiones*, d. h. Künstler, die in diesen Spielen *(ludi)* auftraten, wurden aus Etrurien herbeigeholt, damit sie nach etruskischer Sitte Tänze aufführten, die nicht
der Anmut entbehrten, die aber weder Gesang noch Gesten,
die eine sprachliche Äußerung ersetzen konnten, enthielten.«
Die römische Jugend, die schon lange den Austausch von
Quodlibets, den sog. Fescenninen, kannte, ahmte die etruskischen Tänzer nach, indem sie der Choreographie noch das
sprachliche Element hinzufügte und die Bewegungen den
Worten anglich. Das Spiel vervollkommnete sich im Laufe
der Zeit. Römische Berufsschauspieler, »*histriones* genannt,
weil im Etruskischen das Wort *ister* dem Ausdruck *ludio*
entsprach«, spielten »Satiren«, d. h. »Farcen«, eine Art Re-
vue oder Sainete mit mimischen Tänzen. Der Liedtext war
auf Musik und Gestik abgestimmt. Aber die Römer mußten
bis zur Ankunft des Tarentiners Livius Andronicus Mitte
des 3. Jahrhunderts warten: er brachte die griechische Tragödie und Komödie mit; erst durch ihn erhielten die Impro-
visationen eine Handlung, ein Thema und einen festen
Text.
Wahrscheinlich hat der Historiker Livius die gelehrte Rekonstruktion der Geschichte des römischen Theaters den
Antiquitates des Varro entnommen[75]. Wir sehen, wie er die
verschiedenen Ansätze trennt und das sukzessive Eingreifen
verschiedener Gruppen beschreibt, das schließlich stufenweise zu einer Einheit führt. Die künstliche Auffaltung des

Prozesses in Etappen dient ganz offensichtlich dazu, die Entwicklungsstufen des griechischen Theaters, die Aristoteles in seiner *Poetik* aufgezählt hat, auch im Römischen nachzuweisen. Wir dürfen die Darstellung also nicht wörtlich nehmen. Tatsachen sind nie so einfach und systematisch. Livius bemerkt nicht ohne Verwunderung, daß eine Kunst, die eine große Zukunft hatte, sehr klein begonnen hat und aus dem Ausland, aus Etrurien, eingeführt werden mußte. Er verrät uns den etruskischen Namen der Künstler: *ister* oder *hister*, der in der lateinischen Form *histrio* sehr bekannt wurde. Allerdings haben die Etrusker nach Livius nur das tänzerische Element geliefert. Er bestritt nicht, daß diese Tänze bereits auf einem hohen Niveau standen: *haud indecoros motus tusco more dabant,* sie führten sie nach etruskischer Sitte in Bewegungen nicht ohne Anmut aus. Die Litotes erinnert uns sofort an die prächtigen Tänzerfiguren auf den archaischen Malereien von Tarquinia. Ihre Bewegungen werden nur von Flötenmusik gelenkt. Sie sind nicht mit einem *carmen* verbunden, sie kennen nicht das rhythmisierte Wort. Vergeblich sucht man auf den Grabgemälden den Sänger[76]. Wir finden auch keinerlei mimische Darstellungen von Gefühlen, wie z. B. Liebe, oder von Handlungen, wie z. B. Kämpfe. Wir haben es mit reinem Tanz zu tun: als rein tänzerisch erscheinen uns die choreographischen Figuren auf den Wänden des Grabes der Löwinnen und der Leoparden und des Triclinium-Grabes.

Man weiß nicht, ob Varro oder Livius bei der Analyse, die jedem zuteilen will, was ihm gebührt, aus Patriotismus den Löwenanteil der Entwicklung Rom zugesprochen hat. Vielleicht war es den etruskischen Histrionen am Anfang des 4. Jahrhunderts unter dem griechischen Einfluß, der sich bei ihrem hellenisierten Publikum unbedingt bemerkbar machen mußte, selbst bewußt geworden, welche Entwicklungsmöglichkeiten auf das Theater hin in ihren Tänzen lagen. Es ist kaum anzunehmen, daß das zu einem gewissen Zeitpunkt in

Mittelitalien entstandene Theater nicht überall in den durch kulturelle Bande verbundenen Städten Rom, Caere, Praeneste, Tarquinia und Chiusi gleichermaßen gewirkt haben soll. Die Entwicklung, die Livius nur den Spielen im Circus Maximus zuschreibt, hat zumindest auf die etruskischen Bundesspiele in Volsinii Rückwirkungen gehabt.

Wie soll sich Etrurien vom Theater ferngehalten haben, da doch in Sizilien und Süditalien das dramatische Spiel blühte? Syrakus besaß seit der ersten Hälfte des 5. Jahrhunderts ein wunderschönes Theater, in dem in Gegenwart des Aischylos die *Perser* aufgeführt wurden, auf dessen Stufen auch Pindar und Platon saßen. In Tarent gab es zwei Theater. Dort applaudierte Livius Andronicus dem Euripides, bevor er ihn in Rom einführte. Vom Glanz der Aufführungen zeugen die apulischen Keramiken, auf denen zahlreiche Tragödienszenen wiedergegeben sind[77]. Weiter im Norden, in Velia, Paestum und Cumae, sind freilich noch keine Steintheater entdeckt worden. Pompeji erhielt erst eines im 2. Jahrhundert, Rom im Jahre 55. Aber man weiß, daß dem Theater aus Stein Holzbühnen vorausgegangen sind. Ennius und Plautus haben dort ihre Stücke aufgeführt. Wenn es szenische Spiele in Etrurien gegeben hat, so sind wohl weniger stabile Bühnenbauten benutzt worden, die etwa dann mit der Zeit verschwunden sind.

Einen Abglanz der etruskischen Tragödie des 3. und 2. Jahrhunderts hat man schon lange auf Sarkophagen und Urnen aus Tarquinia, Chiusi und Volterra entdeckt[78]. Alle Sagen des epischen und tragischen Repertoires der Griechen sind dargestellt, vor allem blutige Kampfszenen. Es scheint so, als habe man den Toten ein durch den Mythos verklärtes, bescheidenes Äquivalent für die Menschenopfer bieten wollen, die entweder aus finanziellen Gründen nicht möglich oder auch – was man lieber annehmen möchte – durch die Verfeinerung der Sitten abgeschafft waren. So sind auf einem berühmten Sarkophag im Vatikan die klassischen Sze-

nen der *Orestie* dargestellt (Abb. 71). Zwischen zwei vor
Entsetzen erstarrten Dienern erkennt man hinter der in Gedanken versunkenen Elektra einen Altar, auf dem rücklings
die halbnackte Leiche Klytaimnestras liegt. Rechts erschlägt
Orest im Beisein des Pylades Ägisth. Links quälen die Eumeniden den Mörder. Auf der Rückseite sind der Zweikampf
zwischen Eteokles und Polyneikes und andere Szenen aus

dem Zug der *Sieben gegen Theben* zu sehen. Auf einer der
Schmalseiten ist die Szene aus Euripides' *Telephos* festgehalten, wie der Held den kleinen Orest ergreifen und töten
will. Auf der anderen wird Polyxena von den Griechen auf
dem Grab des Achill geopfert, so wie es derselbe Dichter in
seiner *Hekuba* beschrieben hat[79]. Wir kennen aber auch Darstellungen der Opferung der Iphigenie, von Philoktet auf
Lemnos, von Andromeda am Felsen und von Hippolyt, der
blutend hinter seinem Wagen geschleift wird[80].
André Piganiol hat in seinen *Recherches sur les Jeux romains* nachgewiesen, daß die Komposition der Reliefs oft
die Theaterdekorationen nachahmt, die Grotte oder den
Tempel, vor denen die Spieler agieren, den Hafen, in dem
sie sich einschiffen, den Turm oder die Befestigungen der
belagerten Stadt, die Tür des Palastes, die sich zum Zimmer
des sterbenden Agamemnon hin öffnet, hie und da auch
Altäre und andere Requisiten der Aufführungen.
Auf einer Urne aus Volterra erscheint Medea auf einem von
Drachen gezogenen Wagen. So war die Zauberin in einer

Tragödie des Euripides, die verlorengegangen ist, nach der Ermordung ihrer Kinder aus Korinth entflohen. Der Symbolismus, der die Toten umgab, deutete diese Szene wohl als Unterpfand der Unsterblichkeit. Wir wissen aber auch, daß die lateinischen Tragöden des 2. Jahrhunderts viel Sinn für eine komplizierte Maschinerie hatten. Ein Fragment des Pacuvius erwähnt die *»angues ingentes alites iuncti iugo«*, die

Abb. 71
Sarkophag
der Eumeniden
(aus Tarquinia,
Vatikanisches Museum)

riesigen geflügelten Schlangen unter dem Joch, die Medeas Wagen zogen. Der Satiriker Lucilius spottet über die Regisseure, die auf so kindische Phantasiegebilde zurückgriffen, um ihre Zuschauer zu fesseln[81].

Andere Urnen zeigen ein Kind, das von einem Krieger zu Pferde angegriffen wird. Man hat in dieser Szene eine Episode aus der Sage des Königs Athamas von Thessalien erkannt, der bei einer Jagd vom Wahnsinn befallen wurde und seinen Sohn Learchos tötete. Euripides hatte das Thema in seiner Tragödie *Ino* behandelt, Ennius in seinem *Athamas*[82].

Die gesamte Bebilderung der etruskischen Urnen bietet Entsprechungen dieser Art zum griechischen Mythos und seinen Bearbeitungen durch die lateinischen Tragödien von Livius Andronicus bis Accius. So fragt man sich, ob es sich bei den Tragödien, an denen sich die Kunst inspirierte, nicht eher um lateinische Tragödien aus der Zeit von 250 bis 100 v. Chr. als um etruskische gehandelt hat. Aber man kann sich kaum vorstellen, daß die lateinischen Schauspiele über eine solche

Entfernung hinweg bis in die einfachen Ateliers von Volterra gewirkt haben sollen. Glaubhafter ist, daß die Künstler die Kenntnis der entsprechenden Themen aus direkten, lokalen Quellen und aus ihrem eigenen Sprachbereich bezogen haben.

Die Personen der griechischen Fabel sind auf gewissen Gemälden und Spiegeln mit stark deformierten Namen bezeichnet[83]: Agamemnon wird zu *Achmemrun* oder *Achmenrun*, Achilleus zu *Achile* oder *Achle*, Klytaimnestra zu *Clutumsta*, Alexandros (d. i. Paris) verwandelt sich in *Alechsantre*, *Elachsantre* oder sogar *Elcste*, Ganymedes, der Mundschenk der Götter, ist unter dem Namen *Catmite* kaum wiederzuerkennen. Diese Form hat sich auch ins Lateinische eingeschlichen im *Catamitus* des Plautus[84]. Diese Deformationen der Wörter erklären sich stellenweise aus der Tatsache, daß der Übernahme aus dem Griechischen dialektale Quellen zugrunde liegen. Im allgemeinen stimmen sie aber mit den Tendenzen der etruskischen Phonetik überein. Die Synkopen, Metathesen und Aspirationen sind von den Inschriften her wohlbekannt, da sie dort genau studiert und definiert werden konnten. Einige Eigenheiten dieser Phonetik scheinen sich über die Jahrhunderte hinweg in der toskanischen Aussprache erhalten zu haben: noch heute sagt man in Florenz *hasa* statt *casa*.

Was läßt sich daraus schließen? Die Künstler, die die griechischen Namen auf ihren Spiegeln, Malereien und Vasen eingravierten, kopierten die griechischen Vorlagen nicht Buchstabe für Buchstabe wie fügsame Schüler; sie transkribierten sie so, wie sie für ihre Ohren klangen; folglich sind die Namen Achilleus, Agamemnon, Klytaimnestra, Alexander und Ganymed von Etruskern ausgesprochen worden, bevor sie zu *Achle*, *Achmemrun*, *Clutumsta*, *Elcste* und *Catmite* wurden. Kurz, sie hatten in der mündlichen Überlieferung Etruriens gelebt, und zwar so intensiv, daß sich dieses Leben nicht ohne lyrische, epische und vor allem dramatische Rezitation erklären läßt.

Es hat also zumindest im 3. und 2. Jahrhundert etruskische Tragödien in zeitlicher Parallele zu lateinischen gegeben. So findet auch Varros Volnius seinen Platz in der Geschichte des Theaters. In *De lingua latina* nennt der Gelehrte bei der Aufzählung der drei ursprünglichen Tribus von Rom den Namen des sonst unbekannten Schriftstellers. »Das römische Territorium war ursprünglich in drei Teile geteilt; ihnen entsprachen die drei Namen der Tribus *Titienses*, *Ramnes* und *Luceres*. Nach Ennius geht der Name *Titienses* auf *Tatius*, der Name *Ramnes* auf *Romulus* zurück; für *Luceres* gibt Junius *Lucumon* als Grundform an. Volnius, der Tragödien in etruskischer Sprache geschrieben haben soll, erklärt alle diese Worte aus etruskischen Wurzeln: *sed omnia haec vocabula Tusca, ut Volnius, qui tragoedias Tuscas scripsit, dicebat*[85].«

Man weiß von Volnius nichts weiter; sein Name ist unter den Formen *Velna* und *Velina* vor allem in Volterra, Siena, Chiusi, Perusia und Bologna als Gentilname weit verbreitet gewesen. Er verrät nicht, woher er stammte. Aus dem Text des Varro geht, was man auch herauslesen mag, nicht hervor, daß er (wie Naevius am Ende des 3. Jahrhunderts) Romulus und der Gründung der Stadt eine Tragödie gewidmet hat. Er war gleichzeitig dramatischer Autor und Gelehrter, der wie Accius in der zweiten Hälfte des 2. Jahrhunderts Dichtung und philologische Studien miteinander verband. Accius hat wegen der Reform der Orthographie gegen Lucilius polemisiert. Volnius, den wir hier nach M. Junius Gracchanus, einem Freund des C. Gracchus und Historiker des öffentlichen Rechts, zitieren, hatte sich in die seit Ennius aktuelle Diskussion über die Etymologie der drei römischen Tribusnamen eingeschaltet. Alles deutet darauf hin, daß auch er zur Zeit der Gracchen oder wenig später gelebt hat und im Kreis der römischen Gelehrten zugelassen war. Er teilte seine Zeit zwischen der Heimat, der er sich sehr verbunden fühlte, und Rom. Für die drei Namen, um die es ging, forderte er etruskischen Ursprung, und die heu-

tigen Gelehrten geben ihm recht[86]. Er war seinen heimat-
lichen Traditionen sehr verpflichtet. Vielleicht schrieb er
Tragödien in etruskischer Sprache, weil er sie bedroht sah
und zu retten versuchte, was zu retten war. Werke von
archaisierender Gelehrsamkeit, die vielleicht auf den letzten
Holzbühnen in Chiusi und Volterra gespielt wurden, sollten *in extremis* ein Feuer, das zu verlöschen drohte, noch
einmal entflammen. Daß Varro die Tatsache *tragoedias Tuscas scripsit* erwähnt, bedeutet nicht, daß er es als einziger
getan und keine Vorgänger gehabt hätte. Varro will lediglich sagen: dieser Volnius, der bei uns verkehrt hat und ein
so kultivierter Mann war, der gut Latein konnte und im
Grunde Römer war wie wir, hat Tragödien in seiner so
schwer verständlichen Muttersprache geschrieben. Wir können aber sicher sein, daß Volnius nur ein Epigone war in
einer langen Reihe von Dichtern, deren Namen wir nie kennen werden, deren Werke sich aber in den Verzierungen der
Urnen widerspiegeln. Die tönenden Verse blieben im Gedächtnis der Künstler hängen und wurden zu Bildern. Der
tragische Stil lebte fort in der etruskischen Historiographie
und gab ihr ein besonderes Gepräge.

Die historische Literatur

Die Etrusker hatten mit Sicherheit historische Literatur.
Aber die Problematik der Historiographie ist ebenso groß
wie die des Theaters, mit der wir uns oben beschäftigt haben.
Denn auch die Geschichtswerke sind ganz verschwunden.
Zwar wird ihre Existenz durch unzweideutige Zeugnisse bestätigt, doch von den historischen Schriften selbst bestehen
nur noch Bruchstücke in lateinischer Übersetzung, die zudem
durch die Übertragung und Benutzung von römischer Seite
verfälscht sind.
Die beiden Autoren, die die etruskische Historiographie erwähnen, sind sehr vertrauenswürdig. Da ist zunächst Varro,
der durch seine Freunde Tarquitius und Caecina mit den

Tuscae Historiae bekannt wurde. Er hatte darin unter anderem eine Theorie über die *saecula* gefunden, die das Schicksal der Nation bestimmten. Angegeben waren die Zahl der *saecula*, die die Nation erleben würde, ihre wechselnde Dauer und die spezifischen Prodigien, die den Übergang von einem *saeculum* zum anderen bezeichneten. Varro wußte aber auch, daß diese *Historiae* im Verlauf des 8. etruskischen Jahrhunderts, d. h. etwa im 2. Jahrhundert v. Chr., niedergeschrieben worden waren[87].

Der zweite Zeuge ist der Kaiser Claudius, dessen historisches Werk wir bereits erwähnt haben. Seine Kenntnisse über die Etrusker stammten aus den besten Quellen. Im Jahre 48 hielt er in Lyon eine berühmte Rede, deren Text auf einer Bronzetafel festgehalten ist. Er erwähnte darin die alte Legende des Servius Tullius und verglich einzelne Details, die sich bei den *auctores Tusci* von der lateinischen Darstellung unterschieden[88].

Schon vor Claudius bezog man sich auf etruskische Autoren: Verrius Flaccus unter Augustus und Varro zur Zeit Cäsars nennen allerdings keine Namen. Wir kennen nur einen einzigen, Aulus Caecina, den Briefpartner Ciceros und Experten in der Weissagung. Vielleicht handelt es sich bei dem Autor auch um seinen Vater, der ihn in diese Kunst eingeführt hat. Jedenfalls zeichnet ein Caecina für ein kleines Fragment verantwortlich, in welchem Tarchon, dem Helden von Tarquinia, die Eroberung der etruskischen Poebene zugeschrieben wird. Mit einer Armee hatte er den Apennin überschritten und eine erste Stadt gegründet; nach dem etruskischen Totengott wurde sie Mantua genannt. Es folgten noch elf weitere Städte, die alle Mantus geweiht waren. So war auch in der Zisalpina ein ähnlicher Zwölfstädtebund wie im Stammland entstanden. Caecina betont, daß Tarchon die Gründungen dem Ritus gemäß durchgeführt und daß er das »Jahr« eingeteilt, d. h. die Feste des Kalenders über das Jahr verteilt habe. Wir haben hier nur einige Zeilen vor uns, aber sie zeigen deutlich genug die Tendenzen des Histori-

kers: er besteht viel mehr auf den religiösen Zügen des von
Tarchon vollbrachten Werkes als auf den militärischen. Seine
Historiographie ist stark mit der *Etrusca disciplina* verwandt. Caecina hat seine Geschichte in lateinischer Sprache
verfaßt, war dabei aber etruskischen Quellen gefolgt[89].

Die anonymen *Tuscae historiae*, die wir durch Varro kennen, gehören ebenfalls und vielleicht noch mehr in die Kategorie der Sakralliteratur. Varro zitiert in lateinischer Sprache
einen Satz daraus. Entweder ist das ganze Werk von einem
etruskisch-lateinischen Haruspex übersetzt worden, oder
Varro hat sich die Stelle über die *saecula*, die ihn interessierte, zu seinem persönlichen Gebrauch übertragen lassen.
Alles deutet darauf hin, daß der Text ursprünglich in etruskischer Sprache abgefaßt war wie die übrigen *libri rituales*.
Er geht auf das 2. Jahrhundert v. Chr. zurück, auf einen
Zeitpunkt zwischen 206 und 88. So lange dauerte nämlich
das achte etruskische *saeculum*. Auch hier bestätigt sich wieder, daß die Entwicklung der etruskischen und der lateinischen Literatur im Schoße einer gemeinsamen Kultur parallel
verlaufen ist. Die lateinische Historiographie bildete sich in
eben dieser Zeit heraus. Zuerst benutzten die Annalisten die
griechische Sprache, weil dies die Kultursprache war, die sich
seit Herodot und Timaios für das historische Genus empfahl; doch bald bemühten sie sich im Interesse ihrer Landsleute, ihre Muttersprache zu gebrauchen, und bewiesen damit, daß sie sich der Bedeutung der römischen Vergangenheit bewußt geworden waren. Bemerkenswert ist nun, daß
zur selben Zeit in Etrurien die Sammlung historischer Werke
entstanden ist (der Plural *historiae* legt die Annahme einer
Sammlung von Schriften nahe), in der das etruskische Volk
beweist, daß ihm die Bedeutung seines Schicksals ebenfalls
aufgegangen ist. Freilich hat sich dieses Bewußtsein erst
reichlich spät entwickelt. Die Veröffentlichung der *Tuscae
historiae* erinnert an die Veröffentlichung der alten offiziellen Chroniken Roms, die unter dem Namen *Annales Maximi*
bekannt sind. Sie fällt in das Jahr 123, in das Pontifikat des

P. Mucius Scaevola. Zur selben Zeit versuchte der Römische Senat, die alten etruskischen Traditionen wieder zu beleben, wie wir bereits erwähnt haben. Dieser Umstand oder ein natürliches Bedürfnis, mit Rom in Wettstreit zu treten, erklären wohl die Besinnung auf die Geschichte, die mehr dem römischen Temperament entspricht als der besonderen Eigenart der Etrusker.

Man hat oft gesagt[90], daß sich der römische Genius, der für die methodische Eroberung und Bewahrung der realen Welt geschaffen war, in Malerei und Plastik nirgendwo besser ausgedrückt habe als bei historischen Themen. *»Aimez ce que jamais on ne verra deux fois!«* (Liebet, was ihr nie ein zweites Mal erleben werdet!) Dieser Vers von Vigny umschreibt recht genau eine der römischen Grundhaltungen. Die Etrusker sind weniger in ihren Taten und Gesten präsent als in ihrer Haltung zum Willen der Götter. Sie lebten mehr im Absoluten. Wenn die Beobachtung der himmlischen Zeichen sie einmal nicht beschäftigte, so fanden sie sich wieder in der griechischen Mythologie. Nach dem griechischen Mythos interpretierten sie lange Zeit die Wechselfälle ihres Schicksals. Im 6. Jahrhundert stellten sie auf einem Tempelfirst in Veji den Streit zwischen Apoll und Herkules um eine heilige Hirschkuh dar[91]. Auf Grabmalereien lauert Achill dem Troilus auf, um ihn zu töten. Daß die trojanischen Gefangenen den Manen des Patroklos geopfert wurden, scheint ihrer Auffassung vom Tode zu entsprechen[92]. Erst sehr spät werden einheimische Mythen dargestellt, und sie bleiben die Ausnahme[93].

Deshalb sind die Gemälde im François-Grab von Vulci besonders interessant, wenn es stimmt, daß sie aus dem 2. oder gar aus dem Anfang des 1. Jahrhunderts stammen, wie die besten Kenner heute glauben. Wir haben bereits die rechte Seitenwand der hinteren Kammer beschrieben, wo Mastarna dargestellt ist, der die Fesseln des Caelius Vibenna zerschneidet, während seine Gefährten die feindlichen Fürsten, die ihn gefangengehalten hatten, töten (Abb. 72). Diese epische

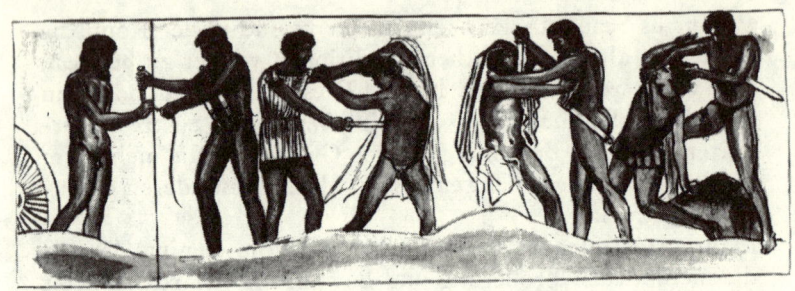

Abb. 72 Kampf etruskischer Lucumone, Befreiung des Caelius Vi-
benna (François-Grab, Vulci)

Schlacht, deren Beschreibung Kaiser Claudius später bei den
auctores Tusci gelesen haben dürfte, stammt aus der reinsten
nationalen Tradition der Etrusker. Auf der gegenüberliegenden linken Wand sind traditionelle griechische Themen dargestellt: Nestor als Pendant zu dem Grabeigentümer *Vel
Saties*, der mit einer kostbar bestickten Toga bei der Beobachtung des Vogelflugs festgehalten ist; Eteokles und Polyneikes, denen *Marce Camitlnas* und *Cneve Tarchunies* entsprechen. Und schließlich noch die Opferung der trojanischen
Gefangenen auf dem Grab des Patroklos als Gegenstück zu
dem Kampf in Vulci[94] (Abb. 73). Niemand kann den Sinn
dieser Konfrontierung paralleler Themen auf den gegenüberliegenden Wänden eines Grabes übersehen, zumal das
Grab aus einer Zeit stammt, in der die etruskische Historiographie ihren Aufschwung nahm. Eine Episode aus der *Ilias*
wird mit einer Episode aus der legendären Geschichte von
Vulci verglichen; griechische Mythologie steht etruskischer
Legende gegenüber; das, was bislang Mythologie war, spiegelt sich in dem, was nun etruskische Geschichte werden
sollte.
Das François-Grab ist eines der seltenen Monumente, in
denen das Nationale seinen eigenen Platz unter dem fast
ausschließlich fremden Kulturgut beansprucht. Der Vergleich

Abb. 73 Opferung der trojanischen Gefangenen bei den Leichenspielen des Patroklos (François-Grab, Vulci)

mit der lateinischen Literatur der ausgehenden Republik und der beginnenden Kaiserzeit liegt nahe: damals wagte Rom, sich mit höflichem, aber bestimmtem Stolz vor Griechenland zu stellen. Vergil zögerte nicht, seine *Aeneis* mit den Homerischen Gedichten zu vergleichen und die Gründung eines neuen Troja auf dem Boden Italiens zu besingen, eines Troja, dessen Aufstieg auch ein neuer Achill und ein neuer Odysseus nicht hätten verhindern können. »Nichts wird dir fehlen, prophezeit die Sibylle, weder der Simois noch der Xanthus, noch das dorische Lager. Ein zweiter Achill ist für Latium geboren worden.« Schon etwa hundert Jahre früher hatten etruskische Historiker einen Sagenzyklus von Vulci auf die gleiche Ebene mit dem trojanischen und thebanischen Sagenkreis gestellt: *non Simois tibi nec Xanthus ... defuerint; alius »Etruriae« iam partus Achilles* könnte man sagen, indem man im Vergilischen Vers *Latio* gegen *Etruriae* austauscht[95].

Die Tradition der großen Familien

Folgendermaßen scheinen die *Tuscae historiae*, die Varro bekannt geworden waren, also ausgesehen und gewirkt zu haben: sie standen in engem Zusammenhang mit der *Etrusca disciplina*; es gab eine natürliche oder gewollte Übereinstimmung mit der lateinischen Annalistik; verschiedene Traditionsströme waren zu einem systematischen Corpus zusammengeflossen; der Begriff des *saeculum* stand im Mittelpunkt. Bezeichnend war auch der Hang zum Determinismus, den die Predigten der Chaldäer und die Lektionen der Stoiker nur unterstützten. Das Sammelwerk rettete lokale Chroniken vor dem Vergessen, belebte in dem etruskischen Volk, das langsam versank, noch einmal das Gefühl der Größe und führte vielleicht auch zu dem Aufbäumen des Nationalstolzes, der die Fresken des François-Grabes inspirierte. Das Werk setzt aber auch Elemente voraus, die sich von dem Zweig der sakralen Geschichte unterscheiden, d. h. einer alten, von ihr verschiedenen Geschichte, die die Ursprünge der Städte und die Taten der einzelnen Helden beschreibt und weniger mit dem Gesetz der Fatalität als mit Zufällen und einzelnen Fakten operiert. Die Rede des Claudius, die auf der Tafel von Lyon festgehalten ist, spiegelt ungewollt diese andere Art von Geschichtsbewußtsein wider: »Mastarna, der treueste Freund des Caelius Vibenna und der Gefährte aller seiner Abenteuer *(casus)*, Mastarna, den die Wechselfälle des Schicksals *(varia fortuna)* aus Etrurien vertrieben hatten . . .« Die Etrusker waren also nicht ganz ohne Phantasie und Erinnerungsvermögen. Dem Überirdischen ergeben, wie wir gezeigt haben, waren sie von einer ionisierenden Geisteswelt geprägt und von hellenistischem Sagengut genährt worden. Die Klio des Herodot und seiner Nachfolger hat sie nie ganz verlassen. Bevor sie Geschichte schrieben, hatten sie sich schöne Geschichten erzählt.

Alte Spuren dieser Geschichten, die vor der Kompilation der *Tuscae historiae* liegen, sind noch zu fassen. Unverhofft finden wir sie z. B. in dem köstlichen, aber reichlich absurden Roman des Arruns von Clusium, der bei Livius und Dionys von Halikarnass zu den unmittelbaren Anlässen für die gallische Invasion anfangs des 4. Jahrhunderts gehört[96]. Arruns von Clusium war ein Greis, dem der Lucumon der Stadt bei

seinem Tode die Vormundschaft über seinen Sohn übertragen hatte. Der undankbare junge Mann verführte die Frau des Arruns. Dieser lockte, um sich zu rächen, die Gallier in sein Vaterland, indem er sie mit dem köstlichen Wein von Montepulciano bekannt machte. Diese Sage, die sich offensichtlich aus verschiedenen Elementen zusammensetzt und die man am liebsten der verrückten Phantasie eines späten Annalisten zuschreiben möchte, war in allen ihren Teilen schon seit 160 v. Chr. vorhanden. Die ehebrecherische Liebe der Frau des Arruns hatte der finstere Cato bereits im zweiten Buch seiner *Origines* geschildert[97]. Zeugnis dafür ist ein kurzer Satz, der uns ohne Kontext überliefert ist, aber in der Erzählung des Dionys von Halikarnass wieder auftaucht. »Es war ihm nicht genug, sagt Cato, daß er sie heimlich geschändet hatte, er mußte sie auch noch öffentlich entehren: *neque satis habuit, quod eam in occulto vitiaverat, quin eius famam prostitueret.*« Dionys bezog dieses Detail wahrscheinlich aus derselben Quelle: »Er suchte nicht nur heimlich, sondern auch öffentlich mit ihr zu verkehren.«
Cato hätte eine solche Anekdote bestimmt nicht erfunden, dafür ist seine Entrüstung zu groß. Dabei schockierte ihn aber weniger der Ehebruch als der Skandal. Wir finden hier wieder das typisch römische Staunen über eine Gesellschaft, die den offenen Umgang zwischen Männern und Frauen erlaubte. Cato hat das Ereignis wohl einem Originaldokument entnommen, einer Stadtchronik (hier von Clusium), einem regionalen Archiv oder gar einer Inschrift, die er in seiner Wißbegier ausbeutete, wofern die Anekdote nicht schon von einem früheren Annalisten in dessen Materialsammlung aufgenommen war. Auf jeden Fall war sie schon in die Vulgata eingegangen, die Polybios vorlag. Er war ein zu ernsthafter Schriftsteller, als daß er eine solche Posse wiedergegeben hätte; nur in einer abschätzigen Anspielung verrät er, daß er sie kannte: »Die Gallier brachen unter einem fadenscheinigen Vorwand in etruskisches Gebiet ein[98].«
Schon vorher war manches an etruskischen Traditionen in

die gerade erst entstehende Annalistik einverleibt worden. Man weiß, daß sie sich zur Zeit des Zweiten Punischen Krieges entfaltete. Als erster erzählte Fabius Pictor die römische Geschichte und lieferte seinen Nachfolgern das Material, das diese dann ausweiten, verbessern und verfälschen konnten, je nach Temperament und Intention. Aber das chronologische Gerüst der Hauptereignisse war und blieb festgelegt, *ne varietur*. Alles, was Livius z. B. von der Herrschaft der Tarquinier und dem Krieg des Porsenna berichtet, hatte – von der Analyse der Gefühle der beteiligten Personen und der dramatischen Gestaltung des Geschehens abgesehen – bereits bei Fabius Pictor vorgelegen.

Das Interesse an der Geschichte der Etrusker war schon bei den Ahnen des Fabius wach gewesen. Unter den römischen Familien, die – wie wir gesehen haben – ihre Söhne Ende des 4. Jahrhunderts nach Caere schickten, »damit sie dort die etruskische Sprache und Literatur kennenlernten«, gab es auch einen Fabius. Die Archive der Fabier waren voller Andenken an in Etrurien gelieferte Schlachten; Etrurien war sozusagen ihr Lehen geworden. Einer der bekanntesten ihres Namens, Q. Fabius Maximus Rullianus, der zwischen 322 und 295 fünfmal das Konsulat innehatte, erschloß den Ciminischen Wald und betrat als erster Römer Inneretrurien. Mit den Lucumonen von Clusium, Arezzo und Perusia verbanden ihn Gastfreundschaft und Klientel, wie die lokale Epigraphie bestätigt. Eine Bilingue aus Clusium trägt den Namen *Au. Fapi. Larthial* – *A. Fabi(us) Iucnus*[99]. Sein Sohn oder Enkel Q. Fabius Maximus Gurges besiegte im Jahre 265 Volsinii. Sein Beiname, den die Römer von ihrem Wort für »Abgrund, Schlucht« ableiteten, ist in Wirklichkeit ein transkribierter Eigenname, *Curce(s)*, der in Chiusi zweimal bezeugt ist[100]. Wundert man sich da noch, daß Fabius Pictor, der durch seine Ahnen mit dem Stoff bekannt war, mit den etruskischen Verhältnissen so vertraut war und zur Darstellung der etruskischen Jahrhunderte der römischen Geschichte eine solche Fülle von Material zur Verfügung hatte, daß

Gestalten wie Tarquinius und Tanaquil in ihrer Lebendigkeit die blutleeren Schatten eines Romulus und eines Tullius Hostilius in den Limbus verweisen? Die »Geschichte« der Tarquinier hat schon bestanden, bevor Fabius schrieb. Die Fabier waren auf ihren Kriegszügen damit bekannt geworden; gleichzeitig hatten die Glieder anderer in Rom lebender etruskischer *gentes,* die Volumnii und Ogulnii, die an der Wende vom 4. zum 3. Jahrhundert in den Fasten auftauchten, diese Geschichte dem römischen Publikum bekanntmachen können.

Es ist möglich, ja wahrscheinlich, daß diese Historien, ebenso wie die Annalen des Fabius Pictor, entweder von Etruskern oder von Griechen in griechischer Sprache abgefaßt waren. Die Sagen, die sich auf die Gründung Roms und besonders auf die Ankunft des Äneas und seiner Gefährten in Latium bezogen, haben im Laufe des 3. Jahrhunderts zahlreichen *Graeculi* ein Thema geliefert, an dem sie ihren Scharfsinn erproben konnten. Von diesen Schreibern kennen wir lediglich Namen, z. B. Diokles von Perparethos oder Derkyllos[101]. Plutarch nennt »einen gewissen Promathion«, dessen *Geschichte Italiens* uns interessieren könnte. Folgendermaßen erzählte er die wunderbare Geburt des Romulus[102]:

»Tarchetius, der König der Albaner, hatte in seinem Palast eine wunderbare Erscheinung: er sah einen Phallus sich aus dem Herdfeuer erheben und viele Tage dort verbleiben. In Tyrrhenien gab es ein Orakel der Tethys; von ihm erging an Tarchetius der Spruch, er solle ein junges Mädchen von dieser Erscheinung befruchten lassen; sie werde dann einen überaus berühmten Sohn gebären, der sich durch Mut (ἀρετή), Glück (τύχη) und Stärke (ῥώμη) auszeichnen werde. Tarchetius teilte den Orakelspruch einer von seinen Töchtern mit und befahl ihr, sich mit dem Phallus zu verbinden. Sie hielt den Befehl für unwürdig und schickte eine ihrer Dienerinnen hin. Als Tarchetius davon erfuhr, wurde er so zornig, daß er beide ergreifen ließ, um sie zu töten. Doch Vesta erschien ihm im Schlaf und verbot ihm, sie umzubringen. Da stellte er den Mädchen die Aufgabe, im Gefängnis ein Tuch zu weben, und versprach, sie zu vermählen, sobald sie das Gewebe vollendet hätten. Jene arbeiteten nun den Tag über; nachts aber trennten auf Befehl des Tarchetius andere Frauen das Tuch wieder auf. Unterdessen gebar die Dienerin von dem Phallus Zwillinge. Tarchetius übergab sie einem gewissen Teratius und befahl ihm, sie zu töten. Der Mann brachte sie zum Ufer des Flusses und legte sie dort nieder; eine Wölfin kam regelmäßig zu ihnen und säugte sie, Vögel aller Art brachten den Neugeborenen Nahrung, bis ein Rinderhirt die Kinder eines Tages erblickte, sich staunend näherte und sie mitnahm. So wurden sie gerettet. Als sie groß geworden waren, griffen sie Tarchetius an und besiegten ihn.«

Wir haben in dieser seltsamen Erzählung eine Variante oder, besser gesagt, eine erste Probe der Sage über die am Tiber ausgesetzten, von der Wölfin genährten und von Hirten aufgezogenen Zwillinge vor uns. Diese Version wurde später abgelehnt. Anklänge an die Webarbeit der Penelope sind vorhanden, eine Besinnung auf die Etymologie des Namens Rom ebenfalls. Das griechische ῥώμη bedeutet »Stärke, Kraft«. Die Anspielungen verraten, daß der Autor griechische Bildung besaß. Auch sein Name *Promathion,* von *Prometheus* bzw. von der dorischen Form *Promatheus* abgeleitet, deutet auf griechische Abstammung des Schreibers. Die Rolle des Phallus bei der Zeugung der Zwillinge entspricht den Vorgängen bei der Zeugung des Servius Tullius[103]. Auch hier zeigt sich, daß in Italien der Kult der sexuellen Kräfte weit verbreitet war. Besonders bemerkenswert sind die etruskischen Namensformen, die noch durchscheinen, obwohl sie von Plutarch abgewandelt worden sind. Die Herkunft des Namens Tarchetius ist eindeutig: es gab Tarquitii in Veji, Chiusi, Sutri, Capena und vor allem in Caere, wo ein Grab zahlreiche Inschriften mit dem Namen *Tarchna* freigegeben hat. Unter dem Namen Teratius verbirgt sich ein Terrasius, Tarracius oder Tarrutius, der als »reicher Etrusker« in der Sage von Acca Larentia auftritt.

Die Namen verraten, daß man die Ursprünge Roms »etrus-
kisieren« wollte: ein etruskischer König regiert in Alba
Longa; ein etruskischer Hirte führt seine Herde zum Trinken
an den Tiber; außerdem befragt Tarchetius in seiner Verwirrung ein etruskisches Orakel am Ufer des Meeres, denn
dort spricht Tethys, die Gemahlin Neptuns, oder vielleicht
auch die Nereide Thetis (beide werden oft verwechselt).
Der Ort des Orakels ist schwer zu bestimmen. Wir schließen
uns mit einer kleinen Abweichung der Meinung von Klausen
an, der es in den Tempel der Fortuna in Caere verlegt[104].
Wir glauben, daß Tethys oder Thetis keine andere war als
die Nereide Leucothea, die in Pyrgi, dem Hafen von Caere,
verehrt wurde. Ihr Heiligtum wird vielleicht bei neuen Ausgrabungen zutage kommen[105]. Die Etruskomanie, genauer die
engen Beziehungen zu Caere, deutet darauf hin, daß Promathion möglicherweise ein Grieche oder ein hellenisierter
Etrusker aus Caere war und daß wir in seinem Bericht, so
anstößig er auch ist, eines jener Produkte etruskischer Literatur vor uns haben, die die jungen Römer studierten.
Glücklicherweise hat eine neuere Entdeckung Realität und
Charakter der etruskischen Geschichte, die sich vorher nur
in Anspielungen, Reflexen und vagen Vermutungen erfassen
ließen, enthüllt und bestätigt. Im Jahre 1948 veröffentlichte
Pietro Romanelli die Ergebnisse seiner Ausgrabungen in
Tarquinia aus der Zeit vor dem Krieg. Er stellte epigraphische Fragmente vor, die zweifellos vom Forum der Stadt
stammen[106]. Es handelt sich um Bruchstücke von Elogien *(elogia)*, wie man sie in Rom und ganz Italien unter der Büste
oder Statue von Magistraten und Feldherren anzubringen
pflegte, um ihre Laufbahn und ihre Siege festzuhalten[107].
Man hat in den Ruinen des Augustusforums, das im Jahr
2 v. Chr. geweiht wurde, eine ganze Sammlung gefunden.
Sie gelten den großen legendären und historischen Gestalten
Roms wie Aeneas, Appius Claudius, Marius usw. Auf den
öffentlichen Plätzen gewisser Kolonien der Halbinsel, vor
allem in Pompeji und Arezzo, hat man *elogia* gefunden, die

die Taten des Romulus, des Fabius Cunctator und des Aemilius Paullus verherrlichen. Seltsamerweise hat Arezzo, eine der zwölf Hauptstädte Etruriens, wo die Ahnen des Maecenas geherrscht hatten, am Anfang des 1. Jahrhunderts unserer Zeitrechnung den Ruhm seiner eigenen Helden vergessen und nur noch Römer gepriesen. Man könnte sich über diesen Gedächtnisschwund lange den Kopf zerbrechen; vielleicht erklärt er sich durch das Verlöschen der lokalen Aristokratie im Verlauf der Bürgerkriege, dem nur Adlige wie Maecenas, der sich mit Augustus der Einigung Italiens widmete, hatten entgehen können.

Tarquinia nahm die entgegengesetzte Haltung ein. Die *Elogia Tarquiniensia* preisen ausschließlich Helden der etruskischen Tradition, die wir nicht kennen. Das macht sie für uns besonders interessant. Die *Elogia* sind in lateinischer Sprache abgefaßt und benutzen auch die lateinischen Formeln. Der Inhalt aber stammt aus nationalen Quellen, aus den *auctores Tusci*, von denen Claudius spricht, der sie benutzt hat. So nahm die alte religiöse Metropole Etruriens, die sich schmeichelte, bis in die Anfänge der etruskischen Geschichte zurückzureichen, die Religion geoffenbart und das Reich begründet zu haben, es nicht leicht mit der eigenen ruhmreichen Vergangenheit. Hinter den streng verschlossenen Türen ihrer Paläste – man stellt sie sich gern mit den unnahbaren Fassaden der uralten toskanischen Gebäude vor – verwahrte man die Familienarchive, die mit Eifer, Stolz und Pietät gehütet wurden. Sie kamen bruchstückweise ans Licht, als Tarquinia mit Rom zu wetteifern begann und durch die etruskologischen Studien eines Claudius ermuntert wurde, um 40 n. Chr. auf dem eigenen Forum ein Pendant zu den Elogien des Augustusforums zu errichten[108].

Wenn in Rom der Reigen mit dem Lob des Aeneas eröffnet wurde, so begann er in Tarquinia mit dem Gründer der Stadt, mit Tarchon. Leider ist seine Inschrift so verstümmelt, daß sie dem Bekannten nicht viel hinzufügt. Man könnte unter seinem Namen nur den Namen Etruriens und Tarquinias entziffern und ein unerklärbares HAM...[109]. Ein anderes, vollständigeres *elogium* preist in acht Zeilen die großen Taten eines anonymen Prätors, eines *zilath*. Der Name ist unleserlich, da der Stein stellenweise beschädigt ist. Der Betreffende hatte als erster etruskischer Feldherr das Heer nach Sizilien geführt und als Lohn für seine Tat die Zeichen des Triumphes erhalten, ein mit dem Adler gekröntes Zepter und eine Krone aus Gold[110]. Man diskutiert noch, auf welche überseeische Expedition, die aus der Geschichte bekannt ist, sich das Ereignis beziehen könnte, das nach dem Stand der Dinge sehr früh stattgefunden haben muß. Man hat sogar behauptet, es handele sich um die legendäre Wanderung, die die Etrusker von Kleinasien über Sizilien nach Italien geführt habe[111]. Das Ereignis soll sich zu Beginn des 5. Jahrhunderts zugetragen haben, weil zu dieser Zeit die Seepolitik Etruriens in der Meerenge zwischen Italien und Sizilien besonders rege gewesen zu sein scheint[112]. Man hat geglaubt, es auf das Jahr 414/413 datieren zu können, als die Etrusker einem Hilferuf der von den Athenern belagerten Syrakuser folgten und drei Schiffe mit je fünfzig Rudern und ein Landheer nach Sizilien schickten[113]. Eine weitere Theorie behauptet, der sog. Prätor von Tarquinia sei einer der Söldnerführer gewesen, die Ende des 4. Jahrhunderts oft in die Kriege zwischen Sizilien, Griechenland und Karthago eingriffen[114]. Zwischen den verschiedenen Hypothesen richtig zu wählen, ist schwer.

Wichtig ist, daß wir es hier mit einem Fragment aus der ganz frühen etruskischen Geschichte zu tun haben, die völlig unabhängig von griechischer und römischer Geschichte ist. Die Dinge sind ausschließlich vom etruskischen Standpunkt aus geschildert, auch wenn die Armeen des Landes in die Koalitionen der mittelmeerischen Politik des 5. und 4. Jahrhunderts eingetreten waren.

Ein drittes, nicht weniger aufschlußreiches Fragment[115] preist eine Persönlichkeit, deren Namen uns ebenfalls unbekannt sind. Einer davon beginnt mit S und hieß vielleicht *Saturius* oder *Saturnius*. Die Heimat des Betreffenden ist in der zweiten Zeile genannt: *Orgolaniensis*. Er kann also aus der kleinen Stadt Norchia, deren Felsengräber wir oben beschrieben haben, stammen[116]. Im Mittelalter hieß sie nämlich *Orcle* oder *Vicus Orclanus*. Sie liegt 20 km von Tarquinia entfernt. Der Held der Inschrift hatte einen König von Caere besiegt, im Krieg über Arezzo triumphiert und den Latinern oder Aretinern neun befestigte Plätze weggenommen.

> .... VS.S .... VR ..
> .... ORGOL(ani)ENSIs
> ..... CAERITVM REGEM VI(cit
> ..... ARRETIVM BELLO ......
> De La)TINIS NOVEM O(ppida cepit

Auch diese Inschrift führt uns in eine heroische Epoche, in der Tarquinia, ohne Sinn für Solidarität, mit Caere oder Arezzo zusammen gegen andere etruskische Städte erbitterte Kämpfe führt, die den Kämpfen Roms gegen seine Nachbarn im 6. und 5. Jahrhundert ziemlich genau gleichen. Man denkt auch an die Fresken im François-Grab, auf denen die Herren von Vulci gegen die Fürsten von Volsinii und Sovana antreten. Der vorliegende Text ist eine authentische Bestätigung der Tradition, die solche Malereien hervorgebracht hat; er beweist auch, daß die Überlieferung sehr weit zurückreicht. Es oblag den späteren Gelehrten, einem Varro oder Claudius z. B., die spezifischen und heterogenen Gegebenheiten mit den Ideen der römischen Historiographie in Einklang zu bringen.

Stammbäume

Dies also sind einige der *elogia*, die eines Tages durch die Verfügung des Stadtrates von Tarquinia rund um das Forum aufgestellt wurden. So bewies man der römischen Verwaltung, die unter Claudius dem Etruskertum freundlich gesinnt war, daß man immer noch voll Stolz an sein

Vaterland dachte. Man mußte nun die Archive benutzen, die im Tablinum eines jeden Adelshauses standen, und die alten Inschriften der Stammbäume an der Wand des Atriums, die die Porträts der Ahnen kommentierten, herunterholen[117]. Die etruskische Aristokratie kümmerte sich nicht weniger um ihre Ahnen als der Ponticus des Juvenal, der seinen Besuchern »mit zweimal verlängertem Stock« die von der Zeit zernagten und vom Rauch geschwärzten Wachsmasken der Diktatoren, die einst seinen Namen berühmt gemacht hatten, zu zeigen versuchte[118]. Schon Persius aus Volterra hatte seine Mitbürger verspottet, die stolz darauf waren, »daß sie das tausendste Glied an einem Zweig eines toskanischen Stammbaumes waren:

Stemmate quod Tusco ramum millesime ducis[119]«.

Kein Etrusker aus guter Familie war ohne *stemmata Tusca.* Auch Maecenas, der doch aller Eitelkeit abhold war, verwahrte seinen Stammbaum im Atrium seiner Villa auf dem Esquilin. Die Dichter, die bei ihm aus und ein gingen, haben ihn wohl oft voll Ehrfurcht betrachtet. Wenn Horaz in den *Oden* und Properz in den *Elegien* das königliche Blut des Maecenas besingen *(Maecenas atavis edite regibus[120]),* so beruhen ihre Worte nicht auf leeren Erfindungen. Sie hatten die Genealogie des Patrons von einer Inschrift zur anderen verfolgt bis hinab zu den Cilnii, die im 4. Jahrhundert die Herren von Arezzo gewesen waren. Die Größe des Maecenas beeindruckte sie um so mehr, als er sie nicht zur Schau trug. Horaz, der Sohn eines Freigelassenen, dankte es dem Freund, daß er ihn seine niedere Abkunft nie spüren ließ, obwohl er von Maecenas sagen konnte: »Von allen Lydiern, die je etruskisches Land bewohnten, bist du, Maecenas, der Edelste, der du mütterlicherseits und väterlicherseits Ahnen hast, die einst große Heere befehligten:

> *. . . avus tibi maternus fuit atque paternus*
> *olim qui magnis legionibus imperitarent[121].«*

Umfassen diese beiden Verse nicht in einer großen Geste die
ganze Stammtafel des Maecenas und resümieren sie nicht in
einem allgemeinen Ausdruck (»die einst große Heere befehl-
ligten«) alle Kriegszüge, deren in den *elogia* explizite gedacht wurde? Wenn man berücksichtigt, daß Maecenas durch
seine Ahnen mütterlicherseits mit dem königlichen Stamm
der Cilnii verbunden war und Horaz diesen Zweig zuerst
nannte *(avus maternus)*, bevor er auf die Ahnen väterlicherseits einging *(paternus)*, so scheint sich darin die Besonderheit des *stemma* zu zeigen. Allerdings kann auch die Metrik
die besondere Abfolge der Adjektive erklären; das *a* in *maternus* ist nämlich lang.

Maecenas

Wir haben vorher Maecenas erwähnt, am Ende unserer
Untersuchung über die etruskische Kultur wollen wir uns
dieser hervorragenden und vielschichtigen Persönlichkeit zuwenden, deren Einfluß auf die Politik und die Literatur so
groß war, daß er nicht nur die Römer, sondern auch das
Volk, aus dem er hervorgegangen war, in Erstaunen ver-
setzte. Tatsächlich scheinen sich gewisse Fehler und Vorzüge,
vor allem aber die meisten sonderbaren Eigenarten des Maecenas aus dem Erbe erklären zu lassen, das ihm von seinen
Ahnen, den Lucumonen von Arezzo, überkommen war.
Oder besser gesagt: wir haben in ihm ein sehr gutes Beispiel
für den Menschentypus, den die etruskische Aristokratie *in
extremis*, d. h. in dem Augenblick hervorbrachte, als sie verschwand und mit der neuen herrschenden Klasse in Italien
verschmolz, ohne ihre charakteristischen Züge, ihre Patina
aufzugeben. Das Gewicht der Vergangenheit und das Bewußtsein, das Ende der eigenen Rasse zu erleben, beeinträch-
tigten nicht die Vitalität. Es war eine der schönsten Erfindungen der Geschichte, mit Augustus zwei so grundverschie-
dene Männer zu verbinden wie den Plebejer Agrippa und
den toskanischen Adligen Maecenas. Beide arbeiteten zuver-

lässig an der Schöpfung des Kaiserreiches mit, beide blieben, was sie waren: Maecenas der Adlige und Agrippa der energische Soldat mit stets gerunzelten Brauen, »näher an der Bäuerlichkeit als am feinen Leben«, wie Plinius schreibt[122].

Die Zeitgenossen wunderten sich besonders darüber, daß der, den Augustus zum »Generalverwalter Roms und Italiens«[123] bestellt hatte, seine Macht zwar wirklich ausübte, aber die äußeren Zeichen des Amtes verschmähte. Agrippa war mehrere Male Konsul und erhielt nach seiner Heirat mit Julia, der Tochter des Augustus, das *imperium* eines Prokonsuls und die tribunizische Gewalt. Maecenas strebte nie nach einem öffentlichen Amt. Er lebte zufrieden mit der purpurgesäumten Toga und dem goldenen Ritterring. »Er war dem Kaiser nicht weniger lieb als Agrippa«, sagt Velleius Paterculus[124], »aber er bekleidete weniger Ehrenstellungen und begnügte sich ein Leben lang mit dem Rittertum. Er hätte ebenso hoch aufsteigen können, aber es lag ihm nichts daran.«

Man hat diese Haltung[125] mit der verglichen, die schon Cicero den römischen Rittern aus der Zeit des Tribunats des Drusus (91) nachsagte. Unter ihnen war ein gewisser C. Maecenas, sicherlich der Großvater väterlicherseits des Maecenas. Die Ritter hatten sich geweigert, dem Senat beizutreten, und erklärt, sie zögen es vor, »in ihrem und ihrer Eltern Stand zu verbleiben und ein ruhiges, friedliches Leben fern von den wilden Stürmen des öffentlichen Hasses zu verleben[126]«. Die Reserviertheit des Adels der kleineren römischen Städte, den sein Vermögen in den Ritterstand eingliederte fern von jeder Karriere in der Ämterlaufbahn, verband sich mit einer prinzipiellen Ablehnung der Politik der Gracchen und ihrer Nachfolger. Wir wollen uns hier mit diesem Thema nicht weiter befassen, aber es handelt sich um dieselbe Einstellung, aus der heraus zwei Generationen später auch Maecenas noch die römischen Ämter ablehnte. Properz macht eine philosophische Haltung daraus. Er preist Maecenas als den

Weisen, der die »schlichte Zurückgezogenheit« gewählt
hat[127]. P. Boyancé nannte es »stolze Bescheidenheit der Erben
adliger Familien«, die von der Wiege an öffentliche Ämter
verschmähen und »sich über alles erhaben fühlen, was man
ihnen auch anbieten mochte«. Ein wenig von alledem wird
im Spiel gewesen sein.

Wenn Maecenas erklärte, er wolle sich der Verwaltung seines großen Erbes, seiner Weinberge und Gärten widmen, so
war seine »schlichte Zurückgezogenheit« alles andere als eine
Sinekure. Fünfunddreißig Jahre lang war er für Augustus
der treueste, wachsamste und aktivste Minister. Ihm übertrug der Kaiser die Vertretung, wenn er abwesend war.
Einige Worte mögen genügen, sein diplomatisches Talent zu
kennzeichnen. Horaz sagt von ihm, »er sei es gewöhnt gewesen, entzweite Freunde wieder zu versöhnen[128]«. Die Rivalität zwischen Antonius und dem späteren Augustus wird
ihm oft genug Gelegenheit gegeben haben, diese Gabe einzusetzen. Sein Sinn für politische Realitäten ließ ihn Augustus
zur Schaffung neuer Institutionen raten, die der Größe des
Reiches besser angepaßt waren als die alten. Es wird berichtet, er habe sich in einer denkwürdigen Debatte gegen
die Ansichten Agrippas gewandt, der zum Rückgriff auf
Althergebrachtes geraten haben soll[129]. Seine Kaltblütigkeit
und seine humane Gesinnung brachten den erzürnten Augustus oft dazu, Milde walten zu lassen (Corneille stellt z. B.
einen solchen Fall dar[130]). Und schließlich förderte Maecenas
die Literatur, indem er den Dichtern Vergil, Horaz und
Properz half, ihre Berufung zu erkennen und ihren Blick auf
die Ideale des Herrschers zu lenken[131].

Sein ganzes Werk zeugt von einer überlegenen Intelligenz,
von einem angeborenen Sinn für das Politische und von in-
tuitiver Menschenkenntnis. Wenn die »römische Revolution«[132], die Augustus das Prinzipat einbrachte, von *homines
novi* gemacht worden ist, so war Maecenas doch nur in Rom
ein *homo novus*: Hinter ihm standen mehrere Jahrhunderte
Kultur und politischer Erfahrung.

Mit welcher echten oder gespielten Leichtigkeit hat er doch
die erdrückenden Aufgaben erfüllt! Man könnte sagen, daß
er seine Kraft dem Staate nur lieh, und die Römer tadelten
an ihm, daß er sich nicht mit Leib und Seele der Politik ver-
schrieb. Seine Art, den zerstreuten, liebenswürdigen Grand-
seigneur herauszukehren, erinnert ein wenig an den Grafen
Mosca in Stendhals *La Chartreuse de Parme*. Als Horaz sich
ihm zum ersten Mal vorstellte, dürften sich seine Gefühle
nicht sehr von denen der Sanseverina unterschieden haben,
als diese dem Grafen in einer Loge der Scala begegnete:
»Die Offenheit, die *disinvoltura*, mit der der Minister eines
gefürchteten Herrn sprach, weckte die Neugier der Gräfin.
Sie hatte geglaubt, hinter dem Titel verberge sich ein gewich-
tiger Pedant, und sie sah einen Menschen, der sich der Bedeutung seiner Stellung schämte[133].«
Weil er vorgab, nur Vergnügungen, und zwar die erlesen-
sten, zu suchen, beobachtete ihn die Öffentlichkeit voller
Mißtrauen. Die republikanische Opposition ergriff jede Gelegenheit, die »graue Eminenz« des Augustus anzugreifen.
Die stoischen Philosophen, die in ihm wenn nicht einen theo-
retischen, so doch einen praktischen Epikureer sahen, zogen
sein Andenken in den Schmutz, wo sie konnten. Zweifellos
hatte er Fehler, die Fehler seiner Zeit. Seneca, der keine
Gelegenheit versäumt, ihn zu schmähen, findet am unerträg-
lichsten, daß er »seine Fehler nicht verbergen wollte: *vitia
sua latere noluit*[134]«.
Man darf glauben, daß der Hedonismus des Maecenas zumindest den Vorteil hatte, daß er bei der scheinbaren Kon-
zentration auf das Vergnügen seine Vorzüge spontan und
bescheiden wirken ließ. Ein Stoiker sieht moralisches Verhalten stets mit Anstrengung verbunden, sozusagen als eine
Übung mit Hanteln. Maecenas gibt sich manchmal zu sehr
dem Vergnügen hin, aber seine edlen Regungen entfalten sich
ganz natürlich hinter einem Schleier von Zurückhaltung und
Feingefühl. Er war seinen Freunden unerschütterlich treu,
aber das Wort Treue wurde nie ausgesprochen.

Man machte ihm vor allem einen Vorwurf daraus, daß er zu
weite Gewänder trug. Kleidung und Moral werden oft in
Zusammenhang gebracht. Der Konflikt zwischen den Puri-
tanern und Royalisten im England des 17. Jahrhunderts
äußerte sich auch in der Bezeichnung »Rundköpfe« für die
Puritaner und dem Recht, sich nicht die Haare schneiden zu
lassen, das die andere Partei in Anspruch nahm. In Rom
stritt man über die Ausmaße der Toga. Um die Mitte des
1. Jahrhunderts v. Chr. hatte sich die Mode so geändert, daß
die Archäologie Reliefs nach der Kleidung datieren kann[135].
Die Modefrage spaltete damals die Gesellschaft in zwei Lager. Anstelle der alten engen Toga *(toga exigua)* kleideten
sich die eleganten Leute in eine weitere Toga, deren Falten-
fülle bei den Konservativen Anstoß erregte. Der strenge
Agrippa blieb der engen Toga treu, aber die jungen Freunde
der leichtfertigen Julia bevorzugten das neue Gewand.
Maecenas trieb es noch schlimmer: er tauschte die römische
toga gegen das griechische *pallium*, das von fremden Schauspielern und Professoren in Rom eingeführt worden war.
Der locker über eine wehende Tunika geworfene Mantel galt
als Zeichen aller nur denkbaren Sittenlosigkeit. Seneca nennt
Maecenas *discinctus*, »ungegürtet«. »Maecenas hätte einen
hohen, männlichen Geist besessen, *nisi illud secundis rebus
discinxisset,* wenn er ihn nicht in seinen glücklichen Lebens-
umständen ›entgürtet‹, d. h. verweichlicht hätte[136].« Seine
Fehler wären wohl kaum bemerkt worden, wenn er sich
Stoiker genannt und die enge Toga getragen hätte.
Es ist seltsam, daß sich die Tadler, die Maecenas wegen seiner Verweichlichung angriffen, niemals auf seine Herkunft
beriefen und sich der traditionellen Vorwürfe der Griechen
und Römer gegen die etruskischen Sitten erinnerten. Man
warf Maecenas nämlich vor, daß er den Purpur zu sehr
liebe, daß er sich in einer mit Federn gepolsterten Sänfte
tragen lasse, daß er einen unmännlichen Gang habe, in lau-
warmen Bädern schwimme und Eselsfüllenfleisch esse; man
tadelte seine Zuneigung für den Schauspieler Bathyllus und

seine Untreue gegenüber seiner Frau Terentia[137]. Alle diese
Vorwürfe sind uns bekannt, und wir haben gesagt, was wir
von ihnen zu halten haben. Aber man wird zugeben müssen,
daß Maecenas einige Züge jener Lucumone der Dekadenzzeit an sich trug, deren Lässigkeit sich auf den Sargdeckeln
von Tarquinia und Chiusi deutlich zeigt. Aus einem Epigramm an seinen Freund Horaz können wir sogar schließen,
daß er korpulent war[138].

Dionys von Halikarnass behauptete, daß die Etrusker in
ihrer Lebensart keinem anderen Volk glichen. Für Maecenas
galt dies ganz gewiß. Sein exzentrisches Verhalten trotzte
bewußt allem Gerede der Leute. Er kleidete sich nicht nur
in das Pallium; er soll sogar bei allen öffentlichen Zeremonien eine besondere Art gehabt haben, das Haupt zu verhüllen. Er zog das Pallium so über den Kopf, daß nur noch
die beiden Ohren zu sehen waren. Das ließ ihn, wie Seneca
sagt, flüchtigen Sklaven aus der Pantomime gleichen, die so
ihr Gesicht zu verbergen suchen[139]. In Wirklichkeit haben wir
es hier mit einer Karikatur zu tun, wie sie die Staatsmänner
aller Zeiten, z. B. Mazarin und Louis Philippe, provozier-
ten. Die Böswilligkeit hat den komischen Anblick, den Maecenas bot, als er sich einmal krank in der Öffentlichkeit zeigen mußte und sich fröstelnd in den Falten seines Mantels
verbarg oder sich vor der Hitze zu schützen suchte, als Gewohnheit hingestellt. Denn man muß nicht erst sagen, daß
Maecenas von zarter Gesundheit war, wir haben es bereits
erraten. Er war von ständigem Fieber gequält, und in den
letzten drei Jahren seines Lebens soll er keine Stunde ruhig
geschlafen haben, wie Plinius versichert[140]. In einem bewun-
dernswert geformten Satz, der diesmal eher an Shakespeare
als an Stendhal erinnert, stellt Seneca ihn uns vor »ausgehöhlt von Leidenschaft und verzweifelt über die ständige
Ablehnung von seiten einer wunderlichen Frau, auf der
Suche nach Schlaf, den er durch leise Klänge von Musik, die
in der Ferne gespielt wurde, zu erlangen suchte«. Lateinisch
klingt dies noch schöner: *per symphoniarum cantum ex*

longinquo lene resonantium[141]. Wenn man von der Musik hört, die die gequälten Nerven eines Lucumonen in den Gärten des Esquilin beruhigen sollte, darf man nicht vergessen, welche Rolle die Musik in der Kultur gespielt hat, deren Erbe Maecenas war.

Kurz, Maecenas war ein Original, und an ihn als Original, das er zärtlich liebte, wandte sich Augustus, weil er die Verdienste des Maecenas kannte und wußte, was er ihm verdankte. Dies spiegelt sich z. B. in dem Brief wider, in dem er leise den überfeinerten Geschmack und die Vorliebe des Maecenas für Edelsteine und kostbare Dinge verspottete: »Lebe wohl, mein medullisches Ebenholz, mein etruskisches Elfenbein, Silphium aus Arezzo, Diamant des Adriatischen Meeres, Perle vom Tiber, Smaragd der Cilnii, Jaspis der Iguviner, Beryll des Porsenna, Karfunkel Italiens und – um zusammenzufassen – weiches Kissen der Kurtisanen[142].«

Die Schriften des Maecenas

Die Eigenarten des Maecenas offenbaren sich vor allem in seinen Schriften. Denn Maecenas war Schriftsteller. Zweifellos machte er sich keine Illusionen über sein Talent. Er hat sich mit den größten Dichtern umgeben, deren klassisches Genie, deren einfache Größe, deren Naturell und Geschmack er erkannt, unterstützt und sicherlich seinen eigenen Tendenzen vorgezogen hat. Und die Dichter, die mit Lob für den hohen Herrn, den Politiker und liebevollen, diskreten Freund nicht geizen, übergehen den Autor Maecenas mit Schweigen. Das sagt genug. Dieses Thema war tabu. Nichtsdestoweniger schrieb Maecenas in Versen und in Prosa Epigramme, Dialoge, ein *Symposium*, einen *Prometheus* und die Schrift *De cultu suo*. Diesen Titel möchte man zu gern mit »Der Kult meiner Person« übersetzen, er bedeutet aber einfach »Mein Lebensstil«. Die Fragmente, die uns daraus erhalten sind, gleichen keiner anderen Schrift aus der Antike[143].

Das Erstaunliche daran sind nicht so sehr die geäußerten Gedanken. Wir kennen zu wenig, um darüber urteilen zu können. Eins darf man sagen: mit Nachdruck offenbart sich überall eine unerschütterliche Liebe zum Leben. Zu einer Zeit, da alle philosophischen Lehren, von den heroischsten bis zu den zynischsten, verkündeten, der Tod sei kein Übel, wiederholte Maecenas immer wieder, daß auch der ehrenvollste und der mit Unsterblichkeit belohnte Tod das schlimmste aller Übel sei und daß nur das Leben zähle, selbst wenn es schwach und verstümmelt sein sollte. »Ich habe nichts mit dem Grabe zu schaffen, *nec tumulum curo*[144]; ich werde mir keine Gedanken um mein Begräbnis machen«, erklärte er. Bekannt sind vor allem die vier makaber-burlesken Verse, die mit seltenen und volkstümlichen Ausdrücken bunt durchwirkt sind. Die Übersetzung gibt nur ein unvollkommenes Bild:

»Mag deine Hand geschwächt, dein Fuß hinkend, dein Bein gelähmt sein, mag auf deinem Rücken eine Beule wachsen, mögen deine Zähne sich lockern und wackeln; solange das Leben bleibt, ist alles gut; ertrage es, auch wenn du am Marterholze hängst[145].«

Am meisten schockierte die Form der Schriften. Augustus hielt sie für den Gipfel von Geziertheit und schlechtem Geschmack und machte sich einen Spaß daraus, das, was er das »parfümierte Zuckerwerk« seines geliebten Maecenas nannte, nachzuäffen. Seneca tadelte im Stil das genaue Abbild seiner Lebensweise: »Ist sein Stil nicht ebenso nachlässig, wie er selbst ›discinctus‹ war? Sind seine Werke nicht ebenso sittenlos wie seine Kleidung, seine Umgebung, sein Haus, seine Frau[146]?« Man hat vor einiger Zeit eine Rehabilitierung des Schriftstellers Maecenas versucht, indem man ihn barock nannte[147]. Wir können aber bestenfalls sagen, daß einige Formen der neuzeitlichen Dichtung uns vielleicht dazu befähigen, die Schriften des Maecenas besser zu verstehen.

Seneca verdanken wir die Kenntnis einiger Stellen aus dem *Prometheus* und aus *De cultu suo.* Die Prosa des Maecenas ist poetische Prosa; die »Trunkenheit« der Sprache, die man ihm vorgeworfen hat, besteht darin, daß er dichterische Freiheiten auf die Spitze treibt. Es ist sicherlich ungerecht, ihn zu tadeln, wenn er im *Prometheus* schreibt: »Ihre hohe Stellung zerschmettert mit dem Blitzschlag die Gipfel« anstatt »ihre hohe Stellung zieht den Blitzschlag auf die Gipfel[148]«. Die Fragmente bestehen aus kurzen Satzgliedern, mit harter, die Regeln sprengender Syntax. Präpositionen fehlen fast ganz. Ein Bild folgt auf das andere. Die gebrauchten Ausdrücke finden sich oft nur bei Maecenas oder im Vulgärlatein. In einem satirischen Stück heißt es von einem, der einer Frau einen Blick zuwirft: »*cinno crispat*, er kräuselt sich in einem Augenzwinkern«, und wenn er sie küßt: »*labris columbatur*, er schnäbelt mit den Lippen wie die Tauben«. Das Verb *columbari* hat Maecenas eigens erfunden. Er liebte es auch, Metaphern hartnäckig weiterzuspinnen, ein Vorgehen, das die lateinischen Stilisten ablehnten. Er beschreibt z. B. eine Kahnfahrt zwischen grünenden Ufern und Gärten, die sich im Wasser spiegeln, folgendermaßen: *alveum lintribus arent versoque vado remittant hortos* (der Satz steht im Konjunktiv); Maecenas nimmt den epischen Ausdruck »das Meer durchpflügen« *(aequor arare)* auf und wendet ihn auf das Flußbett an, indem er ihm seine Grundbedeutung wiedergibt: »sie pflügen mit ihren Kähnen das Bett des Flusses«. Auf sehr künstliche Weise hält er an dem Bild fest: »und im umgewendeten Wasser, *verso vado* (denn man sagt vom Pflug, daß er die Erde wendet, *terram vertit*), spiegeln sie oder lassen sie die Gärten sich spiegeln«.

Eine solche Metaphern-Manie führt oft zu den reinsten Bilderrätseln. Ein besonders seltsames scheint bis jetzt noch nicht verstanden zu sein: *Irremediabilis factio rimantur epulis lagonaque temptant domos et spe mortem exigunt.* Was soll das heißen? Der Schlüssel zu dem Rätsel liegt in den Worten *mortem exigunt*, die von dem geläufigen Ausdruck *vitam exigere*, »sein Leben verbringen«, abgeleitet sind. Es wäre eine banale Feststellung zu behaupten, daß die Lebenden ihre Tage verbringen in der Hoffnung auf irgend etwas. In einer Art Wortspiel ist hier aber von denen die Rede, die ihr »Totsein« in der Hoffnung auf etwas verbringen, von den Manen also.

Es gab eine uralte religiöse Tradition, daß bei bestimmten Festen, z. B. bei den Anthesterien in Athen und bei den *Lemuria* in Rom, die Seelen der Toten eingeladen wurden, wieder in ihre Häuser zurückzukehren, wo ihnen ein Speiseopfer bereitet war. Wenn sie davon gekostet hatten, wurden sie von dem *pater familias* wieder vertrieben[149]. Viele waren der Meinung, daß sich die Geister der Toten ständig in der Umgebung ihrer Häuser aufhielten und nachts heimlich einzudringen versuchten, um sich von den Resten der Mahlzeiten zu nähren. Ein Mosaiktypus, der zur Zeit des Maecenas sehr verbreitet war und »das ungekehrte Zimmer« (ἀσάρωτος οἶκος) genannt wurde, zeigt auf dem Fußboden umherliegende Geflügelknochen, Fischgräten, Muschelschalen und Früchte, die – so könnte man meinen – der Gastgeber da hatte liegen lassen, damit die Schatten davon essen könnten[150]. Das bösartige und entsprechend gefürchtete Volk der Gespenster und Phantome hat der Innenminister des Augustus mit sehr ungewohnten Worten beschrieben. Ein politischer Terminus »Partei, Verschwörergruppe« wird durch einen Neologismus ergänzt, der den langen Adjektiven *irremeabilis, inextricabilis* nachgebildet ist, die Vergil bei der Beschreibung der Unterwelt gebraucht. Auf jeden Fall geht der Ausdruck *rimantur epulis* (sie suchen ihre Nahrung) auf Vergil zurück; er wird in der *Aeneis* für den Adler gebraucht, der die Leber des gefesselten Titanen zerfrißt: *rimaturque epulis*[151]. Seltsamerweise ist der Dativ Vergils (*epulis* = *ad epulas*) von dem Nachahmer nicht verstanden worden; er deutete ihn als Ablativ und setzt *lagona* parallel dazu. Berücksichtigt man, daß der Singular *factio* leicht eine Verbform im Plural nach sich ziehen kann und daß die Geister genauso auf das Trinken versessen waren wie auf das Essen – daher die einfache Karaffe *(lagona)*, die auf den

Mosaiken durch den vornehmen Kantharos ersetzt ist –, so
kann man übersetzen: »Die unheilbare Schar lauert auf die
Speisen und auf die Weinflasche, besucht unsere Häuser und
verbringt ihren Tod mit Hoffen.«

Alles in allem passen diese Spielereien, denen Maecenas
selbst nicht übermäßig viel Bedeutung zugemessen haben
wird, sehr gut in das Bild, das wir uns von ihm gemacht
haben. Er vereinigte in sich eine feine, fast krankhafte Sen-
sibilität, die sich an dem Spiegelbild des Laubwerks im Wasser, an dem gedämpften Konzert in seinem Garten freut, die
auch die Gegenwart der Toten im Bereich der Lebenden
spürt, mit einer Freizügigkeit, die gern ernste Themen mit
scherzenden Worten behandelt, so wie sich vornehme Leute
von Zeit zu Zeit ein Dialektwort erlauben (die lateinische
Satire hat übrigens stets das Niedrige mit dem Erhabenen
vermischt). Hinzu kommt ein feines Gefühl für die Beziehungen der Dinge untereinander. Zusammen mit einer erstaunlichen Mißachtung der klassischen Syntax führt dies
oft zu Dunkelheiten, die wir nur noch an einem zweiten
Dichter so kennen, dem Satiriker Persius, dem schwierigsten
lateinischen Dichter, einem Etrusker von Geburt und Erziehung. Sollte es sich da nur um eine zufällige Übereinstimmung handeln?

Muß man nun alle Besonderheiten des Maecenas auf ethnische Faktoren, auf das kulturelle Erbe, auf die Dekadenz
und die Erschöpfung der Rasse zurückführen? Vielleicht.
Aber wir dürfen über der Analyse der Fehler und der
lächerlichen Seiten dieses Mannes seine Vorzüge nicht vergessen. Er, der selbst so gekünstelt schrieb, erkannte bei anderen unfehlbar die echte literarische Begabung; der faule,
egoistische Genießer war ein Muster an Standhaftigkeit und
Loyalität und von überaus großer Klarsicht und Menschlich-
keit in seinen Ratschlägen. Wenn man anstelle einer Zusam-
menfassung die wesentlichen Züge seiner Persönlichkeit
hervorheben wollte, so könnte man sich Maecenas etwa folgendermaßen vorstellen: ein intelligenter, zuverlässiger Di-

lettant, der, wenn die Umstände es verlangten, zuzupacken verstand, der keinen Weg und keine Mühe scheute, um zerstrittene Freunde wieder zu versöhnen. Auf seinen Fahrten über das harte, holprige Pflaster der Via Appia begleiteten ihn die größten Dichter seiner Zeit. In einem anderen Jahrhundert könnte man sich ihn mit einigen unvermeidlichen Korrekturen als römischen oder florentinischen Prälaten der Gegenreformation vorstellen, als Kardinalsneffen, wie z. B. Scipio Borghese oder Antonio Barberini, Träger des Purpurs und der kleinen Kappe. Er hätte die Künstler seiner Zeit unterstützt, viele schöne Barockkirchen erbauen lassen. Er hätte kostbare mythologische Gedichte geschrieben im Stil des Giambattista Marino*. Vor allem hätte er mit der größten Umsicht die Konflikte der Großen zu schlichten versucht, mit jener Umsicht, die nicht zuläßt, daß das Wesentliche durch törichtes Hinstarren auf Details gefährdet wird, jener genialen Veranlagung für *combinazioni*, die lange Zeit zu den besten politischen Traditionen Italiens gehörte und die oft wirklich die einzige Möglichkeit war, das Böse, das Leute wie Savonarola, Borgia, Brutus und Antonius mit ihrer Unerbittlichkeit und ihrer Gewaltsamkeit angerichtet hatten, wieder aus der Welt zu schaffen. Mit dieser Feststellung sind wir gar nicht so weit von den Etruskern entfernt, wie es scheint, denn wir haben auf der Suche nach ihnen schon öfter die Italiener gefunden.

---

* Anm. d. Übers.: Giambattista Marino (1596–1625), italienischer Dichter, hielt sich zwischen 1612 und 1623 am Hof der Maria von Medici auf. Seine Hauptwerke, *La Lira*, *La Galeria*, *Adone*, sind mit Stilmitteln stark überladen.

Zusammenfassung

Wir haben bereits zu Beginn unserer Studie angedeutet – und die Arbeit selbst hat es bestätigt –, daß die etruskische Kultur, die wir in ihrem konkreten Rahmen, in ihren charakteristischen Zügen und in ihrem alltäglichen Ausdruck zu erfassen suchten, im Grunde nichts anderes ist als ein Augenblick – ein langer Augenblick – in einem der frühesten, glänzendsten und folgenreichsten Kapitel der Kulturgeschichte Italiens. So hatten es auch die Römer empfunden. Trotz allem Erstaunlichen, das man in den Sitten des angeblich fremden Volkes fand, trotz des Sagendunkels, das über seinen Ursprüngen lag, hat Livius am Ende der Republik nicht daran gezweifelt, daß Tanaquil italischen Ursprungs war[1]. Varro und Verrius Flaccus haben sich bei ihren etruskischen Etymologien oft auf Gewährsmänner bezogen, die sie einfach als *antiqui*, »die Alten«, bezeichneten[2]. Nach und nach hat ein Gefühl kindlicher Dankbarkeit die einst von den Griechen übernommenen Vorurteile überdeckt.

Das, was fremd erscheint, geht unserer Ansicht nach nicht auf einen Rassenunterschied zurück, sondern darauf, daß die Etrusker starr an archaischen Lebensformen festhielten in einer Zeit, in die sie nicht mehr hineinpaßten. Wir haben diese archaische Kultur beschrieben, die – in Auflösung begriffen – trotz des Ansturms von allen Seiten verbissen an der Tradition festhielt. Die sozialen Strukturen, die Beziehungen der Geschlechter zueinander, die Insignien der Macht, gewisse Kleidungsstücke bewahrten noch lange ihre uralten Formen. Eine Reise nach Tarquinia oder Chiusi muß für einen Römer wie ein Besuch im Reservat des mittelmeerischen Altertums gewesen sein. Dort schwang man noch die zweischneidige Axt des Minos, dort spielte man *Phaedra* in den Kostümen ihrer Zeit. Jede politische Entwicklung, jede Agrarreform wurde von einem in der Natur des Volkes verankerten Konservativismus gebremst.

Und doch war die Treue zur Vergangenheit kein Zeichen

von Sklerose; sie war sehr lebendig und aktiv. Sobald der Reichtum den Horizont der Etrusker erweitert hatte, wandten sie sich mit einem Enthusiasmus dem Griechentum zu, der sie in Italien zu einem der eifrigsten Propagandisten für

Abb. 74 Schwarzfigurige Amphora aus etruskischer Produktion (Museum Tarquinia)

die griechische Kultur machte. In den Augen der Griechen waren sie Barbaren auch im eigentlichen Sinn des Wortes, denn sie sprachen nicht die Sprache Homers. Aber sie waren glühende Verehrer der Griechen und hatten bald ein kleines Griechenland außerhalb Griechenlands geschaffen, wie es sich so zahlreich an den Küsten des Orients und Okzidents herausbildete. Herodot hat uns die Geschichte von Skythen-

fürsten wie Anacharsis und Skyles erzählt, die heimlich dem
Dionysos und der Kybele opferten und deren größtes Glück
darin bestand, in eine der Kolonien am Schwarzen Meer zu
reisen, ihr Nationalgewand abzulegen und als Griechen gekleidet aufzutreten. Eines Tages wurden sie verraten und
von ihren Landsleuten umgebracht[3]. Die Philhellenen Etruriens mußten sich nicht verbergen, im Gegenteil, das ganze
Volk gefiel sich darin, griechisch zu leben; es nahm gierig
alles auf, was aus den Werkstätten Ioniens und Athens kam,
es übernahm die neuesten technischen Errungenschaften der
Griechen; es bot den attischen Keramiken den besten Markt,
ahmte die Produkte nach (Abb. 74), übernahm auf Anhieb
die rechtwinkligen Anlagen der griechischen Städtebauer; es
empfing mit offenen Armen die Künder griechischer Mysterien. Das tägliche Leben der Etrusker gleicht in vielem dem
Leben in Athen. Wir haben aber auch zu zeigen versucht,
welche Züge des etruskischen Temperaments einer vollkom-
menen Assimilierung widerstrebten.
Als Erben einer vorgeschichtlichen Welt und als leidenschaft-
liche Nachahmer der Griechen waren die Etrusker die Er-
zieher der Römer und dadurch auch Mitschöpfer der Zukunft. Wir haben so genau wie möglich darzustellen versucht, was die Ewige Stadt auf dem Gebiet der Verwaltung
und der Religion, des Zeremoniells und der Liturgie denen
verdankte, die über sie geherrscht, ja sie erst gegründet hatten, die Rom dann selbst seinen Gesetzen unterwarf und mit
denen zusammen es, im Verlauf mehrerer Jahrhunderte voller Kämpfe und regem Austausch, seine eigene Kultur auf-
baute. Indem wir untersuchten, was Rom von den Etruskern
übernommen hat, wollten wir weniger das Fortleben etruskischen Kulturgutes in der römischen Welt betrachten, als
vielmehr zu den Quellen des etruskischen Staates vorstoßen,
die wir nicht kennen. Die römischen Triumphzüge aus der
Zeit der Republik verraten uns etwas, weil sie die Abbilder
der etruskischen Triumphe sind, von denen wir direkt nichts
oder kaum etwas wissen.

Wir haben der Untersuchung des intellektuellen Lebens der Etrusker einen großen Platz eingeräumt. Wenn die Götterfurcht und die Liebe zur Kunst sie auch stark beeinflußten, so wären wir einem wichtigen Aspekt ihres täglichen Lebens doch nicht gerecht geworden, wenn wir es versäumt hätten, über ihre Literatur nachzudenken. Einer unserer Vorgänger hat versichert, wir wüßten nichts über das Leben der niedrigen Bevölkerungsschichten[4]. Wir haben mit Hilfe der Epigraphie versucht, ein wenig Licht in das Dunkel zu bringen, das sie umgibt. Wir wissen, daß unser Bild von der etruskischen Welt ungenau und lückenhaft ist. Aber wir hoffen, daß unser Bemühen trotz allem zum besseren Verständnis der Geschichte des antiken Italien beiträgt. Es war unser Ziel, einen Teil dieser Geschichte, der lange außerhalb des Raumes und der Zeit zu stehen schien, in die Zusammenhänge einzugliedern.

Luftaufnahme von Marzabotto
mit den neuesten Ausgrabungen.
Links der Lauf des Reno, rechts
oben der Misanello-Hügel

Comacchio (Valle Pega), Luftaufnahme des Gebietes von
Spina. Man erkennt zwischen
dem modernen Kanalsystem
den diagonalen Verlauf des
ehemaligen Hauptkanals und
hier und da auch kleine
Wasserwege, die Häuserinseln
abgeteilt haben. Ausschnitt: in
der linken oberen Ecke der
Hafenkanal

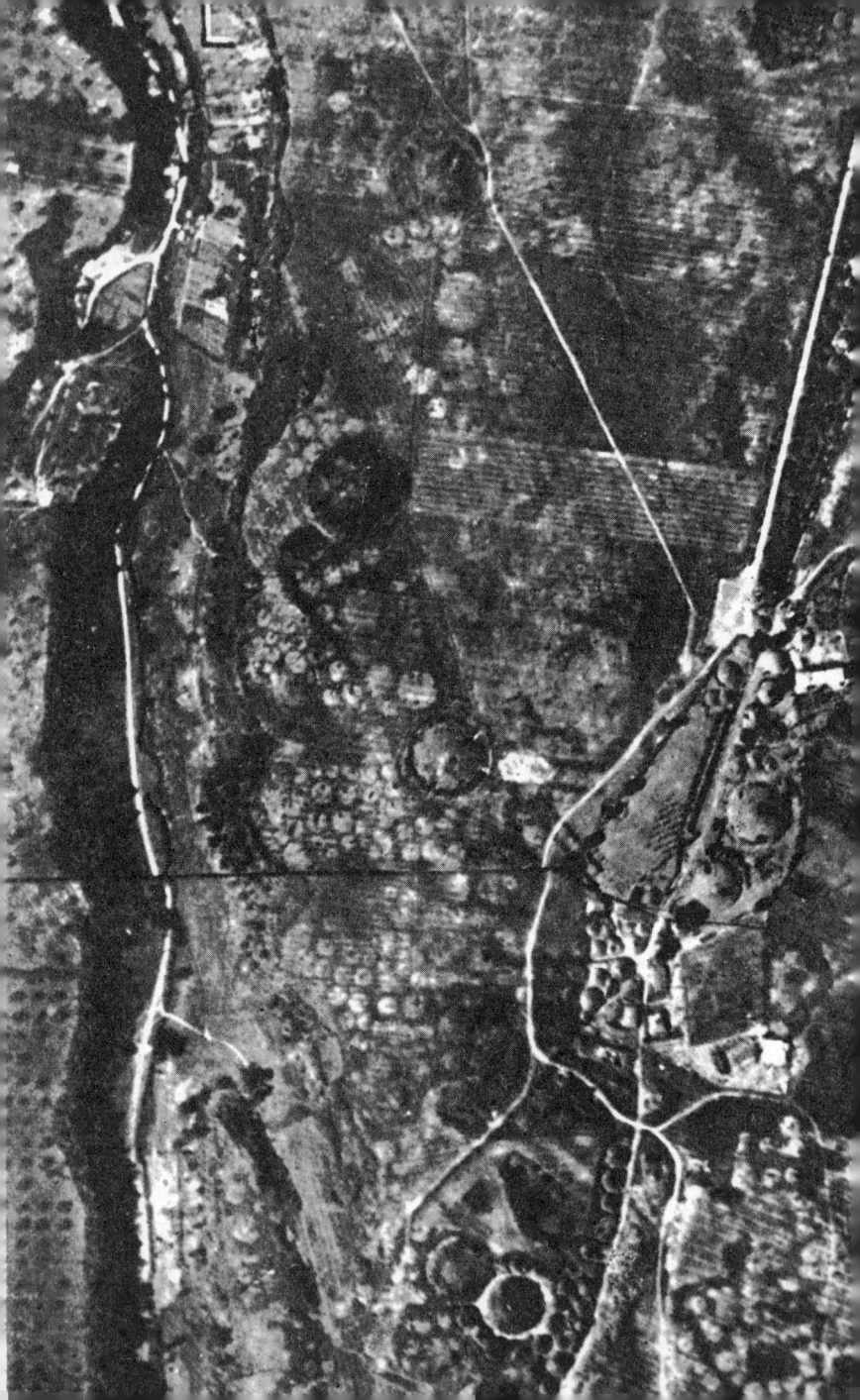

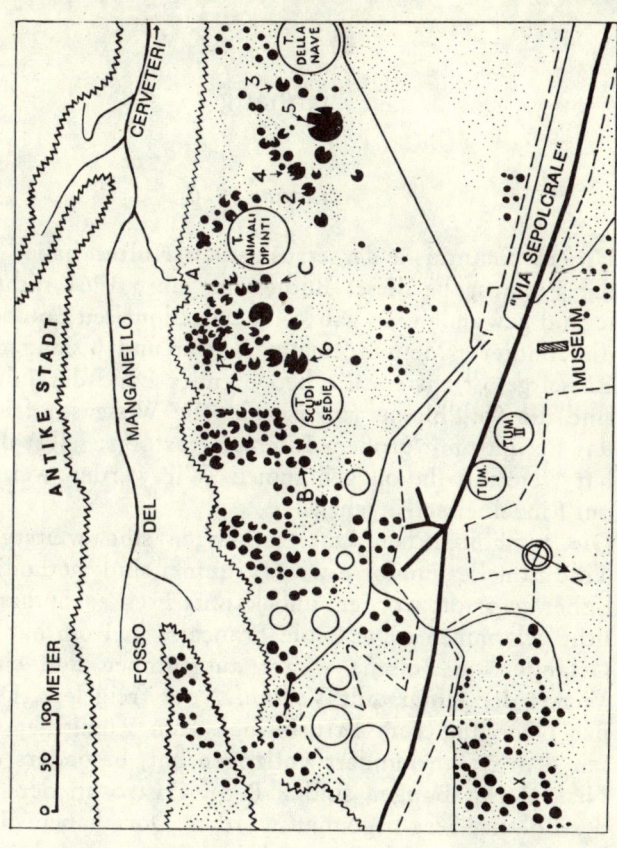

Luftaufnahme der Banditaccia-
Nekropole, Cerveteri (British
Crown Copyright Reserved –
Reproduced by permission of
the Air Ministry)

Anhang I

Januar 1970

Unsere Kenntnisse der etruskischen Kultur haben sich seit der Erstausgabe dieses Buches im Jahre 1961 nicht grundlegend gewandelt. Es gab keine sensationellen Entdeckungen, die fundierte Meinungen umgestürzt und bislang ungelöste Rätsel gelöst hätten. Ein bedeutender Fund des Jahres 1965 sind die Goldbleche von Pyrgi. Alle Wissenschaftler haben das Ereignis mit großem Interesse verfolgt; selbst die Presse hat Kenntnis davon genommen. Wir werden weiter unten auf Einzelheiten eingehen.

Die archäologischen Untersuchungen sind weitergegangen. Traditionelle Fundorte wie Tarquinia sind methodischer als bisher erforscht worden, unbekannte Fresken sind ans Tageslicht gekommen[1]. Die École Française in Rom hat auf dem Gelände von Bolsena weiter ausgegraben und ein ganzes Viertel der Unterstadt *Volsinii Novi* freigelegt. Dort wird der Übergang vom Etruskischen zum Römischen, der sich seit dem 3. Jahrhundert vollzogen hat, besonders deutlich[2]. Neue Ausgrabungen sind z. B. in Castro an der Westseite des Bolsena-Sees begonnen worden. Dort haben die Belgier unter anderem eine Sammlung schöner archaischer Statuen, Sphinxe, geflügelte Löwen und einen Pegasus gefunden, die zu einem bedeutenden Grabmal gehörten[3]. In San Giovenale im Hinterland von Tarquinia haben die Schweden systematisch sehr schöne Kammergräber aus dem 6. Jahrhundert erforscht[4]. Die British School und das Institut für Etruskologie und italische Altertümer der Universität Rom untersuchen in Veji die älteste Vergangenheit einer Stadt, deren in der Villanovazeit liegende Ursprünge immer deutlicher hervortreten[5]. Unterdessen erhärten beispielhafte Publikationen wie Hugh Henckens *Tarquinia, Villanovans and early Etruscans*[6] die These, daß die Etrusker die direkten Nachkommen

der Villanovaleute waren, die durch die Entfaltung ihrer
eigenen natürlichen Anlagen und unter kulturellen Einflüssen aus dem Orient am Anfang des 7. Jahrhunderts eine
eigenständige Kultur zwischen Tiber und Arno hervorgebracht haben.

So sind Tag für Tag neue Steine hinzugekommen, die zur
Rekonstruktion des Gebäudes der etruskischen Welt dienen.
Selbst Katastrophen, die das Ende der Arbeit hätten bedeuten können, erwiesen sich letzten Endes als förderlich. Es
ist bekannt, daß am 4. November 1966 ein Hochwasser
des Arno, das seinesgleichen nicht kannte, Florenz über-
schwemmte und die reichen Kunstdenkmäler der Stadt stark
in Mitleidenschaft zog. In manchen Fällen ließ sich der
Schaden nicht wiedergutmachen. Auch das ehrwürdige
Archäologische Museum, in dem die kostbarsten Sammlungen aus der ganzen Toskana aufbewahrt wurden, blieb nicht
verschont. Einen Augenblick lang glaubte man, die Schätze
seien für immer verloren. Aber die Rettungsarbeiten wurden
so schnell und vollständig durchgeführt, die modernsten
technischen Hilfsmittel zum Trocknen und Reinigen und die
neuesten Methoden bei mikroskopischen Untersuchungen
und bei der umfassenden Restauration der Objekte so ge-
zielt eingesetzt, daß nicht nur das Schlimmste vermieden
werden konnte, sondern obendrein auch noch Fortschritte
erzielt wurden. Das Archäologische Museum von Florenz ist
zur Zeit geschlossen; es hat sich in eine ganz ungewöhnliche
Werkstatt verwandelt, in der sich unter der unübertreff-
lichen Leitung von Professor G. Maetzke verschiedene Gruppen von Spezialisten mit wissenschaftlichen Kenntnissen und
den jahrhundertealten Erfahrungen des florentinischen
Handwerks bemühen, die Vasen, Schmuckstücke und Skulpturen in einen Zustand zu bringen, wie sie ihn seit ihrem
Verschwinden in der Antike nicht mehr kannten. Schon sind
winzige Inschriften und bislang unbekannte Feinheiten zutage gekommen. Eine kleine Ausstellung der ersten gerette-
ten Stücke fand im Oktober 1969 statt. Man darf von dem

wiedererstehenden Archäologischen Museum von Florenz in
den nächsten Jahren noch viel erwarten.

Die wichtigsten Entdeckungen seit 1961 betreffen die etruskische Epigraphie. Was die Sprache angeht, so haben wir
bereits (S. 29) vor der Illusion gewarnt, daß sie ihre Geheimnisse auf einen Schlag preisgeben könnte. »Möglicherweise«, schrieben wir dort, »legen die Archäologen eines
Tages bei Ausgrabungen auf dem Forum von Vulci und bei
den Pfahlbauten von Spina eine lange Inschrift frei, die auf
zwei Seiten zweisprachig die Klauseln eines Vertrages oder
eine wichtige öffentliche Akte wiedergeben. Solch ein Fund
würde unsere lexikographischen Kenntnisse erheblich bereichern; aber es wäre falsch, anzunehmen, daß damit plötzlich
ein Bereich in volles Licht rückte, der bislang in vollkommene Dunkelheit getaucht war. Gleichwohl wäre es ein großer Fortschritt.«
Genau das ist eingetreten. Die Bilinguen sind nicht in Vulci
oder Spina, sondern in Pyrgi, dem Hafen von Caere (Cerveteri), gefunden worden. Im Juli 1964 kamen bei Ausgrabungen des Instituts für Etruskologie und italische Altertümer
unter der Leitung von M. Pallottino und G. Colonna in
einem Heiligtum der Hera (Juno), dessen Reichtum antike
Texte immer wieder erwähnten, drei beschriftete Goldbleche
zutage, eines in punischer Sprache (P), die beiden anderen
in etruskischer Sprache (E 1 und E 2)[7]. Bald erkannte man,
daß die punische Inschrift (P) und die längere etruskische
(E 1), was Sinn und Wortlaut betrifft, in engem Zusammenhang miteinander stehen.
Die Fundstelle war ein Versteck zwischen zwei Tempeln,
deren Fundamente sich gegen das Meer hin erstreckten. Das
nördlichere Gebäude stammt aus der Zeit zwischen 480 und
470, das südlichere – etwas ältere – vom Ende des 6. Jahrhunderts. Man weiß, daß der Tyrann von Syrakus, Dionys
der Ältere, im Jahre 384 v. Chr. unter dem Vorwand, die
etruskische Seeräuberei zu unterbinden, Pyrgi mit Waffen-

gewalt angegriffen und sein Heiligtum geplündert hat[8].
Vielleicht ist es damals den Dienern des Südtempels gelungen, einen Teil der Archive vor den Plünderern zu schützen und sie in der eilig geschaffenen Nische zu bergen, wo sie gefunden wurden.

Die Entzifferung der punischen Inschrift war *a priori* am wenigsten schwierig, obwohl die Semantiker sich über die Bedeutung verschiedener wichtiger Textstellen noch nicht einigen konnten. Es handelt sich um eine Widmungsinschrift an die große phönizische Gottheit Astarte; ein gewisser *TBRY' WLNŠ*, der als König von Kisrie bezeichnet wird – durch einen Gelehrten aus Augusteischer Zeit weiß man, daß sich Caere in alter Zeit Cisra nannte[9] –, weihte dieser Göttin als Dank für erwiesene Dienste eine Statue im Heiligtum von Pyrgi. Die Inschrift beweist, daß eine karthagische Gottheit offiziell in einen etruskischen Tempel aufgenommen worden war.

Hier nun die Übersetzung von P, wie sie nach der Meinung der meisten Wissenschaftler lauten dürfte:

»Der Herrin Astarte hat Tiberius Velanas, der über Kisrie herrscht, diesen heiligen Ort errichtet und geweiht als Geschenk im Monat des Sonnenopfers; und ich habe ihn erbaut, weil Astarte ihrem Getreuen im 3. Jahr seiner Herrschaft im Monat Karar am Tage des Begräbnisses der Gottheit (Adonis) geholfen hat; und mögen die Jahre der Statue der Gottheit in ihrem Tempel so zahlreich sein wie die Sterne.«

Man war sehr befriedigt, als man in E 1 (und auch in E 2) den Namen des Dankbaren, *Thefarie Velıunas* (*Veliiunas* in E 2) wiederfand. Aber man suchte vergebens nach einem Titel, der dem des Königs *(lucumon)* entsprochen hätte. Auch der Name der Stadt, über die er herrschte, ist nicht genannt. Astarte ist in E 1 eine *Uni-Astre*, d. h. eine *Uni-Astarte*. Der Doppelname identifiziert die ausländische Gottheit Astarte *(Astre)* mit *Uni* (Hera, Juno), in deren Heiligtum man ihr einen Platz eingeräumt hatte. Man war froh, als man in der Mitte von E 1 die zwei Wörter *ci avil*

erkannte, die »drei Jahre« bedeuten und an derselben Stelle
wie die Wörter »im dritten Jahr« in P stehen. Das Wort
avil (Jahr) erscheint noch einmal in der zweitletzten Zeile
von E 1, wo auch P die Zahl der Jahre erwähnt, die die
Statue der Gottheit überdauern soll, und sie mit der Zahl der
Sterne vergleicht. So darf man annehmen, daß P und E 1
die zweisprachigen Protokolle einer und derselben Wid-
mungszeremonie darstellen und daß die beiden Schriftstücke
am Anfang, in der Mitte und am Ende im großen und ganzen identisch sind.

Reicht dies aus, um von Bilinguen sprechen zu dürfen?
Offenbar handelt es sich nicht um eine wörtliche Transposi-
tion, die in allen Details übereinstimmt. Wir haben gesehen,
daß Thefarie Velianas weder in E 1 noch in E 2 den Titel
»König von Caere« trägt wie in P; man müßte im etruskischen Text eine Umschreibung suchen, die den Titel ersetzen
könnte, z. B. »Beschützer dieses Landes«. Man kann lediglich
sagen, daß seine Macht mindestens drei Jahre dauerte und er
also keine Magistratur, die auf ein Jahr befristet war, inne-
gehabt haben kann. Es ist außerdem wahrscheinlich, daß die
Daten, die in P nach dem phönizischen Kalender angegeben
sind, in E 1 durch etruskische Monats- und Tagesnamen ersetzt sind. Man unterscheidet schließlich in E 1 auch gewisse
rhythmisierte und mit Assonanzen versehene Wortgruppen,
denen in P nichts Derartiges entspricht, die also ein Zusatz
aus der etruskischen Stilistik sind. Folglich darf man schließen, daß die beiden Texte zwar nach einer gemeinsamen
Vorlage, aber unabhängig voneinander verfaßt worden sind.
Am Abend der Zeremonie schrieben die karthagischen Priester den Bericht in ihrer Sprache nieder, um ihn an der Tür
des Tempels oder am Sockel der Astarte-Statue anzubringen;
in der Kanzlei des Thefarie Velianas tat man dasselbe in
etruskischer Sprache und brachte den eigenen Text neben
dem fremden an. Es besteht eine gewisse Parallelität, aber
keine genaue Übereinstimmung. Die Inschrift E 2 ist zwei-

fellos einige Jahre jünger; sie entstand bei einer neuen Weihe der Statue.

Die Entdeckung der Quasi-Bilinguen von Pyrgi (man muß die Betonung allerdings auf das *quasi* legen) ist trotz allem von großer Bedeutung. Selbst wenn es noch nicht gelungen ist, den Text in allen seinen Details zu interpretieren, wie es wünschenswert wäre, bedeuten schon allein die Existenz eines Inschriftenpaares in etruskischer und punischer Sprache aus der Zeit kurz nach 500 und die Zulassung der karthagischen Gottheit Astarte in ein Heiligtum der Uni unter dem Patronat eines hohen Herrn aus Caere, daß zwischen den Karthagern und den Etruskern besondere Bande bestanden, von denen die antiken Autoren ja berichtet haben (vgl. S. 20). Im 6. Jahrhundert hatten sie gemeinsam den Zugang zum westlichen Mittelmeerraum gesperrt, um den Kolonisierungsgelüsten der Phokäer einen Riegel vorzuschieben. Es war damals zu der denkwürdigen Schlacht von Alalia (Aleria) an der Ostküste Korsikas gekommen. Noch im 4. Jahrhundert zitierte Aristoteles als Beispiele Militärbündnisse, Handelsabkommen und Verträge, sich gegenseitig nicht zu schädigen. Die beiden Nationen schienen in manchen Beziehungen fast zu einer einzigen verschmolzen zu sein. Diese literarischen Zeugnisse werden von den Funden in Pyrgi eindeutig bestätigt, zumal sie aus der gleichen Zeit stammen wie der erste Vertrag, der nach Polybios im Jahre 509 zwischen Rom und Karthago geschlossen worden war. Man muß sich fragen, ob hinter Caere nicht schon die aufsteigende Macht Roms gestanden hat. Wenn man noch weiter gehen will, darf man vielleicht schließen, daß die so wenig eindeutigen Machtbefugnisse des Thefarie Velianas, des Königs, der in etruskischer Sprache seinen Titel nicht sagen will, an die Übergangszeit erinnern, die in Rom und in Etrurien über Zwischenformen des *imperium,* wie auch die Diktatur eine war, zur Republik führten. Zur selben Zeit erhob sich überall im Mittelmeerraum auf den Trümmern der Monarchien die Herrschaft der Tyrannen. Thefarie Velianas war

vielleicht solch ein Diktator oder Tyrann. Die noch nicht
ganz verständliche Inschrift läßt keine eindeutigen Schlüsse
zu. Man hat ferner folgende bestechende Hypothese formuliert: Caere scheint sich nach der Schlacht von Alalia den
Griechen genähert zu haben. Es schickte eine Gesandtschaft
nach Delphi, als zur Strafe für die verbrecherische Behandlung der gefangenen Phokäer eine Epidemie ausbrach, weihte
ein Schatzhaus und richtete jährliche Spiele für die Manen
der Getöteten ein. Mehr und mehr öffnete es sich dem Handel mit attischen Gefäßen und allen hellenistischen Einflüssen. Karthago beobachtete voller Unruhe das Verhalten des
Bundesgenossen und griff in seine Politik ein, um ihn auf
den rechten Weg zurückzuführen. Thefarie Velianas soll das
Instrument gewesen sein, mittels dessen Druck auf Caere
ausgeübt wurde. Als von Karthago anerkannter oder gar
eingesetzter Tyrann wäre er gegen eine eventuell bestehende
philhellenische Partei eingeschritten und als *melek* von Caere
aufgetreten[10].
Noch hat man die Bemühungen um den Text nicht aufgegeben. Die Inschriften von Pyrgi müssen in ihren historischen
Kontext eingefügt werden. Man sucht weiter nach dem Heiligtum, von dem in ihnen die Rede ist. Man ringt in metho-
dischen Analysen um eine genaue Interpretation, nachdem
man die unbegründete Hoffnung auf eine schlagartige und
totale Lösung des Rätsels endgültig aufgegeben hat. Abgesehen von der Bedeutung der Texte für Geschichte und Religion bieten sie für die Erforschung der etruskischen Schrift
am Anfang des 5. Jahrhunderts wertvolle Anhaltspunkte.
Die Kenntnisse der etruskischen Syntax und des Vokabulars
haben sich etwa um fünfzig Wörter, verschiedene Konstruktionen und Endungen erweitert. Kurz, die Forschung hat
neues, nützliches Material erhalten. Wir haben es bereits gesagt: es war ein großer Schritt vorwärts.

Wir können noch andere Fortschritte aufzeigen: gleichzeitig
mit den Goldblechen von Pyrgi ist eine vierte, etwas ältere

Tafel gefunden worden[11]. Sie besteht aus Bronze und ist stark beschädigt. Das italienische *Istituto di Restauro* hat dennoch fünf Zeilen Etruskisch von bemerkenswerter kalligraphischer Qualität sichtbar gemacht. Zweimal lesen wir das Wort *uneial*; damit ist die Zugehörigkeit zum Heiligtum der Uni eindeutig bewiesen.

Im Jahre 1966 fand Dr. Mario Torelli einige Kilometer nordwestlich von Pyrgi, in der Nähe des Strandes von Santa Marinella, einen Tempel der Minerva *(menerva)*. Auf dem Grund eines ausgegrabenen Brunnens entdeckte er kleine Fragmente einer Bleiplatte mit einer etruskischen Inschrift. Man siebte den ganzen Schutt durch und konnte den größten Teil der Platte retten[12]. Der Text ist besonders dunkel. Nach dem Material und den verständlichen Teilen der Inschrift zu schließen, handelte es sich um eine private Weiheinschrift an die Göttin des betreffenden Heiligtums. Vielleicht stammt sie von einer Frau. Am Anfang stehen sechs rätselhafte Zeichen, Kreise mit Strichen und Punkten, die vielleicht die Zahlen 1000 und 100 bedeuten, wofern es sich nicht um Ideogramme handelt, die die Zahl der vorgesehenen Opfertiere für Minerva nennen.

An diesen Beispielen sieht man, wie solche Funde das epigraphische Material, das der Forschung zur Verfügung steht, bereichern, obwohl sie zunächst nur wenig zum Verständnis des Etruskischen beitragen. Da die archäologische Forschung heute bei Ausgrabungen mit erhöhter Sorgfalt vorgeht, der Abraum peinlich genau gesiebt wird und die Reinigungs- und Restaurationstechniken erheblich verbessert worden sind, hat man in kurzer Zeit mehr bedeutende Inschriften gefunden als in den letzten fünfzig Jahren zusammen. So konnte Pallottino schreiben, daß wir an dem vielversprechenden Punkt angekommen sind, wo sich dem Etruskologen alle Tempelarchive zu öffnen beginnen. Weniger bedeutende Inschriften, Sgraffiti auf Vasen und Grabinschriften werden laufend entdeckt. Jedes Jahr erscheinen sie gesammelt unter der Rubrik *Rivista di Epigrafia Etrusca* in

den *Studi Etruschi*. Die zweite Auflage der Inschriftenaus-
wahl *Testimonia Linguae Etruscae*, herausgegeben von Pallottino im Jahre 1968, ist mit einem 83 Nummern umfassenden Supplement versehen.

Wir möchten hier noch einige Ergebnisse auf dem Gebiet der
epigraphischen Entdeckungen anfügen, die die Verbreitung
der etruskischen Sprache über die Grenzen der etruskischen
Städte hinaus betreffen. Diese Verbreitung erfolgte bereits
sehr früh. Die deutschen Leser werden als erste in den Genuß
der neuen Erkenntnisse kommen. Man hat auf Korsika und
in Tunesien etruskische Inschriften gefunden.
Korsika: Die Schlacht von Alalia (Aleria) haben wir schon
öfter erwähnt. Um das Jahr 535 errangen die Phokäer über
die vereinigten Karthager und Etrusker einen Sieg, den
Herodot »Sieg nach Art des Kadmos« nannte; wie Kadmos
seinen Sieg über einen Drachen mit dem Tod aller seiner
Gefährten bezahlen mußte, so hatten auch die Phokäer ihr
Ziel nur um den Preis schwerer Verluste erreicht. Sie konnten zwar entkommen und in Süditalien in Ὑέλη (später Ἐλέα,
lateinisch *Velia*) eine neue Kolonie gründen, aber aus Korsika wurden sie endgültig vertrieben. Die Insel fiel bei der
Aufteilung in Handels- und Wirtschaftsgebiete, die die
Karthager und Etrusker gemeinsam vornahmen, an die
Etrusker, Sardinien ging an Karthago. Die Ausgrabungen,
die J. Jehasse seit einigen Jahren in einer Nekropole von
Aleria betreibt, deren Kammergräber in die Anfänge des
5. Jahrhunderts zurückreichen – die Nekropole aus dem
6. Jahrhundert ist noch unerforscht –, haben eine Fülle von
Keramiken zutage gebracht, von attischen Keramiken aus
dem 5. Jahrhundert bis zu etruskisch-kampanischen aus dem
3. bis 2. Jahrhundert[13]. Die Funde reichen bis in die Zeit, da
Aleria unter Sulla römische Kolonie wurde. Die Amphoren,
Kratere und Schalen sind vielfach mit etruskischen Sgraffiti
versehen. Unter anderem taucht der Name eines *sethnliia*
(im Genetiv) auf einem schwarzfigurigen *Skyphos* aus der

Zeit um 500 auf. Auf einer frühkampanischen *Kylix* des
3. Jahrhunderts liest man den Namen *uinia cathrnies*. Die
Sgraffiti beweisen, daß Korsika seit 500 von Etruskern dicht
besiedelt war, die wie ihre Landsleute an den Gestaden des
Mutterlandes, in Caere oder Tarquinia, ein großes Bedürfnis
nach attischen Importen zu zeigen beginnen, während der
punische Handelsverkehr bezeichnenderweise die Häfen der
Insel meidet.

Tunesien: hier handelt es sich nicht um eine Neuentdeckung,
sondern um eine Wiederentdeckung, die besondere Bedeutung für das späte, romanisierte Etrurien der letzten Jahrhunderte v. Chr. hat. Vor etwa fünfzig Jahren fand man
im Tal des Oued Miliane zwischen Zaghouan und Pont-du-
Fahs drei Grenzsteine, die im Abstand von 6 bis 7 km aufgestellt waren. Zwei wurden in das Museum von Le Bardo
geschafft, der dritte blieb an Ort und Stelle. Sie trugen alle
drei auf ihren verschiedenen Seiten jeweils die gleiche Inschrift in einer unbekannten Sprache. Zuerst glaubte man,
es handele sich um Libysch. Doch Alfred Merlin, der Direktor der *Antiquités de Tunisie*, meinte gleich, es könne Etruskisch sein. Leider konsultierte man einen damals berühmten
Etruskologen, Jules Martha, der es abstritt. Vor kurzem hat
man sich die Inschrift erneut vorgenommen[14] und bewiesen,
daß sie zu der S. 152 beschriebenen Kategorie der *tular*-
Inschriften gehört. Sie verkündet, daß ein gewisser *m.unata*
Jupiter *(tin)*, dem Schützer der Grenzen, die Grenze *(tul)*
des Gebietes der Dardaner weiht und daß der Abstand von
einem Stein zum anderen (man hat nur drei wiedergefunden)
tausend Schritte beträgt. Wir haben die Hypothese formuliert, daß es sich bei *m.unata*, dessen Name in Clusium
(Chiusi) zu Beginn des 1. Jahrhunderts v. Chr. sehr bekannt
war, aber sonst nirgends vorkommt, um den Anführer einer
Gruppe Etrusker aus dieser Stadt handelt, die in dem Bürgerkrieg zwischen den Parteigängern des Marius und des
Sulla kompromittiert worden waren und die Rache des Dik-
tators zu fürchten hatten. Als Flüchtlinge suchten sie im

Jahre 82 jenseits des Meeres eine neue Heimat, so wie die Trojaner oder Dardaner des Aeneas aus ihrer brennenden Stadt geflohen und nach Italien gekommen waren, um Rom zu gründen. In Erinnerung an die Sage nannten die Etrusker ihre allzu kurzlebige Kolonie »Gebiet der Dardaner«. Sie hatten sich eine fruchtbare Gegend in Innertunesien ausgesucht, die mit ihren Getreidefeldern und Obstgärten an die Landschaft und die Reichtümer von Chiusi erinnerte. Wir besitzen in diesen Inschriften eine Art Schwanengesang der etruskischen Sprache: romanisierte, aber aufständische Etrusker greifen in einer Anwandlung von verzweifeltem Nationalstolz noch einmal auf ihre alte Muttersprache zurück.

Die älteste epigraphische Erwähnung des Namens der Etrusker wurde vor kurzem auf der granulierten Inschrift einer Goldfibel aus Chiusi identifiziert. Die aus dem 7. Jahrhundert stammende Fibel befindet sich im Louvre (Paris; *T.L.E.* 489). In der Inschrift erscheint die Form *tursikina = Turscus*; es handelt sich zweifellos um den Namen des Goldschmieds[15].

Anhang II

Oktober 1976

Sechs Jahre sind vergangen seit unserem ersten Anhang vom
Januar 1970. Auf dem Gebiet der Etruskologie sind keine
Wunder geschehen, die es uns ermöglichten, mit einem Schlag
die berühmten Geheimnisse des »Ursprungs« der Etrusker
und der »Entzifferung« ihrer Sprache zu lüften. Aber diese
Jahre hatten auch ihr Gutes: denn sie brachten eine Reihe
höchst bedeutsamer Entdeckungen, die – einzeln genommen – zwar nur Teilergebnisse lieferten, die Forscher aber
zu umfassenden Arbeiten anregten, die uns bessere Einblicke
in das materielle und kulturelle Leben der Etrusker vermit-
teln.

Das Jahrzehnt von 1960 bis 1970 war besonders reich an
Entdeckungen auf dem Sektor der Epigraphik, und man
konnte erwarten, daß die anspruchsvollen modernen Aus-
grabungsmethoden uns – wie in Pyrgi und in Santa Marinella
(S. 395) – alle Tempelarchive erschließen würden. Wir haben erwähnt, welch große Bedeutung die »Quasi-Bilinguen«
von Pyrgi für die Geschichte der Beziehungen zwischen
Karthago, Caere und sogar Rom haben (S. 390 f.) und welch
wertvolle Bereicherung sie für die Kenntnis der etruskischen
Sprache darstellen. Man kann allerdings nicht abstreiten, daß
die Hoffnungen, die sie geweckt hatten, einer gewissen Ent-
täuschung gewichen sind. Genauer gesagt, haben die unsicheren Resultate die Etruskologen dazu veranlaßt, eine schöpfe-
rische Pause einzulegen, was die Methodologie betrifft, um
in dieser Zeit die Aspekte des Problems und die Lösungs-
möglichkeiten mit aller Strenge neu zu überdenken. Eine der
letzten Arbeiten von M. Pallottino, *La lingua degli Etruschi*[1],
erschreckt in dieser Hinsicht durch ihren Pessimismus. Sie
verwirft entschiedener denn je die verrückten interpretatorischen Hypothesen der Amateurforschung und besteht auf

der Notwendigkeit, die undankbare aber notwendige Erforschung der linguistischen Probleme weiter voranzutreiben. Nachdem uns zahlreiche Weiheinschriften darüber belehrt haben, daß *mulu* und *muluvanike* ungefähr bedeutete »Weihegeschenke darbringen«, wäre es eigentlich an der Zeit, sich die Frage zu stellen, warum man in gewissen Fällen *mulu*, in anderen *muluvanike* gesagt hat. Ebendiese linguistischen Forschungen haben die Schüler von M. Pallottino voller Eifer wieder aufgenommen[2]. Man hat sich nicht gescheut, auch strukturalistische Betrachtungsweisen heranzuziehen, um die etruskische Phonetik und Morphologie zu erhellen, und die neuerlichen Anstrengungen beginnen bereits Früchte zu tragen.

Aber selbst wenn man den interpretatorischen Hypothesen Zügel angelegt hat, sind mehrere epigraphische Funde besonders wegen der Eigennamen, die sie enthalten, dazu angetan, denen wieder Mut zu machen, die der düstere Beginn unserer Ausführungen vielleicht abgeschreckt hat. Beginnen wir in chronologischer Reihenfolge mit einer griechischen Inschrift. Seit 1969 betreibt Professor Mario Torelli Ausgrabungen in Graviscae[3]: bevor die Malaria das Küstengebiet der toskanischen Maremma unbewohnbar machte, war Graviscae der blühende Hafen von Tarquinia gewesen (S. 143), und griechische Kaufleute, die das Werk des Demaratos (S. 116) weiterführten, hatten dort um 570 ein kleines Hera-Heiligtum errichtet. Man hat nun 1970 unter den Exvotos einen Marmorcippus von 1,15 m Höhe entdeckt, der auf einer Seite in großen archaischen Buchstaben folgende griechische Inschrift trägt, deren Ende durch eine Bruchstelle im Stein leider verstümmelt ist: »Ich gehöre dem Apollon von Aegina. Sostratos hat mich machen lassen, der Sohn des …«. Trotz der Kürze und des verstümmelten Endes mußte diese Weiheinschrift eines Sostratos, der ausgerechnet einen Gott der Insel Aegina (im Saronischen Golf südwestlich von Athen) verehrte, unbedingt an einen Satz von Herodot (IV, 152) erinnern: er spricht dort von den Kaufleuten von Samos, welche die märchenhaften Reichtümer des Königreiches des Tartessos über die Säulen des Herkules (die Meerenge von Gibraltar) hinaus nach Südspanien lockten, und schreibt, daß »sie mit ihrer Ladung den größten Gewinn erzielten, den bis dahin je Griechen, soweit wir genaue Kenntnisse darüber haben, erzielt haben, *ausgenommen den Sostratos, den Sohn des Laodamas von Aegina, mit welchem sich kein anderer messen kann.*« Diese sichere Identifizierung des herodotischen Sostratos von Aegina mit dem Sostratos von Aegina, der eines seiner Kontore in der Fondaco von Graviscae hatte, bestätigt uns wunderbar konkret, wie intensiv die Griechen um die Mitte des 6. Jahrhunderts Handel im Okzident trieben.

Wir haben auf S. 338 f. mit Hinweis auf Livius daran erinnert, daß die Römer im 4. Jahrhundert ihre Söhne zur Vervollkommnung ihrer Studien nach Caere zu schicken pflegten. So war auch ein gewisser C. Claudius *educatus apud hospites*, »bei Gastfreunden erzogen worden«. In einem Kammergrab aus dem ausgehenden 4. Jahrhundert, das vor kurzem in Caere entdeckt wurde[4], hat nun in der Tat eine Reihe von Inschriften bewiesen, daß ein Zweig der *gens Claudia* dort ansässig war: »Laris und Aules, der Sohn des Laris, haben zu ihren Lebzeiten dieses Grab für die Familie der *Clavtie* (d. h. der *Claudii*) errichten lassen.« Übrigens haben wir unter den Graffiti von Aleria auf Korsika (vgl. S. 396 f.) um 425 einen anderen *klavtie* (Claudius) erwähnt gefunden, der die Anwesenheit einer Person dieses Namens auf der Insel seit dem Ende des 5. Jahrhunderts anzeigt und ein wertvolles Zeugnis für die Anfänge der römischen Expansion zur See darstellt[5].

Eine andere erstaunliche Übereinstimmung zwischen Epigraphik und Geschichte läßt sich anhand einer gemalten Inschrift in einem Grab von Tarquinia aufzeigen, deren Bedeutung A. J. Pfiffig im Jahre 1967 geklärt hatte[6]. Der Verstorbene, ein gewisser *larth felsnas*, Sohn des *lethe*, war zweifellos zwischen 135 und 130 im Alter von ... 106 Jahren gestorben. Die vier letzten Wörter seines Epitaphs *murce capue tleche hanipaluscle* sind nun besonders interessant: das erste und dritte ist ungeklärt (es sind wahrscheinlich Verbformen), aber bei dem zweiten handelt es sich um den Namen von Capua, und das vierte, das mit einem noch unverständlichen Suffix versehen ist, läßt unzweifelhaft den Namen Hannibals erkennen. (Man weiß, daß das Etruskische Doppelkonsonanz mit Hilfe von einfachen Konsonanten ausdrückt: *nn* = *n*, und stimmhafte durch stimmlose Laute ersetzt: *b* durch *p* wie in *Claudius*/*clavtie d* durch *t*.) So war dieser *larth felsnas* ein Veteran des Zweiten Punischen Krieges; in seiner längst vergangenen Jugendzeit hatte er an den Kriegshandlungen bei Capua teilgenommen, als sich die Armee des karthagischen Feldherren den Genüssen dieser Stadt hingab. A. J. Pfiffig hat keine Bedenken, das Suffix *-cle* dahingehend zu interpretieren, daß er im Lager Hannibals gedient hatte.

Aber wir sagten es bereits: es sind weniger die absolut neuen Erkenntnisse als vielmehr eine fruchtbare Arbeit, die bereits Bekanntes klarstellt und vertieft, welche derzeit die Etrusker-Forschung beschäftigt[7].

Zum Beispiel ist nun die Identifizierung einer der wichtigsten Metropolen Etruriens, Volsinii, die lange Zeit zweifelhaft geblieben war, endgültig gelungen: es war Orvieto. Seit 1828 hatte K. O. Müller[8] die Stadt auf der fast unzugänglichen Felswand, die einen Tiber-Zufluß, die Paglia, überragt, auf dem Gelände der Siedlung lokalisiert, deren moderner Name Orvieto (= *Urbs Vetus*) die antike Benennung verbarg. Es hatte nun aber zwei Volsinii gegeben. Man wußte, daß nach der Zerstörung von *Volsinii Veteres* im Jahre 265 die Überlebenden in das neue Volsinii, *Volsinii Novi*, überzusiedeln gezwungen waren. Diese Stadt hat dem heutigen Bolsena und dem dortigen See den Namen gegeben. Aber Bolsena war ebenfalls von schroffen Bergwänden überragt, auf deren Gipfel R. Bloch, der seit dem Krieg die Ausgrabungen der Französischen Schule in Rom leitete, eine

Befestigungsmauer von mehreren Kilometern Länge und in der Umgebung Dörfer aus der ganzen italischen Frühgeschichte freigelegt hatte, deren letztes zweifellos ein etruskisches Dorf war[9]. Man war also sehr versucht, anzunehmen, daß *Volsinii Novi* am Fuß desselben Berges entstanden sei, auf dessen Höhe 5 km weiter sich das antike *Volsinii Veteres* befunden hätte. Freilich deutete nichts auf eine sehr alte Besiedlung hin, und viele blieben skeptisch. Ihre Bedenken wurden förmlich zerschlagen, als Professor Cagiano de Azevedo in Orvieto selbst Ausgrabungen vornehmen konnte, trotz der Schwierigkeiten, denen sich die archäologische Forschung in einer Stadt gegenübersieht, die seit dem Mittelalter ständig bewohnt war und an der immer weiter gebaut wurde. Unter der Kirche Sant'Andrea hat eine stratigraphische Sondierung bis zu den Ursprüngen Orvietos hinabgeführt: man entdeckte tief unten eine Villanova-Anlage, die sich zu einer etruskischen Stadt erweiterte, kurz, eine ununterbrochene Besiedlung vom 7. bis zum 3. Jahrhundert, die dann im 3. Jahrhundert völlig verschwindet[10], und man erinnert sich, daß nach der Überlieferung Rom *Volsinii Veteres* im Jahre 265 zerstört hat. In Orvieto fing das Leben erst wieder in der späten Kaiserzeit an, während 20 km weiter, in Bolsena, *Volsinii Novi* zunächst ganz arm und bescheiden eine Entwicklung neu begann, die in die Geschichte eines römischen Municipiums der Kaiserzeit einmündete. Es nimmt den Forschungen von R. Bloch nichts von ihrem Verdienst und ihrer Bedeutung[11], wenn man zugibt, daß sie eines der von Volsinii abhängigen *castella* und weiter südlich einige Dörfer in der Umgebung Volsiniis wiedererstehen ließen. Aber wir sind um so glücklicher, daß wir von nun an in Kenntnis der Sachlage in dem prächtigen Felsen von Orvieto – gekrönt von der Kathedrale, die durch die Fresken des Luca Signorelli weltweit bekannt geworden ist –, das Volsinii sehen dürfen, das man vorher nicht zu lokalisieren wußte: die Nekropolen, die die Stadt umgeben, die Kunstwerke, die Ruhm und Glanz des Museo Faina ausmachen, die Malereien, die die Gräber zierten

(S. 267), erhalten somit eine neue Bedeutung. Von nun an wird man in der Nähe von Orvieto das *fanum Voltumnae* suchen und eines Tages auch finden, wo jedes Jahr die Bundesversammlung des etruskischen Volkes zusammentrat (S. 278). Schon können gewisse Inschriften von Orvieto im Lichte der Kenntnisse, die die Überlieferung des Livius uns über Volsinii vermittelt, interpretiert werden[12].

Was im Laufe der letzten Jahre unbestreitbar Fortschritte gemacht hat, sind die Kenntnisse über die ländlichen Gebiete und die Städte zweiten Ranges, von denen die Geschichte nicht spricht. Vorher hatten stets die großen städtischen Zentren mit ihrer historischen Bedeutung und ihren Kunstschätzen die Aufmerksamkeit der Forschung auf sich gezogen. Das Hinterland von Tarquinia mit den Ausgrabungen der Schweden rund um San Giovenale, die Umgebung von Veji, deren Straßennetz zu entwirren sich die Engländer bemüht haben (S. 388), die Felsennekropolen von Castel d'Asso und Norchia (S. 223)[13] haben das Bild, das wir uns von einem Land und seinem Alltagsleben machen müssen, bereichert und mit neuen Nuancen versehen. Aber auch in den Städten selbst, von denen man kaum mehr als die Nekropolen kannte – und man war darauf angewiesen, sich die Städte der Lebenden als ihnen ähnlich vorzustellen (S. 206 ff.) –, hat man begonnen, einzelne Wohnviertel freizulegen und das Innere wirklicher Häuser zu analysieren[14]. Drei Städte haben unter diesem Gesichtspunkt besonders reiche Erkenntnisse geliefert: die Stadt Marzabotto – wir haben bereits auf S. 192 f. von ihr gesprochen –, wo die Ausgrabungen Jahr für Jahr weitergehen, zeigt immer deutlicher ihre regelmäßige rechtwinklige Anlage, in der der Einfluß der griechischen Städtebaukunst nicht ganz über die ursprünglichen rituellen Forderungen der etruskischen Religion gesiegt hat[15]; Roselle (Rusellae) bei Grosseto, wo man einen Teil des bis ins 7. Jahrhundert zurückreichenden Wohngebiets mit Häusern aus Tonerde und ungebrannten Ziegeln, umgeben von einer Befestigungsanlage, wiedergefunden hat;

doch die ursprüngliche Anlage der Stadt scheint sich sehr
von der der Römerzeit zu unterscheiden, und man weiß nicht
einmal, ob sie einen zentral gelegenen Platz besaß, der einem
forum entspräche[16]; Acquarossa in der Gegend von Viterbo
läßt auf einem während des ganzen 6. Jahrhunderts besie-
delten Areal eine Stadtanlage mit dichter, unregelmäßiger
Bebauung zutage treten; es handelt sich um zwei- oder drei-
räumige Privathäuser ohne Stockwerke, die ohne erkennba-
ren Plan errichtet worden waren, aber einen reichen Schmuck
aus feiner, bemalter Terrakotta trugen, der mit einigen Spuren seiner ursprünglichen Frische erhalten geblieben ist, nachdem der Platz um 500 aufgegeben worden war[17].
Schließlich tauchte einige Kilometer südlich von Siena in
Murlo (Poggio Civitate) auf einem der Universität von
Bryn Mawr (USA) seit 1966 anvertrauten Grabungsfeld ein
merkwürdiges archaisches Bauwerk auf, das um 575 erbaut
und um 525 zerstört worden war[18]. Es stellt sich dar als weit-
läufiges Viereck von 60 m Seitenlänge, bestehend aus vier
Baukörpern, die sich – auf drei Seiten von einem Portikus
aus Holzsäulen gesäumt – zu einem Innenhof hin öffnen;
vor dem vierten befindet sich eine rechtwinklige Einfrie-
dung, die ein Tempel gewesen sein könnte. Man nimmt allgemein an, daß es sich um ein Heiligtum handelt und daß
die umgebenden Gebäude als Pilgerunterkünfte gedient haben könnten. Aber einige fragen sich inzwischen, ob das
Ganze nicht eher den Palast eines örtlichen Fürsten darstellt. Auf jeden Fall war der Boden übersät mit einer Fülle
von Dekorationsstücken aus Terrakotta, die auf den Dä-
chern befestigt gewesen waren: sie gehörten zu Friesen, auf
denen – wie auf den Gesimsen der Tempel von Veji, Praeneste und Velletri – Wagenrennen, Bankettszenen und Göt-
terversammlungen abgebildet waren. Man fand auch Reliefs
von Sphinxen und anderen Tieren. Aber besonders hervor-
zuheben sind dreizehn Statuen in natürlicher Größe, die den
Firstbalken überragten, wie in Veji die berühmte Gruppe,
die Apollon im Kampf mit Herkules zeigt. Die Statuen von

Murlo überraschen durch einen unvergleichlichen Stil und
Charakter, sie sind alle sitzend und mit Hüten dargestellt,
die fast mexikanischen Sombreros gleichen, tragen in den
Händen Attribute, die ihre Identität angegeben haben, aber
leider verschwunden sind; sie wohnten einem bislang unbekannten Schauspiel bei, das uns die Zukunft vielleicht enthüllen wird.

Keine Kultstatue, keine Inschrift auf einem Exvoto verrät
uns den Namen der Gottheit, die man in diesem Heiligtum
verehrte – wenn es sich überhaupt um ein Heiligtum handelt. Wenn letzteres zutreffen sollte, möchte man gerne die
Ansicht von A. J. Pfiffig erfahren, der kürzlich unter dem
Titel *Religio Etrusca*[19] in deutscher Sprache die beste etruskische Religionsgeschichte unserer Tage veröffentlicht hat:
klar und nützlich wie ein Handbuch, tiefschürfend wie es
eine Religionsgeschichte sein muß, aufmerksam bedacht auf
die Ursprünge, die jahrhundertelange Entwicklung, die Einflüsse von außen und die Gesamtinterpretation. Wir könnten diesen Anhang nicht besser beschließen als damit, daß
wir unseren Lesern dieses Buch empfehlen.

Anmerkungen

Die Bibliographie zu unserem Thema ist sehr umfangreich. Wir haben in den Anmerkungen, abgesehen von den Textstellen, die Hauptwerke und Artikel, die wir benutzt haben, angegeben. An den Anfang der Liste haben wir einige grundsätzliche Arbeiten und die entsprechenden Abkürzungen, unter denen sie zitiert werden, gesetzt. Diese Bücher bilden die Basis unserer Untersuchung, ihnen haben wir die Illustrationen entnommen. In ihnen finden sich auch die Abbildungen der Monumente, die in unserem Buch nicht wiedergegeben sind.

Müller, O., und W. Deecke, *Die Etrusker*, Stuttgart 1877 (M.D.). Neudruck Graz 1965

Martha, J., *L'Art étrusque*, Paris 1889

Ducati, P., *Etruria Antica*, Turin 1927; *Storia dell'Arte etrusca*, Florenz 1927

Solari, A., *Vita pubblica e privata degli Etruschi* (mit einem ausgezeichneten illustrierten Anhang von A. Neppi Modona), Florenz 1931 (N.M.)

Nogara, B., *Gli Etruschi e la loro Civiltà*, Mailand 1933 (B.N.)

Giglioli, G. Q., *L'Arte etrusca*, Mailand 1935 (A.E.)

Pallottino, M., *Etruscologia*, Mailand, 3. Auflage 1955 (1. verb. Auflage, übers. v. R. Bloch, Paris 1949); *La Peinture étrusque*, Genf 1952 (P.E.); *Testimonia Linguae Etruscae*, Florenz 1954 (T.L.E.)

Riis, P. J., *An introduction to Etruscan art*, Kopenhagen 1953

Bloch, R., *L'Art étrusque*, Paris 1959 .

EINFÜHRUNG

1. Dion. Hal. I, 30, 2
2. Her. I, 94
3. Die These vom orientalischen Ursprung ist mit Nachdruck von P. Ducati, *Le Problème étrusque*, 1938 verfochten worden. Eine jüngere Veröffentlichung dazu ist A. Piganiol, *Les Etrusques, peuple d'Orient*, in: *Cah. d'Hist. mondiale* I, 1953, S. 328–352. M. Pallottino, *L'Origine degli Etruschi*, 1947 hat sich kritisch mit dieser These auseinandergesetzt.

4. Cic. *De Div.* II, 50
5. M. Pallottino, *a.a.*O., S. 152 ff.; F. Altheim, *Der Ursprung der Etrusker*, 1950, S. 34 ff.
6. R. Bloch, *Le Mystère étrusque*, 1956, S. 216 f.
7. J. Bayet, *St. Etr.* XXIV, 1955–1956, S. 5 ff.
8. G. Vallet, *Rhégion et Zancle*, 1958, S. 57
9. J. Heurgon, *Capoue préromaine*, 1942, S. 77
10. J. Heurgon, *L'Etat étrusque*, in: *Hist.* VI, 1957, S. 86 ff.
11. R. Bloch, *Les Origines de Rome*, 1959, S. 98 ff.
12. S. Mazzarino, *Dalla Monarchia allo Stato Repubblicano*, 1946, S. 95 ff.
13. Die *Elementi di lingua etrusca* von M. Pallottino (1936) sind auch nach über dreißig Jahren noch die sicherste und klarste Darstellung. Die etruskischen Texte erscheinen laufend gesammelt im *Corpus Inscriptionum Etruscarum (C.I.E.)*. Die Hauptzeugnisse sind zu finden in *Testimonia Linguae Etruscae (T.L.E.)* ed. M. Pallottino 1954. Von einigen Ausnahmen abgesehen, beziehen wir uns auf diese Veröffentlichung.
14. *T.L.E.* 142
15. *T.L.E.* 129
16. *T.L.E.* 136
17. E. Vetter, *Gl.* XXVIII, 1940, S. 168 ff.
18. S. Mazzarino, *Hist.* VI, 1957, S. 108 ff.

1. KAPITEL

1. G. de Beer, *Sur l'origine des Etrusques*, in: *Rev. des Arts*, 1955, S. 139 ff.
2. G. E. W. Wolstenholme u. C. M. O'Connor, *A Ciba Foundation Symposium on Medical Biology and Etruscan Origins*, 1959
3. M. Pallottino, *L'Origine degli Etruschi*, S. 130; A. Neppi Modona, *The Scientists' Contributions to Etruscology*, in: *A Ciba Foundation Symposium*, S. 67 mit Bibliographie
4. C. S. Coon, *The Races of Europe*, zitiert von G. de Beer, *a.a.*O. S. 143 ff.
5. *A.E.* Abb. 116–119
6. Ch. Picard, *La Sculpture antique* II, 1926, S. 325 ff.
7. E. Fischer, *Rassenfrage der Etrusker*, in: *Sitzungsber. d. Preuß. Akadem., Phys.-Math. Kl.*, 1938

8. E. Bux, *Die Herkunft der Etrusker*, in: *Klio* XXXV, 1942, S. 17 ff.

9. Cat. 39, 11; Verg. *Georg.* II, 193

10. R. Herbig, *Die jüngeretruskischen Steinsarkophage*, 1952. Zum Sarkophag von S. Giuliano: Herbig Nr. 90, Abb. 23; vgl. *Arch. Anz.* 1934, S. 516 ff., Abb. 6 und 7; Ch. Picard, *R.E.L.* XIV, 1936, S. 146; M. Pallottino, *Tarquinia*, in: *Mon. Ant.* XXXVI, 1936, S. 462, Abb. 118; Zum Sarkophag im Grab der *Partunu*: Herbig, Nr. 107, Abb. 26 a; Zum Sarkophag im Museum von Florenz: Herbig, Nr. 21, Abb. 60 a; vgl. *A.E.*, Abb. 365

11. Gell. *N.A.* VI, 22; Plut., *Cato Maior* 9

12. Lucil. 75 M.

13. Lucil. 1235 M.

14. A. Oltramare, *Les Origines de la Diatribe romaine*, 1926, S. 50: »Die Fettleibigkeit ist ein Zeichen von Verdorbenheit.«

15. T. Dohrn, *Röm. Mitt.* LII, 1937, S. 119 ff.; J. D. Beazley, *Etruscan Vase-Painting*, 1947, S. 128

16. L. Cipriani, *St. Etr.* III, 1929, S. 363 ff.

17. R. Etienne, *Démographie et Epigraphie*, in: *Atti del III. Congresso Intern. di Epigrafia Greca e Latina*, 1959, S. 415 ff.

18. H. L. Stoltenberg, *Gl.* XXX, 1943, S. 234 ff.

19. *T.L.E.* 98

20. *T.L.E.* 324

21. *C.I.E.* 109; 5385; 54

22. *C.I.E.* 5421; vgl. Plin. Min. *Ep.* III, 1

23. *C.I.E.* 18 ff.

24. *C.I.E.* 159

25. J. Beaujeu-Garnier, *Géographie de la population*, 1956, S. 180 ff.

2. KAPITEL

1. Her. I, 167

2. Verg. *Aen.* VIII, 483 ff.

3. Timai. in Ath. XII, 519 b

4. G. Vallet, *Rhégion et Zancle*, 1958, S. 166 ff.

5. Corn. Nep. *Alcib.* 11; vgl. A. Croiset, *Hist. de la Litt. gr.*
   IV, S. 688
6. Ath. I, 23 d
7. *F.H.G.* II, 16, S. 217
8. Ath. IV, 153 d; XII, 517 d
9. Ath. XII, 517 d
10. Diod. Sic. V, 40; über Poseidonios als Quelle für Diodorus
    Fr. Gr. Hist. F.G.H. II A 87, 119 und C, S. 154 ff. F. Jacobi.
11. Verg. *Georg.* II, 533
12. Liv. V, 1, 6
13. Fest., S. 486 L
14. Paul. Fest., S. 38 L
15. *P.E.*, S. 120; vgl. *Katalog der Ausstellung von 1955*, S. 77;
    R. Bloch, *L'Art étrusque*, Abb. 81

3. KAPITEL

1. A. Alföldi, *Rom und der Latinerbund um 500 v. Chr.*, in:
   Gymnasium LXVII, 1960, S. 193 ff.
2. Plin. *N.H.* XXXVI, 91 ff.
3. Vgl. unten S. 364
4. J. Heurgon, *Ver Sacrum*, 1957, S. 18 und Anm. 5
5. Liv. IV, 20, 7
6. *T.L.E.* 36, 38
7. A. Degrassi, *Inscriptiones Latinae liberae Reipublicae* I,
   Nrn. 64 und 237; St. Weinstock, *Gl.* XXXIII, 1954, S. 307
   streitet die Verbindung Tolumnius-Tolonios ab
8. Paus. V, 12
9. Vgl. unten S. 365 f.
10. Serv. *ad Aen.* II, 178
11. Cic. *De Rep.* II, 14; Prop. *El.* IV, 1, 29.
12. Liv. I, 34, 10
13. W. Schulze, *Zur Geschichte lateinischer Eigennamen*, 1904,
    S. 179
14. *T.L.E.* 131
15. *T.L.E.* I$^{ix}\gamma^2$; die Interpretation wird bestritten von K. Olz-
    scha, *Aegyptus*, 1959, S. 351 ff.
16. Dion. Hal. III, 61, 1
17. *A.E.* Abb. 108, 1

18. B. Bilinski, *De Catone Silii in Italiae descriptione uno solo fonte*, 1937, S. 42 ff.
19. Sil. Ital. *Pun.* VIII, 483 ff.
20. *Not. Sc.* 1898, S. 156; A. M. Colini, *Il Fascio Littorio*, 1933
21. G. Glotz, *La Civilisation égéenne*, 1923, S. 268 ff.;
    Ch. Picard, *Les Religions préhelléniques*, 1948, S. 82, 102, 163, 190 ff., 199 ff. usw.
22. *A.E.* Abh. 59, 1
23. *T.L.E.* 363; E. Vetter, *St. Etr.* XXIV, 1955–1956, S. 301 ff.
24. *T.L.E.* 35; *C.V.A.*, France, 16 (Musée Rodin), Abb. 28–30; J. D. Beazley, *Etruscan Vase-Painting*, S. 25 ff.;
    M. Pallottino, *Etrusc.*, S. 104, Abb. IX, 1
25. *A.E.* Abb. 398, 1; 404, 3; F. Messerschmidt, *Jahrb. d. Inst.*, 1930, S. 76 ff.
26. Varr. *De L.L.* V, 46 ff.; Tac., *Ann.* IV, 65; Paul. Fest., S. 38 L.
27. Fest., S. 486 L.
28. *C.I.L.* XIII, 1668; A. Momigliano, *L'Imperatore Claudio*, 1931, S. 35; J. Heurgon, *C.R.A.I.* 1953, S. 92 ff.
29. F. Messerschmidt, *Jahrb. d. Inst. Erg.-Heft* XII, 1930; *A.E.* Abb. 266–270; R. Bloch, *L'Art étrusque*, Abb. 80
30. F. Münzer, *Rh. M.*, 1898, S. 607; G. De Sanctis, *Klio* 1902, S. 96 ff.
31. S. Mazzarino, *Dalla Monarchia allo Stato Repubblicano*, S. 136 ff.
32. J. Heurgon, *L'Etat étrusque*, in: *Hist.* VI, 1957, S. 66 ff. mit der vorangehenden Bibliographie
33. *T.L.E.* 324
34. *T.L.E.* 325
35. R. Lambrechts, *Essai sur les Magistratures des Républiques étrusques*, 1959, S. 117; *T.L.E.* 137
36. R. Lambrechts, *a.a.O.* S. 123 ff.
37. Cic. *De Rep.* II, 55
38. *P.E.* S. 125; *N.M.* Abb. 49
39. Diod. Sic. V, 40; vgl. oben S. 55
40. Sen. *Ep.* 47, 2 ff.
41. Diod. Sic. V, 40; vgl. oben S. 55
42. Liv. V, 1
43. Plut. *Tib. Gracch.* 8, 9
44. Liv. IX, 36, 12

45. Liv. II, 44, 7
46. Dion. Hal. IX, 5, 4; J. Heurgon, *Les Pénestes étrusques chez Denys d'Halicarnasse*, in: *Latomus* XVIII, 1959, S. 713 ff.
47. Juv. VIII, 180
48. Mart. IX, 22, 4
49. Liv. X, 3, 2
50. R. Bloch, *Volsinies étrusque*, *M.E.F.R.* LIX, 1947, S. 9 ff.
51. Ps. Arist. *De Mir. Ausc.* 94 A; vgl. Steph. Byz. s. v.; A. Solari, *Topografia storica dell'Etruria*, II, S. 27 ff.
52. Val. Max. IX, 1, *Exz.* 2; Flor. I, 21; Zonar. VIII, 7
53. Liv. Per. XI; *Acta Triumph. Capitol.*, *C.I.L.* I, S. 46
54. zuletzt Th. Frankfort, *Les Classes serviles en Etrurie* in: *Latomus* XVIII, 1959, S. 3 ff.
55. Liv. XXXIII, 36, 1
56. Oros. *Adv. Pagan.* IV, 5; Aur. Vict. *De Vir. Illustr.* 36
57. *C.I.E.* 3692; für alles folgende benutzten wir hauptsächlich S. P. Cortsen, *Die etruskischen Standes- und Beamtentitel*, 1925; E. Vetter, *Die etruskischen Personennamen lethe, lethi, lethia, und die Namen unfreier oder halbfreier Personen bei den Etruskern*, in: *Jahresh. des Österr. Arch. Inst.* XXXVII, 1948, S. 56 ff.
58. *C.I.E.* 3704; 3001
59. Ernout-Meillet, *Dict. étym.* s. v. *famulus*
60. Plin. *N.H.* II, 199
61. *C.I.E.* 719–721, 1508, 1667–1675, 4700
62. *C.I.E.* 1671; *T.L.E.* 554
63. E. Vetter, *a.a.O.* S. 64 und 87
64. S. P. Cortsen, *a.a.O.* S. 61
65. R. Mengarelli, *Not. Sc.*, 1915, S. 347 ff.; 1937, S. 355 ff.
66. E. Vetter, *a.a.O.* S. 67 ff.
67. *C.I.E.* 4143
68. M. Lejeune, *R.E.L.* XXXI, 1953, S. 130 und 152
69. *C.I.E.* 4379
70. *C.I.E.* 2013
71. *C.I.E.* 2422, 2426
72. *C.I.E.* 40; *T.L.E.* 387; vgl. *C.I.L.* XIII, 6740 a, Dessau, *J.L.S.* 7085; G. Dottin, *La Langue gauloise*, S. 273
73. *C.I.E.* 2383
74. *C.I.E.* 1601

75. *C.I.E.* 4046
76. *C.I.E.* 3088; E. Vetter, *a.a.O.* S. 86
77. *C.I.E.* 2096, 2934–2935; E. Vetter, *a.a.O.* S. 68
78. *C.I.E.* 4144; E. Vetter, *a.a.O.* S. 66
79. *T.L.E.* 169
80. J. Heurgon, *Hist.* VI, 1957, S. 96
81. Pol. II, 17, 12
82. *C.I.E.* 4549
83. Liv. XLIII, 16, 4

4. KAPITEL

1. Strab. XVI, 4, 25
2. Cäs. *B.G.* V, 14
3. Her. I, 173
4. *T.L.E.* 131
5. *T.L.E.* 586 f.
6. Vgl. oben S. 53
7. *T.L.E.* 136
8. *C.I.E.* 678 f., 802; B. Doer, *Die römische Namengebung,* 1937, S. 158 ff.; F. Slotty, *Zur Frage des Mutterrechtes bei den Etruskern,* in: *Archiv Orientalni* XVIII, 1950, S. 262 ff.
9. *C.I.L.* XIV, 3607
10. Vgl. oben S. 53
11. Plaut. *Cist.* 562 f.
12. R. Flacelière, *La Vie quotidienne en Grèce,* S. 75 ff.
13. Vgl. unten S. 300
14. Paus. VI, 20, 9
15. Liv. I, 57, 4 ff.
16. Theopomp, vgl. oben S. 53
17. Bücheler, *Carm. Lat. Epigr.* 52, 8
18. A. Blakeway, *Demaratus,* in: *J.R.S.* XXV, 1935, S. 147 ff.
19. Liv. I, 34, 4
20. Paul. Fest., S. 253 L.: *Priscus Tarquinius est dictus, quia prius fuit quam Superbus Tarquinius.*
21. Liv. I 41
22. Zur Verwandlung der Person vgl. J. Heurgon, *Tite-Live et les Tarquins,* in: *L'Inf. Littér.* VII, 1955, S. 56 ff.
23. Tac. *Ann.* II, 34; IV, 21, 2; 22; J. Heurgon, *C.R.A.I.* 1953, S. 92 ff.
24. *C.I.L.* XIV, 3605–3607

25. Her. I, 173
26. L. Euing, *Die Sage von Tanaquil*, 1933, S. 16 ff.
27. Cic. *ad Att.* II, 1, 8
28. Liv. I, 46, 4 ff.
29. Liv. I, 48, 5
30. Liv. I, 46, 6; vgl. J. Heurgon, *R.E.L.* XXXVIII, 1960, S. 38
31. L. Pareti, *La tomba Regolini-Galassi*, 1947. Wir fassen die Resultate eines Artikels in *M.E.F.R.* 1961 zusammen.
32. Ders. *a.a.O.* S. 129
33. G. Q. Giglioli, *Arch. Class.* II, 1950, S. 85
34. *Mon. Ant.* XLII, 1955, S. 241 ff.
35. Xen. *Oecon.* VIII, 19
36. *Not. Sc.* 1915, S. 353 ff.; 1937, S. 355 ff.
37. F. Altheim, *Röm. Gesch.* I, S. 106
38. *Mon. Ant.* XXXVI, 1937, S. 394
39. *St. Etr.* I, 1927, S. 164; vgl. XI, 1937, S. 84 ff.
40. *Mon. Ant.* XLII, 1955, S. 450 ff.
41. R. Vighi, *Not. Sc.* 1955, S. 111
42. *a.a.O.* S. 46 ff.
43. *Mon. Ant. a.a.O.* S. 565, 595, 802; S. 771
44. *Mon. Ant. a.a.O.* S. 1057
45 J. Heurgon, *M.E.F.R.* LXXIII, 1961

5. KAPITEL

1. Diod. Sic. V, 40; vgl. oben S. 55 f.
2. Liv. IX, 36, 11
3. Liv. XXII, 3, 3
4. Plin. Min. *Ep.* V, 6, 7 ff.
5. Dante, *Inf.* XIII, 9 (tra Cecina e Corneto); XXV, 19; XXIX, 48
6. Plut. *Tib. Gracch.* 8, 9; vgl. oben S. 84
7. Prop. *El.* IV, 10, 27 ff.
8. Strab. V, 2, 3
9. Rut. Nam. *De Red. suo*, 285 f.
10. Sid. Apoll. *Ep.* I, 5
11. L. Domitius Apollinaris, consul suffectus im Jahre 97
12. Plin. Min. *Ep.* V, 6, 2
13. M. Pallottino, *Tarquinia*, S. 580
14. Verg. *Aen.* X, 184; Rut. Nam. *De Red. suo*, 282

15. Cat. *Or.* II, 20; in: Serv., *ad Aen.* X, 184
16. Liv. XXVIII, 45, 15 ff.
17. Cic. *De Div.* II, 50
18. Strab. V, 1, 7
19. N. Toscanelli, *La Malaria e la fine degli Etruschi*, 1927
20. Pl. Fraccaro, *St. Etr.* II, 1928, S. 197 ff.; B. Nogara, *Gli Etruschi e la loro Civiltà*, 1933, S. 116 ff.
21. Ed. und Et. Sergent, *Histoire d'un Marais algérien*, 1947
22. Zitiert S. 165 – P. Decouflé, der die anatomischen Modelle auf zahlreichen etruskischen Exvotos untersucht, versichert uns, daß die Milz stets krankhaft vergrößert ist.
23. Plin. *N.H.* III, 115
24. Liv. I, 38, 6
25. Liv. I, 56, 2
26. Cic. *De Rep.* II, 11
27. J. Gage, *Apollon Romain*, 1955, S. 71 ff.
28. F. E. Brown, *Cosa I, History and Topography*, in: *Mem. of the Am. Acad. in Rome* XX, 1951; J. Bradford, *Ancient Landscapes*, 1957, S. 227 ff. Abb. 54 f.
29. *A.E.* Abb. 57; *N.M.* Abb. 63
30. La Blanchère, *Dict. des Ant. gr.-rom. s. v. cuniculus*, S. 1592
31. Liv. V, 15, 12; J. Gagé, *M.E.F.R.* LXVI, 1954, S. 39 ff.
32. Varr. *Men., Quinquatrus*, in: *Nonius*
33. Plin. *N.H.* XXVI, 16, 30; Sen. *Q.N.* III, 15; Plut. *Aem. Paul.* 13
34. Ed. und Et. Sergent, *a.a.O.* S. 202
35. Cic. *Pro Mil.* 74
36. Rut. Nam. *De Red. suo* 283 ff.
37. Verg. *Aen.* VIII, 327
38. Verg. *Georg.* I, 128 ff.; J. Bayet, *L'Expérience sociale de Virgile*, in: *Deucalion* II, 1947, S. 197 ff.
39. Lachmann, *Gromatici Veteres* I, S. 350
40. S. Mazzarino, *Hist.* VI, 1957, S. 101 ff.
41. *T.L.E.* 571
42. *T.L.E.* 675–677, 689
43. *T.L.E.* 692
44. *T.L.E.* 515
45. *T.L.E.* 632
46. G. Devoto, *Tabulae Iguvinae*, S. 158
47. *T.L.E.* 570

48. *T.L.E.* 515; S. Mazzarino, *a.a.O.* S. 106 und 110, Anm. 1
49. *C.I.L.* XI, 3370; J. Heurgon, *Latomus* XII, 1953, S. 402 ff.
50. Cic. *De Div.* II, 50
51. Serv. Dan. *ad Aen.* I, 2
52. S. Mazzarino, *a.a.O.* S. 109
53. *Papers of the British School at Rome* XXIII, 1955, S. 44 ff.;
    XXV, 1957, S. 67 ff.; *J.R.S.* XLVII, 1957, S. 139 ff.
54. Varr. *R.R.* I, 9, 5
55. Liv. II, 34, 5; IV, 52, 5
56. J. Le Gall, *Le Tibre, fleuve de Rome dans l'Antiquité*, 1952,
    S. 56
57. Varr. *R.R.* I, 44, 1
58. Plin. *N.H.* XVIII, 66
59. Col. II, 6
60. Ov. *Medic. fac.* 65
61. Mart. XIII, 8
62. Plin. *N.H.* XVIII, 87
63. Plin. *N.H.* XVIII, 86
64. Plin. *N.H.* XVIII, 109
65. Pol. II, 15, 2; Strab. V, 1, 12
66. Ath. XV, 702 b
67. Dion. Hal. I, 37, 2
68. Mart. XIII, 118, 2
69. Plin. *N.H.* XIV, 68
70. Ders., *a.a.O.* 67 mit den Anmerkungen der Ausgabe von
    J. André
71. Hor. *Sat.* II, 3, 143; Pers. V, 147; Mart. I, 103, 9; II, 53,
    4; III, 49, 1
72. Plin. *N.H.* XIV, 67
73. Ders., *a.a.O.* 24
74. *T.L.E.* 678
75. Plin. *N.H.* XIV, 36
76. Ders., *a.a.O.* 38, vgl. 35
77. Liv. V, 33, 2
78. Sil. Ital. *Pun.* IV, 223
79. Grat. *Kyneg.* 36; Plin. *N.H.* XIX, 10; J. Aymard, *Les
    Chasses Romaines*, 1951, S. 213
80. Plin. *N.H.* XV, 1
81. Cat. *De Agr.* 42 ff.; 64 ff.; 143 ff.
82. *T.L.E.* 762; G. Buonamici, *St. Etr.* XII, 1938, S. 317

83. Varr. *R.R.* I, 2, 6
84. Verg. *Georg.* IV, 125 ff.
85. Plin. *N.H.* XV, 102
86. Plin. *N.H.* XXIII, 105
87. St. Gsell, *Hist. anc. de l'Afr. du Nord* IV, S. 18 ff.
88. J. André, *Lex. des Termes de Botanique en Latin*, 1956, S. 93
89. Ders., *a.a.O.* S. 81
90. Vgl. H. Nissen, *Ital. Landeskunde* I, S. 457
91. Ov. *Am.* III, 13, 1
92. Cat. *De Agr.* 156 ff.
93. H. Nissen, *a.a.O.*
94. R. Pampanini, *St. Etr.* IV, 1930, S. 293 ff.; A. Neppi Mo-
    dona, in: *A Ciba Foundation Symposium* ... S. 68
95. St. Gsell, *a.a.O.* S. 32
96. *P.E.*, S. 57 und 75
97. P. Grimal, *L'Art des jardins*, 1954, S. 20
98. Macr. *Sat.* III, 20, 3
99. G. Vitali, *St. Etr.* II, 1928, S. 409 ff.; IV, 1930, S. 427 ff.;
    VII, 1933, S. 321
100. Macr. *Sat.* V, 19, 13
101. Plin. *N.H.* XVIII, 173
102. E. Saglio, *Dict. des Ant. gr.-rom.* s. v. *aratrum*;
    F. Benoit, *L'Outillage rural et artisanal*, 1947, S. 30 ff.
103. *A.E.* Abb. 410, 3
104. *A.E.* Abb. 82; A. Grenier, *Bologne villanovienne et étrusque*,
    1912, S. 371 ff.
105. *A.E.* Abb. 253
106. Varr. *R.R.* I, 18, 6
107. Ders., *a.a.O.* I, 2, 25 ff.
108. Ders., *a.a.O.* I, 2, 22
109. Ders., *a.a.O.* I, 16, 5
110. Ders., *a.a.O.* I, 18, 2 ff.
111. Ders., *a.a.O.* I, 19, 1
112. G. E. F. Chilver, *Cisalpine Gaul*, 1941, S. 146 ff.
113. Mart. VI, 73
114. Col. VI, 1, 1; Ov. *Am.* III, 13, 13
115. Plin. *N.H.* XI, 241; Mart. XIII, 30
116. Pol. XII, 4; Varr. *R.R.* II, 4, 20
117. Rut. Nam. *De Red. suo* 615 ff.

118. Verg. *Aen.* VII, 651; J. Aymard, *Les Chasses Romaines,* S. 26 ff.
119. Stat. *Silv.* IV, 6, 10
120. *A.E.* Abb. 82; M. Pallottino, *Tarquinia,* S. 57
121. Varr. *R.R.* III, 12, 1
122. Vgl. unten S. 281 f.
123. J. Aymard, *a.a.O.* S. 10
124. B. Bonacelli, *St. Etr.* VI, 1932, S. 341 ff.; A. Neppi Modona, *A Ciba Foundation Symposium* . . . S. 73
125. *A.E.* Abb. 204
126. St. Gsell, *Hist. anc. de l'Afr. du Nord* I, S. 109
127. Ath. XII, 518 f.
128. Plaut. *Poen.* 1074
129. *T.L.E.* 811; Strab. XII, 626, 4, 6; Plin. *N.H.* XIII, 82; Bonacelli, *a.a.O.*
130. Plin. *N.H.* X, 37
131. *T.L.E.* 807, 810, 821
132. V. Baldasseroni, *St. Etr.* III, 1929, S. 383
133. *P.E.* S. 479 ff.; R. Bloch, *L'Art étrusque,* Abb. 32 f.
134. Strab. V, 2, 6; Ath. VI, 224 c; Col. VIII, 16
135. H. Nissen, *Ital. Landeskunde* I, S. 432; II, S. 301
136. Vgl. oben S. 144
137. Verg. *Aen.* VIII, 599; IX, 521; Theophr. *Hist. pl.* V, 8; Strab. V, 2, 5
138. Plin. *N.H.* XXXVI, 168; vgl. 135; M. Pallottino, *Tarquinia,* S. 437
139. G. Vallet, *Rhégion et Zancle,* S. 57, Anm. 1
140. Verg. *Aen.* X, 174; A. Minto, *St. Etr.* XXIII, 1954, S. 291 ff.; L. Cambi, in: *Tyrrhenica,* 1957, S. 97 ff.; A. Neppi Modona, *A Ciba Foundation Symposium* . . . S. 65
141. Strab. V, 2, 6
142. R. Dion, *Latomus* XI, 1952, S. 306 ff.; J. Carcopino, *Promenades historiques aux pays de la Dame de Vix,* 1957, S. 24 ff.; vgl. auch G.-Ch. Picard, *La Vie quotidienne à Carthage,* 1958, S. 169 ff. und F. Villard, *La Céramique grecque de Marseille,* 1960, S. 137 ff.
143. R. Joffroy, *Mon. Piot.* XLVIII, 1, 1954
144. Zwei etruskische Bronzestücke aus der Villanovazeit zeigen dasselbe Mischungsverhältnis: 8,15 und 11,6 : 100

145. G. Germain, *Essai sur les origines de certains thèmes odys-séens*, 1954, S. 172; Macr. *Sat.* V, 19, 11 ff.; A. Minto, *a.a.O.* S. 313 ff.

146. A. Minto, *a.a.O.* S. 299; L. Cambi, *a.a.O.* S. 107

147. A. Minto, *a.a.O.* S. 304

148. Ps. Arist. *Mir. Ausc.* 93

149. Strab. V, 2, 6

150. Diod. Sic. V, 13, 1–2

151. Sein Reichtum und die Entwicklung seiner Wirtschaft werden durch seine Gold- und Silberwährung bezeugt. Nirgendwo sonst in Etrurien wurden mehr Münzen geprägt.

152. Vgl. oben S. 143

153. Diod. Sic. *a.a.O.*

154. Lucil. 122 M; Ch. Dubois, *Pouzzoles antique*, 1907, S. 126

155. Cat. *De Agr.* 135: die Eisengeräte sind in Cales und Minturnae zu kaufen.

156. Der Text, der unsinnigerweise von Vögeln (ὀϱνέων) spricht, ist so verbessert worden, daß eine Anspielung auf Waffen (ὅπλων) herauskommt.

157. Plin. *N.H.* XXXIV, 146

158. Rut. Nam. *De Red. suo* 411 ff.

159. Th. Ashby, *St. Etr.* III, 1929, S. 177

160. R. Bianchi-Bandinelli, *Sovana*, 1929, S. 27

161. Liv. X, 47, 4

162. P. Romanelli, *Not. Sc.* 1948, S. 223

163. H. Koch, E. v. Mercklin u. C. Weickert, *Röm. Mitt.* XXX, 1915, S. 190 ff.

164. M. W. Frederiksen u. J. B. Ward Perkins, *Papers of the British School at Rome* XXV, 1957, S. 117 und 141

165. *C.I.E.* 8379

166. *C.I.L.* XI, 5265

167. A. Minto, *Populonia*, 1943, S. 131; L. Pareti, *La tomba Regolini-Galassi*, S. 252

168. *A.E.* Abb. 87–90

169. Vgl. unten S. 296 f.

170. F. de Ruyt, *Charun*, 1934, S. 48 ff.

171. Ders., *a.a.O.* Nr. 75, S. 70, Abb. 33

172. Ders., *a.a.O.* Nr. 74, Abb. 32; *A.E.* Abb. 402, 1; *Dict. des Ant. gr.-rom.*, s. v. *carpentum* und *camara*

173. Liv. I, 34, 7 ff.
174. Ov. *Fast.* I, 619
175. Liv. I, 48, 5
176. Prop. *El.* IV, 8, 23
177. Liv. V, 25, 9
178. Liv. XXXIV, 3, 9
179. Tac. *Ann.* XII, 42
180. Suet. *Cal.* 15
181. R. Cagnat u. V. Chapot, *Man. d'Archéol. rom.* II, S. 292, Abb. 516
182. A. Ernout u. A. Meillet, *Dict. étym.*, s. v. *carrus*; J. Carcopino, *Les Étapes de L'Impérialisme romain*, 1961, S. 239 ff.; P. M. Duval, *La Vie quotidienne en Gaule*, 1952, S. 245
183. Liv. XXXI, 21, 17; Flor. I, 18, 27
184. J. Carcopino, *a.à.O.*

6. KAPITEL

1. P. Ducati, *La Città etrusca*, in: *Historia* IX, 1931, S. 3 ff.
2. E. Kornemann, *Polis und Urbs*, in: *Klio* V, 1905, S. 72 ff.
3. Fest., S. 258 L.
4. P. Lavedan, *Hist. de l'Architecture urbaine*, 1926, S. 99
5. Serv. *ad Aen.* I, 422
6. *Corp. Agrim. Rom.* (Thulin) I, S. 145
7. I. Falchi, *Not. Sc.* 1895, S. 274, Abb. 1; P. Ducati, *Etruria Antica* II, 94; *Stor. dell'Arte Etrusca* Abb. 420
8. R. Bianchi-Bandinelli, *Sovana*, S. 15
9. F. Castagnoli, *Ippodamo di Mileto e l'urbanistica a piantà ortogonale*, 1956
10. G. Devoto, *St. Etr.* II, 1928, S. 331
11. Zum Gründungsdatum von Capua vgl. M. Pallottino, *Là parola del passato*, XLVII, 1956, S. 85
12. J. Heurgon, *Capoue préromaine*, 1942, S. 8 ff.
13. Cic. *De Leg. agr.* II, 96
14. A. Grenier, *Bologne villanovienne et étrusque*, mit Abb. S. 116, Nr. III; P. Ducati, *Etruria antica*, II, S. 93; über die letzten Ausgrabungen vgl. *Fasti Archeologici* VI, 1951, 2530; VIII, 1953, 2198; IX, 1954, 2904; es ist möglich, daß diese Funde von einem Wiederaufbau der Stadt im 3. Jahrhundert stammen.

15. N. Alfieri, *Spina e le nuove scoperte. Problemi archeologici e urbanistici,* in: *Atti del I. Convegno di Studi Etruschi* 1959, S. 25 ff.

16. *Fasti Archeologici* X, 1955, 2479; ein Bericht über die Ausgrabungen wurde im Mai 1955 in: *III. Congresso degli Studi Etruschi* von Frl. Fogolari vorgelegt.

17. G. Vallet, *Athènes et l'Adriatique,* in: *M.E.F.R.* LXII, 1950, S. 33 ff.

18. R. Chevallier, *R.E.A.* LIX, 1957, S. 446

19. P. Romanelli, *Not. Sc.* 1948, S. 193 ff.

20. R. Bloch, *M.E.F.R.* LIX, 1947, S. 9 ff.; LXII, 1950, S. 53 ff.

21. R. Bartoccini in: *Tyrrhenica,* S. 52 ff.; *St. Rom.* VI, 2, 1958, S. 126 ff.; C. M. Lerici, E. Carabelli, E. Segre, *Prospezioni geofisiche nella zona archeologica di Vulci* I, 1958

22. G. Lugli, *L'Urbanistica delle Città italiche, le mura di fortificazione,* 1946/47, S. 43 ff.; *La Tecnica edilizia romana,* 1957, S. 83 ff.

23. Vgl. oben S. 55

24. In Boscotrecase, villa rustica des Ti. Claudius Eutychus mit 9 cellae im Erdgeschoß und 9 weiteren darüber, *Not. Sc.* 1922, S. 459; in Gragnano, villa rustica mit 19 cubicula und einem großen ergastulum, *Not. Sc.* 1923, S. 275 ff.

25. J. Carcopino, *La Vie quotidienne à Rome,* S. 39 ff.; für das Folgende: Liv. XXI, 62, 3; Diod. XXXI, 18, 2; Cic. *De Off.* III, 66; *De Leg. agr.* II, 95; *Pro Cael.* 18

26. R. Bianchi-Bandinelli, *Sovana,* S. 104 ff.; C. Weickert, *Röm. Mitt.* XXX, 1915, S. 291, Abb. 84; *A.E.* Abb. 425, 1 und 2

27. K. J. Beloch, *Bevölkerungsgeschichte Italiens,* 1937, I, S. 1 ff.; II, S. 57; S. 132

28. B. Nogara, *Gli Etruschi e la loro Civiltà,* S. 46; R. Mengarelli, in: *St. Etr.* I, 1927, S. 145, zögerte nicht, die Einwohnerzahl Caeres in seiner Glanzzeit auf 80 000 zu schätzen.

29. *A Ciba Foundation Symposium,* S. 80 ff.

30. J. Bradford, *Ancient Landscapes,* S. 116: more than 1000 acres

31. G. Ricci, *Mon. Ant.* XLII, 1955

32. Abb. XI

33. Abb. X

34. Vgl. oben S. 47 f.

35. Vgl. oben S. 128
36. R. Vighi, G. Ricci, M. Moretti, *Mon. Ant.* XLII, 1955
37. J. Bradford, *a.a.O.* S. 116 ff., Abb. 30–32, 8 und 9
38. G. Ricci, *a.a.O.* S. 233 ff.
39. Ders., *a.a.O.* S. 346 ff.
40. R. Bloch, *Bull. Soc. Ant. de Fr.* 1957, S. 57 ff.; S. M. Puglisi, *Mon. Ant.* XLI, 1951, S. 1 ff.
41. G. Ricci, *a.a.O.* S. 313 ff.
42. Ders., *a.a.O.* S. 329, Anm. 1
43. Ders., *a.a.O.* S. 233
44. Ders., *a.a.O.* S. 803, Abb. 181
45. Ders., *a.a.O.* S. 241 ff.
46. M. Moretti, *a.a.O.* S. 1065 ff.
47. G. Ricci, *a.a.O.* S. 450 ff.
48. R. Vighi, *Not. Sc.* 1955, S. 106, Abb. 72 f.
49. G. Lugli, *Roma antica. Il Centro monumentale*, 1946, S. 459, Abb. 136
50. R. Cagnat u. V. Chapot, *Man. des Ant. rom.* I, S. 283, Abb. 147
51. A. von Gerkan u. F. Messerschmidt, *Das Grab der Volumnier bei Perugia*, in: *Röm. Mitt.* LVII, 1942, S. 122 ff.
52. F. Messerschmidt, *Nekropolen von Vulci*, in: *Jahrb. d. Inst.* Erg.-Heft XII, 1930, S. 62
53. Varr. *De L.L.* V, 161; P. Ducati, *Etruria antica* II, S. 94 ff.
54. Varr. *a.a.O.:* ab Atriatibus Tuscis; Paul. Fest. 12 L.
55. Vgl. oben S. 194
56. *T.L.E.* I^{xii} 11
57. Paul. Fest. 12 L.
58. G. Patroni, *Rend. Acc. Linc.*, 1936, S. 808 ff.
59. E. Saglio, *Dict. des Ant. gr.-rom.*, s. v. *atrium*
60. P. Grimal, *Les Jardins romains*, 1943, S. 216
61. E. Saglio, *Dict. des Ant. gr.-rom.*, s. v. *cavaedium*, S. 982
62. Vitr. VI, 3
63. E. Saglio, *a.a.O.* Abb. 1274
64. E. Saglio, *a.a.O.* Abb. 1275
65. Plin. Min. *Ep.* II, 17, 4
66. Ders. V, 6, 15
67. Vgl. oben S. 55
68. Vitr. IV, 7; R. Cagnat u. V. Chapot, *Man. d'Archéol. rom.* I, S. 33 ff.

69. M. Pallottino, *La Necropoli di Cerveteri,* S. 13
70. G. Ricci, *a.a.*O. S. 450 ff., Abb. 102
71. G. Q. Giglioli, *Not. Sc.* 1916, S. 41 ff.; über die etruskische Säulenform zuletzt P. J. Riis, *An introduction to Etruscan art,* 1953, S. 51 ff. und Abb. 22
72. G. Rosi, *Sepulchral Architecture as illustrated by the Rock Façades of Central Etruria,* in: *J.R.S.* XV, 1925, S. 1 ff.
73. Ders., *a.a.*O. Abb. 49–51, 53, 55/56
74. G. Ricci, *a.a.*O. S. 966 ff. und Abb. XV; J. Bradford, *Ancient Landscapes,* S. 122
75. *G. Ricci, a.a.*O. S. 829 ff. und Abb. XI
76. Juv. *Sat.* III, 191
77. G. M. Richter, *Ancient Furniture,* 1926
78. vgl. in der *Tomba degli Scudi* in Tarquinia (*P.E.* S. 105 und 107) und die Urne von Chiusi, abgebildet in *A.E.* Abb. 136, 1
79. G. M. Richter, *Were there Greek Armaria?* in: *Homm. Deonna,* S. 418 ff.
80. vgl. die *Tomba dell'Orco* in Tarquinia (M. Pallottino, *a.a.*O. S. 114)
81. Ath. I, 28 b
82. *A.E.* Abb. 199, 1
83. P.-M. Duval, *La Vie quotidienne en Gaule,* S. 79 und 88
84. *A.E.* Abb. 60, 62, 63
85. A. Grenier, *Bologne,* S. 371 und 397
86. *A.E.* Abb. 17, 1; L. Pareti, *La Tomba Regolini-Galassi,* Abb. 23
87. *A. E.* Abb. 316, 1
88. G. Ricci, *a.a.*O. S. 893 ff., Abb. XIII/XIV
89. G. Ricci, *a.a.*O. S. 722
90. W. Schulze, *Zur Geschichte lateinischer Eigennamen,* 1904, S. 274 ff.
91. R. Mengarelli, *Not. Sc.* 1937, S. 402
92. Die Inschriften sind in G. Ricci, *a.a.*O. S. 911 angeführt.
93. *T.L.E.* 51
94. Vgl. E. Fiesel, *Das grammatische Geschlecht im Etruskischen,* 1922. Wir verändern seine Genealogie in einem Punkt gemäß der neuen Lesart des Patronymikums der *Ramta Matunai* (XIII). Wir verdanken die neue Erkenntnis G. Ricci.
95. P. Mingazzini, *Archeol. Class.* VI, 1954, S. 292 ff.
96. A. Stenico, *St. Etr.* XXIII, 1954, S. 201 ff.

97. Varr. *De L. L.* X, 22; *Arch. Anz.* 1941, S. 618 ff.
98. A. Stenico, *a.a.O.* S. 197 ff.
99. *A.E.* Abb. 104, 6; D. Levi, *Il Museo Civico di Chiusi*, Abb. 64 und S. 118
100. Theokr. XV, 21 ff.
101. *P.E.* S. 105 und 107
102. *A.E.* Abb. 369; zur Datierung vgl. B. Schweizer, *Die Bildniskunst der röm. Republik*, 1948, S. 8; P. J. Riis, *a.a.O.* S. 109 ff.
103. Cat. *De Agr.* 59
104. *P.E.* S. 87; R. Bloch, *L'Art étrusque*, Abb. 53
105. G. Glotz, *La Civilisation égéenne*, S. 88
106. *P.E.* S. 68, 78, 87; R. Bloch, *a.a.O.* Abb. 45–54
107. Stat. *Silv.* II, 1, 130
108. *P.E.* S. 45; R. Bloch, *a.a.O.* Abb. 22
109. *A.E.* Abb. 136, 2; 142, 4; 144, 1 und 3 usw.; N.M. Abb. 83
110. Ath. XII, 519 b
111. Ath. XII, 541 a; J. S. Callaway, *Sybaris*, 1950, S. 76
112. Müller/Deecke, *Die Etrusker* I, S. 247 und die entsprechenden Texte
113. Pol. VIII, 2
114. Dion. Hal. III, 61, 1
115. A. Ernout, *Philologica I*, S. 27
116. Poll. *Lex.* S. 584, 17
117. Dion. Hal. II, 60, 2; III, 61, 1
118. *A.E.* Abb. 108, 1; A. Alföldi, *Frührömischer Reiteradel und seine Ehrenabzeichen*, 1952, S. 36 und Abb. 1
119. *A.E.* Abb. 109, 1; *P.E.* S. 37; R. Bloch, *a.a.O.* Abb. 14–18
120. *A.E.* Abb. 115, 2; N.M. Abb. 67
121. *A.E.* Abb. 265; *P.E.* S. 121; R. Bloch, *a.a.O.* Abb. 81 f.
122. R. Lambrechts, *Essai sur les Magistratures des républiques étrusques*; vgl. vor allem Abb. II, VII, XXII
123. A. Alföldi, *Gewaltherrscher und Theaterkönig*, in: *Stud. A.M. Friend.* S. 15 ff.
124. Vgl. R. Cagnat u. V. Chapot, *Man. d'Archéol. rom.* II, S. 367
125. *P.E.* S. 55 und 57; R. Bloch, *a.a.O.* Abb. 14–16, 29, 32
126. Cic. *De Nat. Deor.* I, 82
127. *A.E.* Abb. 108; *Dict. des Ant. gr.-rom.*, s. v. *calceus*, Abb. 1021; A. Alföldi, *Frühröm. Reiteradel* ... S. 60, Abb. I

128. *A.E.* Abb. 116; *Dict. des Ant. gr.-rom.*, *a.a.O.* Abb. 1022
129. Müller/Deecke, *a.a.O.* I, S. 254 ff. mit den entsprechenden Texten
130. *N.M.* Abb. 44; G. Ricci, *Mon. Ant.* XLII, 1955, S. 592
131. *P.E.* S. 107; R. Bloch, *a.a.O.* Abb. 78
132. A. Alföldi, *a.a.O.* S. 54 ff.
133. *Dict. des Ant. gr.-rom.*, *a.a.O.* Abb. 1017; *N.M.* Abb. 42
134. Verg. *Aen.* VIII, 457
135. *A.E.* Abb. 119
136. *A.E.* Abb. 115, 2
137. *A.E.* Abb. 122, 2 und 3
138. *A.E.* Abb. 124, 3
139. Varr. *De L.L.* VII, 44; Fest. 484 L.
140. E. Coche de la Ferté, *Les Bijoux antiques*, 1956, Abb. 34, 1 und 2, und S. 120
141. M. Pallottino, *a.a.O.* S. 101; R. Bloch, *a.a.O.* Abb. 72
142. Neppi Modona, Abb. 99
143. Ders., Abb. 100
144. Ders., Abb. 72
145. E. Coche de la Ferté, *a.a.O.* S. 72 ff.
146. *A.E.* Abb. 23–27; R. Bloch, *a.a.O.* S. 8 f.; *Katalog der Ausstellung von 1955*, Abb. 21, Nr. 104
147. *A.E.* Abb. 19; *Kat.* Abb. 20, Nr. 94
148. *Kat.* Abb. 17, Nr. 85
149. E. Coche de la Ferté, *a.a.O.* S. 16
150. Ders., *a.a.O.* S. 82
151. Ders., *a.a.O.* Abb. 37; Kat. Abb. 22, Nr. 112; R. Bloch, *a.a.O.* S. 28 f.
152. Ders., *a.a.O.* S. 72
153. *A.E.* Abb. 66; Kat. Nr. 102
154. Über die Ursprünge der etruskischen Steinskulptur vor allem in Vetulonia vgl. A. Hus, *M.E.F.R.* LXVII, 1955, S. 71 ff.; LXVIII, 1956, S. 37 ff.
155. G. Vallet, *Rhégion et Zancle*, S. 57, Anm. 1

7. KAPITEL

1. Auf Spiegeln dargestellt und im Ritual von Zagreb erwähnt.
2. Tac. *Germ.* 11; Cic. ap. Serv. *ad Aen.* I, 738; VI, 535
3. Varr. ap. Gell. *N.A.* III, 2, 6; Plin. *N.H.* II, 188

4. *T.L.E.* 181

5. Macr. *Sat.* I, 15, 14

6. Macr. *Sat.* I, 15, 13

7. *T.L.E.* 801, 805, 818, 824, 836, 854, 856, 858

8. M. Pallottino, *St. Etr.*, XI, 1937, S. 213

9. E. Fiesel, *St. Etr.*, X, 1936, S. 324

10. E. Benveniste, *B.S.L.* XXXII, 1931, S. 68 ff.

11. Liv. VII, 3, 7

12. Censor. 17, 6; C. O. Thulin, *Die etruskische Disziplin* III, S. 63 ff.

13. Diod. V, 40; vgl. oben S. 46

14. J. Carcopino, *La Vie quotidienne à Rome*, S. 304 ff. Diesem Buch entnehmen wir die Details im folgenden.

15. Suet. *Vit.* 13, 1

16. Sen. *ad Luc.* 103, 6; Plin. Min. *Ep.* III, 5, 10 ff.

17. Cic. *Phil.* II, 104

18. Plat. Com. *ap.* Ath. I, 47 d

19. G. Conestabile, *Pitture murali*, 1865; J. Martha, *L'Art étrusque*, Abb. 266, 279, 292; *N.M.* Abb. 74; *P.E.* S. 97 ff.; R. Bloch, *L'Art étrusque*, Abb. 74–76; Inschriften in *T.L.E.* 220 ff.

20. *C.I.L.* I, 364; A. Ernout, *Textes lat. arch.*, S. 36

21. *App. Verg. Mor.* 92 ff.

22. Varr. ap. Diom., G. L. I, S. 486 K

23. Apic. VIII, 8, 1; VI, 9, 1; beachtenswert: der Gewürzwein von Chiusi: conditum Camerinum I, 2; haedus Tarpeianus VIII, 2, 9

24. Vgl. P. Grimal, *La véritable nature du garum*, in: *R.E.A.* LIV, 1952, S. 27 ff.

25. Varr. *De L.L.* VII, 35; Fest. 403 L.

26. M. Pallottino, *Studi Funaioli*, S. 304

27. O. Danielsson, *Gl.* XVI, S. 86; *T.L.E.* 715

28. Walters/Smith, *Katalog des British Museum* IV, S. 8, Abb. 17 (F 470–2)

29. R. Demangel, *La Frise ionique*, S. 437 ff.; A. Andrén, *Architectural Terracottas from Etrusco-Italic temples*, S. LXXXV ff., Abb. 11

30. F. Villard, *Les Vases grecs*, S. 71, 77; Abb. I, 1; XXIX, 3 usw.

31. *P.E.* S. 107; R. Bloch, *L'Art étrusque*, Abb. 78
32. P. Ducati, *Storia dell'Arte etrusca*, Abb. 232; *N.M.* Abb. 87
33. *P.E.* S. 67; R. Bloch, *a.a.O.* Abb. 44 und 48
34. Vgl. oben S. 55
35. Cic. *Verr.* II, 1, 86
36. Cic. *Verr.* II, 4, 58
37. *P.E.* S. 67; R. Bloch, *L'Art étrusque*, Abb. 44 und 48
38. *P.E.* S. 107; R. Bloch, *a.a.O.*, Abb. 78
39. Ath. I, 28 b; vgl. oben S. 228 f.
40. *N.M.* Abb. 87, S. 117
41. J. D. Beazley, *Etruscan Vase-Painting*, S. 284 ff.
42. Plaut. *Stich.* 694 ff.
43. Liv. XXVIII, 38, 5
44. Liv. XXXVII, 59, 5
45. Gell. *N.A.* II, 24
46. R. Bianchi-Bandinelli, *Clusium*, *Mon. Ant.* XXX, 1925, S. 306 ff.; *N.M.* Abb. 73, S. 114
47. Her. I, 167
48. J. Heurgon, *L'État étrusque*, *Hist.* VI, 1957, S. 88 mit den entsprechenden Texten.
49. Vgl. oben S. 83 f.
50. Th. Reinach, *La Musique grecque*, 1926; P. Boyancé, *Le Culte des Muses chez les Philosophes grecs*, 1937; H. I. Marrou, *Hist. de l'Éducation dans l'Antiquité*, 1948
51. Theogn. I, 791; H. I. Marrou, *a.a.O.* S. 75
52. Th. Reinach, *a.a.O.* S. 132
53. Arist. *F.H.G.* II, S. 178
54. Plut. *De cohib. ira*, 460 c
55. Ath. XII, 518 b
56. Ael. *Nat. an.* XII, 46
57. Arist. *Hist. an.* IX, 5, 611 b; J. Aymard, *Les Chasses romaines*, S. 336 ff.
58. E. Mérite, *Les Pièges*, zitiert von J. Aymard, *a.a.O.*
59. H. I. Marrou, *a.a.O.* S. 189
60. Verg. *Georg.* II, 193; Plin. *N.H.* XVI, 172
61. Dion. Hal. VII, 72, 5
62. *A.E.* Abb. 407, 4
63. Ath. XIII, 607
64. Liv. IX, 30, 5

65. Müller/Deecke, *Die Etrusker* II, S. 206 mit den entsprechenden Texten; Aischyl. *Eum.* 567
66. Verg. *Aen.* VIII, 526
67. Liv. I, 20, 5
68. R. Bloch, *M.E.F.R.* 1958, LXX, S. 7 ff.
69. Fest. 334 L.
70. Verg. *Aen.* V, 545 ff.
71. G. Q. Giglioli, *St. Etr.* III, 1929, S. 111 ff.; *A.E.* Abb. 80
72. F. Bömer, *Rom und Troja*, 1951, S. 18 ff.
73. J. Heurgon, *M.E.F.R.* 1929, XLVI, S. 3 ff.
74. Ch. Picard, *Genava*, 1935, XIII, S. 63 ff.
75. Dion. Hal. VII, 72, 10 ff.; A. Piganiol, *Rech. sur les jeux romains*, 1923, S. 15 ff.
76. *P.E.* S. 43
77. Ders. a.a.O. S. 45; R. Bloch, *L'Art étrusque*, Abb. 21
78. J. D. Beazley, *Etruscan Vase-Painting*, S. 114
79. Liv. VII, 2, 6
80. Ov. *A.A.* I, 111
81. Plaut. *Curc.* 150
82. Liv. I, 35, 9
83. Plin. *N.H.* X, 71
84. R. Bartoccini, C. M. Lerici, M. Moretti, *La tomba delle Olimpiadi*, 1959
85. Plut. *Publ.* 13, 4; Fest. 340 L.; J. Hubaux, *Bull. de l'Acad. royale de Belgique* XXXVI, 1950, S. 341 ff.; J. Gage, *Bull. de la Fac. des Lettres de Strasbourg*, XXXI, 1953, S. 163 ff.
86. *P.E.* S. 39; R. Bloch, a.a.O. Abb. 19; vgl. P. Demargne, *C.R.A.I.* 1952, S. 167; *Fouilles de Xanthos* I, 1958: zwei fettleibige Ringer packen sich am Hals
87. *N.M.* Abb. 67
88. *A.E.* Abb. 115, 2; M. Pallottino, *Etruscologia*, 3. Aufl., Abb. 57
89. Vgl. oben S. 293
90. *A.E.* Abb. 149; E. Gabrici, *St. Etr.* II, 1928, S. 73 ff.
91. *A.E.* Abb. 204; *P.E.* S. 65 ff.
92. A. Grenier, *Bologne*, S. 401
93. W. Borgeaud, *Les Illyriens en Grèce et en Italie*, 1943, S. 144; R. Bloch, *Bull. Soc. Ant. de Fr.* 1959, S. 97
94. Hom. *Il.* XXIII, 175
95. J. D. Beazley, *Etruscan Vase-Painting*, S. 90

96. Her. I, 167
97. Liv. VII, 15, 10
98. Suet. *Aug.* 15, 2
99. Ath. IV, 153 f.; Liv. *Per.* XVI
100. Isid. von Sev. *Or.* X, 159; Ernout-Meillet, *Dict. étym.* s. v. *lanista*
101. Tert. *Ap.* 15, 5
102. F. Weege, *Oskische Grabmalerei*, in: *Jahrb. d. Inst.* XXIV, 1909, S. 99 ff.; P. Sestieri, *Tombe dipinte di Paestum*, in: *Riv. dell'Ist. di Archeol. e Stor. dell'Arte*, V–VI, 1956–1957, S. 65 ff.
103. J. Heurgon, *Capoue préromaine*, S. 431
104. F. de Ruyt, *Charun*, S. 30 spricht von einer Darstellung dieser Art auf einer Urne aus der Umgebung von Perusia; es handelt sich um eine Hypothese.
105. *A.E.* Abb. 109, 2
106. R. Bartoccini, C. M. Lerici, M. Moretti, *La tomba delle Olimpiadi*, Abb. 14
107. Tert. *Spect.* 12, 4
108. *P.E.* S. 41; R. Bloch, *L'Art étrusque*, Abb. 17
109. P. Romanelli, *Tarquinia*, Abb. 33
110. F. Altheim, *Maske und Totenkult*, in: *Terra Mater*, 1931, S. 48 ff.; J. Heurgon, *Capoue préromaine*, S. 434 ff.; H. Rheinfelder, *Das Wort »Persona«*, in: *Zeitschr. f. roman. Phil.* Beiheft 77, 1928
111. Paul. Fest. 115 L.; vgl. 52 und 281
112. Ap. *Apol.* 13, 7
113. P. Frassinetti, *Fab. Atell. Fragm.* S. 22
114. Fest. 238 L.
115. Über die Mimen von Atellane: P. Frassinetti, *Fabula Atellana*, 1953, S. 65 ff.
116. Über die *ludi Osci*, Cic. *Fam.* VII, 1, 3

8. KAPITEL

1. G. Buonamici, *Epigrafia etrusca*, 1934, S. 111 ff.; J. G. Février, *Hist. de l'Écriture*, 2. Aufl. 1959, S. 440 ff.; M. Lejeune, *Observations sur l'alphabet étrusque*, in: *Tyrrhenica* 1957, S. 158 ff.
2. A. Minto, *Marsiliana d'Albegna*, 1921, S. 122 und 236, Abb.

XX; A. Grenier, *M.E.F.R.* 1924, XLI, S. 1 ff.; *A.E.* Abb. 30, 2; M. Pallottino, *Etruscologia*. 3. Aufl. Abb. 64

3. L. Pareti, *La tomba Regolini-Galassi*, S. 132, Abb. 46; *T.L.E.* 55

4. F. Weege, *Vasculorum Campanorum Inscriptiones Italicae*, 1–3

5. M. Lejeune, *R. Ph.* XXVI, 1952, S. 199 ff.; *R.E.A.* 1953, LV, S. 58 ff.

6. Ders. *R.Ph.* XXVI, 1952, S. 204

7. H. I. Marrou, *Hist. de l'Éducation dans l'Antiquité*, S. 211

8. M. Lejeune, *Tyrrhenica*, S. 161, Anm. 6

9. *T.L.E.* 423

10. *T.L.E.* 472; *B.N.* S. 385, Abb. 229

11. *T.L.E.* 2, 62; 570

12. *T.L.E.* 69

13. *T.L.E.* 601

14. *T.L.E.* 131

15. *C.I.E.* 5288, S. 227; *T.L.E.* 91; *A.E.* Abb. 388,2; F. de Ruyt, *Charun*, S. 131

16. Gerhard/Körte, *Etruskische Spiegel* V, 127; vgl. oben S. 70 und Anm. 25

17. F. de Ruyt, *Charun*, S. 158

18. Strab. V, 2, 9; N. Lewis, *L'Industrie du papyrus dans l'Égypte gréco-romaine*, 1934, S. 14

19. M. Pallottino, *St. Etr.* VI, 1932, S. 559

20. Liv. IV, 7, 12; 13, 7; 20, 8

21. Die Fragmente des etruskischen Leinenbuches im Museum von Zagreb sind der Gegenstand eines Sonderheftes der *C.I.E. Libri lintei Etrusci fragmenta Zagrabiensia*, 1919–21, ed. G. Herbig und O. Danielsson. Zur Interpretation vgl. M. Pallottino, *Il contenuto del testo della Mummia di Zagrabia*, in: *St. Etr.* XI, 1937, S. 203 ff.; K. Olzscha, *Interpretation der Agramer Mumienbinde*, in: *Klio*, Beiheft XL, 1939

22. Vgl. oben S. 98

23. K. Olzscha, *Die Kalenderdaten der Agramer Mumienbinden*, in: *Aegyptus* 1959, S. 340 ff.

24. Th. Birt, *Die Buchrolle in der Kunst*, 1907, S. 215 ff.

25. Lucr. VI, 381 f.

26. Cic. *De Div.* I, 20, V. 47; J. Carcopino, *La Louve du Capitole*, 1925, S. 34 ff.

27. C. O. Thulin, *Die etruskische Disziplin*, 1909, III
28. Fest. 358 L.
29. Vgl. C. O. Thulin, *a.a.O.* III, S. 86 ff.
30. Cic. *De Haruspicum responso*
31. A. Piganiol, *Le Calendrier brontoscopique de Nigidius Figulus*, in: *St. A. C. Johnson*, 1951, S. 79 ff.
32. A. Grenier, *Les Religions étrusque et romaine*, 1948
33. Die Texte sind gesammelt in *M.D.* II, S. 23 ff.; A. Grenier, *a.a.O.* S. 27
34. Liv. I, 7, 4 ff.; J. Bayet, *Les origines de l'Hercule romain*, 1926, S. 203 ff.
35. Vgl. oben S. 314
36. Hom. *Od.* IV, 351 ff.; Verg. *Georg.* IV, 387 ff.
37. Lachmann, *Gromatici Veteres*, I, S. 350; St. Weinstock, *Vegoia*, in: *Real. Enz.* VIII A 1, S. 577 ff.; J. Heurgon, *The date of Vegoia's prophecy*, in: *J.R.S.* 1959, S. 41 ff.; vgl. oben S. 151
38. S. Mazzarino, *Hist.* VI, 1957, S. 109
39. J. Marouzeau, *L'Ordre des mots en latin*, 1953, S. 7 ff.
40. Cic. *De Div.* I, 92; vgl. Val. Max. I, 1, 1
41. Cic. *De Leg.* II, 21
42. Tac. *Ann.* XI, 15
43. Cic. *De Div.* II, 51
44. Cat. *De Agr.* 5, 4; Cic. *a.a.O.* I, 132
45. *C.I.L.* IX, 5824
46. Cass. Dio LVI, 25
47. C. O. Thulin, *a.a.O.* III, S. 136 ff.
48. Zosim. V, 41 ff.
49. C. O. Thulin, *a.a.O.* III, S. 142 ff.
50. Über Herennius Siculus vgl. Val. Max. IX, 12, 6; Vell. Pat. II, 7, 2; F. Münzer, in: *Real. Enz.* (46); E. Babelon, *Descr. hist. des monn. de la Rép. rom.* I, S. 567; über Postumius vgl. Cic. *De Div.* I, 172; Val. Max. I, 6, 4; über Spurinna vgl. Cic. *Fam.* IX, 24; *De Div.* I, 119; Suet. *Caes.* 81; Val. Max. VIII, 11, 2
51. J. Heurgon, *Tarquitius Priscus*, in: *Latomus* 1953, S. 402 ff.
52. *App. Verg. Cat.* V, 3
53. *C.I.L.* XI, 3370, 7566
54. F. Münzer, in: *Real. Enz.* III
55. *Not. Sc.* IX, 1955, S. 114 ff.

56. Cic. *Pro Caecina; Fam.* VI, 5–8
57. Cic. *Fam.* VI, 6, 3
58. *T.L.E.* 131; J. Heurgon, *Influences grecques sur la religion étrusque,* in: *R.E.L.* XXXV, 1957, S. 106 ff.
59. Vgl. oben S. 316
60. J. Carcopino, *La Basilique pythagoricienne de la Porte Majeure,* 1927, S. 183
61. Hom. *Od.* XV, 225; Suidas III, 419, S. 349 A
62. Drac. *Romul.* VIII, 480
63. Vgl. oben S. 55
64. P. Ducati, *Etruria antica,* I, S. 164
65. *B.N.* S. 405 ff.
66. Liv. IX, 36, 3; vgl. oben S. 85
67. H. I. Marrou, *Hist. de l'Éducation dans l'Antiquité,* S. 329 ff.
68. Dion. Hal. I, 21, 2
69. Serv. Dan. *ad. Aen.* VIII, 285
70. Vgl. oben S. 286
71. Hor. *Epist.* II, 1, 139 ff.; Paul. Fest. 75 L.; G. Wissowa, *Real. Enz.* VI, S. 2223 ff.
72. Vgl. oben S. 304 ff.
73. Vgl. unten S. 349
74. Liv. VII, 2
75. J. H. Waszink, *Varro, Livy and Tertullian,* in: *Vig. Christ.* II, 1948, S. 224 ff.
76. Der Leierspieler im Grab der Löwinnen hat den Mund geschlossen. Der Spieler im Grab des Kitharöden hat – wenn man sich auf die Zeichnung verlassen will, die als einziges übriggeblieben ist (J. Martha, *L'Art étrusque,* Abb. 289, S. 438) – die Lippen halb offen; es ist möglich, daß seine Musik von Worten begleitet war.
77. P. Wuilleumier, *Tarente,* 1939, S. 612 ff.
78. A. Piganiol, *Recherches sur les Jeux romains,* 1923, S. 32 ff.
79. Brunn/Körte, *Rilievi delle Urne etrusche* I, Abb. 73, 2 f.; 80, 11; II, Abb. 20–26; *A.E.* Abb. 355, 1; 356, 1–3
80. Brunn/Körte, *a.a.O.* I, 1, 4; 4, 11; II, 13; 18; *A.E.* Abb. 400, 3; 404, 1; 405, 1
81. Brunn/Körte, *a.a.O.* II, 2; Pacuv., *Medus* 397 R; Lucil. 587 M
82. Brunn/Körte, *a.a.O.* II, Abb. 89–92
83. E. Fiesel, *Namen des griechischen Mythos im Etruskischen,* 1928

84. Plaut. *Men.* 144
85. Varr. *L.L.* V, 55
86. A. Ernout, *Philologica* I, S. 117; G. Dumézil, *L'Héritage indo-européen à Rome*, S. 191
87. Censor. 17, 6; C. O. Thulin, *Die etruskische Disziplin*, III, S. 63 ff.
88. *C.I.L.* XIII, 1668; P. Fabia, *La Table Claudienne de Lyon*, 1929
89. Schol. Veron. *ad Aen.* X, 200; A. H. G. Zimmermann, *De A. Caecina scriptore*, 1852
90. F. Altheim, *Röm. Gesch.* I, S. 191 ff.
91. *A.E.* Abb. 189–196; die neuen Fragmente in: M. Pallottino, *La Scuola di Vulci*, 1945; *Archeol. Class.* II, 1950, S. 122 ff.; Abb. 30 ff.; *Etruscologia* Abb. 10
92. *P.E.* S. 31; R. Bloch, *L'Art étrusque*, Abb. 11; vgl. oben S. 302
93. Z. B. der durch Porsenna evozierte Mythos von Olta, Brunn/ Körte, *a.a.O.* III, Abb. 8, 1; *A.E.* Abb. 401, 1; vgl. Plin. *N.H.* II, 140
94. Vgl. oben S. 70 ff.; *P. E.* S. 115 ff.; R. Bloch, *a.a.O.* Abb. 80–82
95. Verg. *Aen.* VI, 88 f.
96. Liv. V, 33, 3; Dion. Hal. XIII, 14 ff.
97. Gell. *N.A.* XVII, 14, 4
98. Pol. II, 17, 3
99. *T.L.E.* 471
100. W. Schulze, *Zur Geschichte lateinischer Eigennamen*, 1904, S. 287
101. J. Perret, *Les Origines de la légende troyenne de Rome*, 1942, S. 458 ff.
102. Plut. *Rom.* 2
103. Dion. Hal. IV, 2, 1; F. Altheim, *Griechische Götter im alten Rom*, 1930, S. 51 ff.
104. L. Ross Taylor, *Local Cults in Etruria*, 1923, S. 120
105. M. Pallottino, *Archeol. Class.* IX, 1957, S. 206 ff.; X, 1958, S. 315 ff.
106. P. Romanelli, *Not. Sc.* 1948, S. 260 ff.
107. A. Degrassi, *Inscr. Italiae* XIII, III, 1937
108. J. Heurgon, *M.E.F.R.* LXIII, 1951, S. 119 ff.; M. Pallottino, *St. Etr.* XXI, 1950–51, S. 147 ff.

109. P. Romanelli, _a.a.O._ Nr. 44; das M ist gesichert; folglich ist die Rekonstruktion Pallottinos unmöglich; vgl. M. Pallottino, _a.a.O._ S. 170: bello Hannibalico. Vielleicht muß man statt Camertes Hamertes lesen.

110. P. Romanelli, _a.a.O._ Nr. 48; _Ann. ép._ 1951, Nr. 146. Zu _Aquila_ Bedenken von E. Vetter, _Gl._ XXXIV, 1954, S. 59

111. U. Kahrstedt, _Symb. Osl._ XXX, 1953, S. 68

112. J. Heurgon, _a.a.O._ S. 131; M. Pallottino, _a.a.O._ S. 162

113. F. Della Corte, _St. Etr._ XXIV, 1955, S. 75

114. J. Heurgon, _a.a.O._ S. 133; nach einem Vorschlag von J. Bayet

115. P. Romanelli, _a.a.O._ Nr. 77, vervollständigt durch Nr. 18, die sich darauf bezieht

116. M. Pallottino, _Tarquinia_, S. 584; etruskische Inschriften von Norchia vgl. _T.L.E._ 164 ff.; vgl. oben S. 223

117. Plin. _N.H._ XXXV, 6

118. Juv. _Sat._ VIII, 1 ff.

119. Pers. _Sat._ III, 28

120. Hor. _Carm._ I, 1, 1; III, 29, 1; Prop. _El._ III, 9, 1

121. Hor. _Sat._ I, 6, 1 ff.

122. Plin. _N.H._ XXXV, 26

123. Tac. _Ann._ VI, 11, 3

124. Vell. Paterc. II, 88, 3

125. P. Boyancé, _Bull. Ass. G. Budé_, 1959, S. 332 ff.

126. Cic. _Pro Clu._ 153

127. Prop. _El._ III, 9, 29

128. Hor. _Sat._ I, 5, 29

129. Cass. Dio, LII, 1–41

130. Sen. _De Clem._ I, 9

131. P. Grimal, _Le Siècle d'Auguste_, S. 58 ff.

132. Dies ist der Titel eines denkwürdigen Werkes von Sir Ronald Syme, _The Roman Revolution_, 1939; es untersucht den Aufstieg einer neuen Herrscherklasse unter dem Prinzipat des Augustus.

133. Stendhal, _La Chartreuse de Parme_, Kap. VI

134. Sen. _ad Lucil._ 114, 4

135. Fr. Goethert, _Zur Kunst der römischen Republik_, 1931

136. Sen. _ad Lucil._ 92, 35

137. Juv. _Sat._ I, 66; XII, 38 ff.; Plin. _N.H._ VIII, 174

138. Suet. _Vit. Hor._ S. 45 R

139. Sen. *ad Lucil.* 114, 6
140. Plin. *N.H.* VII, 172
141. Sen. *De Prov.* I, 3, 10
142. Macr. *Sat.* II, 4, 12
143. gesammelt und kommentiert von F. Harder, *Progr. Berlin* 1889 und P. Lunderstedt, *Comment. Philol. Ienenses* IX, 1, 1911
144. Sen. *ad Lucil.* 92, 35
145. Sen. *ad Lucil.* 101, 11
146. Suet. *Aug.* 86, 3; Sen. *ad Lucil.* 114, 4
147. H. Bardon, *La littérature latine inconnue* II, S. 13 ff.
148. Sen. *ad Lucil.* 19, 9; die folgenden Fragmente in 114, 5 ff.
149. F. Cumont, *Lux perpetua*, S. 82 ff., S. 396 ff.
150. M. Renard, *Pline l'Ancien et le motif de l'»assarôtos oikos«*, in: *Homm. Niedermann*, S. 307 ff.
151. Verg. *Aen.* VI, 599

ZUSAMMENFASSUNG

1. Liv. I, 40, 2: Tarquinius ist nicht *Italicae stirpis*, weil er Sohn des Korinthers Demaratos ist
2. Fest., S. 222 L.
3. Her. IV, 76 ff.
4. A. Hus, *Les Étrusques*, 1959, S. 155

ANHANG I

1. M. Moretti, *Nuovi Monumenti della Pittura etrusca*, Mailand 1966
2. A. Balland u. A. Tchernia, *Not. Sc.* 1966, S. 52 ff.; A. Balland u. P. Gros, *Fouilles de l'École Française à Bolsena, Les Architectures, M.E.F.R.*, Supplément 6, 2, 1970.
3. F. de Ruyt, *C.R.A.I.* 1967, S. 190 ff.
4. K. Hanell, *Etruscan Culture, Land and People*, Malmö 1962, S. 277 ff.
5. *Not. Sc.* 1963, S. 77 ff.; 1965, S. 49 ff.; 1967, S. 87 ff.; vgl. auch J. B. Ward-Perkins, *Veii, the historical Topography of the ancient City*, in: *P.B.S.R.* XXXIX, 1961, S. 1 ff.
6. Cambridge, Mass. 1968
7. M. Pallottino u. verschiedene Mitarbeiter, *Arch. Class.* XVII,

1964, S. 39 ff.; A. J. Pfiffig, *Uni-Hera-Astarte, Studien zu den Goldblechen von S. Severa-Pyrgi*, in: Österr. *Akad. der Wiss.* LXXXVIII, 1965; J. Heurgon, *J.R.S.* LVI, 1966, S. 1 ff.; K. Olzscha, *Gl.* 1966, S. 60 ff.

8. Diod. XV, 14, 3 ff.
9. Verr. Flacc. in Serv. *ad Aen.* X, 183
10. M. Pallottino, *a.a.O.* S. 116
11. M. Pallottino, *St. Etr.* XXXIV, 1966, S. 175
12. M. Torelli, *Arch. Class.* XVIII, 1966, S. 283 ff.; A. J. Pfiffig, *Ein Opfergelübde an die etruskische Minerva*, in: Österr. *Akad. der Wiss.* XCIX, 1968
13. J. Jehasse, *Le Musée d'Aléria*; J. Carcopino, *Les leçons d'Aléria*, in: *Rev. de Paris*, Okt. 1962
14. J. Heurgon, *Inscriptions étrusques de Tunisie*, C.R.A.I., 1969, S. 526 ff.
15. J. Heurgon, *Recherches sur la fibule d'or de Chiusi*, in: *M.E.F.R.* 1971, LXXIII, S. 7 ff.

ANHANG II

1. In: *Popoli e Civiltà dell'Italia antica*, Bd. Lingue e dialetti II, Biblioteca di Storia Patria, Rom 1974, S. 3–41
2. C. de Simone, *Die griechischen Entlehnungen im Etruskischen*, Wiesbaden 1968–70; G. Colonna, *Appunti sull'epigrafia ceretana del VII. secolo*, in: *M.E.F.R.* LXXXII, 1970, S. 637 bis 672; M. Cristofani, *Sull'origine e la diffusione dell'alfabeto etrusco*, in: *Aufstieg und Niedergang der römischen Welt* (Festschrift Vogt), I, 2, Berlin 1972, S. 466–489; M. C., *Diffusione dell'onomastica arcaica nell'Etruria interna settentrionale*, in: *Atti dell'VIII Convegno di Studi Etruschi*, Florenz 1974, S. 307–324; *Introduzione allo Studio dell'Etrusco*, Florenz 1973
3. M. Torelli, *Il santuario di Hera a Gravisca*, in: *La Parola del Passato* 136, 1971, S. 44–67
4. M. Pallottino, in: *St.Etr.* XXXVII, 1969, S. 79–85; M. Cristofani, *Corpus Inscriptionum Etruscarum* II, 2, 4, 1970, S. 454 ff., Nr. 6213, 6216, 6217
5. J. und L. Jehasse, *La nécropole préromaine d'Aléria*, XXV. Suppl. zu *Gallia*, 1973. – Zu *klavtie* S. 551, Nr. 10 und Abb. 168

6. In: *Anzeiger der Österr. Akad. der Wiss.*, 1967, S. 53 ff.; *T.L.E.* 890

7. Die etruskisch-lateinische Bilingue von Atri (Abruzzen), von der die Presse viel berichtet hat (u. a. *La Stampa* vom 26. Oktober 1975 und *Frankfurter Allgemeine Zeitung* vom 27. Oktober 1975) war bislang noch nicht Gegenstand einer wissenschaftlichen Veröffentlichung; sie scheint keine anderen Erkenntnisse zu erbringen als die bereits S. 92 und S. 96 von uns erwähnten.

8. Vgl. O. Müller und W. Deecke, *Die Etrusker*, Stuttgart 1877 (Neudruck Graz 1965) 1, S. 206, Anm. 56

9. R. Bloch, *Gli Scavi della Scuola francese a Bolsena* (1946 bis 1962) in: *St.Etr.* XXXI, 1963, S. 399–424

10. M. Cagiano de Azevedo, in: *La Parola del Passato* 145, 1972, S. 239–245

11. R. Bloch, *Recherches archéologiques en territoire volsinien*, Paris 1972

12. J. Heurgon, *Un legatus à Volsinii. A propos des inscriptions de la tombe Golini I*, in: *M.E.F.R.* LXXXVI, 1974, S. 707 bis 721

13. E. und G. Colonna, *Castel d'Asso*, 2 Bde., Rom 1970

14. Vgl. die Akten des Kongresses über *La Città etrusca e italica preromana*, Bologna 1970

15. G. A. Mansuelli, in: *Röm. Mitt.* LXX, S. 44 ff.; A. Hus, *Les siècles d'or de l'histoire étrusque*, Brüssel 1976, S. 95–98 und S. 254–256

16. C. Laviosa, *L'urbanistica delle città arcaiche e le strutture in mattoni crudi a Roselle*, in: *La Città etrusca* ... (vgl. Anm. 14), S. 209–216

17. C. O. Östenberg, *Problemi dei centri minore dell'Etruria meridionale alla luce delle scoperte di San Giovenale e Acquarossa*, in: *Atti dell'VIII Convegno di Studi Etruschi*, Florenz 1974, S. 75–87

18. K. M. Phillips, in: *A.J.A.* LXXVI, 1972, S. 249–255; I. E. Gantz, *The seated statue akroteria from Poggio Civitate*, in: *Dial. di Archeol.* VI, 1972, S. 167–235

19. A. J. Pfiffig, *Religio Etrusca*, Graz 1975

WICHTIGE NEUERE PUBLIKATIONEN

C. de Simone, *Etrusco ›Tursikina‹* in: *St. Etr.* XL, 1972, S. 155–181

H. Rix, *Zum Ursprung des römisch-mittelitalischen Gentilnamensystems*, in: *Aufstieg und Niedergang der römischen Welt* I,2, Berlin / New York 1972, S. 700–758

M. Torelli, *›Elogia Tarquiniensia‹*, Florenz, 1975: Ergänzung und Präzisierung der Ausführungen von S. 362–364 (vgl. J. Heurgon, in: *St. Etr.* XLVI, 1978, S. 617–623)

M. Pallottino, *Servius Tullius à la lumière des nouvelles découvertes archéologiques et épigraphiques*, in: *C.R.A.I.* 1977, S. 216–235

A. Sommella Mura, *S. Omobono: la decorazione architettonica del tempo arcaico*, in: *La parola del passato* XXXII, 1977, S. 62–126

M. Sprenger, G. Bartoloni, M. Hirmer, *Die Etrusker. Kunst und Geschichte*, München 1977

›Thesaurus Linguae Etruscae‹. Indice Lessicale, publié sous les auspices de l'Institut d'Etudes Etrusco-Italiques et l'Institut d'Archéologie de l'Université de Rome, par M. Pallottino, assisté de M. Pandolfini Angeletti, Rome 1978

M. Cristofani, *L'arte degli Etruschi. Produzione e consumo*, Turin 1978

F. H. Pairault-Massa, *Marzabotto. Rapport préliminaire sur six ans de recherches*, in: *Not. Sc.* XXXII, 1979, S. 131–157

J. Heurgon, *A propos de l'inscription »tyrrhene« de Lemnos* (s. S. 9), in: *C.R.A.I.* 1980, S. 578–600. Versuch, die Stele mit besagter Inschrift in ihren historischen Kontext zu setzen; sie war seit G. Karo (*Ath. Mitt.*, 1908) und E. Pfuhl (Ath. Mitt., 1923) nicht mehr untersucht worden. Sie stammt vom Ende des 6. Jahrhunderts und illustriert den Kampf der Phokäer gegen die Perser

Register

Tafelnachweis

1 Hermes. Kopf einer Firstfigur aus Veji. Terrakotta. 490 v. Chr. Rom, Museo Nazionale di Villa Giulia. Foto: DAI-Inst. Neg. 62.1427.

2 Apollon. Firstfigur aus Veji. Terrakotta. 510–490 v. Chr. Rom, Museo Nazionale di Villa Giulia. Foto: DAI-Inst. Neg. 53.636.

3 Ephebe. Aus Veji. Tonstatuette. Anfang 4. Jh. v. Chr. Rom, Museo Nazionale di Villa Giulia. Foto: DAI-Inst. Neg. 69.2684.

4/5 Spendende. Aus Monteguragazza. Bronzestatuetten. Um 480 v. Chr. Bologna, Museo Civico. Foto: DAI-Inst. Neg. 31.2121.

6 Grabfigur eines Sitzenden. Aus Cerveteri. Terrakotta. Um 660 v. Chr. Rom, Musei Capitolini. Foto: DAI-Inst. Neg. 53.462.

7 Aschenurne mit applizierten Figuren und Greifenprotomen. Aus Chiusi. 7. Jh. v. Chr. Chiusi, Museo Etrusco. Foto: Alinari 37476.

8 Der Etrusker Vel Saties. Wandmalerei aus dem François-Grab, Vulci. 340–310 v. Chr. Rom, Sammlung Torlonia, Villa Albani. Foto: DAI-Inst. Neg. 29.389.

9 Die Etruskerin Velia. Wandmalerei aus der Tomba dell'Orco, Tarquinia. 375 bis 350 v. Chr. Foto: Alinari 26101.

10 Aschenurne (Canope) auf Bronzesessel. Aus Chiusi. Um 500 v. Chr. Chiusi, Museo Etrusco. Foto: Alinari 37478.

11 Auguren vor dem Grabtor. Wandmalerei aus dem Grab der Auguren, Tarquinia. Um 530 v. Chr. Foto: Anderson 41028.

12 Tänzer und Musiker. Wandmalerei aus dem Grab der Löwinnen, Tarquinia. 530–520 v. Chr. Foto: Anderson 41043.

13 Doppelflötenspieler. Wandmalerei aus dem Triclinium-Grab, Tarquinia. 5. Jh. Foto: Alinari 26095.

14 Kämpfende Amazone. Bemalter Marmorsarkophag aus Tarquinia. Ende 4. Jh. v. Chr. Florenz, Museo Archeologico. Foto: Alinari 46196.

15 Epheben mit Pferden. Bemalte Aschenurne aus Tarquinia. Um 500 v. Chr. Tarquinia, Museo Nazionale. Foto: Anderson 40977.

16 Nekropole der Banditaccia, Cerveteri. 7.–6. Jh. v. Chr. Foto: DAI-Inst. Neg. 73.1439.

17 Grab der Volumnier. Perugia. 150–120 v. Chr. Foto: DAI-Inst. Neg. 76.438.

18 Feierlicher Reiterumzug und Opfer. Aschenurne aus Volterra. 2. Jh. v. Chr. London, British Museum. Foto: DAI-Inst. Neg. 40.817.

19 Schlacht zwischen Etruskern und Galliern. Aschenurne des Larth Purni Curce. 3. Jh. v. Chr. Florenz, Museo Archeologico. Foto: DAI-Inst. Neg. 72.196.

20 Chimaere. Aus Arezzo. Bronze. 380–360 v. Chr. Florenz, Museo Archeologico. Foto: Alinari 2539.

21 Goldener Armreif. Aus Cerveteri. 650–625 v. Chr. Ausschnitt: Frauen zwischen Palmenstämmen. Vatikan, Museo Etrusco Gregoriano. Foto: DAI-Inst. Neg. 35.2089.

22 Bronzeeimer (Situla). Aus Bologna. 500–475 v. Chr. Bologna, Museo Civico. Foto: Alinari 37780.

Inhalt